行业专利导航丛书

家电行业专利分析报告

JIADIAN HANGYE
ZHUANLI FENXI BAOGAO

董 莎 ＼主编

专利分析报告

知识产权出版社

全国百佳图书出版单位

——北京——

图书在版编目（CIP）数据

家电行业专利分析报告/董莎主编. —北京：知识产权出版社，2022.8

（行业专利导航丛书）

ISBN 978-7-5130-8221-1

Ⅰ.①家… Ⅱ.①董… Ⅲ.①日用电气器具-半导体工业-专利-研究报告-中国 Ⅳ.①F426.63-18

中国版本图书馆 CIP 数据核字（2022）第 108316 号

内容提要

本书利用相关数据分析工具，结合行业专家的意见，检索梳理了家电行业主要的关键技术领域全球专利数据，进行专利信息内容、数量、变化趋势的初步组合统计与分析，为相关产业工作者提供参考。

本书适合家电行业相关从业人员阅读。

责任编辑：阴海燕　　　　　　　　责任印制：王浩霖

行业专利导航丛书

家电行业专利分析报告

董　莎　主编

出版发行：知识产权出版社有限责任公司	网　　址：http：// www.ipph.cn
电　　话：010 - 82004826	http：// www.laichushu.com
社　　址：北京市海淀区气象路 50 号院	邮　　编：100081
责编电话：010 - 82000860 转 8763	责编邮箱：laichushu@ cnipr.com
发行电话：010 - 82000860 转 8101	发行传真：010 - 82000893
印　　刷：北京中献拓方科技发展有限公司	经　　销：新华书店、各大网上书店及相关专业书店
开　　本：787mm×1092mm　1／16	印　　张：29
版　　次：2022 年 8 月第 1 版	印　　次：2022 年 8 月第 1 次印刷
字　　数：610 千字	定　　价：158.00 元

ISBN 978-7-5130-8221-1

本书编委会

主　　编　董　莎
副 主 编　毛高蔚　李东东
编　　委　张　斌　赵存挺　卢丽娜

引　言

《2020 年中国家电市场报告》显示，2020 年，我国家电市场零售额规模达到 8333 亿元，在新冠肺炎疫情影响之下显示出较强的韧性；电商渠道对家电零售的贡献率首次超过 50%，网络零售对家电消费的促进作用进一步提升；高端产品、生活家电大幅增长，有效促进了消费升级和产业转型。其中，彩电市场零售规模为 1288 亿元、空调 1616 亿元、冰箱 972 亿元、洗衣机 736 亿元、厨房电器 1584 亿元、生活电器 2137 亿元，除生活电器外，其他品类较上年有不同程度下滑。

新冠肺炎疫情使人们生活理念和方式发生变化，也使得商业和产品形态发生变化。在家电市场，主打大屏、超高清、人工智能的 4K/8K 智能电视，主打智能、舒适、健康的高端空调，主打大容积、健康消毒、科学存储的高端冰箱，主打大容量、健康洗护、干衣等功能的高档洗衣机等，被越来越多的消费者认可和接受，并因此拉高了家电产品均价，家电产品结构逐渐调整。

受市场大环境影响，传统家电产品销售出现下滑，但是生活类小家电产品，如洗碗机、手持吸尘器、美发美容仪、破壁机、空气炸锅、按摩椅、清洁机等，却出现了不同程度的热销，活跃了本来沉闷的家电市场，也强化了家电在提升人们幸福感中的作用。

我国家电企业规模巨大，根据工商数据统计，从事家电行业的相关企业数量高达十余万家，但有专利的企业数量不足 10%。国内家电龙头企业专利数量在和国际巨头 LG 公司 7 万余件的专利布局相比较仍然差距巨大，本书从专利视角对家电行业的专利申请趋势、地域分布、技术分支等维度进行了分析。通过专利技术分析确定我国家电产业相关企业的竞争地位及其技术竞争优势、劣势，发挥专利信息预警对运行决策的引导作用，有利于实施产业布局和资源配置。

前　言

对于一个领域的专利分析可以跟踪最新的技术动态，在一定程度上了解行业技术发展趋势。本报告通过国内外多个知名数据处理平台对家电行业各相关子领域进行专利计量分析，并对分析结果进行一定程度的总结。

家电行业专利数量大且分类复杂，我们在分类上，依据行业专家的相关意见及行业协会的分类方式，将家电行业相关的技术分为家用制冷电器具制造，家用空气调节器制造，家用通风电器具制造，家用厨房电器具制造，家用清洁卫生电器具制造，家用美容、保健护理电器具制造，家用电力器具专用配件制造，其他家用电力器具制造，燃气及类似能源家用器具制造，太阳能器具制造，其他非电力家用器具制造 11 个子领域。通过对家电行业 11 个子领域的专利计量分析，进行专利总体趋势、专利技术集中度、专利技术输出重点国家/地区/组织、专利申请合作及专利技术领域等方面的量化分析。

本书的专利分析是建立在中国国家知识产权局提供的专利文献数据及德温特专利数据库的基础上，结合行业内技术标准、行业信息等相关数据，各关键领域的定量及计量分析结合了领域专家的行业经验及实务判断。具体研究内容还包括专利技术整体态势分析、全球和中国专利申请分布状况、主要申请人专利申请状况、重要专利分析、专利摘要信息等多个方面。

本书亦通过对重要专利文献的筛选解读，寻找技术链关键专利，并摘引其核心摘要，为实务研究者提供该技术领域的研究方向、技术演进等有价值的数据分析。

本书所使用的数据分析工具及全球专利数据主要来源于德温特专利数据库，其数据每周更新，包含多个国家和地区的发明专利、部分国家的实用新型和外观设计专利。其中代表性国家和地区专利组织机构包括中国、美国、欧洲、世界知识产权组织、日本、韩国、挪威和全球法律专利数据库。

本书中的专利文献数据统计截止日期为 2020 年年底。

《家电行业专利分析报告》通过对家电行业的专利进行专利信息内容、数量、变化趋势的初步组合统计与分析，尝试从专利分析的角度提出一些有价值的分析结果。希望能够在一定程度上为我国家电行业相关企业制订研发策略提供技术专利综合信息，揭示家电市场的发展态势，为我国确定家电行业发展提供参考依据。

本书编写分工情况如下：董莎负责本书框架设计，主要执笔前言、第 1～2 章以及第 3章中的 3.1～3.4 节；毛高蔚参与本书框架设计，主要执笔第 3 章中的 3.5～3.6 节；李东东参与本书框架设计，主要执笔第 3 章中的 3.7～3.8 节；张斌主要执笔第 3 章中的 3.9 节；赵存挺主要执笔第 3 章中的 3.10 节，卢丽娜主要执笔第 3 章中的 3.11 节。

在专利分析过程中，我们深刻体会到专利分析的复杂性，以及我们在专利分析研究深度上的欠缺，对本书存在的不足之处 恳请读者指正。我们将不断修正研究方法、加大研究力度、拓展研究广度，以提供更好的情报服务。

CONTENTS 目录

第1章

家电行业全球专利概况

1.1 专利申请趋势

图 1-1 展示的是家电行业全球专利申请量的发展趋势。通过申请趋势可以从宏观层面把握分析对象在各时期的专利申请热度变化。申请数量的统计范围是已公开的专利。一般发明专利在申请后 3~18 个月公开，实用新型专利和外观设计专利在申请后 6 个月左右公开。

如图 1-1 所示，2001—2018 年，家电行业全球专利申请量快速增加，2001 年家电行业全球专利申请量为 81 503 件，到 2018 年达到峰值，当年专利申请量达 253 274 件。--

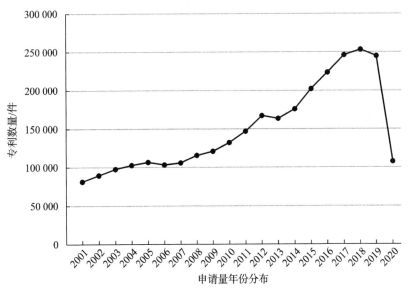

图 1-1 家电行业全球专利申请趋势

1.2 专利申请分布

图 1-2 展示的是家电行业在全球的专利申请分布情况。通过分析可以了解分析对象在不同国家或地区技术创新的活跃情况，从而发现主要的技术创新来源地和重要的目标市场。

图 1-2 显示，中国、日本、韩国三国是家电行业专利重点申请国，专利数量分布为中国 1 453 737 件、日本 730 713 件和韩国 330 489 件。

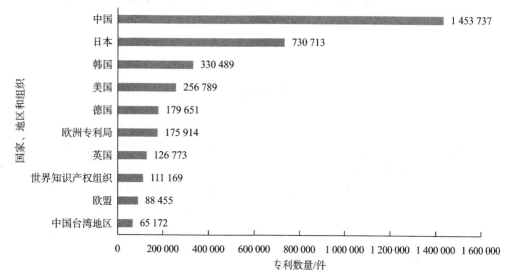

图 1-2　家电行业全球专利申请主要分布

全球专利申请国家、地区和组织分布情况表明，中国、日本、韩国等国家是家电行业专利布局的主要区域，企业可以跟踪、引进和消化相关领域技术，在此基础上实现技术突破。

1.3 专利申请人排行

表 1-1 展示的是家电行业全球专利排名情况。通过列表分析可以发现创新成果积累较多的专利申请人，并据此进一步分析其专利竞争实力。

表 1-1　家电行业全球专利主要申请人排名　　　　　　　　　　　单位：件

排名	申请人名称	专利数量
1	乐金电子公司	73 258
2	松下电器产业株式会社	49 417
3	三星电子株式会社	41 683
4	美的集团股份有限公司	34 621
5	珠海格力电器股份有限公司	32 506

排名	申请人名称	专利数量
6	三菱电机公司（MITSUBISHI ELECTRIC CORP）	22 129
7	BSH 家用电器有限公司	15 954
8	三洋电机有限公司	15 698
9	三洋电机公司	14 122
10	东芝公司	14 044
11	大金工业株式会社（DAIKIN IND LTD）	13 717
12	广东美的制冷设备有限公司	13 489
13	株式会社日立制作所	12 687
14	大宇电子株式会社	12 611
15	博西家用电器有限公司	10 640
16	佛山市顺德区美的电热电器制造有限公司	10 265
17	大金工业株式会社（DAIKIN INDUSTRIES LTD）	9 807
18	皇家飞利浦电子股份有限公司	9 692
19	九阳股份有限公司	9 232
20	三菱电机公司（MITSUBISHI ELECTRIC CORPORATION）	9 052

1.4　专利技术构成

通过分析家电行业在各技术方向的数量分布情况可以了解分析对象覆盖的技术类别，以及各技术分支的创新热度。

家电行业全球专利按照国际专利分类号（IPC）进行统计，结果如表 1-2 和图 1-3 所示。家电行业全球专利 IPC 分布中，F24F 小类（空气调节；空气增湿；通风；空气流作为屏蔽的应用）的专利数量最多，达 488 009 件。第二是 A47J 小类（厨房用具；咖啡磨；香料磨；饮料制备装置），专利数量为 425 355 件。第三是 F25D 小类（冷柜；冷藏室；冰箱；其他小类不包含的冷却或冷冻装置），专利数量为 328 949 件。

表 1-2　家电行业全球专利主要技术构成　　　　　　　　　　　单位：件

IPC 小类	专利数量
F24F（空气调节；空气增湿；通风；空气流作为屏蔽的应用）	488 009
A47J（厨房用具；咖啡磨；香料磨；饮料制备装置）	425 355
F25D（冷柜；冷藏室；冰箱；其他小类不包含的冷却或冷冻装置）	328 949
F25B（制冷机，制冷设备或系统；加热和制冷的联合系统；热泵系统）	303 549
A47L（家庭的洗涤或清扫）	272 726
F24C（其他家用炉或灶；一般用途家用炉或灶的零部件）	260 309

续表

IPC 小类	专利数量
F24H（一般有热发生装置的流体加热器，例如水或空气的加热器）	254 328
A61H（理疗装置）	220 852
D06F（纺织品的洗涤、干燥、熨烫、压平或打折）	194 021
F04D（非变容式泵）	122 146

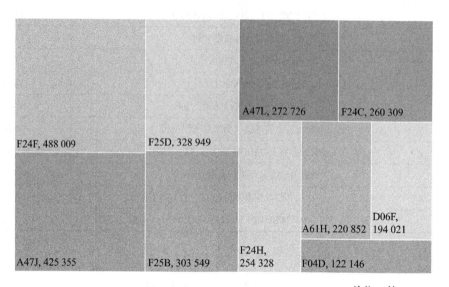

单位：件

图 1-3　家电行业全球专利主要技术构成

第 2 章

家电行业国内专利概况

2.1 专利申请趋势

图 2-1 展示的是家电行业国内专利申请量的发展趋势。通过申请趋势可以从宏观层面把握分析对象在各时期的专利申请热度变化。申请数量的统计范围是已公开的专利。

由图 2-1 可以看到，2002—2019 年，除 2013 年略有下降外，家电行业专利申请量增长迅速，2019 年家电行业国内专利申请量达到 185 620 件。

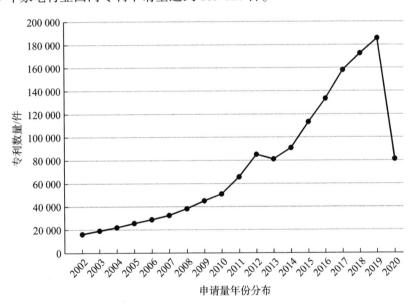

图 2-1 家电行业国内专利申请趋势

2.2 专利公开趋势

通过专利公开量的发展趋势可以从宏观层面把握家电行业在各时期的专利公开文献的数量变化。

将家电行业的国内专利公开量按照年份进行统计分析，得到国内专利公开趋势图2-2。

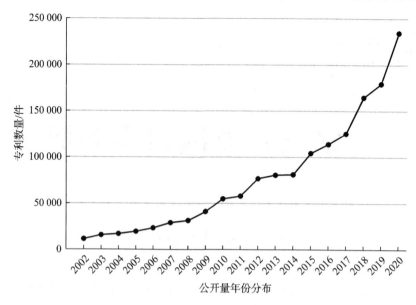

图2-2　家电行业国内专利公开趋势

从图2-2中可以看到家电行业国内专利公开数量整体呈上升态势。专利公开数量在2014—2020年，呈爆炸式的增长势头，其中2020年家电行业国内专利公开量达234 531件。

2.3　专利公开数量及增长率

通过每年专利公开数量的发展趋势可以从宏观层面把握家电行业专利在各时期的数量增长变化，通过分析可以了解到分析对象的创新能力和发展潜力，不断上升的公开数量彰显了其竞争力的不断增强。

通过对2002—2020年家电行业国内专利公开数量及增长率的统计，得到表2-1。由表2-1可知，整体呈正增长趋势，其中2003年的公开数量增长率达38.88%。2020年家电行业国内专利公开数量增长率明显提高。

表2-1　家电行业国内专利公开数量及增长率

公开时间	专利数量/件	增长率/%
2002	11 203	
2003	15 559	38.88
2004	16 880	8.49
2005	19 331	14.52
2006	23 174	19.88
2007	29 056	25.38
2008	31 313	7.77

公开时间	专利数量/件	增长率/%
2009	41 041	31.07
2010	54 857	33.66
2011	57 966	5.67
2012	76 761	32.42
2013	80 670	5.09
2014	81 257	0.73
2015	104 160	28.19
2016	113 899	9.35
2017	125 444	10.14
2018	164 625	31.23
2019	179 462	9.01
2020	234 531	30.69

2.4　专利类型分布

专利类型分为发明专利、实用新型专利、外观设计专利。本节根据发明专利授权与否，将发明细分为发明申请和发明授权。

在中国专利中，经过检索获得家电行业专利共 1 453 737 件。如图 2-3 所示，其中发明申请 258 248 件，占总数的 18%；发明授权 98 334 件，占总数的 7%；实用新型 600 801 件，占总数的 41%；外观设计 496 354 件，占总数的 34%。

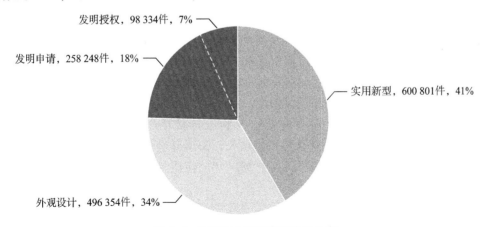

发明授权，98 334件，7%

发明申请，258 248件，18%

实用新型，600 801件，41%

外观设计，496 354件，34%

图 2-3　家电行业国内专利类型分布

2.5 专利法律状态

图 2-4 展示的是家电行业专利有效、失效、审中三种法律状态的占比情况，仅统计中国专利。通过分析可以分别了解分析对象中当前已获得实质性保护、已失去专利权保护或正在审查中的专利数量分布情况，以从整体上掌握专利的权利保护和潜在风险情况，为专利权的法律性调查提供依据。还可以筛选进入公知技术领域的失效专利，进行无偿使用或改进利用。

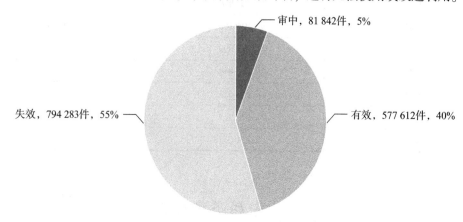

图 2-4 家电行业国内专利法律状态分布

如图 2-4 所示，其中有效专利 577 612 件，占总专利数的 40%；失效专利 794 283 件，占总专利数的 55%；审中专利 81 842 件，占总专利数的 5%。

2.6 转让趋势

通过对各年度专利权利发生转移的专利数量变化趋势的分析，可以了解家电行业国内专利在不同时期内的技术合作、转化、应用和推广的趋势，反映技术的运营和实施热度。通过分析技术转化量的变化情况可以了解分析对象在不同时段内成果转移的方向和热度，进而预测技术的发展方向和未来的市场应用前景。

对 2002—2021 年家电行业国内的转让专利进行转让年统计，得到图 2-5。可见，2002—2013 年家电行业国内专利转让量平稳增长，2014 年有所回落，2015—2020 年国内家电行业专利转让趋势呈快速增长趋势。其中 2014 年的转让专利数是 3568 件，2020 年的转让专利数是 18 582 件。

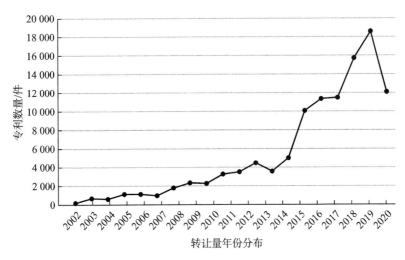

图 2-5 家电行业国内专利转让趋势

2.7 转让人排名

表 2-2 展示的是家电行业国内专利按照发生过转让的专利数量统计的专利权人排名情况。通过分析可以识别各创新主体技术输出活跃度，对寻找转让技术持有人提供参考依据。通过对转让主体转让的专利进一步分析，可以推测其技术研发或市场运营方向的变化情况。

表 2-2 家电行业国内专利转让人排名 单位：件

排名	转让人	专利数量
1	无锡小天鹅股份有限公司	3128
2	海尔集团公司	1636
3	广东美的电器股份有限公司	1580
4	青岛海尔洗衣机有限公司	1356
5	青岛海尔空调器有限总公司	1050
6	宁波奥克斯空调有限公司	993
7	株式会社东芝	943
8	美的集团股份有限公司	895
9	东芝生活电器株式会社	809
10	乐金电子（天津）电器有限公司	805
11	广东美的集团股份有限公司	572
12	青岛海尔滚筒洗衣机有限公司	542
13	松下家电研究开发（杭州）有限公司	397
14	江苏美的清洁电器股份有限公司	390
15	珠海格力电器股份有限公司	367

续表

排名	转让人	专利数量
16	江森自控日立空调技术（香港）有限公司	343
17	日立空调·家用电器株式会社	338
18	松下电器产业株式会社	315
19	三洋电机株式会社	308
20	青岛海尔智能技术研发有限公司	306

2.8　受让人排名

　　表2-3展示的是家电行业国内专利按照发生过转让的专利数量统计的专利主要受让人排名情况。通过分析可以看出各受让人的技术引进情况，预测其下一步技术及市场部署的方向。

表2-3　家电行业国内专利主要受让人排名　　　　单位：件

排名	受让人	专利数量
1	无锡小天鹅电器有限公司	3206
2	海尔智家股份有限公司	2690
3	美的集团股份有限公司	1798
4	青岛海尔洗衣机有限公司	1450
5	奥克斯空调股份有限公司	1010
6	东芝生活电器株式会社	1003
7	青岛海尔空调器有限总公司	1002
8	海尔集团公司	673
9	佛山市美的日用家电集团有限公司	626
10	泰州乐金电子冷机有限公司	573
11	株式会社东芝	537
12	青岛海尔滚筒洗衣机有限公司	454
13	松下家电（中国）有限公司	397
14	青岛海尔智能技术研发有限公司	358
15	宁波欧琳实业有限公司	357
16	美智纵横科技有限责任公司	350
17	广东新宝电器股份有限公司	345
18	日立江森自控空调有限公司	339
19	江森自控日立空调技术（香港）有限公司	338
20	松下电器产业株式会社	276

2.9　转让技术构成

通过对发生过转让的专利技术领域分布情况进行分析，可以了解哪些技术方向属于推广、成果转化、无形资产运营的热点，从而判断其市场成熟度，并预测未来的发展趋势。

对家电行业国内转让专利排名前十的 IPC 小类进行转让年分析，得到表 2-4。其中，F24F 小类（空气调节；空气增湿；通风；空气流作为屏蔽的应用）领域内，2020 年发生转让的专利最多，达 2957 件；D06F 小类（纺织品的洗涤、干燥、熨烫、压平或打折）领域内，2019 年发生转让的专利最多，达 3106 件；A47J 小类（厨房用具；咖啡磨；香料磨；饮料制备装置）领域内，2020 年发生转让的专利最多，达 2356 件。

表 2-4　家电行业国内转让技术构成　　　　　　　　　　单位：件

转让时间	IPC 小类									
	F24J	F24C	A47L	F25D	F24H	A61H	D06F	F25B	A47J	F24F
2002	6	14	7	9	5	5	8	8	36	5
2003	12	59	29	94	21	7	44	32	42	31
2004	13	26	3	19	30	25	147	55	47	21
2005	25	50	59	39	42	20	33	42	87	34
2006	52	38	24	19	21	24	32	53	124	74
2007	51	37	20	59	70	31	18	159	75	83
2008	96	109	19	106	85	71	26	143	148	154
2009	126	148	73	536	210	100	39	260	225	196
2010	244	183	68	274	204	85	97	205	149	251
2011	246	319	107	91	204	106	144	308	418	264
2012	369	117	70	135	235	190	260	458	380	273
2013	497	139	100	197	328	133	56	489	282	846
2014	536	142	69	258	309	238	96	358	298	509
2015	437	237	156	268	460	313	158	578	624	756
2016	497	458	751	815	730	514	1220	892	1047	1214
2017	742	665	347	435	836	795	489	946	1585	1809
2018	585	661	492	546	808	1020	430	939	1808	1964
2019	540	796	682	586	1040	1315	3106	901	1848	1885
2020	411	1069	1417	1219	1294	1817	1447	1228	2356	2957
2021	148	564	1538	617	718	896	836	789	1406	1762

2.10 发明专利授权率

发明专利授权率是指发明授权与发明授权、驳回、撤回的专利总量的比率，以发明公开版本为基准计算。计算公式为：发明专利授权率=发明授权数量/（发明授权数量+驳回数量+撤回或视为撤回数量）×100%，其中，授权数量包括处于有效状态的专利，也包括曾授权，当前已失效或部分无效、全部无效、放弃的专利。发明专利授权率是宏观评价专利质量的重要指标之一。

对家电行业国内的发明专利进行授权率分析，得到图2-6。由图2-6可知，2002—2017年家电行业国内发明专利授权率呈下降趋势，其中2002年家电行业国内发明专利授权率达67.44%，2017年家电行业国内发明专利授权率达34.60%；2018—2019年家电行业国内发明专利授权率呈上升趋势，其中2018年家电行业国内发明专利授权率为42.05%，2019年家电行业国内发明专利授权率达68.45%。2020年家电行业国内发明专利授权率为56.76%。

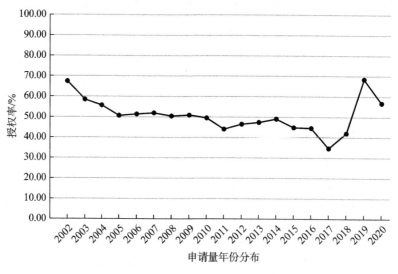

图2-6 家电行业国内发明专利授权率

2.11 专利有效率

专利有效率，是指获得授权的专利中，处于有效状态的专利所占比例，以发明、实用新型、外观设计公告版本为基准计算。计算公式为：专利有效率=有效专利数量/授权专利数量×100%。专利有效率是宏观评价专利维持情况和专利质量的重要指标之一。

对家电行业国内的专利进行有效率分析，得到图2-7。由图2-7可知，2002—2020年家电行业国内专利有效率呈上升趋势，其中2002—2009年家电行业国内专利有效率均在10%以下，2010年家电行业国内专利有效率突破10%，2011—2020年家电行业国内专利有效率迅速提高。

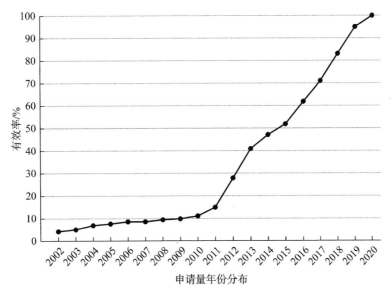

图 2-7　家电行业国内专利有效率

2.12　专利申请人分布

表 2-5 展示的是专利申请人分布情况，仅统计中国专利。通过分析可以明晰创新主体所在地区，可以了解来自不同地区的申请人在中国申请保护的专利数量，从而可以了解各地区创新主体在中国的市场布局情况、保护策略及技术实力。

由表 2-5 可以看出，家电行业中国专利的申请人主要来自中国、日本、韩国，其中中国的专利申请人申请量为 1 358 598 件，日本的专利申请人申请量为 29 383 件，韩国的专利申请人申请量为 16 393 件。

表 2-5　家电行业中国专利申请人分布　　　　　　　　　　　单位：件

申请人所属国家或地区	专利数量
中国	1 358 598
日本	29 383
韩国	16 393
美国	13 918
德国	8 813
法国	4 502
荷兰	3 167
英国	2 903
意大利	2 040
瑞典	1 140

2.13 中国申请人类型构成

通过对家电行业专利申请人类型的分布（仅统计中国专利）进行分析可以明晰创新主体的类型，并通过创新实体的主体性质、研发实力和研发目的分析创新成果更偏向基础研究还是商业应用，定位技术在产业链中的位置和可能的运营模式，为进一步找出在产业内影响力大的不同类型的创新主体提供依据。

对家电行业国内专利的中国申请人类型进行构成分析，得到图2-8。其中，企业申请人共申请905 270件，占专利申请总量的62%；个人申请人共申请专利464 390件，占专利申请总量的32%；大专院校、机关团体、科研单位等其他申请人共申请专利84 077件，占专利申请总量的6%。

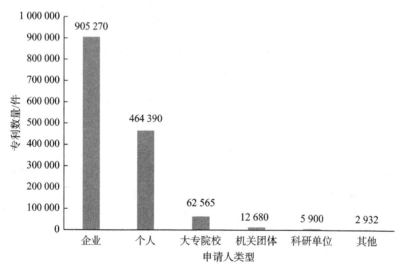

图 2-8　家电行业国内专利中国申请人类型

2.14 专利技术领域分布

通过对家电行业国内专利在各技术方向的数量分布情况进行分析可以了解分析对象覆盖的技术类别，以及各技术分支的创新热度。

家电行业国内专利按照国际专利分类号（IPC）进行统计，得到表2-6和图2-9。可知家电行业国内专利技术领域分布中，F24F小类［空气调节；空气增湿；通风；空气流作为屏蔽的应用（从尘、烟产生区消除尘、烟入B08B15/00；从建筑物中排除废弃的竖向管道如E04F17/02；烟囱或通风井顶部，烟道末端入F23L17/02）］的专利申请最多，专利申请量为183 425件；第二是A47J小类（厨房用具；咖啡磨；香料磨；饮料制备装置），专利申请量为161 326件；第三是A61H小类（理疗装置），专利申请量为94 102件。另外还有F24H（一般有热发生装置的流体加热器）、F25B（制冷剂，制冷设备或系统；加热和制冷的联合系统；热泵系统）等。

表 2-6　家电行业国内专利主要技术构成　　　　　　　　　单位：件

IPC 分类号（小类）	专利数量
F24F［空气调节；空气增湿；通风；空气流作为屏蔽的应用（从尘、烟产生区消除尘、烟入 B08B15/00；从建筑物中排除废弃的竖向管道如 E04F17/02；烟囱或通风井顶部，烟道末端入 F23L17/02）］	183 425
A47J（厨房用具；咖啡磨；香料磨；饮料制备装置）	161 326
A61H（理疗装置）	94 102
F24H（一般有热发生装置的流体加热器）	91 455
F25B（制冷机，制冷设备或系统；加热和制冷的联合系统；热泵系统）	90 942
F25D（其他相关子类目不包括的冰箱、冷库、冰柜、冷冻设备）	82 434
F24C（家用炉或灶）	81 846
A47L（家庭的洗涤或清扫）	64 624
F04D（非变容式泵）	52 143
D06F（纺织品的洗涤、干燥、熨烫、压平或打折）	48 407

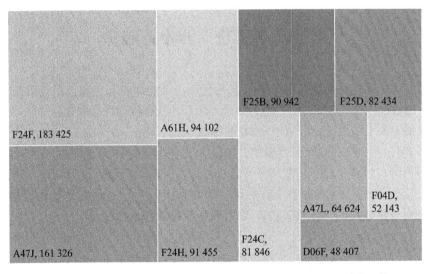

单位：件

图 2-9　家电行业国内专利主要技术构成

2.15　专利省份分布

通过对家电行业专利在中国省级行政区域的分布情况（仅统计中国专利）进行分析，可以了解在中国申请专利保护较多的省份，以及各省份的创新活跃程度。

对国内家电行业专利进行省份分布分析，得到表 2-7。表 2-7 显示广东省以 381 598 件专利排名第一，浙江省以 240 369 件专利排名第二，第三是江苏省，共申请家电行业专利 170 436 件，第四是山东省，共申请家电行业专利 120 072 件。另外安徽省、上海市、北京市、福建省、河南省、四川省的专利申请量均在 60 000 件以下。

表 2-7　家电行业国内专利主要省份分布　　　　　　　　　　　单位：件

申请人所属省份	专利数量
广东省	381 598
浙江省	240 369
江苏省	170 436
山东省	120 072
安徽省	56 357
上海市	44 563
北京市	43 813
福建省	32 252
河南省	29 081
四川省	28 730

2.16　各省份专利申请趋势

通过对各省份家电行业专利申请量的发展趋势（仅统计中国专利）进行分析，可以掌握各省份在不同时期内专利技术储备的数量及技术创新活跃程度的发展变化趋势。

对各省份专利申请量进行申请年（2011—2020 年）分析，得到图 2-10 和表 2-8。其中广东省 2011—2019 年专利申请量迅速增加，2019 年专利申请量达到 58 312 件；浙江省 2011—2014 年先升后降，2014—2019 年专利申请量总体呈现平稳增长趋势，2019 年专利申请量达到 31 258 件；江苏省 2011—2013 年先升后降，2013—2019 年专利申请量呈现缓慢增长趋势，2019 年专利申请量达到 17 366 件。各省市 2020 年专利申请量均有回落。

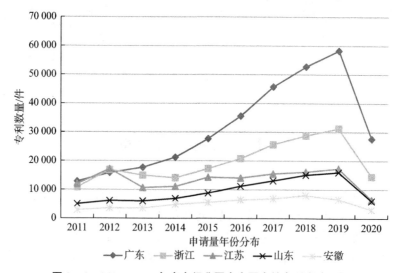

图 2-10　2011—2020 年家电行业国内主要省份专利申请趋势

表 2-8　2011—2020 年家电行业国内主要省份专利申请趋势　　　　单位：件

申请时间	广东省	浙江省	江苏省	山东省	安徽省	上海市	北京市	福建省	河南省	四川省
2011	12 904	10 841	12 015	4 999	2 886	2 087	1 645	1 815	873	795
2012	15 865	16 910	17 188	6 117	3 536	2 150	1 915	1 251	1 062	1 480
2013	17 744	14 996	10 713	6 023	3 578	2 125	2 030	1 491	1 293	1 383
2014	21 245	14 125	11 127	6 900	4 837	2 397	2 527	1 743	1 791	1 655
2015	27 669	17 328	14 292	8 777	5 498	2 883	3 033	2 701	2 158	2 313
2016	35 602	20 820	14 087	11 220	6 448	3 302	3 999	3 706	2 503	2 879
2017	45 769	25 676	15 554	13 128	6 847	3 887	4 438	3 707	3 532	3 837
2018	52 715	28 737	16 187	15 130	7 973	3 968	4 769	4 157	3 936	3 411
2019	58 312	31 258	17 366	16 074	6 607	5 198	4 465	4 385	4 331	3 371
2020	27 672	14 555	6 480	6 075	3 048	2 312	1 875	1 959	1 871	1 408

2.17　各省份专利公开趋势

通过对各省份家电行业专利公开量的发展趋势（仅统计中国专利）进行分析，可以掌握各省份专利技术在不同时期内公开或授权的专利数量及发展变化趋势。

对各省份专利公开量进行公开年（2011—2020 年）分析，得到图 2-11 和表 2-9。其中，广东省 2011—2020 年专利公开量迅速增加，2020 年专利公开量达到 71 531 件；浙江省 2011—2020 年专利公开量总体呈现快速增长趋势，2020 年专利公开量达到 39 044 件；江苏省 2011—2019 年专利公开量呈现缓慢增长趋势，其中 2014 年和 2017 年的专利公开量略有下降，2020 年专利公开量达到 21 271 件。

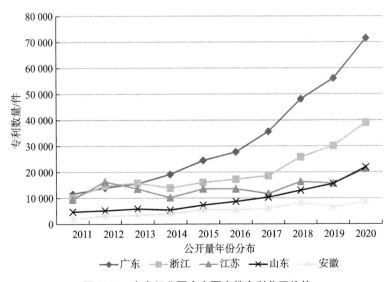

图 2-11　家电行业国内主要省份专利公开趋势

表 2-9　2011—2020 年家电行业国内主要省份专利公开趋势　　　　单位：件

公开时间	广东省	浙江省	江苏省	山东省	安徽省	上海市	北京市	福建省	河南省	四川省
2011	11 577	10 169	9 445	4 709	1 919	2 165	1 502	954	815	783
2012	13 990	14 818	16 320	5 188	3 112	2 153	1 875	1 147	998	968
2013	15 617	15 814	13 613	5 889	3 454	2 221	1 930	1 426	1 184	1 646
2014	19 174	13 953	10 147	5 400	3 970	2 256	2 322	1 563	1 465	1 390
2015	24 495	16 044	13 529	7 256	5 548	2 619	2 731	2 559	2 100	2 010
2016	27 676	17 251	13 544	8 647	5 421	2 794	3 293	3 421	2 142	2 422
2017	35 542	18 585	11 688	10 305	5 973	3 269	3 709	3 010	2 473	2 740
2018	48 149	25 787	16 336	13 009	8 139	3 740	4 728	4 094	3 886	3 878
2019	56 052	30 088	15 697	15 569	6 606	4 395	4 694	3 891	3 723	3 254
2020	71 531	39 044	21 271	21 915	8 491	6 505	5 464	5 515	5 247	4 086

2.18　专利申请人排行

　　表 2-10 展示的是家电行业国内专利按照所属申请人（专利权人）的专利数量统计的主要申请人排名情况。通过分析可以发现创新成果积累较多的专利申请人，并据此进一步分析其专利竞争实力。

表 2-10　家电行业国内专利主要申请人排名　　　　单位：件

排名	申请人名称	专利数量
1	美的集团股份有限公司	34 603
2	珠海格力电器股份有限公司	32 499
3	广东美的制冷设备有限公司	13 487
4	佛山市顺德区美的电热电器制造有限公司	10 255
5	九阳股份有限公司	9 197
6	LG 电子株式会社	9 023
7	海尔集团公司	8 866
8	青岛海尔股份有限公司	8 395
9	浙江绍兴苏泊尔生活电器有限公司	8 388
10	乐金电子（天津）电器有限公司	7 801
11	青岛海尔空调器有限总公司	7 141
12	合肥华凌股份有限公司	6 181
13	三星电子株式会社	6 047
14	宁波方太厨具有限公司	5 895
15	松下电器产业株式会社	5 888

续表

排名	申请人名称	专利数量
16	合肥美的电冰箱有限公司	5 552
17	奥克斯空调股份有限公司	4 413
18	广东美的厨房电器制造有限公司	4 355
19	美的集团有限公司	4 213
20	广东美的生活电制造有限公司	3 967

第 3 章

家电行业关键领域专利分析

3.1 家用制冷电器具制造领域

3.1.1 全球专利概况

3.1.1.1 全球专利申请趋势

图 3-1 展示的是家用制冷电器具制造领域全球专利申请量的发展趋势。通过申请趋势可以从宏观层面把握分析对象在各时期的专利申请热度变化。申请数量的统计范围是已公开的专利。

从图 3-1 中可以看出，家用制冷电器具制造领域在全球主要市场上的历年专利申请分布状况。2000—2005 年，家用制冷电器具制造领域全球专利申请量平稳增加，2006—2009 年，家用电器具制造领域全球专利申请量有所回落，2011—2013 年，家用电器具制造领域全球专利申请量基本保持平稳，2014—2019 年家用制冷电器具制造领域全球专利申请量快速增加，2014年家用制冷电器具制造领域全球专利申请量为 8522 件，到 2019 年达到峰值，当年专利申请量达 14 313 件。

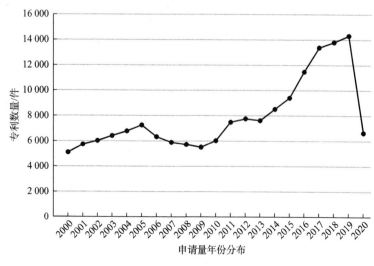

图 3-1 家用制冷电器具制造领域全球专利申请量发展趋势

3.1.1.2　专利申请分布

图 3-2 展示的是家用制冷电器具制造领域全球专利申请的主要分布情况。通过分析可以了解分析对象在不同国家或地区技术创新的活跃情况，从而发现主要的技术创新来源地和重要的目标市场。

专利申请国主体分布可以体现专利权人想在哪些国家或地区保护该技术。这一参数也反映了该技术未来可能的实施国家或地区。图 3-2 显示，中国、日本、美国是家用制冷电器具制造领域专利重点申请国家，专利数量分布为中国 72 384 件、日本 51 468 件和美国 24 821 件。

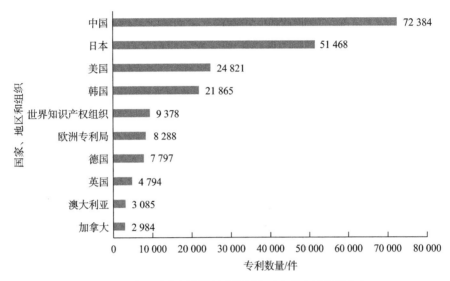

图 3-2　家用制冷电器具制造领域全球专利申请主要分布

图 3-2 专利申请主体分布情况表明，中国、日本、美国等国家或地区是家用制冷电器具制造领域专利布局的主要区域，企业可以跟踪、引进和消化相关领域技术，在此基础上实现技术突破。中国、日本、韩国在家用制冷电器具制造领域的专利数量如表 3-1~表 3-3 所示。

表 3-1　家用制冷电器具制造领域中国专利数量　　　　　　单位：件

专利类型		专利数量
发明	发明申请	16 047
	发明授权	8 001
实用新型		31 686
外观设计		16 650

表 3-2　家用制冷电器具制造领域日本专利数量　　　　　　单位：件

专利类型		专利数量
发明	发明申请	22 932
	发明授权	13 204
实用新型		11 674
外观设计		3 658

表3-3　家用制冷电器具制造领域美国专利数量　　　　　　　　单位：件

专利类型		专利数量
发明	发明申请	7 426
	发明授权	15 248
外观设计		2 147

3.1.1.3　全球专利申请人排行

表3-4展示的是家用制冷电器具制造领域全球专利按照所属申请人（专利权人）的专利数量统计的申请人排名情况。通过分析可以发现创新成果积累较多的专利申请人，并据此进一步分析其专利竞争实力。

表3-4　家用制冷电器具制造领域全球专利数量排名前十的申请人　　　单位：件

排名	申请人名称	专利数量
1	乐金电子公司	7476
2	三星电子株式会社	5096
3	青岛海尔股份有限公司	3273
4	合肥华凌股份有限公司	3015
5	合肥美的电冰箱有限公司	2816
6	美的集团股份有限公司	2375
7	三洋电机有限公司	2060
8	东芝公司	1937
9	三洋电机公司	1721
10	海尔集团公司	1620

3.1.1.4　全球专利技术构成

通过对家用制冷电器具制造领域全球专利在各技术方向的数量分布情况进行分析，可以了解分析对象覆盖的技术类别，以及各技术分支的创新热度。

对家用制冷电器具制造领域全球专利按照国际专利分类号（IPC）进行统计，结果如表3-5和图3-3。家用制冷电器具制造领域全球专利IPC分布中，F25D小类（其他相关子类目不包括的冰箱、冷库、冰柜、冷冻设备）的专利数量最多，达207 912件，第二是F25B小类（制冷机，制冷设备或系统；加热和制冷的联合系统；热泵系统），专利数量为57 264件。第三是F25C小类（冰的制造、加工或处理［2006.01］），专利数量为42 618件。另外还有F24F小类（空气调节；空气增湿；通风；空气流作为屏蔽的应用）13 647件，B65D小类（用于物件或物料贮存或运输的容器）9 848件，等等。

表3-5　家用制冷电器具制造领域全球专利主要技术构成　　　　　单位：件

IPC分类号（小类）	专利数量
F25D（其他相关子类目不包括的冰箱、冷库、冰柜、冷冻设备）	207 912
F25B（制冷机，制冷设备或系统；加热和制冷的联合系统；热泵系统）	57 264

IPC 分类号（小类）	专利数量
F25C（冰的制造、加工、或处理［2006. 01］）	42 618
F24F（空气调节；空气增湿；通风；空气流作为屏蔽的应用）	13 647
B65D（用于物件或物料贮存或运输的容器）	9 848
A47F（商店、仓库、酒店、饭店等场所用的特种家具、配件或附件；付款柜台）	8 573
F28D（其他小类中不包括的热交换设备，其中热交换介质不直接接触的）	7 952
A23L（不包含在 A21D 或 A23B 至 A23J 小类中的食品、食料或非酒精饮料；它们的制备或处理，例如烹调、营养品质的改进、物理处理）	7 736
H01L（半导体器件；其他类目中不包括的电固体器件）	7 477
F28F（通用热交换或传热设备的零部件）	5 860

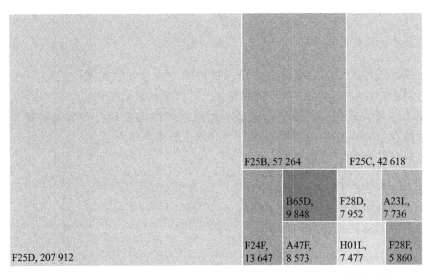

单位：件

图 3-3　家用制冷电器具制造领域全球专利主要技术构成

3.1.2　国内专利概况

3.1.2.1　国内专利申请趋势

图 3-4 展示的是家用制冷电器具制造领域国内专利申请量的发展趋势。通过申请趋势可以从宏观层面把握分析对象在各时期的专利申请热度变化。申请数量的统计范围是已公开的专利。

由图 3-4 可以看到，2000—2010 年，家用制冷电器具制造领域国内专利申请量增长缓慢，2011—2019 年家用制冷电器具制造领域国内专利申请量增长迅速，2019 年达到 11 024 件。

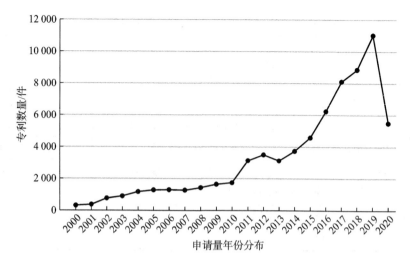

图 3-4　家用制冷电器具制造领域国内专利申请量发展趋势

3.1.2.2　国内专利公开趋势

图 3-5 展示的是家用制冷电器具制造领域国内专利公开量的发展趋势。通过公开趋势可以从宏观层面把握分析对象在各时期的专利公开文献的数量变化。

从图 3-5 中可以看到，家用制冷电器具制造领域国内专利公开数量整体呈上升态势。专利公开数量在 2016—2020 年，呈现爆炸式的增长势头，其中 2020 年家用制冷电器具制造领域国内专利公开量达 15 376 件。

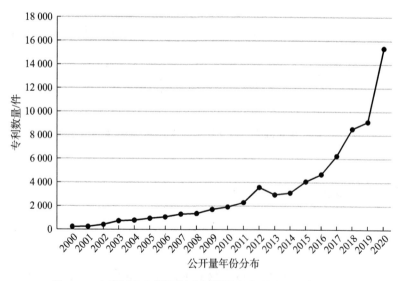

图 3-5　家用制冷电器具制造领域国内专利公开量发展趋势

3.1.2.3　国内专利类型分布

专利类型分为发明专利、实用新型专利、外观设计专利。本节又根据发明专利授权与否，将发明细分为发明申请和发明授权。

在中国专利中，经过检索获得家用制冷电器具制造领域专利共 72 384 件。如图 3-6 所示，其中发明申请达 16 047 件，占总数的 22%；发明授权 8 001 件，占总数的 11%；实用新型 31 686 件，占总数的 44%；外观设计 16 650 件，占总数的 23%。

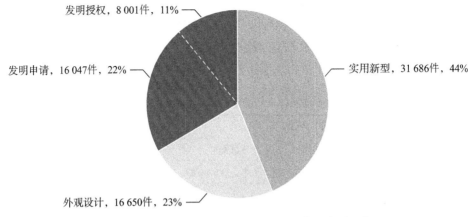

图 3-6　家用制冷电器具制造领域国内专利类型分布

3.1.2.4　国内专利法律状态

图 3-7 展示的是家用制冷电器具制造领域专利有效、失效、审中三种状态的占比情况，仅统计中国专利。通过分析可以分别了解分析对象中当前已获得实质性保护、已失去专利权保护或正在审查中的专利数量分布情况，以从整体上掌握专利的权利保护和潜在风险情况，为专利权的法律性调查提供依据。筛选进入公知技术领域的失效专利，可以进行无偿使用或改进利用。

如图 3-7 所示，有效专利 32 775 件，占总专利数的 45%；失效专利 32 836 件，占总专利数的 46%；审中专利 6773 件，占总专利数的 9%。

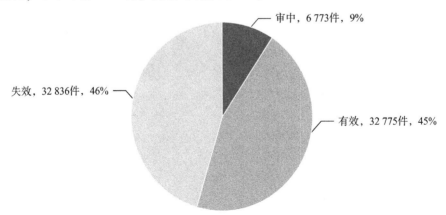

图 3-7　家用制冷电器具制造领域国内专利法律状态分布

3.1.2.5　国内专利技术领域分布

通过对家用制冷电器具制造领域国内专利在各技术方向的数量分布情况进行分析，可以了解分析对象覆盖的技术类别，以及各技术分支的创新热度。

将家用制冷电器具制造领域国内专利按照国际专利分类号（IPC）进行统计，结果如表 3-6 和图 3-8。可知，家用制冷电器具制造领域国内专利技术领域分布中，F25D 小类（其他相关子类目不包括的冰箱、冷库、冰柜、冷冻设备）的专利数量最多，专利数量为 45 743 件；第二是 F25B 小类（制冷机，制冷设备或系统；加热和制冷的联合系统；热泵系统），专利数量 10 433 件；第三是 F25C 小类（冰的制造、加工或处理［2006.01］），专利数量为 5 559 件。另外还有 F24F 小类（空气调节；空气增湿；通风；空气流作为屏蔽的应用）1 888 件，B65D 小类（用于物件或物料贮存或运输的容器）1 417 件，等等。

表 3-6　家用制冷电器具制造领域国内专利主要技术领域分布　　　　单位：件

IPC 分类号（小类）	专利数量
F25D（其他相关子类目不包括的冰箱、冷库、冰柜、冷冻设备）	45 743
F25B（制冷机，制冷设备或系统；加热和制冷的联合系统；热泵系统）	10 433
F25C（冰的制造、加工、或处理［2006.01］）	5 559
F24F（空气调节；空气增湿；通风；空气流作为屏蔽的应用）	1 888
B65D（用于物件或物料贮存或运输的容器）	1 417
F28D（其他小类中不包括的热交换设备，其中热交换介质不直接接触的）	1 118
A47B（桌子；写字台；办公家具；柜橱；抽屉；家具的一般零件）	1 007
B01D（分离）	958
A23L（不包含在 A21D 或 A23B 至 A23J 小类中的食品、食料或非酒精饮料；它们的制备或处理，例如烹调、营养品质的改进、物理处理）	894
F26B（从固体材料或制品中消除液体的干燥）	797

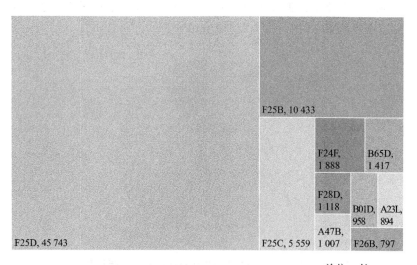

单位：件

图 3-8　家用制冷电器具制造领域国内专利主要技术领域分布

3.1.2.6　国内专利省份分布

通过对家用制冷电器具制造领域专利在中国省级行政区域的分布情况（仅统计中国专利）进行分析，可以了解在中国申请专利保护较多的省份，以及各省份的创新活跃程度。

对家用制冷电器具制造领域国内专利进行省份分布分析，得到表 3-7。表 3-7 显示，广东省以 7827 件专利排名第一；山东省以 7757 件专利排名第二；第三是安徽省，共有家用制冷电器具制造领域专利 6732 件；第四是江苏省，共有家用制冷电器具制造领域专利 6215 件。另外浙江省、上海市、天津市、北京市、河南省、福建省的专利数量均在 5000 件以下。

表 3-7　家用制冷电器具制造领域国内专利主要省份分布　　　单位：件

申请人所属省份	专利数量
广东省	7827
山东省	7757
安徽省	6732
江苏省	6215
浙江省	4449
上海市	1834
天津市	1649
北京市	1501
河南省	1365
福建省	1237

3.1.2.7　重点省份发明专利申请人布局

（1）山东省主要申请人排名

表 3-8 列出了家用制冷电器具制造领域国内发明专利山东省主要申请人排名。

表 3-8　家用制冷电器具制造领域国内发明专利山东省主要申请人排名　　　单位：件

排名	申请人名称	专利数量
1	青岛海尔股份有限公司	1660
2	青岛海尔特种电冰柜有限公司	436
3	海尔集团公司	291
4	青岛海尔电冰箱有限公司	266
5	青岛海尔智能技术研发有限公司	240
6	海信（山东）冰箱有限公司	237
7	海尔智家股份有限公司	225
8	青岛海尔空调器有限总公司	77
9	澳柯玛股份有限公司	76
10	青岛海尔特种电冰箱有限公司	35

（2）安徽省主要申请人排名

表3-9列出了家用制冷电器具制造领域国内发明专利安徽省主要申请人排名。

表3-9　家用制冷电器具制造领域国内发明专利安徽省主要申请人排名　　单位：件

排名	申请人名称	专利数量
1	合肥华凌股份有限公司	1245
2	合肥美的电冰箱有限公司	1051
3	美的集团股份有限公司	841
4	合肥美的荣事达电冰箱有限公司	311
5	长虹美菱股份有限公司	289
6	合肥晶弘电器有限公司	137
7	合肥美菱股份有限公司	119
8	珠海格力电器股份有限公司	91
9	博西华家用电器有限公司	78
10	安徽康佳同创电器有限公司	64

（3）广东省主要申请人排名

表3-10列出了家用制冷电器具制造领域国内发明专利广东省主要申请人排名。

表3-10　家用制冷电器具制造领域国内发明专利广东省主要申请人排名　　单位：件

排名	申请人名称	专利数量
1	珠海格力电器股份有限公司	374
2	海信容声（广东）冰箱有限公司	176
3	美的集团股份有限公司	85
4	海信容声（广东）冷柜有限公司	54
5	佛山市顺德区美的饮水机制造有限公司	45
6	华南理工大学	41
7	合肥晶弘电器有限公司	37
8	广州美的华凌冰箱有限公司	36
9	广东英得尔实业发展有限公司	33
10	广东奥马冰箱有限公司	31

3.1.3　国内发明专利聚类分析

聚类分析是通过数据建模后简化并使数据可视化的分析方法。通过提取家用制冷电器具制造领域国内发明专利文本中的关键词，从其相关度聚合出不同类别的文本关键词并以圆环饼图的形式展示其分布情况，分析结果如图3-9所示。对应专利分析见表3-11。

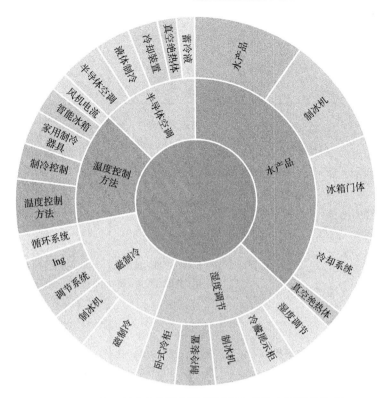

图 3-9　家用制冷电器具制造领域国内发明专利聚类分析

表 3-11　家用制冷电器具制造领域国内发明专利分析列表

序号	申请号	标题	权利要求数量/项	技术功效 1 级	技术功效 TRIZ 参数	IPC 主分类
1	CN201710412090.9	具有磁制冷功能的热管组件及磁制冷设备	10	可靠性；速度；复杂性；效率	27-可靠性；09-速度；36-系统的复杂性；39-生产率	F25B21/00
2	CN201711041336.2	化霜方法、化霜系统、制冷设备及计算机可读存储介质	12	化霜；可能性；能源；自动化；结霜；可操作性；长度；及时性；稳定性	19-能耗；38-自动化程度；33-操作流程的方便性；03-长度；25-时间损失；13-稳定性	F25D21/00
3	CN201710989629.7	一种室温固态电卡制冷方法	4	稳定性；速度；冷却；效率；循环性；温度；能源；灵活性	13-稳定性；09-速度；17-温度；39-生产率；19-能耗；35-适应性、通用性	F25B21/00
4	CN201711093016.1	一种制冰机组件、储冰盒组件及制冰模块和冰箱	8	可操作性；噪音；局限性；体验；均匀性；残留；碎冰机	33-操作流程的方便性；31-物质产生的有害因素；29-制造精度	F25C1/04

序号	申请号	标题	权利要求数量/项	技术功效1级	技术功效TRIZ参数	IPC主分类
5	CN201710179643.0	冷藏冷冻装置及其控制方法	7	完成率；温度；独立；高度；便利性；空间；灵活性；厚度	17-温度；03-长度；33-操作流程的方便性；07-体积；35-适应性、通用性	F25D11/02
6	CN201810812991.1	一种蒸发器化霜装置及其控制方法	10	时间；区域；消耗；效率；完成率	15-时间；23-物质损失；39-生产率	F25D21/00
7	CN201811274857.7	一种冰冻室采用折叠扇原理开展便于寻物的冰箱	1	拉动；速度；能源；冰箱；长度；安全；用电	09-速度；19-能耗；03-长度；30-作用于物体的有害因素	F25D11/02
8	CN201811561390.4	一种控制板的防凝露结构	5	热；传递；连接；脱落；稳定性；凝露；温度；抖动；可靠性；水分	17-温度；13-稳定性；27-可靠性	H05K7/14
9	CN201780058622.1	辐射冷却装置及其在被冷却体的冷却中的应用	11	冷却	17-温度	F25D31/00
10	CN201910275251.3	隧道相变蓄冷降温系统	4	成本；便利性；热；效率；环境	39-生产率；33-操作流程的方便性；17-温度	E21F3/00
11	CN202011028165.1	一种猪饲料除水降温设备的加工方法	3	脱落；强度；便利性；速度	14-强度；33-操作流程的方便性；09-速度	A23L3/16
12	CN202011049653.0	一种粉条加工设备	9	移动；转动；干燥；速度；安全；便利性；稳定性	09-速度；30-作用于物体的有害因素；33-操作流程的方便性；13-稳定性	A23L29/30
13	CN202010938601.2	一种集成式的智能床头柜及其控制系统	10	速度；床头柜	09-速度	A47B79/00
14	CN202011076236.5	一种基于半导体制冷技术的水壶设备	3	复杂性；便利性；自动化	36-系统的复杂性；33-操作流程的方便性；38-自动化程度	A47J27/21
15	CN202011050025.4	一种修复面膜的成型装置	9	效率；系数	39-生产率；26-物质或事物的数量	A61K8/02

序号	申请号	标题	权利要求数量/项	技术功效 1 级	技术功效 TRIZ 参数	IPC 主分类
16	CN202010899572.3	一种用于热轧带钢卷取机的内冷式助卷辊及卷取装置	10	卷取；泄露；体积	31-物质产生的有害因素；07-体积	B21C47/06
17	CN202010963466.7	一种便于散热的铆钉机	8	质量；全新；聚集	27-可靠性	B21J15/36
18	CN202010877698.0	带有鳍式散热片的激光熔覆冷却装置	9	适合性；温度；效率；复杂性；安全；散热；质量；便利性；流速；成本	35-适应性、通用性；17-温度；39-生产率；36-系统的复杂性；30-作用于物体的有害因素；27-可靠性；33-操作流程的方便性；09-速度	C23C24/10
19	CN202011082423.4	一种桥梁施工用切缝机	8	伸缩缝；环境；成本；切割；切缝；效率	39-生产率	E01D21/00
20	CN202011018542.3	一种大跨度复合冰壳结构的施工方法	8	复杂性；跨度；效率；受力；成本；建造	36-系统的复杂性；39-生产率；10-力	E04B1/34
21	CN202011083969.1	一种用于供冷系统的制冰装置	7	复杂性；合理性；成本	36-系统的复杂性；35-适应性、通用性；39-生产率	F24F5/00
22	CN202011032651.0	一种以 AMR 技术为核心的永磁式磁制冷机	8	温度	17-温度	F25B21/00
23	CN202011071917.2	一种吸附式分子流势能差制冷模型及方法	5	能效比；污染；环境；温度	31-物质产生的有害因素；17-温度	F25B21/00
24	CN202010517229.8	制冰器、家用制冷器具以及用于装入制冰器的机架的方法	15	自动化；复杂性；有害；速度；精确性；力耗费；手柄；定位；准确性	38-自动化程度；36-系统的复杂性；30-作用于物体的有害因素；09-速度；28-测量精度	F25C1/10
25	CN202011021321.1	一种肉类食品加工用的快速冷冻装置	10	速度；实用性；可控性；质量；均匀性；口感；便利性	09-速度；35-适应性、通用性；37-控制与测量的复杂性；27-可靠性；29-制造精度；33-操作流程的方便性	F25D3/10
26	CN201910568092.6	制冷设备	10	体验；空间；充分性；体积；能力	07-体积	F25D11/00

序号	申请号	标题	权利要求数量/项	技术功效1级	技术功效TRIZ参数	IPC主分类
27	CN201910568101.1	一体式制冷机组及制冷设备	10	体验；空间；充分性；体积；能力	07-体积	F25D11/00
28	CN201910569883.0	制冷机组及制冷设备	10	体验；空间；充分性；体积；能力	07-体积	F25D11/00
29	CN201910576211.2	具有变色干燥模块的储物装置及冰箱	14	用量；便利性；水；利用率	26-物质或事物的数量；33-操作流程的方便性；23-物质损失；39-生产率	F25D11/00
30	CN202010926075.8	一种黄花菜加工冷藏储藏装置	9	便利性；时间；复杂性；把控；效率；适合性	33-操作流程的方便性；15-时间；36-系统的复杂性；39-生产率；35-适应性、通用性	F25D11/00
31	CN202011002267.6	一种冷藏装置	10	精度；保鲜；可控性	28-测量精度；37-控制与测量的复杂性	F25D11/00
32	CN202011002281.6	一种冷藏装置	10	休息；噪音	31-物质产生的有害因素	F25D11/00
33	CN202011015317.4	一种分隔式生物药剂冷藏箱	7	泄露；速度；效率；低温	31-物质产生的有害因素；09-速度；39-生产率	F25D11/00
34	CN201910573707.4	温度指示和调整组件	12	可控性；成本；速度	37-控制与测量的复杂性；39-生产率；09-速度	F25D11/02
35	CN201910579911.7	冰箱	10	复杂性；实用性；适用性	36-系统的复杂性；35-适应性、通用性	F25D11/02
36	CN202010923562.9	一种制冷设备及其控制方法	9	温度；体验	17-温度	F25D11/02
37	CN202011080073.8	一种基于物联网技术的方便存储的冰箱	6	便利性；利用率；污染	33-操作流程的方便性；39-生产率；31-物质产生的有害因素	F25D11/02
38	CN202011063550.X	基于加工车间的制程冷却水净化传输装置	7	便利性；实用性；洁净度；复杂性；可靠性；可推广性	33-操作流程的方便性；35-适应性、通用性；31-物质产生的有害因素；36-系统的复杂性；27-可靠性；39-生产率	F25D17/02
39	CN201910576327.6	存储装置及冰箱	10	复杂性	36-系统的复杂性	F25D25/02

序号	申请号	标题	权利要求数量/项	技术功效 1 级	技术功效 TRIZ 参数	IPC 主分类
40	CN202010957197.3	电子秤玻璃板水冷循环装置	10	可能性；玻璃板；变化；便利性；面积；水温；差距；过高；温度	33-操作流程的方便性；05-面积；17-温度	F25D31/00
41	CN202011052780.6	复合肥生产用冷却机	7	品质	29-制造精度	F25D31/00
42	CN202010946622.9	一种用于微载体的预冷冻干燥系统和方法	10	时间；速度；改变；效率；得率；污染；干燥	15-时间；09-速度；39-生产率；31-物质产生的有害因素	F26B5/06
43	CN202011081953.7	一种基于冷凝管工0作过程中用的自动去湿设备	7	安全；便利性；效率；散热；复杂性；湿气	30-作用于物体的有害因素；33-操作流程的方便性；39-生产率；17-温度；36-系统的复杂性	F28B9/08
44	CN202010930514.2	一种油气冷却器	8	概率；温度；重油；石蜡；凝结	17-温度	F28D7/16
45	CN202010874212.8	恒温温育装置	6	温度；损耗；功率	17-温度；23-物质损失；21-功率	G05D23/19
46	CN202011186566.X	一种低压开关柜柜体	10	柜体；脱离；概率；变形；损坏；温度；静止；耐磨性；稳定性；缓冲性；接合；浪费；元器件；速度	12-形状；27-可靠性；17-温度；30-作用于物体的有害因素；13-稳定性；09-速度	H02B1/56
47	CN202011011178.8	一种手机加工检测装置	8	耐热性；准确性；防爆性；便利性	17-温度；28-测量精度；27-可靠性；33-操作流程的方便性	H04M1/24
48	CN202011043617.3	一种基于太阳能半导体热管的电动汽车充电桩冷却系统	10	散热；能源；低碳；寿命；导热性；环境	17-温度；19-能耗；27-可靠性	H05K7/20
49	CN201480084159.4	使用可锁定冷藏隔室改装冷藏集装箱的方法和冷藏集装箱	19	确定性；冷冻；循环性；充分性；可靠性；接近	27-可靠性	F25D11/00
50	CN201680060488.4	用于车辆的柔性冷却系统	15	热	17-温度	B61H1/00

序号	申请号	标题	权利要求数量/项	技术功效1级	技术功效TRIZ参数	IPC主分类
51	CN201711405217.0	一种高清多媒体冰箱门	5	实用性；防雾；模糊	35-适应性、通用性	F25D21/08
52	CN201810613995.7	一种汽车轮毂的简易吹风设备	5	劳动强度；冷却；烤漆层；效率	39-生产率；17-温度	F25D1/00
53	CN201810506176.2	冰箱	8	复杂性	36-系统的复杂性	F25D11/02
54	CN201680087027.6	保冷加温装置、及分析装置	12	加温；成本	39-生产率	F25D23/12
55	CN201811421372.6	一种铝材加工用可快速降温的防烫伤装置	1	速度；防烫伤；灵活性；循环性	09-速度；35-适应性、通用性	F25D1/00
56	CN201780047944.6	制冷系统、交通工具及对制冷系统进行操作的方法	11	正确性；可控性	28-测量精度；37-控制与测量的复杂性	F25B49/02
57	CN201811139753.5	便携式冷冻装置	7	密封性；孔；效率；温度；畅通性	29-制造精度；39-生产率；17-温度	F25D11/00
58	CN201811140859.7	便携式冷冻装置	7	便利性；重力；可靠性；消耗；放置；环境；效率；物品；取出	33-操作流程的方便性；27-可靠性；23-物质损失；39-生产率	F25D11/00
59	CN201811140879.4	便携式冷冻装置	8	复杂性；打开；关闭；温度；准确性；美观性；环境；自动化；便利性；损坏	36-系统的复杂性；17-温度；28-测量精度；38-自动化程度；33-操作流程的方便性；27-可靠性	F25D11/00
60	CN201711407924.3	冷藏冷冻装置	6	散热；效率；稳定性	17-温度；39-生产率；13-稳定性	F25D11/02
61	CN201910301127.X	一种热电制冷抗滑桩及施工方法	6	温度；复杂性；支挡；稳定性；成本；载力；弯承；抗剪；防治；寿命	17-温度；36-系统的复杂性；13-稳定性；39-生产率；27-可靠性	E02D17/20
62	CN201810836694.0	离合自动开门装置及冰箱	10	合理性；安全；损失；体验；撞击；可靠性	35-适应性、通用性；30-作用于物体的有害因素；23-物质损失；27-可靠性	F25D23/02
63	CN201911265290.1	一种基于珀尔帖效应的散热结构及电子设备	10	体验；能力；温度；抗摔；小型化	17-温度	H05K7/20

序号	申请号	标题	权利要求数量/项	技术功效 1 级	技术功效 TRIZ 参数	IPC 主分类
64	CN202010860787.4	肉块碎粒风冷机构、肉块碎粒风冷加工工艺	8	效率	39-生产率	A22C17/00
65	CN202010908899.2	一种黄花菜速冻保鲜装置	7	冷却；运输；面积；速冻；可控性；质量	17-温度；05-面积；37-控制与测量的复杂性；27-可靠性	A23B7/04
66	CN202010967627.X	一种出料稳定的自动化粉丝生产工艺	8	稳定性；断料；自动化	13-稳定性；38-自动化程度	A23P30/20
67	CN202011106635.1	一种植入物输送装置	15	风险；稳定性；脱落；复杂性；连接；适合性；解脱；便利性；空间；顺应性	27-可靠性；13-稳定性；36-系统的复杂性；35-适应性、通用性；33-操作流程的方便性；07-体积	A61F2/24
68	CN202010964607.7	一种立式磨煤机的磨煤制粉粉磨系统	6	噪音；效率；舒适性；速率；防震性；寿命；正确性	31-物质产生的有害因素；39-生产率；09-速度；30-作用于物体的有害因素；27-可靠性；28-测量精度	B02C15/00
69	CN202011074341.5	一种秸秆颗粒制作用便于维修的冷却装置	6	效率	39-生产率	B07B9/00
70	CN202011084827.7	一种定型机出布区防油污装置	6	清洁性；脱落；杂物	31-物质产生的有害因素	B08B1/00
71	CN202010944457.3	一种适用于计算机网络技术的硬盘销毁装置	9	污染；机体；美观性；噪音；声响；运转；热量；风扇	31-物质产生的有害因素；19-能耗	B09B3/00
72	CN202011115202.2	一种医用转瓶机	8	自动化；安全；智能化；复杂性	38-自动化程度；30-作用于物体的有害因素；36-系统的复杂性	B65G13/06
73	CN201910554360.9	一种石墨降温装置	6	速度；成本；经济性；气温；温度；复杂性；效率；周期；能源；完成率	09-速度；39-生产率；17-温度；36-系统的复杂性；15-时间；19-能耗	C01B32/215

序号	申请号	标题	权利要求数量/项	技术功效1级	技术功效TRIZ参数	IPC主分类
74	CN202010983354.8	一种液冷抗冲击矿山用液压油缸	6	冲击；配比；安全；碰撞；强度；流速；面积；残留；寿命；抗冲击性；便利性；密封性	30-作用于物体的有害因素；14-强度；09-速度；05-面积；27-可靠性；33-操作流程的方便性；29-制造精度	F15B15/14
75	CN202011019485.0	一种高温物料密封式冷却兼输送方法	6	安全；能源；有害；环境；可操作性；成本；可靠性；稳定性；健康；清洁性；消耗；体积；故障；劳动强度	30-作用于物体的有害因素；19-能耗；33-操作流程的方便性；39-生产率；27-可靠性；13-稳定性；31-物质产生的有害因素；23-物质损失；07-体积	F23J1/02
76	CN202011039542.1	水冷螺杆式冷水机组热回收系统	7	便利性；稳定性；能源；可靠性；效率；合理性	33-操作流程的方便性；13-稳定性；19-能耗；27-可靠性；39-生产率；35-适应性、通用性	F25B1/047
77	CN202010960465.7	磁回热器和磁制冷装置	13	容纳；效率；混合；取出	39-生产率	F25B21/00
78	CN202010996745.3	一种基于热管的制冷制热系统	10	噪音；制热；复杂性；制冷制热	31-物质产生的有害因素；36-系统的复杂性	F25B21/00
79	CN202010772455.0	一种用于全密闭空间的热转移式吸热制冷方法及系统	8	温度；干扰；尺寸；热量	17-温度；30-作用于物体的有害因素；03-长度；19-能耗	F25B21/02
80	CN202010947284.0	一种直接蒸发旋转式制冰系统	10	成本；布置；消耗；冰堵	39-生产率；23-物质损失	F25C1/08
81	CN202011121029.7	组合式蓄冷器及液态空气储能系统	9	效率；斜温层；模式；削弱；补充；灵活性	39-生产率；35-适应性、通用性	F25D3/10
82	CN202010793265.7	一种化冻箱	10	原料；解冻；速度；效率；稳定性；复杂性	23-物质损失；09-速度；39-生产率；13-稳定性；36-系统的复杂性	F25D11/00
83	CN202010969764.7	一种多功能外桶、箱体以及箱体安装方法	10	材料；工装；冷却；体积；体验；效率；容积率；利用率；复杂性；完整性；绿色；集成化	23-物质损失；17-温度；07-体积；39-生产率；36-系统的复杂性	F25D11/00

序号	申请号	标题	权利要求数量/项	技术功效 1 级	技术功效 TRIZ 参数	IPC 主分类
84	CN202011093647.5	一种蓝莓冷藏装置	7	冷藏；便利性；确定性；质量；果汁；损坏；冻；适合性；复杂性	33-操作流程的方便性；27-可靠性；17-温度；35-适应性、通用性；36-系统的复杂性	F25D11/00
85	CN201910555865.7	冰箱	10	潮湿；湿度；数量；可控性；变更	26-物质或事物的数量；37-控制与测量的复杂性	F25D11/02
86	CN202010965907.7	一种电场极板结构及制冷设备	8	可靠性；均匀性	27-可靠性；29-制造精度	F25D11/02
87	CN202011066416.5	一种主动式外循环智能果蔬保鲜储运子母库	10	智能化；自动化；成分；开库；运输；损失；成熟；消耗；品质；干预；农药；细胞	38-自动化程度；26-物质或事物的数量；23-物质损失；29-制造精度	F25D13/00
88	CN202011089391.0	库房运行控制系统及制冷机组	10	结霜；可靠性；湿度；可控性	27-可靠性；37-控制与测量的复杂性	F25D13/00
89	CN202010926126.7	一种黄花菜加工速冻装置	8	实用性；效率；温度；中断	35-适应性、通用性；39-生产率；17-温度	F25D15/00
90	CN201910557276.2	冰箱的风道组件及冰箱	13	耐用性；市场；有害；风道；美观性	13-稳定性；30-作用于物体的有害因素	F25D17/04
91	CN202011017968.7	冰箱的风道组件及冰箱	16	热流量；时间；损坏；效率；加热器	15-时间；27-可靠性；39-生产率	F25D17/08
92	CN202011005972.1	一种冰柜去冰装置及使用方法	8	自动化；效率；实用性	38-自动化程度；39-生产率；35-适应性、通用性	F25D21/06
93	CN202010913748.6	一种具有冷凝水清除功能的保鲜抽屉及冷藏设备	10	凝聚；清洁性；变质；拉动；腐烂；冷藏	31-物质产生的有害因素	F25D21/14
94	CN201910555002.X	出冰装置及具有其的冰箱	10	隔离；结霜；不严；污染；密封性	31-物质产生的有害因素；29-制造精度	F25D23/12
95	CN201910552894.8	一种果蔬冷藏存储架	6	质量；冻伤	27-可靠性	F25D25/02
96	CN202010814446.3	一种谷物烘干冷却筒	7	速度；均匀性	09-速度；29-制造精度	F26B11/16

续表

序号	申请号	标题	权利要求数量/项	技术功效1级	技术功效TRIZ参数	IPC主分类
97	CN202010920484.7	一种稳温稳压的低温冷气产生装置及控制方法	9	冷气；压力；稳定性；压缩功；可控性；速度	10-力；13-稳定性；37-控制与测量的复杂性；09-速度	F28D7/08
98	CN201980027992.8	开孔聚氨酯硬质泡沫及其用途	4	均匀性；速度	29-制造精度；09-速度	C08G18/48
99	CN201980033275.6	具有主动温度控制的便携式冷却器	23	冷却器；可控性；自动化；温度	37-控制与测量的复杂性；38-自动化程度；17-温度	F25D11/00
100	CN201810187381.7	一种红酒储藏装置及酒柜	9	便利性；自动化；红酒瓶；酒瓶；速度	33-操作流程的方便性；38-自动化程度；09-速度	F04B37/14
101	CN201810482574.5	冰箱及其压缩机频率控制方法	8	频率；升频；效率；可控性；损失；运行；紧固性；温度；损耗；确定性	39-生产率；37-控制与测量的复杂性；23-物质损失；17-温度	F25D11/00
102	CN201810549414.8	一种增强散热装置及控制方法	7	散热；可控性；效率	17-温度；37-控制与测量的复杂性；39-生产率	H05K7/20
103	CN201810703887.9	一种带除臭除湿功能的冷冻冷藏装置	3	异味；进入；寿命；湿度；稳定性；可靠性	27-可靠性；13-稳定性	F25D11/02
104	CN201810924228.8	一种保温箱	7	风险；进入；不方便	27-可靠性	F25D3/06
105	CN201811189110.1	酒柜的恒温控制方法及装置	10	开启；可控性；精准性	37-控制与测量的复杂性	F25D31/00
106	CN201810345959.7	冰箱活动梁及冰箱	10	通电；接通；复杂性；热	36-系统的复杂性；17-温度	F25D23/00
107	CN201910578197.X	一种基于LNG能源梯级利用的冷链物流园区集合系统	5	利用率；污染；消耗	39-生产率；31-物质产生的有害因素；23-物质损失	F25D3/10
108	CN201910700317.9	一种环保型减压保鲜贮藏装置	10	减压；保鲜；复杂性	36-系统的复杂性	F25D11/00
109	CN201910705059.3	一种气幕式果蔬低压保鲜设备	5	速度；温度；环境；阻挡	09-速度；17-温度	F25D25/02

序号	申请号	标题	权利要求数量/项	技术功效 1 级	技术功效 TRIZ 参数	IPC 主分类
110	CN201910735500.2	一种冰箱风门化冰控制方法和装置	8	温度;升高;化冰	17-温度	F25D21/00
111	CN201910643557.X	一种海捕船渔获物低温冷藏舱	10	鲜度;便利性;挤压力;系数;品质;散失;换热;速度;挤压	33-操作流程的方便性;26-物质或事物的数量;29-制造精度;17-温度;09-速度	F25D13/00
112	CN201910961319.3	一种矿井排风余热利用装置及其利用方法	5	便利性;凝结;建造;消耗;体积;效率;复杂性	33-操作流程的方便性;23-物质损失;07-体积;39-生产率;36-系统的复杂性	E21F1/08
113	CN201911138579.7	制冷装置及用于制冷装置的门体、装配方法	10	良品率;难度;效率	29-制造精度;36-系统的复杂性;39-生产率	F25D11/00
114	CN202010148660.X	一种冰箱冷冻仓冰层清理器	7	时间;清洁性;局限性;效率;可能性	15-时间;31-物质产生的有害因素;39-生产率	F25D21/06
115	CN202010900032.2	一种粉条生产设备	5	成本;负荷;负担;均匀性;速度;导热性;氧化;电阻率;便利性;气泡;效率;热;寿命	39-生产率;01-重量;29-制造精度;09-速度;17-温度;30-作用于物体的有害因素;33-操作流程的方便性;27-可靠性	A23L29/30
116	CN202011015263.1	一种炒花生用降温处理设备	6	散发;及时性;面积;速度	25-时间损失;05-面积;09-速度	A23P30/00
117	CN202010837598.5	一种便携式人体降温制冷装置	8	凉爽;效率;广泛性;便利性;损耗	39-生产率;33-操作流程的方便性;23-物质损失	A41D13/005
118	CN202010794149.7	一种危险品存放柜	6	干燥;散热;确定性	17-温度	A47B81/00
119	CN202011001330.4	一种以植物根茎为原料的有机肥生产和制粒设备	10	结块;能源;准确性	19-能耗;28-测量精度	B01J2/20
120	CN202011116637.9	一种印刷设备用印刷辊冷却装置	8	冷却;时间;堵塞;质量;面积	17-温度;15-时间;31-物质产生的有害因素;27-可靠性;05-面积	B41F31/26

续表

序号	申请号	标题	权利要求数量/项	技术功效1级	技术功效TRIZ参数	IPC主分类
121	CN202010909114.3	一种农副产品搬运托板	10	完整性；便利性；内侧；果实；成本；新鲜	33-操作流程的方便性；39-生产率	B65D81/05
122	CN202010839803.1	一种采用冷链运输原理的爆炸品运输保险箱	8	敏感性；防爆性；热；温度；安全；箱内	27-可靠性；17-温度；30-作用于物体的有害因素	B65D81/18
123	CN202010855926.4	一种农业用农作物种子贮藏装置	6	水量；时间；密封箱；贮藏盒；贮藏；稳定性	15-时间；13-稳定性	B65D81/18
124	CN202011050808.2	一种制白酒用糟醅摊晾降温装置	8	温度；翻动；时间；下端；均匀性；糟醅；清洁性；成本	17-温度；15-时间；29-制造精度；31-物质产生的有害因素；39-生产率	C12G3/02
125	CN202011153670.9	一种基于吸收式技术的蒸汽回收系统	8	消耗；成本；充分性；利用率	23-物质损失；39-生产率	F22B1/00
126	CN202011038121.7	一种冰蓄冷系统	10	效率；速度；复杂性；能源；冷量；体积	39-生产率；09-速度；36-系统的复杂性；19-能耗；07-体积	F24F5/00
127	CN202011146457.5	制冷制热装置及家用电器	10	合理性；便利性；速度；体积；制热；适用性；容器；散热；耐热性；空间；损失；美观性；冷却；损坏	35-适应性、通用性；33-操作流程的方便性；09-速度；07-体积；17-温度；23-物质损失；27-可靠性	F25B21/02
128	CN202010954809.3	一种食用冰球的快速制造装置	4	便利性	33-操作流程的方便性	F25C1/10
129	CN201910531473.7	一种冰箱及其控制方法	14	碰撞；受伤；受损；损坏	30-作用于物体的有害因素；31-物质产生的有害因素；27-可靠性	F25D11/00
130	CN201910536513.7	一种超低温冷藏箱及冷藏方法	10	换热；绝热板；漏热；长度；速度；消耗；压力；体积；泄露；热传递	17-温度；03-长度；09-速度；23-物质损失；10-力；07-体积；31-物质产生的有害因素	F25D11/00
131	CN202010945589.8	一种果蔬保鲜装置	8	麻烦；细菌；清洁性	31-物质产生的有害因素；30-作用于物体的有害因素	F25D11/00

序号	申请号	标题	权利要求数量/项	技术功效 1 级	技术功效 TRIZ 参数	IPC 主分类
132	CN202011111496.1	制冷系统及其控制方法	10	化霜；控制阀；关闭；可控性；效率；长度；温度	37-控制与测量的复杂性；39-生产率；03-长度；17-温度	F25D11/00
133	CN201910532829.9	蒸发器异形的冰箱	10	风量；弯腰；转速；噪音；效率；冷冻；换热；尺寸；体验；消耗	09-速度；31-物质产生的有害因素；39-生产率；17-温度；03-长度；23-物质损失	F25D11/02
134	CN201910533682.5	冷凝器改进的冰箱	11	冷冻；面积；体验；弯腰；效率	05-面积；39-生产率	F25D11/02
135	CN202011033116.7	一种用于肉冷冻库的通风设备	8	稳定性；便利性；过滤；清洁性；劳动强度；效率	13-稳定性；33-操作流程的方便性；31-物质产生的有害因素；39-生产率	F25D13/00
136	CN202010948984.1	一种应用于食品加工流水线上的冷却装置	7	便利性；效率	33-操作流程的方便性；39-生产率	F25D13/06
137	CN202010492714.4	一种新型贮存柜环境温湿度调节装置	10	复杂性；灵活性	36-系统的复杂性；35-适应性、通用性	F25D17/04
138	CN202010860504.6	一种简易拆卸式气压平衡减霜装置及冰柜	10	复杂性；便利性；平衡；成本；效率	36-系统的复杂性；33-操作流程的方便性；39-生产率	F25D17/04
139	CN202011044609.0	一种便于清洁的制冷设备	7	复杂性；清洁性；速度；效率	36-系统的复杂性；31-物质产生的有害因素；09-速度；39-生产率	F25D21/06
140	CN202010975228.8	抽屉装置和具有其的制冷设备	10	环境；均匀性；便利性；可靠性；锁止；舒适性；稳定性	29-制造精度；33-操作流程的方便性；27-可靠性；13-稳定性	F25D25/02
141	CN202010976893.9	抽屉装置和具有其的制冷设备	15	舒适性；便利性	33-操作流程的方便性	F25D25/02
142	CN202011063511.X	一种平衡运输机构及冰箱	20	便利性；平放；拿取；平衡	33-操作流程的方便性	F25D25/02
143	CN202010960650.6	一种循环水冷风机箱	9	成本；复杂性；冷却	39-生产率；36-系统的复杂性；17-温度	F25D31/00

序号	申请号	标题	权利要求数量/项	技术功效1级	技术功效TRIZ参数	IPC主分类
144	CN202010972435.8	一种间接提供能源的多样化冷链物流箱	7	损坏；热量；接触；质量；运输；浪费；能源	27-可靠性；19-能耗	F25D31/00
145	CN202010976384.6	一种基于区块链技术的食品加工设备用可循环冷却装置	6	冷却；面积	17-温度；05-面积	F25D31/00
146	CN201980032770.5	物品冷冻方法及物品冷冻装置	9	均匀性；速度	29-制造精度；09-速度	A23L3/36
147	CN201710137269.8	冷却装置	4	交换；效率	39-生产率	F25B41/00
148	CN201811523627.X	制冷单元及其组合式制冷装置	9	跨度；复杂性；单元；功率；导热性；连续性；温差；制冷量；传递；冷却；科学	36-系统的复杂性；21-功率；17-温度	F25B21/00
149	CN201910700177.5	一种圆柱形风动冰箱的减压保鲜贮藏装置	10	流动性；速度；消耗；成本；保鲜	09-速度；23-物质损失；39-生产率	F25D11/02
150	CN202010141145.9	模块化生鲜配送装置及相匹配的快递柜	8	效率；循环性；便利性；冷却；适合性	39-生产率；33-操作流程的方便性；17-温度；35-适应性、通用性	F25D11/02
151	CN202010882729.1	一种红薯粉加工生产装置	10	复杂性；冷却；长度；含水量；速度；效率；混合；劳动强度；便利性；营养	36-系统的复杂性；17-温度；03-长度；09-速度；39-生产率；33-操作流程的方便性	A23L19/10
152	CN202011011058.8	一种散热性可控的保温杯系统	10	稳定性；美观性；温度；速度；交换；便利性；脱落；污染；安全；实用性；承托防护；效率；成本；健康；散热	13-稳定性；17-温度；09-速度；33-操作流程的方便性；31-物质产生的有害因素；30-作用于物体的有害因素；35-适应性、通用性；39-生产率	A47G23/02
153	CN202010936049.3	一种高营养杂粮面包粉的制备方法	7	适合性；营养；吸收；成块；面包粉；效率；数量	35-适应性、通用性；39-生产率；26-物质或事物的数量	B02C4/06

序号	申请号	标题	权利要求数量/项	技术功效 1 级	技术功效 TRIZ 参数	IPC 主分类
154	CN202010907373.2	一种凸轮式双切割片冰箱门封切割装置	5	适合性；污染；复杂性；正确性；切割效率；便利性；速度；稳定性	35-适应性、通用性；31-物质产生的有害因素；36-系统的复杂性；28-测量精度；39-生产率；33-操作流程的方便性；09-速度；13-稳定性	B26D1/15
155	CN202011053623.7	充电桩内循环式制冷的方法	4	故障；交换；污染；实时性；耐用性；寿命；确定性	27-可靠性；31-物质产生的有害因素；25-时间损失；13-稳定性	B60L53/302
156	CN202010994854.1	一种冰箱安装用冰箱安装搬运装置	7	防护性；劳动强度；受损；效率	39-生产率	B62B3/04
157	CN202011125230.2	一种自动除冰的冷链物流输送装置及其运作方法	10	确定性；完成率；可靠性；效率；劳动强度；时间	27-可靠性；39-生产率；15-时间	B62D33/04
158	CN202011019507.3	一种极地水域用水体环境检测浮标	8	水分；下沉；受损；时长；温度；电热片；缓冲保护；撕裂	17-温度	B63B22/00
159	CN202011016714.3	一种木瓜高效采摘和恒温转运存储装置	10	确定性；存储；效率；存放；保存；便利性；损失；转运；浪费；腐烂	39-生产率；33-操作流程的方便性；23-物质损失	B65D25/10
160	CN202010935673.1	一种利用新能源发电的仿木桩降温清洗器	6	复杂性；便利性；清洁性；能源；晒伤	36-系统的复杂性；33-操作流程的方便性；31-物质产生的有害因素；19-能耗	E02B15/02
161	CN202011091638.2	一种燃气设备散热减震保护装置	5	有害；安全；范围	30-作用于物体的有害因素；35-适应性、通用性	F17D1/04
162	CN202010917258.3	一种具有防霜结构的蒸发冷却机组	10	温度；效率；结霜冻；损失；环境；能源；冷却；积雪；霜风道；热	17-温度；39-生产率；23-物质损失；19-能耗	F24F5/00
163	CN202011027918.7	一种小型立式两用热水炉	5	速度	09-速度	F24H9/00

序号	申请号	标题	权利要求数量/项	技术功效1级	技术功效TRIZ参数	IPC主分类
164	CN202011129579.3	一种二氧化碳热泵蒸发器	10	复杂性；消耗；低温；可推广性；畅通	36-系统的复杂性；23-物质损失；39-生产率	F25B9/00
165	CN202011268248.8	一种三重制冷三重保护及隔热技术的生物样本液氮罐冰箱	8	百倍；气体；负荷容量；安全；蒸发率；能源；稳定性；消耗；样本；削弱；复杂性；热传导；珍贵；存取；环境；热；真空度；便利性；完成率	01-重量；07-体积；30-作用于物体的有害因素；19-能耗；13-稳定性；23-物质损失；36-系统的复杂性；17-温度；33-操作流程的方便性	F25D3/10
166	CN202010878801.3	一种化妆品冰箱	10	细菌；均匀性；便利性；异味；干燥；效率；发霉	30-作用于物体的有害因素；29-制造精度；33-操作流程的方便性；39-生产率	F25D11/00
167	CN202010899182.6	一种低噪声冰箱	10	压力；平衡；噪音；消耗；振动	10-力；31-物质产生的有害因素；23-物质损失	F25D11/00
168	CN202010975210.8	真空保鲜方法、真空控制装置和制冷设备	14	保鲜；可控性	37-控制与测量的复杂性	F25D11/00
169	CN202010997301.1	一种利用水物理状态变化进行冷热替换的智能冰箱	6	温度；渗出；结霜	17-温度	F25D11/00
170	CN202011048444.4	冰箱及其控制方法	10	及时性；后果	25-时间损失	F25D11/00
171	CN202011058813.8	用于风冷冰箱的送风装置以及包括该装置的冰箱	10	体积；复杂性；尺寸；配合；稳定性；可靠性；可扩展性；充分性	07-体积；36-系统的复杂性；03-长度；13-稳定性；27-可靠性	F25D11/00
172	CN202011061457.5	冰箱	10	复杂性；可操作性；便利性；电解液；可控性；占用；重量；抽屉；频率；体积；稳定性；美观性	36-系统的复杂性；33-操作流程的方便性；37-控制与测量的复杂性；01-重量；07-体积；13-稳定性	F25D11/00

序号	申请号	标题	权利要求数量/项	技术功效1级	技术功效TRIZ参数	IPC主分类
173	CN202011102924.4	一种具有气压调节结构的冰箱	6	均匀性；强度；气压；价值；便利性；消耗；难度；胆结霜	29-制造精度；14-强度；39-生产率；33-操作流程的方便性；23-物质损失；36-系统的复杂性	F25D11/00
174	CN201910526390.9	制冷设备	15	流量；温度；进入；防凝露；平衡	26-物质或事物的数量；17-温度	F25D11/02
175	CN201910528101.9	用于冷藏冷冻装置的气流除湿模块及冷藏冷冻装置	10	速度；湿度；冷量；体验；结霜；效率；气流；集中度；传递	09-速度；39-生产率	F25D11/02
176	CN201910528108.0	用于冷藏冷冻装置的气流除湿模块及冷藏冷冻装置	10	体验；结成霜；结霜；波动；湿度；数量；均匀性；结霜量；气流；消耗	26-物质或事物的数量；29-制造精度；23-物质损失	F25D11/02
177	CN201910528116.5	用于冷藏冷冻装置的气流除湿模块及冷藏冷冻装置	10	体验；数量；冷量；速度；结霜；湿度；气流；集中度；效率；传递；变更	26-物质或事物的数量；09-速度；39-生产率	F25D11/02
178	CN201910528118.4	冷藏冷冻装置	10	体验；数量；速度；结霜；消耗；湿度；效率；冷量；集中度；传递	26-物质或事物的数量；09-速度；23-物质损失；39-生产率	F25D11/02
179	CN201910528744.3	用于冷藏冷冻装置的气流除湿模块及冷藏冷冻装置	10	体验；结霜；彻底性；完成率；湿度；均匀性；气流；冷凝	29-制造精度	F25D11/02
180	CN201910528746.2	用于冷藏冷冻装置的气流除湿模块及冷藏冷冻装置	10	效率；完成率；结霜；翅片；彻底性；湿度；体验；均匀性；气流；复杂性	39-生产率；29-制造精度；36-系统的复杂性	F25D11/02
181	CN201910528756.6	用于冷藏冷冻装置的气流除湿模块及冷藏冷冻装置	10	波动；均匀性；结霜；湿度；结成霜；体验；结霜量；气流；消耗；热量	29-制造精度；23-物质损失；19-能耗	F25D11/02
182	CN202010966249.3	一种冰箱	10	正确性；速度；堆积；凝结	28-测量精度；09-速度	F25D11/02

续表

序号	申请号	标题	权利要求数量/项	技术功效1级	技术功效TRIZ参数	IPC主分类
183	CN202011052114.2	冰箱及其控制方法	10	复杂性；调节；智能化；效率；凝露；成本；自动化	36-系统的复杂性；39-生产率；38-自动化程度	F25D11/02
184	CN202011146269.2	一种消毒冰箱及消毒方法	7	有害；细菌；食品；异味；安全；扩散性；速率；速度；消毒；效率；潮湿	30-作用于物体的有害因素；09-速度；39-生产率	F25D11/02
185	CN202011146324.8	一种具有催熟功能的冰箱及控制方法	10	催熟；可靠性；实用性；品质；空间	27-可靠性；35-适应性、通用性；29-制造精度；07-体积	F25D11/02
186	CN202011009684.3	一种基于智慧冷库的远程温度控制器及其控制方法	10	刺激；安全；模式；功能性；实用性；正确性；一致性；查阅	30-作用于物体的有害因素；35-适应性、通用性；28-测量精度	F25D13/00
187	CN202010994376.4	一种氧化锌高效冷却器	6	及时性；便利性；冷却槽；复杂性；水温；效率；传统	25-时间损失；33-操作流程的方便性；36-系统的复杂性；39-生产率	F25D17/02
188	CN202011102870.1	一种用于冰箱的气压平衡装置	7	水蒸气；结霜；便利性	33-操作流程的方便性	F25D17/04
189	CN202011044597.1	一种便于清洁的制冷装置	6	清洁性；冷冻；时间；效率；劳动强度	31-物质产生的有害因素；15-时间；39-生产率	F25D21/06
190	CN202011073861.4	一种对开门冰箱的门封、密封方法及对开门冰箱	10	热；稳定性；利用率；概率；中梁；便利性；闭合；余量	17-温度；13-稳定性；39-生产率；33-操作流程的方便性	F25D23/02
191	CN202011148628.8	一种冰箱铰链组件及基于其的冰箱	10	成本；工艺；稳定性；复杂性；可靠性；摩擦力；关门力；滚动体	39-生产率；13-稳定性；36-系统的复杂性；27-可靠性；10-力	F25D23/02
192	CN202011103808.4	一种箱体后罩及冰箱	10	便利性；工装；清洁性；本体；体验；效率；散热；可控性；体积；材料；复杂性；灰尘；完整性	33-操作流程的方便性；31-物质产生的有害因素；39-生产率；17-温度；37-控制与测量的复杂性；07-体积；23-物质损失；36-系统的复杂性	F25D23/06

序号	申请号	标题	权利要求数量/项	技术功效 1 级	技术功效 TRIZ 参数	IPC 主分类
193	CN202010926277.2	一种硫酸锌真空冷却装置	6	数量；速度；长度；效率；消耗	26-物质或事物的数量；09-速度；03-长度；39-生产率；23-物质损失	F25D31/00
194	CN202010999462.4	一种激光熔覆冷却装置	6	便利性；浪费；移动	33-操作流程的方便性	F25D31/00
195	CN202010959822.8	一种食品安全检测装置及其检测方法	10	复杂性；推送；压强；自动化；寿命；可控性；可检测性；碰撞	36-系统的复杂性；11-应力、压强；38-自动化程度；27-可靠性；37-控制与测量的复杂性；28-测量精度；30-作用于物体的有害因素	G01N33/02
196	CN202011096618.4	一种具有高效散热模块的电缆沟	4	效率；散热	39-生产率；17-温度	H02G9/02
197	CN202010905348.0	一种增强散热型双变频一体式变频电机	8	空气；一体化；效率；空间；可控性；电机；调节；成本；速度	39-生产率；07-体积；37-控制与测量的复杂性；09-速度	H02K5/20
198	CN202010959999.8	一种电器设备用智能化过热保护装置	7	防护性；温度；速度；损失	17-温度；09-速度；23-物质损失	H05K7/20
199	CN201980031439.1	相变屏障及其使用方法	57	凝固；结霜；水；驱动力；凝结；延迟；水霜；相变	23-物质损失；25-时间损失	F25D21/04
200	CN201880092764.4	用于冷却饮料和其它食物产品的加湿和除湿工艺和设备以及制造工艺	81	标准；体积；干燥；冷却；复杂性；润唇膏	07-体积；17-温度；36-系统的复杂性	F25D31/00
201	CN201980028693.6	热电转换元件	13	传导率；自由度；离子；转换；稳定性	13-稳定性	H01L35/14
202	CN201610384108.4	可强制排出废气的木屑颗粒多功能锅炉	2	稳定性；事故；范围；局限性	13-稳定性；27-可靠性；35-适应性、通用性	F24D3/02
203	CN201710191308.2	制冷设备	5	均匀性；效率；冷却	29-制造精度；39-生产率；17-温度	F25D11/02
204	CN201710905131.8	一种带排水功能的冰箱抽屉盒	3	复杂性；积水	36-系统的复杂性	F25D25/02

序号	申请号	标题	权利要求数量/项	技术功效1级	技术功效TRIZ参数	IPC主分类
205	CN201710791157.4	一种接水盒及冷柜	8	接水量；速度；含水量；效率；蒸发；溢出；面积	09-速度；39-生产率；05-面积	F25D21/14
206	CN201711167721.1	风机运行控制方法、控制装置、制冷设备和存储介质	12	正确性；冷却；运行；适应性；能源；便利性；速度	28-测量精度；17-温度；35-适应性、通用性；19-能耗；33-操作流程的方便性；09-速度	F25D11/02
207	CN201810236906.1	风道组件及冰箱	7	循环性；电动机；可维修性；占用；复杂性；实用性；便利性；空间	34-可维修性；36-系统的复杂性；35-适应性、通用性；33-操作流程的方便性；07-体积	F25D17/06
208	CN201711459751.X	双温区分段式半导体制冷设备	8	内胆；体验；多样化；导热性；可靠性；牢固性	17-温度；27-可靠性	F25D31/00
209	CN201711408895.2	换热装置及具有该换热装置的半导体制冷设备	12	导出；流动性；均匀性；体积；效率；厚度	29-制造精度；07-体积；39-生产率；03-长度	F25B21/02
210	CN201711457945.6	混合制冷式制冷设备	7	内胆；环境；体验；确定性；多样化；导热性；速度；可靠性；牢固性	17-温度；09-速度；27-可靠性	F25D11/02
211	CN201810366715.7	一种基于物联网的智慧型冰箱	1	灵活性；消耗；可检测性；物品；成本；智能化；新鲜；复杂性	35-适应性、通用性；23-物质损失；28-测量精度；39-生产率；36-系统的复杂性	F25D11/00
212	CN201810632674.1	一种移动式冷却系统	12	购置；速度；用地；实用性；液体；便利性；成本；安全；浪费；事故；经济性	09-速度；35-适应性、通用性；33-操作流程的方便性；39-生产率；30-作用于物体的有害因素；27-可靠性	F25D31/00
213	CN201710293549.8	半导体制冷设备	9	风阻；效率；确定性；热；散失；能力；消耗；可靠性；接触；速度；交换量	30-作用于物体的有害因素；39-生产率；17-温度；23-物质损失；27-可靠性；09-速度	F25D11/00

序号	申请号	标题	权利要求数量/项	技术功效1级	技术功效TRIZ参数	IPC主分类
214	CN201711089355.2	双温区固态制冷设备	9	冷量；效率；确定性；热；散失；消耗；可靠性；接触；速度；交换量；下拉	39-生产率；17-温度；23-物质损失；27-可靠性；09-速度	F25D11/02
215	CN201710406138.5	分级蓄冷式超临界压缩空气储能系统及方法	47	成本；效率；回收；环境；完成率；可靠性；压力；安全；适合性	39-生产率；27-可靠性；10-力；30-作用于物体的有害因素；35-适应性、通用性	F01K7/32
216	CN201811455804.5	自适应式压缩型电冰箱	5	可控性；光滑性	37-控制与测量的复杂性；12-形状	F25D11/00
217	CN201710662322.6	具有自动除霜功能的制冷设备及其除霜控制方法	8	消耗；凝结；冷却；效率；自动化；体验	23-物质损失；17-温度；39-生产率；38-自动化程度	F25D21/00
218	CN201811013423.1	一种穿戴式人体降温器	10	效率；成本；速度；冷却液；可推广性；健康；安全；体积；适合性；便利性；复杂性；范围	39-生产率；09-速度；30-作用于物体的有害因素；07-体积；35-适应性、通用性；33-操作流程的方便性；36-系统的复杂性	A41D13/005
219	CN201910009110.7	一种采用闭循环制冷机的低振动降温装置	9	振动；温度；隔离	31-物质产生的有害因素；17-温度	F25D3/10
220	CN201711462036.1	一种新型半导体制冷散热模块	7	利用率；风阻；均匀性；散热；充分性；堆积；差异；效率	39-生产率；30-作用于物体的有害因素；29-制造精度；17-温度	F25B21/02
221	CN201811386862.7	冷藏冷冻装置及其控制方法	10	热负荷；效率；变化；风量；太大；冷冻；速率	39-生产率；09-速度	F25D11/02
222	CN201910424495.3	制冷控制方法、冰箱及计算机可读存储介质	15	温度；损坏；确定性	17-温度；27-可靠性	F25D11/02
223	CN201910522458.6	一种基于光伏发电的环保型储藏箱	8	效率；实用性；复杂性；灵敏度；成本；环境；自动化；可靠性；安全；冷冻	39-生产率；35-适应性、通用性；36-系统的复杂性；28-测量精度；38-自动化程度；27-可靠性；30-作用于物体的有害因素	F25D3/00

序号	申请号	标题	权利要求数量/项	技术功效1级	技术功效TRIZ参数	IPC主分类
224	CN201880010400.7	物流系统以及物流方法	14	蓄热；长度	03-长度	F25D3/00
225	CN201910594316.0	一种小型食品预冷加工综合用能装置	9	制冷剂；能量；用量；能力；空气；储存；预冷；广泛性；回收；水预冷；温度；正确性	19-能耗；26-物质或事物的数量；17-温度；28-测量精度	F25D15/00
226	CN201911123064.X	一种纱网张力可调节的纱网生产设备	2	拉力；速度；便利性；质量；轮转动；效率；紧固性	09-速度；33-操作流程的方便性；27-可靠性；39-生产率	B65H23/26
227	CN202010162474.1	一种电子设备油雾热交换设备	6	便利性；成本；稳定性	33-操作流程的方便性；39-生产率；13-稳定性	F25D31/00
228	CN202010625165.3	一种可调节酒瓶架的酒柜	6	适合性；成本	35-适应性、通用性；39-生产率	A47B69/00
229	CN202010924938.8	嵌入橱柜的长时间预约烹饪机及其安装方法	10	适应性；厨房；复杂性；预约；休息；便利性；成本；可操作性；外部；正确性；冷却	35-适应性、通用性；36-系统的复杂性；33-操作流程的方便性；39-生产率；28-测量精度；17-温度	A47J27/00
230	CN202010841669.9	一种便携式胰岛素注射家庭护理包	7	利用率；患者；成本；携带；安全；温度；规范性；传递；污染；风险	39-生产率；30-作用于物体的有害因素；17-温度；31-物质产生的有害因素；27-可靠性	A61M5/00
231	CN202010793578.2	一种市政道路车辆降温装置	5	适用性；复杂性；温度；冷却；适合性	35-适应性、通用性；36-系统的复杂性；17-温度	B05B15/68
232	CN202011004141.2	一种粉末收集筒的冷却结构	6	效率；收集；正确性	39-生产率；28-测量精度	B22F9/08
233	CN201910510120.9	一种机器人自动螺母热插机构	6	温度；长度；放置；成本；损耗；耐损耗；治具；变形；吹嘴；自动化	17-温度；03-长度；39-生产率；23-物质损失；12-形状；38-自动化程度	B25J11/00
234	CN201910508598.8	一种热弯玻璃加工设备的冷却装置	10	成品率；效率	29-制造精度；39-生产率	C03B23/023

序号	申请号	标题	权利要求数量/项	技术功效 1 级	技术功效 TRIZ 参数	IPC 主分类
235	CN202010894198.8	一种高效率低压水解臭氧发生装置	10	速率；温度；持久度	09-速度；17-温度	C25B1/13
236	CN202011069747.4	一种装配式隔声楼板以及装配式房屋	10	掺杂；冷却；环境传递；噪音；缝隙；共振；防水性；速度；侵蚀；热	17-温度；31-物质产生的有害因素；30-作用于物体的有害因素；09-速度	E04B5/02
237	CN202010959252.2	一种新型低温系统	10	智能化；稳定性；输出；成本；时间；消耗；精度；排放；利用率；温度；效率；长度	13-稳定性；39-生产率；15-时间；23-物质损失；28-测量精度；17-温度；03-长度	F25B9/08
238	CN202011076725.0	一种智能控温模块	9	复杂性；便利性；防水性；散热；进入；速度	36-系统的复杂性；33-操作流程的方便性；30-作用于物体的有害因素；17-温度；09-速度	F25B21/02
239	CN202011127916.5	一种新型管冰机	7	可控性；复杂性；冷却；成本；可靠性	37-控制与测量的复杂性；36-系统的复杂性；17-温度；39-生产率；27-可靠性	F25C1/12
240	CN202010953025.9	一种采用单电源系统的便携式血液运输箱	10	时间；附加；灵活性；电压；成本；冷却物；便利性；过长；功耗；流逝；长度；压迫	15-时间；35-适应性、通用性；39-生产率；33-操作流程的方便性；19-能耗；03-长度	F25D3/08
241	CN202010953036.7	一种便携式血液运输箱	10	灵活性；时间；成本；冷却物；流逝；低温；长度；独立；压迫	35-适应性、通用性；15-时间；39-生产率；03-长度	F25D3/08
242	CN201910508613.9	用以冰箱的储藏容器及冰箱	13	美观性；储藏物；确定性；分隔；便利性；紧固性；硬度；美化；空间	33-操作流程的方便性；14-强度；07-体积	F25D11/00
243	CN202010975401.4	保鲜容器和具有其的制冷设备	14	实用性；便利性；放置；长度；食材；稳定性	35-适应性、通用性；33-操作流程的方便性；03-长度；13-稳定性	F25D11/00

序号	申请号	标题	权利要求数量/项	技术功效1级	技术功效TRIZ参数	IPC主分类
244	CN201910505881.5	一种制冷设备	11	速度；温度；幅度；消耗；流失率；热空气	09-速度；17-温度；23-物质损失	F25D11/02
245	CN201910507217.4	一种制冷设备	10	消耗；速度；温度；幅度；制冷间室；流失率；热空气	23-物质损失；09-速度；17-温度	F25D11/02
246	CN202010936023.9	一种多功能药房药品调剂柜	10	浪费；便利性	33-操作流程的方便性	F25D11/02
247	CN202010891529.2	一种安装于冷藏食品生产车间的稳固型冷风机及其安装方法	10	牢固性；稳定性；复杂性；实用性；便利性；时间	27-可靠性；13-稳定性；36-系统的复杂性；35-适应性、通用性；33-操作流程的方便性；15-时间	F25D13/00
248	CN202010774060.4	一种船舶中央冷却淡水节能系统	7	泵气蚀；能源；流量；自动化	19-能耗；26-物质或事物的数量；38-自动化程度	F25D17/02
249	CN202010980222.X	一种高炉软水循环系统及其控温方法	3	有力；效率；速度；数量；智能化；可操作性；精度	39-生产率；09-速度；26-物质或事物的数量；33-操作流程的方便性；28-测量精度	F25D17/02
250	CN202011057109.0	废塑料裂解后高温固体产物的输送冷却设备	10	成本；气体；输送；复杂性；低温；连续性；效率；环境	39-生产率；36-系统的复杂性	F25D17/02
251	CN202010939663.5	轮盘式电加热丝系统	7	散热；冻；困难；容错率；电；能力；变更	17-温度	F25D21/08
252	CN202010994841.4	一种冰箱维修用冰箱压缩机蒸发接水盘装置	6	流失率；倒流；效率；适应性；适合性；局限性；实用性；范围	39-生产率；35-适应性、通用性	F25D21/14
253	CN202010979648.3	一种冰箱箱体装饰件、箱体以及箱体安装方法	10	整体性；牢固性；材料；整体加强；工装；紧固性；效率；平整度；容积率；利用率；复杂性；冷却；光滑度	27-可靠性；23-物质损失；39-生产率；29-制造精度；36-系统的复杂性；17-温度	F25D23/02

序号	申请号	标题	权利要求数量/项	技术功效1级	技术功效TRIZ参数	IPC主分类
254	CN202010883012.9	一种红薯粉冷却装置	9	复杂性；冷却；长度；含水量；速度；便利性；营养	36 - 系统的复杂性；17-温度；03 - 长度；09-速度；33-操作流程的方便性	F25D31/00
255	CN202010991865.4	一种碳酸钙生产用冷却装置	8	下料；充分性；健康；稳定性；利用率	13-稳定性；39-生产率	F25D31/00
256	CN202011079763.1	一种碳酸化塔和碳酸化系统用新型冷却水箱	6	逆流；效率；浪费	39-生产率	F25D31/00
257	CN202010992991.1	一种氨基酸速溶方法及其设备	10	价值；可靠性；温度；成本；速度；分散性；溶解性	39-生产率；27-可靠性；17-温度；09-速度	F26B17/26
258	CN202010875178.6	一种新型铝制散热器	8	面积；寿命；效率	05-面积；27-可靠性；39-生产率	F28D21/00
259	CN201711400238.3	一种盐水制冰的制冷系统及操作方法	4	效率；损失；导热性；速度；面积；制冷量；成本；形态；冰量；循环性；能源	39-生产率；23-物质损失；17-温度；09-速度；05-面积；19-能耗	F25C1/04
260	CN201711424117.2	储物装置及具有该储物装置的冰箱	9	复杂性；适应性；自由度；灵活性；稳定性	36 - 系统的复杂性；35-适应性、通用性；13-稳定性	F25D11/00
261	CN201711035441.5	冰箱	24	可制造性；确定性；冰箱；复杂性；成本；效率；便利性；面积	32-可制造性；36-系统的复杂性；39-生产率；33-操作流程的方便性；05-面积	F25D11/02
262	CN201810226738.8	一种利用耦合冷冻墙降压开采海洋天然气水合物的方法	4	冷冻墙；渗入；安全；便利性；砂堵；渗透率；可靠性	30-作用于物体的有害因素；33-操作流程的方便性；27-可靠性	E21B43/01
263	CN201811084999.7	风冷冰箱	10	复杂性；效率；成本；装配；便利性；可制造性	36 - 系统的复杂性；39-生产率；33-操作流程的方便性；32-可制造性	F25D11/02

序号	申请号	标题	权利要求数量/项	技术功效1级	技术功效TRIZ参数	IPC主分类
264	CN201811314258.3	冰箱	6	变化；平衡；消耗；成本；保鲜	23-物质损失；39-生产率	F25D11/02
265	CN201780037471.1	用于安装在房间天花板之下的冷却装置	14	均匀性；效率；无关；竖直气流；涡流；空间；错开；高度	29-制造精度；39-生产率；07-体积；03-长度	F24F13/24
266	CN201811153395.3	一种瓜瓣热沉	8	热胀冷缩量；便利性；气阻；均匀性；瓜瓣	33-操作流程的方便性；29-制造精度	F25D3/10
267	CN201811561668.8	制冷装置散热控制方法和装置、制冷装置以及存储介质	14	凝露；温度；换热量	17-温度	F24F11/30
268	CN201811140857.8	便携式冷冻装置及便携式冷冻装置开盖控制方法	8	准确性；温度；可操作性；环境；可控性；盖；开放；精准性	28-测量精度；17-温度；33-操作流程的方便性；37-控制与测量的复杂性	F25D29/00
269	CN201811564680.4	冰箱及冰箱的控湿方法	6	稳定性；进入；加湿；调节	13-稳定性	F25D29/00
270	CN201910386855.5	可防细胞污染的细胞保藏装置	3	污染；安全；速度；隔离；效率；损坏；速率；利用率；长度；空间；时间	31-物质产生的有害因素；30-作用于物体的有害因素；09-速度；39-生产率；27-可靠性；03-长度；07-体积；15-时间	B65D81/18
271	CN201910627295.8	一种用于物流快递行业的工业机器人	2	环境；稳定性	13-稳定性	B65G15/58
272	CN201910744940.4	基于半导体制冷的接触式热装刀柄冷却系统及方法	8	刀柄；可控性；速度；准确性；监测	37-控制与测量的复杂性；09-速度；28-测量精度	F25B21/02
273	CN201910946065.8	采用热风烘干方式对谷物的干燥工艺	10	水分；均匀性；完成率	29-制造精度	F26B17/22

序号	申请号	标题	权利要求数量/项	技术功效 1 级	技术功效 TRIZ 参数	IPC 主分类
274	CN201911000518.4	湿度控制结构、冰箱及湿度控制方法	14	潮湿；风量；速度；温度；可控性；精确性；数量	09-速度；17-温度；37-控制与测量的复杂性；28-测量精度；26-物质或事物的数量	F25D17/08
275	CN202010860491.2	一种可靠性高的钻孔设备	10	寿命；干扰；可靠性；温度；打孔；实用性；摩擦力；概率；安全	27-可靠性；30-作用于物体的有害因素；17-温度；35-适应性、通用性；10-力	A01B45/02
276	CN202011024659.2	静音冷热双温控装置及化妆品储存箱	9	噪音；灵活性；携带；储物仓；便利性；方向；温度；复杂性；功率；电压；电流	31-物质产生的有害因素；35-适应性、通用性；33-操作流程的方便性；17-温度；36-系统的复杂性；21-功率	A47B81/00
277	CN202010916234.6	一种苯酐气体用冷凝器换热装置	7	容量；效率；速度	07-体积；39-生产率；09-速度	B01D7/02
278	CN202010984923.0	一种烟气脱硝联产氮肥环保处理装置	5	便利性；变更；气体；一直；广泛性；厚度；速度；堵塞；温度；高成；调节	33-操作流程的方便性；03-长度；09-速度；31-物质产生的有害因素；17-温度	B01D50/00
279	CN202010873795.2	一种垃圾无害化处理分体式设备及垃圾处理方法	10	速度；堆积；数量；面积；传递；复杂性；均匀性；降解；完成率；垃圾；长度	09-速度；26-物质或事物的数量；05-面积；36-系统的复杂性；29-制造精度；03-长度	B09B3/00
280	CN202011033807.7	一种施工管道焊接辅助冷却装置	10	效率；均匀性；有害；劳动强度；管道；质量；资源；便利性	39-生产率；29-制造精度；30-作用于物体的有害因素；27-可靠性；33-操作流程的方便性	B23K37/00
281	CN202010895919.7	一种用于裁布刀的降温装置	8	熔融块；触发；废品率；成本；效率；温度；整齐度；速度；热量；浪费	39-生产率；17-温度；29-制造精度；09-速度；19-能耗	B26D7/08
282	CN202010990172.3	一种能够对木屑收集的立体木雕雕刻设备	5	质量；便利性；范围；速度	27-可靠性；33-操作流程的方便性；35-适应性、通用性；09-速度	B27C3/02
283	CN202010834197.4	一种高温产品链板传送料仓	6	风险；温度；物料；可靠性	27-可靠性；17-温度	B65G17/06

序号	申请号	标题	权利要求数量/项	技术功效1级	技术功效TRIZ参数	IPC主分类
284	CN202010971172.9	一种基于CVD法制备石墨烯的冷却装置	9	长度；效率；冷却；稳定性；可控性；耐热性；导热性；质量；消耗；泄露	03-长度；39-生产率；17-温度；13-稳定性；37-控制与测量的复杂性；27-可靠性；23-物质损失；31-物质产生的有害因素	C01B32/186
285	CN202010981783.1	一种PSTT基高性能陶瓷电卡制冷材料的制备方法	6	复杂性；速度；便利性；可控性；电卡	36-系统的复杂性；09-速度；33-操作流程的方便性；37-控制与测量的复杂性	C04B35/472
286	CN202010930059.6	冰箱、冰箱内胆、冰箱内胆材料及其制备方法	10	柔软性；复杂性；低温；耐寒；分散；耐寒性；温度	36-系统的复杂性；17-温度	C08L51/04
287	CN202010929054.1	冰箱、冰箱内胆、冰箱内胆材料及其制备方法	10	可加工性；成本	39-生产率	C08L55/02
288	CN202010888315.X	一种石油天然气控温管道	9	热；安全；冷却；环境；成本	17-温度；30-作用于物体的有害因素；39-生产率	F16L53/00
289	CN202010770653.3	一种便于信息展示的多用途装置	9	清洁性；扩展；合理性；防护性；速度；寿命；便利性；展示；丰富	31-物质产生的有害因素；35-适应性、通用性；09-速度；27-可靠性；33-操作流程的方便性	F16M11/26
290	CN202010894100.9	磁制冷系统	10	冷却；变化；范围；稳定性；确定性	17-温度；35-适应性、通用性；13-稳定性	F25B21/00
291	CN202010895143.9	一种可预冷磁热工质的磁制冷系统	10	温跨；磁制冷；速度；磁热；温度；充分性；冷却	09-速度；17-温度	F25B21/00
292	CN202010895173.X	热电磁复合制冷系统	10	成本；效率；频率；能力；复杂性；温度；制冷量	39-生产率；36-系统的复杂性；17-温度	F25B21/00
293	CN202010862417.4	一种应用于芯片的超薄热电薄膜的瞬态制冷方法	4	温度；滞后性；速度；效率	17-温度；09-速度；39-生产率	F25B21/02

序号	申请号	标题	权利要求数量/项	技术功效 1 级	技术功效 TRIZ 参数	IPC 主分类
294	CN202010997347.3	一种聚光太阳热能驱动的蓄能制冷方法	5	扩散性；透明度；效率；吸收	39-生产率	F25B27/00
295	CN202010968418.7	基于流量计脉冲补偿的制冰机注水控制方法	1	获取；价值；体积；稳定性	39-生产率；07-体积；13-稳定性	F25C1/00
296	CN201910497334.7	一种大锅法生产片碱的降温及防结块提升装置	5	结块；隔离；干燥；温度；清洁性	17-温度；31-物质产生的有害因素	F25D1/00
297	CN201910500626.1	具有风幕功能的冷柜	10	冷风；分块；波动性；温度；开度；可控性	17-温度；37-控制与测量的复杂性	F25D11/00
298	CN202010798193.5	一种智能制冷设备	8	绝热；热传导；温度；精度；过长；流失率；稳定性；可控性；可视化；效率	17-温度；28-测量精度；13-稳定性；37-控制与测量的复杂性；39-生产率	F25D11/00
299	CN202010968350.2	一种立式冷冻箱气压调节微霜装置	6	均匀性；微霜；消耗；结霜	29-制造精度；23-物质损失	F25D11/00
300	CN202010930271.2	采用回收热化霜的冰箱	12	能量；能源；时间；环境	19-能耗；15-时间	F25D11/02

3.2　家用空气调节器制造领域

3.2.1　全球专利概况

3.2.1.1　全球专利申请趋势

　　图 3-10 展示的是家用空气调节器制造领域全球专利申请量的发展趋势。通过申请趋势可以从宏观层面把握分析对象在各时期的专利申请热度变化。申请数量的统计范围是已公开的专利。

　　从图 3-10 中可以看出家用空气调节器制造领域在全球主要市场上的历年专利申请分布

状况。2000—2009 年，家用空气调节器制造领域全球专利申请量整体呈缓慢增加趋势，2010—2018 年家用空气调节器制造领域全球专利申请量快速增加。2010 年家用空气调节器制造领域全球专利申请量为 18 413 件，到 2018 年达到峰值，当年专利申请量达 53 297 件。2019—2020 年有所回落。

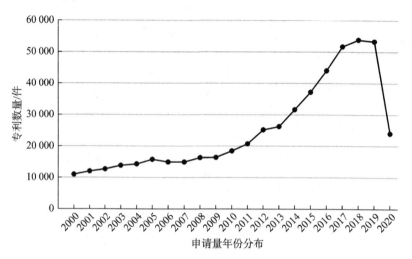

图 3-10　家用空气调节器制造领域全球专利申请量发展趋势

3.2.1.2　专利申请分布

图 3-11 展示的是家用空气调节器制造领域全球专利申请主体主要分布情况。通过分析可以了解分析对象在不同国家或地区技术创新的活跃情况，从而发现主要的技术创新来源地和重要的目标市场。

专利申请分布可以体现专利权人想在哪些国家或地区保护该技术。这一参数也反映了该技术未来可能的实施国家或地区。如图 3-11 所示，中国、日本、韩国是家用空气调节器制造领域专利重点申请国家，专利数量分布为中国 311 508 件、日本 121 779 件、韩国 46 802 件。

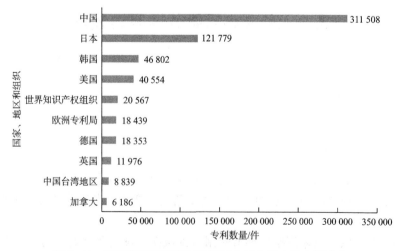

图 3-11　家用空气调节器制造领域全球专利申请主要分布

图 3-11 表明，中国、日本、韩国等国家或地区是家用空气调节器制造领域专利布局的主要区域，企业可以跟踪、引进和消化相关领域技术，在此基础上实现技术突破。中国、日本、韩国在家用空气调节器制造领域的专利数量如表 3-12~表 3-15 所示。

表 3-12　家用空气调节器制造领域中国专利数量　　　　　单位：件

专利类型		专利数量
发明	发明申请	58 598
	发明授权	27 050
实用新型		128 001
外观设计		97 859

表 3-13　家用空气调节器制造领域日本专利数量　　　　　单位：件

专利类型		专利数量
发明	发明申请	52 362
	发明授权	36 299
实用新型		21 419
外观设计		11 699

表 3-14　家用空气调节器制造领域韩国专利数量　　　　　单位：件

专利类型		专利数量
发明	发明申请	12 668
	发明授权	18 002
外观设计		7 585
实用新型		8 547

3.2.1.3　全球专利申请人排行

表 3-15 展示的是家用空气调节器制造领域全球专利按照所属申请人（专利权人）的专利数量统计的申请人排名情况。通过分析可以发现创新成果积累较多的专利申请人，并可据此进一步分析其专利竞争实力。

表 3-15　家用空气调节器制造领域全球专利数量排名前十的申请人　　　　　单位：件

排名	申请人名称	专利数量
1	珠海格力电器股份有限公司	18 586
2	美的集团股份有限公司	12 341
3	广东美的制冷设备有限公司	11 936
4	乐金电子公司	10 833
5	大金工业株式会社（DAIKIN IND LTD）	6 815

排名	申请人名称	专利数量
6	大金工业株式会社（DAIKIN INDUSTRIES LTD）	6 232
7	青岛海尔空调器有限总公司	5 830
8	三星电子株式会社	5 706
9	三菱电机公司	4 892
10	松下电器产业株式会社	4 881

3.2.1.4 全球专利技术构成

通过对家用空气调节器制造领域全球专利在各技术方向的数量分布情况进行分析，可以了解分析对象覆盖的主要技术类别，以及各技术分支的创新热度。

对家用空气调节器制造领域全球专利按照国际专利分类号（IPC）进行统计，得到表 3-15 和图 3-12。家用空气调节器制造领域专利 IPC 分类中，F24F 小类（空气调节；空气增湿；通风；空气流作为屏蔽的应用）的专利数量最多，专利数量 292 494 件；第二是 F25B 小类（制冷机，制冷设备或系统；加热和制冷的联合系统；热泵系统），专利数量为 200 815 件。第三是 H01T 小类（火花隙；应用火花隙的过压避雷器；火花塞；电晕装置；产生被引入非密闭气体的离子），专利数量为 50 505 件。另外还有 F25D 小类（冷柜；冷藏室；冰箱；其他小类不包含的冷却或冷冻装置）24 161 件，F28F 小类（通用热交换或传热设备的零部件）21 008 件等。

表 3-16 家用空气调节器制造领域全球专利主要技术构成　　　　单位：件

IPC 分类号（小类）	专利数量
F24F（空气调节；空气增湿；通风；空气流作为屏蔽的应用）	292 494
F25B（制冷机，制冷设备或系统；加热和制冷的联合系统；热泵系统）	200 815
H01T（火花隙；应用火花隙的过压避雷器；火花塞；电晕装置；产生被引入非密闭气体的离子）	50 505
F25D（其他相关子类目不包括的冰箱、冷库、冷柜、冷冻设备）	24 161
F28F（通用热交换或传热设备的零部件）	21 008
F28D（其他小类中不包括的热交换设备，其中热交换介质不直接接触的）	19 485
B01D（分离）	17 884
B60H（特别适用于车辆客室或货室的加热、冷却、通风或其他空气处理设备的布置或装置）	16 438
F24D（住宅供热系统或区域供热系统）	11 391
A61L（材料或消毒的一般方法或装置）	10 174

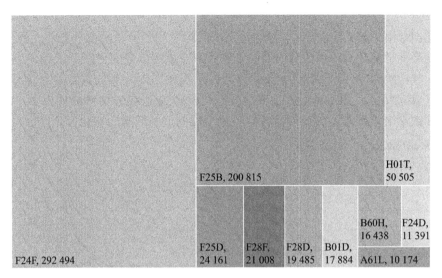

单位：件

图 3-12　家用空气调节器制造领域全球专利主要技术构成

3.2.2　国内专利概况

3.2.2.1　国内专利申请趋势

图 3-13 展示的是家用空气调节器制造领域国内专利申请量的发展趋势。通过申请趋势可以从宏观层面把握分析对象在各时期的专利申请热度变化。申请数量的统计范围是已公开的专利。

由图 3-13 可以看到，2000—2007 年，家用空气调节器制造领域专利申请量增长缓慢，2008—2019 年家用空气调节器制造领域国内专利申请量增长迅速，2019 年达到 43 202 件。

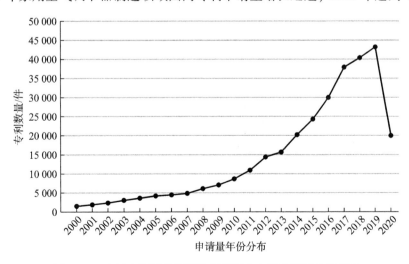

图 3-13　家用空气调节器制造领域国内专利申请量发展趋势

3.2.2.2　国内专利公开趋势

图 3-14 展示的是家用空气调节器制造领域国内专利公开量的发展趋势。通过公开趋势可以从宏观层面把握分析对象在各时期的专利公开文献的数量变化。

从图 3-14 中可以看到，家用空气调节器制造领域国内专利公开数量整体呈上升态势。2000—2011 年家用空气调节器制造领域国内专利公开数量均在 10 000 件以下，2012—2020 年专利公开数量增长迅速，2020 年家用空气调节器制造领域国内专利公开量达 54 941 件。

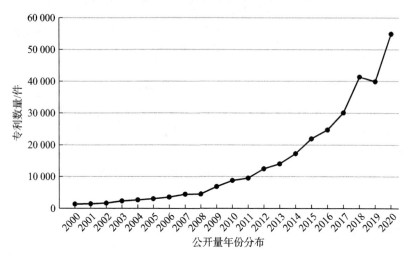

图 3-14　家用空气调节器制造领域国内专利公开量发展趋势

3.2.2.3　国内专利类型分布

专利类型分为发明专利、实用新型专利、外观设计专利，本节又根据发明专利授权与否，将发明细分为发明申请和发明授权。

在中国专利中，经过检索获得家用空气调节器制造领域专利共 311 508 件。如图 3-15 所示，其中发明申请 58 598 件，占总数的 19%；发明授权 27 050 件，占总数的 9%；实用新型 128 001 件，占总数的 41%；外观设计 97 859 件，占总数的 31%。

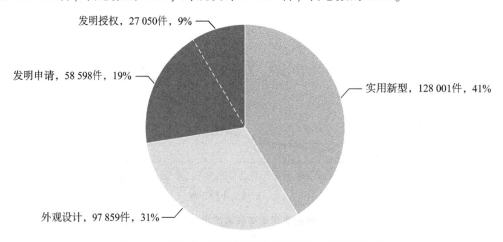

图 3-15　家用空气调节器制造领域国内专利类型分布

3.2.2.4 国内专利法律状态

图 3-16 展示的是家用空气调节器制造领域专利有效、失效、审中三种状态的占比情况，仅统计中国专利。通过分析可以分别了解分析对象中当前已获得实质性保护、已失去专利权保护或正在审查中的专利数量分布情况，以从整体上掌握专利的权利保护和潜在风险情况，为专利权的法律性调查提供依据。筛选进入公知技术领域的失效专利，可以进行无偿使用或改进利用。

如图 3-16 所示，有效专利 145 184 件，占总专利数的 47%；失效专利 141 077 件，占总专利数的 45%；审中专利 25 247 件，占总专利数的 8%。

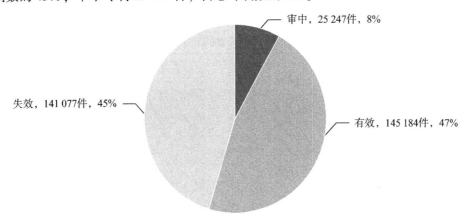

图 3-16 家用空气调节器制造领域国内专利法律状态分布

3.2.2.5 国内专利技术领域分布

通过对家用空气调节器制造领域国内专利在各技术方向的数量分布情况进行分析，可以了解分析对象覆盖的技术类别，以及各技术分支的创新热度。

将家用空气调节器制造领域国内专利按照国际专利分类号（IPC）进行统计，结果如表 3-17 和图 3-17。可知，家用空气调节器制造领域国内专利技术领域分布中，F24F 小类（空气调节；空气增湿；通风；空气流作为屏蔽的应用）的专利数量最多，专利数量为 147 174 件。第二是 F25B 小类（制冷机，制冷设备或系统；加热和制冷的联合系统；热泵系统），专利数量为 70 583 件。第三是 H01T 小类（火花隙；应用火花隙的过压避雷器；火花塞；电晕装置；产生被引入非密闭气体的离子），专利数量为 9762 件。另外还有 B01D 小类（分离）6417 件，A61L 小类（材料或消毒的一般方法或装置；空气的灭菌、消毒或除臭）5404 件等。

表 3-17 家用空气调节器制造领域国内专利主要技术构成 单位：件

IPC 分类号（小类）	专利数量
F24F（空气调节；空气增湿；通风；空气流作为屏蔽的应用）	147 174
F25B（制冷机，制冷设备或系统；加热和制冷的联合系统；热泵系统）	70 583
H01T（火花隙；应用火花隙的过压避雷器；火花塞；电晕装置；产生被引入非密闭气体的离子）	9 762

IPC 分类号（小类）	专利数量
B01D（分离）	6 417
A61L（材料或消毒的一般方法或装置；空气的灭菌、消毒或除臭）	5 404
F28F［通用热交换或传热设备的零部件（传热、热交换或储热材料入 C09K5/00；聚水器或防气阀、通气入 F16）］	5 339
F25D（其他相关子类目不包括的冰箱、冷库、冰柜、冷冻设备）	4 654
F24D（住宅供热系统或区域供热系统）	3 785
F24H（一般有热发生装置的流体加热器）	3 756
F28D（其他小类中不包括的热交换设备，其中热交换介质不直接接触的）	3 678

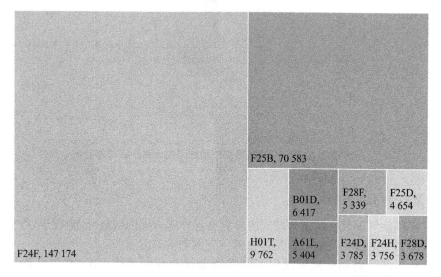

单位：件

图 3-17　家用空气调节器制造领域国内专利主要技术构成

3.2.2.6　国内专利省份分布

通过对家用空气调节器制造领域专利在中国省级行政区域的分布情况（仅统计中国专利）进行分析，可以了解在中国申请专利保护较多的省份，以及各省份的创新活跃程度。

对家用空气调节器制造领域国内专利进行省份分布分析，得到表 3-18。其中，广东省以 100 489 件专利排名第一，浙江省以 40 512 件专利排名第二，第三是江苏省，共有家用空气调节器制造领域专利 28 211 件，第四是山东省，共有家用空气调节器制造领域专利 22 597 件。北京市、上海市、安徽省、天津市、四川省、河南省的专利数量均在 20 000 件以下。

表 3-18　家用空气调节器制造领域国内专利主要省份分布　　单位：件

申请人所属省份	专利数量
广东省	100 489

申请人所属省份	专利数量
浙江省	40 512
江苏省	28 211
山东省	22 597
北京市	11 928
上海市	10 518
安徽省	9 458
天津市	7 693
四川省	6 402
河南省	5 942

3.2.2.7 重点省份发明专利申请人布局

（1）广东省主要申请人排名

表3-19列出了家用空气调节器制造领域国内发明专利广东省主要申请人排名。

表 3-19　家用空气调节器制造领域国内发明专利广东省主要申请人排名　　单位：件

排名	申请人名称	专利数量
1	珠海格力电器股份有限公司	7332
2	广东美的制冷设备有限公司	3599
3	美的集团股份有限公司	3401
4	广东美的暖通设备有限公司	973
5	TCL空调器（中山）有限公司	251
6	深圳沃海森科技有限公司	194
7	广东志高空调有限公司	187
8	广东申菱环境系统股份有限公司	159
9	广东美的电器股份有限公司	154
10	海信（广东）空调有限公司	151

（2）江苏省主要申请人排名

表3-20列出了家用空气调节器制造领域国内发明专利江苏省主要申请人排名。

表 3-20　家用空气调节器制造领域国内发明专利江苏省主要申请人排名　　单位：件

排名	申请人名称	专利数量
1	东南大学	266
2	双良节能系统股份有限公司	83
3	南京天加环境科技有限公司	78

排名	申请人名称	专利数量
4	苏州三星电子有限公司	73
5	江苏科技大学	60
6	江苏天舒电器有限公司	58
7	苏州博菡环保科技有限公司	56
8	南京师范大学	51
9	南京工业大学	49
10	南京航空航天大学	49

（3）山东省主要申请人排名

表3-21列出了家用空气调节器制造领域国内发明专利山东省主要申请人排名。

表3-21　家用空气调节器制造领域国内发明专利山东省主要申请人排名　　单位：件

排名	申请人名称	专利数量
1	青岛海尔空调器有限总公司	2615
2	海尔智家股份有限公司	598
3	海信（山东）空调有限公司	485
4	青岛海尔空调电子有限公司	483
5	青岛海尔股份有限公司	441
6	海尔集团公司	399
7	青岛海信日立空调系统有限公司	269
8	青岛海尔智能技术研发有限公司	262
9	山东大学	71
10	青岛海尔特种电冰柜有限公司	70

3.2.3　国内发明专利聚类分析

聚类分析是通过数据建模后简化并使数据可视化的分析方法。通过提取家用空气调节器制造领域国内发明专利文本中的关键词，从其相关度聚合出不同类别的文本关键词并以圆环饼图的形式展示其分布情况，分析结果如图3-18所示。对应专利分析见表3-22。

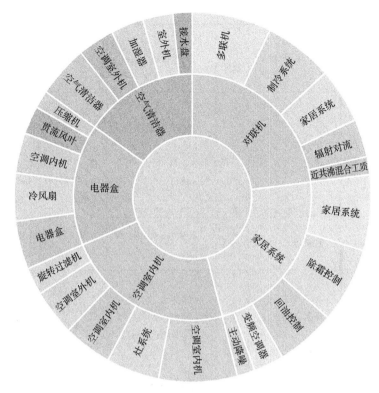

图 3-18　家用空气调节器制造领域国内发明专利聚类分析

表 3-22　家用空气调节器制造领域国内发明专利分析列表

序号	申请号	标题	权利要求数量/项	技术功效 1 级	技术功效 TRIZ 参数	IPC 主分类
1	CN201710296547.4	空调器及其阈值调整方法	9	可控性；休息；睡眠；数值；阈值；及时性	37-控制与测量的复杂性；26-物质或事物的数量；25-时间损失	F24F11/64
2	CN201710238964.3	一种空调器及控制方法	7	可控性；湿度；换热；能效；还原	37-控制与测量的复杂性；17-温度	F24F11/64
3	CN201710631822.3	内导风板及具有其的壁挂式空调室内机	8	舒适性；送风；干涉；噪音；体积；气流	31-物质产生的有害因素；07-体积	F24F1/0057
4	CN201710601905.8	壁挂式空调室内机	8	复杂性；驱动；灵活性；强度；便利性；变形；质量；形状	36-系统的复杂性；35-适应性、通用性；14-强度；33-操作流程的方便性；12-形状；27-可靠性	F24F1/0073

序号	申请号	标题	权利要求数量/项	技术功效1级	技术功效TRIZ参数	IPC主分类
5	CN201710671522.8	壁挂式空调室内机	9	洁净度；质量；体积；空间；灵活性；便利性；易拆卸；复杂性；精巧	31-物质产生的有害因素；27-可靠性；07-体积；35-适应性、通用性；33-操作流程的方便性；34-可维修性；36-系统的复杂性	F24F1/0071
6	CN201610697249.1	贮液器	9	复杂性；成本；可靠性	36-系统的复杂性；39-生产率；27-可靠性	F25B43/00
7	CN201711084190.X	辐射空调机	9	空间；噪音；舒适性；面积；便利性；美观性；分离；灵活性	07-体积；31-物质产生的有害因素；05-面积；33-操作流程的方便性；35-适应性、通用性	F24F1/0068
8	CN201711127278.5	全解耦式净化空调系统	11	便利性；回风	33-操作流程的方便性	F24F5/00
9	CN201680058609.1	加湿器	18	调节；舒适性；能力；细菌；繁殖；环境；功耗	30-作用于物体的有害因素；19-能耗	F24F6/06
10	CN201711288635.6	冷凝制水装置的控制系统及其控制方法	6	效率；功耗	39-生产率；19-能耗	F25B41/00
11	CN201680071552.9	带有非吹出结构形式的去电离室的角火花间隙	8	体积	07-体积	H01T1/02
12	CN201810179769.2	空调设备	7	压降；顺畅；确定性；噪音；体积；光滑性；损失；能效；均匀；流阻；柔和性	31-物质产生的有害因素；07-体积；12-形状；23-物质损失；29-制造精度	F24F5/00
13	CN201810175603.3	一种轴流风扇和空调器室外机	8	阻塞；噪音；尖涡；风量；冲击	31-物质产生的有害因素	F04D25/08
14	CN201810438042.1	空调系统和其控制方法	7	制冷剂；效率；灵活性；可控性；可靠性	39-生产率；35-适应性、通用性；37-控制与测量的复杂性；27-可靠性	F25B13/00

序号	申请号	标题	权利要求数量/项	技术功效 1 级	技术功效 TRIZ 参数	IPC 主分类
15	CN201780015672.1	制冷循环装置	19	暖机；可控性；能力；吸热量；交换量	37-控制与测量的复杂性	F25B29/00
16	CN201810606483.8	空调器清洁方法、空调器以及可读存储介质	8	清洁性；寿命；及时性；异味；制热；复杂性；冷却	31-物质产生的有害因素；27-可靠性；25-时间损失；36-系统的复杂性；17-温度	F24F5/00
17	CN201810729844.8	一种空气净化装置	5	劳动强度；受损；洁净度；时间；打开；复杂性	39-生产率；31-物质产生的有害因素；15-时间；36-系统的复杂性	F24F3/16
18	CN201810722741.9	一种室内空气净化系统	6	潮湿；健康；便利性；复杂性；洁净度；传递；不适感；舒适性	33-操作流程的方便性；36-系统的复杂性；31-物质产生的有害因素	F24F3/16
19	CN201810722728.3	一种室内空气净化系统	3	潮湿；健康；便利性；复杂性；洁净度；传递；不适感；舒适性	33-操作流程的方便性；36-系统的复杂性；31-物质产生的有害因素	F24F7/007
20	CN201810961424.2	压缩机换热装置和车辆	9	通道；速度；风险；能力；过热；温度	09-速度；27-可靠性；17-温度	F25B31/00
21	CN201810673159.8	电动阀以及冷冻循环系统	4	噪音；确定性；复杂性；流速；件数；系数	31-物质产生的有害因素；36-系统的复杂性；09-速度；26-物质或事物的数量	F16K27/02
22	CN201780035009.8	层叠型热交换器	3	强度；热交换器	14-强度	F28F3/08
23	CN201811210997.8	空调器及其防凝露控制方法	10	冷却；稳定性；波动；确定性；可控性；凝露；防凝露；空调器	17-温度；13-稳定性；37-控制与测量的复杂性	F24F13/22
24	CN201811014764.0	空气净化装置	1	实用性；效率；适用性；洁净度；便利性；复杂性；细菌；稳定性；频率；寿命	35-适应性、通用性；39-生产率；31-物质产生的有害因素；33-操作流程的方便性；36-系统的复杂性；30-作用于物体的有害因素；13-稳定性；27-可靠性	F24F3/16

序号	申请号	标题	权利要求数量/项	技术功效1级	技术功效TRIZ参数	IPC主分类
25	CN201811298749.3	空调装置	16	加热量；消耗；热利用；湿度；耗比；空气；环境；舒适性；充分性	23-物质损失	F24F1/0063
26	CN201811227731.4	两管制热回收多联机系统及其空调室外机	16	制热；回收；冷度；增焓；数量；损失；舒适性；管；能力；压力；热；噪音	26-物质或事物的数量；23-物质损失；10-力；17-温度；31-物质产生的有害因素	F25B13/00
27	CN201811328602.4	一种家庭用高效节能的空气净化器	7	效率；自动化；便利性；转动；循环性；成本；实用性；蒸发；热；洁净度；易拆卸；可推广性；清洁性；强度；过滤；刷洗	39-生产率；38-自动化程度；33-操作流程的方便性；35-适应性、通用性；17-温度；31-物质产生的有害因素；34-可维修性；14-强度	F24F3/16
28	CN201811292320.3	滑动门组件和空调器	9	稳定性；抖动；摩擦力；噪音；空调器；能源	13-稳定性；10-力；31-物质产生的有害因素；19-能耗	F24F13/14
29	CN201811354169.1	一种建筑施工用喷淋降尘降温装置	6	过快；范围；喷水	35-适应性、通用性	F24F5/00
30	CN201710806928.2	一种防止变频空调器达温停机的控制方法	6	舒适性；消耗；可靠性	23-物质损失；27-可靠性	F24F11/86
31	CN201811557497.1	厨房卫浴一体式空调机组及其控制方法	1	安全；面积；制热；空调；冷却；荷侧；可控性；修正；阀开度；频率；成本	30-作用于物体的有害因素；05-面积；17-温度；37-控制与测量的复杂性；39-生产率	F24F5/00
32	CN201811416372.7	一种溴化锂吸收压缩复合式高温热泵系统及工作方法	10	温度；成本；温差；回收；能源；安全；推动；锅炉；压差；蒸汽；环境；局限性	17-温度；39-生产率；19-能耗；30-作用于物体的有害因素	F25B30/04
33	CN201710926374.X	一种八角机房	1	均匀性；调控；复杂；散热；利用率；速度；体积	29-制造精度；36-系统的复杂性；17-温度；39-生产率；09-速度；07-体积	E04H5/00

序号	申请号	标题	权利要求数量/项	技术功效 1 级	技术功效 TRIZ 参数	IPC 主分类
34	CN201811534348.3	双风机空气净化器控制系统及其控制方法	9	冲击；噪音	31 - 物质产生的有害因素	F24F11/30
35	CN201811604952.9	一种基于结霜时空分布的空气源热泵有效抑霜方法	5	针对性；便利性；比例	33 - 操作流程的方便性	F25B47/00
36	CN201910169028.0	一种恒温型双向流除霾除湿机	9	成本；复杂性；热；湿度；寿命	39 - 生产率；36 - 系统的复杂性；17 - 温度；27 - 可靠性	F24F3/16
37	CN201910071990.0	一种实现高精度控温的冷却系统及其控制方法	6	调节；消耗；浪费；负荷；运行；能源；精度；稳定性	23 - 物质损失；01 - 重量；19 - 能耗；28 - 测量精度；13 - 稳定性	F24F5/00
38	CN201910261365.2	一种办公用加湿增氧装置及方法	8	干燥；输出；舒适性；效率	39 - 生产率	F24F6/12
39	CN201910371668.X	制冷系统及方法	6	稳定性	13 - 稳定性	F25B49/02
40	CN201910497806.9	一拖多空调器及其自清洁控制方法	8	可控性；清洁性；充分性	37 - 控制与测量的复杂性；31 - 物质产生的有害因素	F24F5/00
41	CN201910586637.6	布液结构及换热器	5	正确性；均匀性；独立；效率；确定性；充分性	28 - 测量精度；29 - 制造精度；39 - 生产率	F25B39/02
42	CN201910697889.6	一种厨房分体式新风装置	8	实时性；效率；噪音；流动性；舒适性；充分性；喷淋；成分；堵塞；景观；难度	25 - 时间损失；39 - 生产率；31 - 物质产生的有害因素；26 - 物质或事物的数量；36 - 系统的复杂性	F24F3/16
43	CN201910603845.2	一种空气加湿净化装置	8	消耗；自给	23 - 物质损失	F24F3/16
44	CN201810708511.7	一种纺织空调余热综合利用系统及其使用方法	6	复杂性；便利性；消耗；成本；充分性	36 - 系统的复杂性；33 - 操作流程的方便性；23 - 物质损失；39 - 生产率	F24F12/00

序号	申请号	标题	权利要求数量/项	技术功效1级	技术功效TRIZ参数	IPC主分类
45	CN201910916770.3	毛细管辐射空调制冷时压缩机的自适应动态控制方法	8	凝露；冷却；实时性；修正；确定性	17-温度；25-时间损失	F24F11/43
46	CN201811050615.X	空调器及防止其室外机的功率模块温度过高的控制方法	7	冷却；过高；体验；能力；可控性；浪费；转速；速度	17-温度；37-控制与测量的复杂性；09-速度	F24F11/33
47	CN202010139134.7	一种无续流自带脱扣的陶瓷放电管及浪涌保护器	7	电压；数量；能力；损坏	26-物质或事物的数量；27-可靠性	H01T4/02
48	CN202010237247.0	一种空气的消毒、除尘、加湿或干燥装置	1	自动化；潮湿；速度；便利性	38-自动化程度；09-速度；33-操作流程的方便性	F24F6/00
49	CN201910439287.0	一种便捷式移动雾化驱蚊器	9	插拔电；正确性；局限性；约束	28-测量精度	A01M29/12
50	CN202011046987.2	一种家用新生儿护理保温箱	9	舒适性；概率；次数；矛盾；交流；发育；和谐；年轻；劳动强度；数量	26-物质或事物的数量；39-生产率	A61G11/00
51	CN202010981108.9	一种地埋式变电站温度全感知智能系统	10	正确性；空气；灭火；实时性；流通	28-测量精度；25-时间损失	A62C3/16
52	CN202011069550.0	一种面包生产车间用烟汽排放风机箱	7	成本；过滤；效率；清洁性；劳动强度；交换；混合	39-生产率；31-物质产生的有害因素	B01D46/00
53	CN202010911260.X	石墨烯/聚乙烯导热材料及其制备方法、和使用该导热材料的管材和地源热泵	10	耐久性；抗压性；导热性；成本；环境；稳定性；挤出；复杂性；耐腐蚀性；原料粒	13-稳定性；17-温度；39-生产率；36-系统的复杂性；30-作用于物体的有害因素	C08L23/06
54	CN202011109643.1	一种空调出风口用集成带	10	可操作性	33-操作流程的方便性	E04B9/00

序号	申请号	标题	权利要求数量/项	技术功效 1 级	技术功效 TRIZ 参数	IPC 主分类
55	CN202011188394.X	一种集成预燃烧室的火花塞护套	8	速度；体积；点火	09-速度；07-体积	F02P13/00
56	CN202011129966.7	压缩机和制冷设备	12	空间；泄露；充分性；效率；成本；便利性；能效；浪费；体积；排气	07-体积；31-物质产生的有害因素；39-生产率；33-操作流程的方便性	F04C18/356
57	CN202010887200.9	一种5G通讯简易支撑柱	5	稳定性；便利性；复杂性；速度；适用性；成本；紧固性；运输	13-稳定性；33-操作流程的方便性；36-系统的复杂性；09-速度；35-适应性、通用性；39-生产率	F16M5/00
58	CN202011136108.5	采用吸收式热泵干燥褐煤的超临界 CO_2 发电系统及方法	8	效率；损失；用电率；热	39-生产率；23-物质损失；17-温度	F22B1/22
59	CN202011137131.6	集成压缩式热泵的褐煤预干燥超临界 CO_2 发电系统及方法	5	压力；消耗；热；系数；效率；水分；温度；用电；损失	10-力；23-物质损失；17-温度；26-物质或事物的数量；39-生产率	F22B1/22
60	CN202011277383.9	多源互联智慧供冷供热系统及其使用方法	8	清洁性；稳定性；消耗；冷热；可靠性；效率；面积；匹配度；便利性；安全；工况；收益	31-物质产生的有害因素；13-稳定性；23-物质损失；27-可靠性；39-生产率；05-面积；33-操作流程的方便性；30-作用于物体的有害因素	F24D3/02
61	CN202011000893.1	空调及其控制方法	11	堵转；精准性；速度；准确性；可控性；到位；复位	09-速度；28-测量精度；37-控制与测量的复杂性	F24F1/0011
62	CN202011002193.6	空调及其控制方法	10	堵转；转音；识别性；复位；准确性；速度	37-控制与测量的复杂性；28-测量精度；09-速度	F24F1/0011
63	CN202011246815.X	立式空调支架式竖向分风器及其工作方法	6	复杂性；效率；便利性	36-系统的复杂性；39-生产率；33-操作流程的方便性	F24F1/0011

序号	申请号	标题	权利要求数量/项	技术功效1级	技术功效TRIZ参数	IPC主分类
64	CN201910563014.7	空调室内机	11	效率；送风	39-生产率	F24F1/0014
65	CN201910563024.0	空调室内机	10	风量；长度；体积；小型化；送风；范围	03-长度；07-体积；35-适应性、通用性	F24F1/0014
66	CN201910563042.9	空调室内机	16	出风风量；范围	35-适应性、通用性	F24F1/0014
67	CN201910563057.5	空调室内机的导风机构及具有其的空调室内机	24	空间；送风；体验；范围	07-体积；35-适应性、通用性	F24F1/0014
68	CN201910563833.1	空调室内机	12	均匀性；体验；出风	29-制造精度	F24F1/0014
69	CN201910563834.6	空调室内机	11	范围；送风；体验	35-适应性、通用性	F24F1/0014
70	CN202011096152.8	一种具有防尘功能的立式空调移动支架	6	自动化；便利性；积累	38-自动化程度；33-操作流程的方便性	F24F1/005
71	CN201910559608.0	清洁装置、自清洁过滤网和空调器	11	清洁性；空间；复杂性	31-物质产生的有害因素；07-体积；36-系统的复杂性	F24F1/0073
72	CN202011028539.X	空气处理模块、空调室内机及空调器	18	效率；面积；滤网	39-生产率；05-面积	F24F1/0073
73	CN202011072429.3	一种空调过滤板清洁装置	5	便利性；安全	33-操作流程的方便性；30-作用于物体的有害因素	F24F1/0073
74	CN201910579956.4	一体式厨房空调	10	清洁性；合理性；舒适性；体积；便利性；模式	31-物质产生的有害因素；35-适应性、通用性；07-体积；33-操作流程的方便性	F24F1/022
75	CN201910578764.1	窗式空调器	11	安全；水	30-作用于物体的有害因素；23-物质损失	F24F1/031
76	CN202011071319.5	一种能自动清洗的便携空调	8	浪费；便利性；自动化；利用率	33-操作流程的方便性；38-自动化程度；39-生产率	F24F1/04
77	CN201910575813.6	散热构件、散热器和空调器	10	散热；不佳；热量；能力；密度；集中度	17-温度；19-能耗	F24F1/16

序号	申请号	标题	权利要求数量/项	技术功效 1 级	技术功效 TRIZ 参数	IPC 主分类
78	CN201910577189.3	散热构件、散热器和空调器	10	散热；不佳	17-温度	F24F1/16
79	CN201910588950.3	新风制冷制热交换器	8	自动化；适合性；充分性；储存热；温度；成本；合理性；体积	38-自动化程度；35-适应性、通用性；17-温度；39-生产率；07-体积	F24F1/16
80	CN201910592124.6	新风制热交换器	6	自动化；体积；合理性；充分性；储存热；温度；适合性；成本	38-自动化程度；07-体积；35-适应性、通用性；17-温度；39-生产率	F24F1/16
81	CN202010968913.8	一种空调外机的冷却装置、方法以及空调器	14	安全；速度；结垢；硬度；浓度；密度；堵塞	30-作用于物体的有害因素；09-速度；14-强度；31-物质产生的有害因素	F24F1/16
82	CN202011071310.4	一种利用空调外机风扇的自调节晾衣设备	4	舒适性；效率；自动化；衣物；潮湿；空间；时间	39-生产率；38-自动化程度；07-体积；15-时间	F24F1/38
83	CN202011165607.7	空调室外机侧板提手结构及空调室外机、空调	10	提手；强度；防燃；成本；损坏	14-强度；39-生产率；27-可靠性	F24F1/56
84	CN202010951757.4	一种固定空调外机的支架组件及其固定空调外机的方法	10	复杂性；紧固性；便利性；安全	36-系统的复杂性；33-操作流程的方便性；30-作用于物体的有害因素	F24F1/62
85	CN201910562161.2	低噪中央空调	9	噪音	31-物质产生的有害因素	F24F3/00
86	CN202010933836.2	一种新型转轮除湿机	10	冷却；湿度；水量；空气；成本；充分性；能力；效率	17-温度；39-生产率	F24F3/14
87	CN202011235649.3	除湿机	10	运输；紧固性；充分性；集中度；利用率；仓储；体积；合理性	39-生产率；07-体积；35-适应性、通用性	F24F3/14

序号	申请号	标题	权利要求数量/项	技术功效1级	技术功效TRIZ参数	IPC主分类
88	CN201910580278.3	空气净化组件、控制方法、装置、空调器和存储介质	15	洁净度；舒适性	31-物质产生的有害因素	F24F3/16
89	CN202010597170.8	室内环境调节设备及控制方法	10	风道；风阻；空间；效率；洁净度；能源	30-作用于物体的有害因素；07-体积；39-生产率；31-物质产生的有害因素；19-能耗	F24F3/16
90	CN202010925446.0	一种智能超市用具有防疫消毒功能的空气循环设备	9	细菌；防疫；均匀性；智能化；消毒液；紧固性；收集；充分性；滴入	30-作用于物体的有害因素；29-制造精度	F24F3/16
91	CN202010960188.X	一种消声杀菌消毒自净化空气净化机	6	洁净度；催化；扩散性；复杂性；能力；消耗；细菌；噪音	31-物质产生的有害因素；36-系统的复杂性；23-物质损失；30-作用于物体的有害因素	F24F3/16
92	CN202010961584.4	一种可变换组合的空气净化系统	9	效率；洁净度；除臭；紧固性	39-生产率；31-物质产生的有害因素	F24F3/16
93	CN202011032989.6	一种基于物联网的智能家居用空气净化设备	8	洁净度；自动化；时间；智能化；便利性；面积；频率；劳动强度；容量；粘附	31-物质产生的有害因素；38-自动化程度；15-时间；33-操作流程的方便性；05-面积；39-生产率；07-体积	F24F3/16
94	CN202011053936.2	一种根据滤网清洗方式进行清理的空气净化装置	4	清洁性；效率；空间；堆积；洁净度；健康	31-物质产生的有害因素；39-生产率；07-体积	F24F3/16
95	CN202011097081.3	一种自动消毒旋转清洗空调滤网装置	4	清洁性；清洁度	31-物质产生的有害因素	F24F3/16
96	CN202011105637.9	一种基于吸附过滤的畜牧养殖棚舍的除味换气消毒方法	6	效率；齿轮；散失；空气；成本；环境；耐磨性；质量；能源	39-生产率；30-作用于物体的有害因素；27-可靠性；19-能耗	F24F3/16

序号	申请号	标题	权利要求数量/项	技术功效 1 级	技术功效 TRIZ 参数	IPC 主分类
97	CN202011169599.3	一种具有加湿除菌功能的空气净化器	7	速度；雾化	09-速度	F24F3/16
98	CN202011050216.0	一种主动式冷却降温的防小动物变电房	3	复杂性；安全；驱除；温度	36 - 系统的复杂性；30-作用于物体的有害因素；17-温度	F24F5/00
99	CN202011053971.4	一种独立循环的防爆空调系统及控制方法	9	调湿；效率；安全手段；数值；防爆性；稳定性；数量	39-生产率；30-作用于物体的有害因素；26-物质或事物的数量；27-可靠性；13-稳定性	F24F5/00
100	CN202011054013.9	集成式能源联供装置	9	经济性；互补；效率；共用	39-生产率	F24F5/00
101	CN202011055520.4	一种跨季回收利用冰雪冷量的风冷循环装置以及使用方法	9	环境；清洁性；温度	31-物质产生的有害因素；17-温度	F24F5/00
102	CN202011075672.0	一种水冷三模式机房空调	7	稳定性；光滑性；水；充分性；能源；广泛性；范围	13-稳定性；12-形状；23-物质损失；19-能耗；35-适应性、通用性	F24F5/00
103	CN202011083969.1	一种用于供冷系统的制冰装置	7	复杂性；合理性；成本	36 - 系统的复杂性；35-适应性、通用性；39-生产率	F24F5/00
104	CN202011084480.6	一种冰水直接接触式区域供冷系统	10	温度；成本；合理性；复杂性；能力	17-温度；39-生产率；35 - 适应性、通用性；36-系统的复杂性	F24F5/00
105	CN202011129840.X	厨房空气质量改善装置及系统	13	局限性；进入；质量；清洁性；吸烟；不佳；循环性	27-可靠性；31-物质产生的有害因素	F24F5/00
106	CN202011134314.2	一种智慧灯杆专用空调	8	速度；成本；便利性；安全；复杂性；体积；美观性；寿命	09-速度；39-生产率；33-操作流程的方便性；30-作用于物体的有害因素；36-系统的复杂性；07-体积；27-可靠性	F24F5/00

序号	申请号	标题	权利要求数量/项	技术功效 1 级	技术功效 TRIZ 参数	IPC 主分类
107	CN202011204041.4	一种温湿度独立的空调系统及其控制方法	10	负荷；湿度；冷负荷；能源；精度；耗电；环境	01-重量；19-能耗；28-测量精度	F24F5/00
108	CN202010905997.0	一种具有空气加湿功能的香炉	7	浪费；便利性；时间；空间；凝结；防护性；速度；数量	33-操作流程的方便性；15-时间；07-体积；09-速度；26-物质或事物的数量	F24F6/12
109	CN202011035501.5	一种便携式双喷加湿器	6	便利性；吸水性；刚性；透明度；成本；体积；变形	33-操作流程的方便性；14-强度；39-生产率；07-体积；12-形状	F24F6/12
110	CN202010910619.1	一种绿色建筑的智能化通风节能系统	9	能源；流动性；电力；通风；电力充沛；安全；便利性	19-能耗；30-作用于物体的有害因素；33-操作流程的方便性	F24F7/013
111	CN202010893313.X	一种模块拼装式空调屋顶进风过滤装置	4	平衡；灵活性；复杂性；便利性；风速；成本	35-适应性、通用性；36-系统的复杂性；33-操作流程的方便性；39-生产率	F24F7/02
112	CN202011013138.7	一种工业控制系统机房的通风装置	6	清洁性；便利性；堆积；进入；变更；实用性	31-物质产生的有害因素；33-操作流程的方便性；35-适应性、通用性	F24F7/06
113	CN202011025246.6	一种新风系统的空气过滤机构	9	效率；热；面积；易拆卸；空气；便利性	39-生产率；17-温度；05-面积；34-可维修性；33-操作流程的方便性	F24F7/06
114	CN202011130444.9	一种装配式吊顶架空层用通风结构	10	过滤；可操作性；便利性；空间；细菌；复杂性	33-操作流程的方便性；07-体积；30-作用于物体的有害因素；36-系统的复杂性	F24F7/06
115	CN201910564804.7	一种便携式风幕机	10	转动；便利性；噪音；多样	33-操作流程的方便性；31-物质产生的有害因素	F24F9/00
116	CN202010902154.5	压力检测开关、空调控制方法、装置、空调及存储介质	13	确定性；成本；冲击	39-生产率	F24F11/30

序号	申请号	标题	权利要求数量/项	技术功效 1 级	技术功效 TRIZ 参数	IPC 主分类
117	CN202010966472.8	一种加湿器及其缺水控制方法	10	寿命；体验；延迟；正确性	27-可靠性；25-时间损失；28-测量精度	F24F11/32
118	CN202011025937.6	一种提高人体免疫力的智能健康空调及使用方法	10	环境；舒适性；质量；详细；心情；充分性；免疫力	27-可靠性；30-作用于物体的有害因素	F24F11/56
119	CN202011028013.1	一种冷水机组制冷性能系数测量方法及冷水机组	10	实时性	25-时间损失	F24F11/89
120	CN201910572692.X	空调器的导风板组件和具有其的空调器	14	可靠性；风量	27-可靠性	F24F13/12
121	CN201910577834.1	一种能够一体旋转的摆叶组件及空调器	10	便利性；稳定性；干涉；避让；效率；可靠性；清洁性；碰撞；过长；风道	33-操作流程的方便性；13-稳定性；39-生产率；27-可靠性；31-物质产生的有害因素；30-作用于物体的有害因素	F24F13/15
122	CN202010948651.9	用于空调防凝露的方法、装置和空调	10	功率；补充；获取；凝露	21-功率	F24F13/22
123	CN202010974120.7	一种冷凝水回收利用设备	9	变更；效率；停机；进入；实用性；可推广性；便利性；过滤	39-生产率；35-适应性、通用性；33-操作流程的方便性	F24F13/22
124	CN201910579727.2	用于热水器系统的控制方法及装置、热水器系统	10	体验；热水器；数量；可控性	26-物质或事物的数量；37-控制与测量的复杂性	F24H9/20
125	CN202011017970.4	制冷系统及其运行控制方法	10	可控性；成本；尺寸；储液器；占用；存储量；概率；负荷	37-控制与测量的复杂性；39-生产率；03-长度；01-重量	F25B1/00
126	CN202010600937.8	用于卸载多级压缩机的系统和方法	14	效率；流速	39-生产率；09-速度	F25B1/10

序号	申请号	标题	权利要求数量/项	技术功效1级	技术功效TRIZ参数	IPC主分类
127	CN202011138572.8	一种空调除霜系统及方法	9	舒适性；制热；功效；冷凝器；效率；复杂性；正确性；蒸发器；不舒适感；热效率	39-生产率；36-系统的复杂性；28-测量精度；22-能量损失	F25B5/02
128	CN201910592061.4	一种服务于极大温差变化环境的降温机组	5	效率；合理性；安全；运行；充分性；突出	39-生产率；35-适应性、通用性；30-作用于物体的有害因素	F25B7/00
129	CN202011003660.7	一种带全热回收的蒸发冷螺杆冷热水机组	7	独立化霜；切换；浪费；能源；智能化；成本；环境	19-能耗；39-生产率	F25B13/00
130	CN202011003671.5	一种蒸发冷热泵机组	6	可靠性；调节；独立化霜；阻力；压力；复杂性；切换；冷却；冷凝；温度；稳定性	27-可靠性；10-力；36-系统的复杂性；17-温度；13-稳定性	F25B13/00
131	CN202011136536.8	一种房间空调与采暖系统及控制方法	8	经济性；成本；舒适性；冷气；一体化；可靠性；稳定性；温暖	39-生产率；27-可靠性；13-稳定性	F25B13/00
132	CN202010924619.7	一种提高离心热泵机组效率的装置	8	复杂性；速率；凝管；功耗；效率；制热量；能源；热量；消耗	36-系统的复杂性；09-速度；19-能耗；39-生产率；23-物质损失	F25B30/02
133	CN202010600695.2	用于控制制冷剂压差的系统和方法	16	可控性；阈值处；冷却；确定性	37-控制与测量的复杂性；17-温度	F25B31/00
134	CN202011087596.5	一种扁管微通道双液体换热器及其换热方法	10	复杂性；组合；空间；适用性；效率；集成度	36-系统的复杂性；07-体积；35-适应性、通用性；39-生产率	F25B39/04
135	CN202011142516.1	一种反向刀口管式氦-4超流抑制器	6	损耗；经济性；损失；用量；可靠性；能源；制冷量；稳定性	23-物质损失；39-生产率；26-物质或事物的数量；27-可靠性；19-能耗；13-稳定性	F25B41/00
136	CN201911396251.5	电子膨胀阀	10	噪音；流动性；节流；压力	31-物质产生的有害因素；10-力	F25B41/06

序号	申请号	标题	权利要求数量/项	技术功效 1 级	技术功效 TRIZ 参数	IPC 主分类
137	CN201911400363.3	电子膨胀阀	7	噪音；方向；流动性；节流	31-物质产生的有害因素	F25B41/06
138	CN202011003933.8	氨泵供液制冷系统及其控制方法	10	安全；事故；存储量；体积；面积；尺寸；概率；可控性	30-作用于物体的有害因素；27-可靠性；07-体积；05-面积；03-长度；37-控制与测量的复杂性	F25B41/06
139	CN202011001023.6	微通道换热器和空调器	14	换热；效率；复杂性；冷媒；均匀性；重力	17-温度；39-生产率；36-系统的复杂性；29-制造精度	F28D1/047
140	CN202011071677.6	微通道换热器和空调器	12	管径；换热器；内径；面积；流速；充注量；效率；连接；体积；均匀性；速度	05-面积；09-速度；39-生产率；07-体积；29-制造精度	F28D1/053
141	CN202010895230.4	空调室内机蒸发器翅片优化设计方法及装置	10	成本；长度	39-生产率；03-长度	G06F30/23
142	CN201910587466.9	胶粘瓷座钢屋避雷网	3	可维护性；击损	34-可维修性	H01T19/00
143	CN202011220560.X	一种钢结构矩形避雷针架针芯替换设备	5	便利性；安全；自动化；复杂性	33-操作流程的方便性；30-作用于物体的有害因素；38-自动化程度；36-系统的复杂性	H01T19/04
144	CN202011076450.0	一种带火花塞清洁功能的间隙调整回收设备	5	利用率；效率；自动化；精度	39-生产率；38-自动化程度；28-测量精度	H01T21/02
145	CN202011077456.X	一种用于火花塞清洗的清洁装置	4	损坏；适应性	27-可靠性；35-适应性、通用性	H01T21/04
146	CN202011020408.7	一种小型可调节 5G 信号信号增强塔	8	雷击；信号；增强器；运行；复杂性；有限	36-系统的复杂性	H04B7/155
147	CN201910570963.8	一种离子风散热装置	10	噪音；风量；适应性；风速；灵活性；散热；耐磨性	31-物质产生的有害因素；35-适应性、通用性；17-温度；30-作用于物体的有害因素	H05K7/20

序号	申请号	标题	权利要求数量/项	技术功效1级	技术功效TRIZ参数	IPC主分类
148	CN201980034139.9	空调机的室外单元	11	噪音；路径；风风扇；单元；空气量；形状；功耗；长度	31-物质产生的有害因素；12-形状；19-能耗；03-长度	F24F1/48
149	CN201880093339.7	空调机以及空调机的捆包套组	12	精度；安全	28-测量精度；30-作用于物体的有害因素	F24F11/36
150	CN201980028808.1	可变空气过滤器组件	28	折叠成；构型；尺寸	03-长度	F24F13/28
151	CN201880093059.6	室外机以及制冷循环装置	12	效率	39-生产率	F25B49/02
152	CN201510791749.7	多功能吊顶系统	7	智能化；美观性；实用性；舒适性；柔和；洁净度；过滤；真正；环境；复杂性	35-适应性、通用性；31-物质产生的有害因素；36-系统的复杂性	F24F5/00
153	CN201710213758.7	室内换热装置和空调器	9	效率；损失；冷凝水；距离；温度；冷却	39-生产率；23-物质损失；03-长度；17-温度	F25B39/02
154	CN201711049795.5	一种空调除霜控制的方法及装置	12	能效；精确性；可控性	28-测量精度；37-控制与测量的复杂性	F25B47/02
155	CN201810094777.7	空调防凝露控制的方法、装置及计算机存储介质	8	凝露；概率；空调；能源	19-能耗	F24F13/22
156	CN201810095911.5	空调防凝露控制的方法、装置及计算机存储介质	8	凝露；概率；空调；能源	19-能耗	F24F13/22
157	CN201810140857.1	自动空气净化器	1	自动化；洁净度；切换	38-自动化程度；31-物质产生的有害因素	F24F3/16
158	CN201710313192.5	种控制电化学空调系统的方法及装置	9	方向；速度	09-速度	F24F11/32

序号	申请号	标题	权利要求数量/项	技术功效 1 级	技术功效 TRIZ 参数	IPC 主分类
159	CN201810366935.X	一种设在室内踢脚线位置的充气式强化换热装置	1	冷却；便利性；面积；舒适性；热；冷热；均匀性；温度；可维修性；成本；效率；复杂性；损失；速度	17-温度；33-操作流程的方便性；05-面积；29-制造精度；34-可维修性；39-生产率；36-系统的复杂性；23-物质损失；09-速度	F24F5/00
160	CN201810339220.5	一种空调用加热管组件	4	泄露；对流；复杂性；连接；热；便利性	31-物质产生的有害因素；36-系统的复杂性；17-温度；33-操作流程的方便性	F24F13/00
161	CN201810484882.1	一种空气净化器自动加湿雾化装置	1	充分性；清洁性；及时性；发霉；持久度；细菌；水；自动化；寿命	31-物质产生的有害因素；25-时间损失；30-作用于物体的有害因素；23-物质损失；38-自动化程度；27-可靠性	F24F3/16
162	CN201810653415.7	一种过热度控制电子膨胀阀系统	2	结霜；能力；温差；面积；干耗；灵活性	05-面积；35-适应性、通用性	F25B49/02
163	CN201810360343.7	一种制冷量无级调节的压缩冷凝系统	1	稳定性；可靠性	13-稳定性；27-可靠性	F25B13/00
164	CN201810310933.9	一种风冷磁悬浮空调控制方法和风冷磁悬浮空调	9	稳定性；确定性；合理性；概率	13-稳定性；35-适应性、通用性	F24F11/64
165	CN201810585459.0	回热节流板、组件、W 形微通道节流制冷器及制冷装置	7	效率；制冷量；材料；强度	39-生产率；23-物质损失；14-强度	F25B9/02
166	CN201810673724.0	一种便于拆卸的空气净化环保设备	3	空气；洁净度	31-物质产生的有害因素	F24F3/16
167	CN201810568359.7	一种同时制热和制冷的一拖多空调及其控制方法、装置	9	体验；能源；可控性；环境	19-能耗；37-控制与测量的复杂性	F25B13/00

序号	申请号	标题	权利要求数量/项	技术功效1级	技术功效TRIZ参数	IPC主分类
168	CN201810688134.5	过压放电器	14	速度；续流；冷却；可靠性	09-速度；17-温度；27-可靠性	H01T2/02
169	CN201810910953.X	湿式辐射对流冷热交换器	6	便利性；管堵塞；凝结；冷凝；水；合理性	33-操作流程的方便性；23-物质损失；35-适应性、通用性	F25B39/00
170	CN201811088794.6	节流装置及空调器	9	可靠性；卡死；节流；速度；阀芯；流量；成本；效率	27-可靠性；09-速度；26-物质或事物的数量；39-生产率	F25B41/06
171	CN201811255740.4	一种电机安装组件及空调器	7	便利性；抱攀；牢固性；效率；数量；电机架	33-操作流程的方便性；27-可靠性；39-生产率；26-物质或事物的数量	H02K5/00
172	CN201780035370.0	降低空气进料和温室的温度的方法	21	潮湿；复杂性；吸湿；空气；首先；温度；环境；供应	36-系统的复杂性；17-温度	F24F5/00
173	CN201780047944.6	制冷系统、交通工具及对制冷系统进行操作的方法	11	正确性；可控性	28-测量精度；37-控制与测量的复杂性	F25B49/02
174	CN201811653920.8	一种提高换热效率的可监测换热器内芯	7	效率；稳定性；清洁性；观察；体积；监测；换热；消解；散热	39-生产率；13-稳定性；31-物质产生的有害因素；07-体积；37-控制与测量的复杂性；17-温度	F25B39/02
175	CN201910058950.2	一种储液式蒸发式冷凝器	4	速度；温度；泄露；密封性	09-速度；17-温度；31-物质产生的有害因素；29-制造精度	F25B39/04
176	CN201811634886.X	一种家用湿润富氧雾化装置及方法	7	环境；病毒；浓度；洁净度；细菌；潮湿；雾化；充分性；均匀性	31-物质产生的有害因素；30-作用于物体的有害因素；29-制造精度	F24F6/12
177	CN201910064909.6	空调器及其除湿控制方法	8	凝结；波动；环境；湿度；温度；速度	17-温度；09-速度	F24F1/0083

序号	申请号	标题	权利要求数量/项	技术功效 1 级	技术功效 TRIZ 参数	IPC 主分类
178	CN201811637078.9	制冷系统、冰箱及控制方法	4	冷却；均匀性；功率；过长；速度；除霜	17-温度；29-制造精度；21-功率；09-速度	F25B41/04
179	CN201910258278.1	一种闭环双泵式预热除湿室内暖气供应系统	5	热；效率；湿度；利用率；制热；温度；干燥；充分性；露点	17-温度；39-生产率	F24F5/00
180	CN201680090743.X	空调机的室外机和具备该室外机的空调机	5	效率	39-生产率	F24F1/36
181	CN201910734258.7	一种房屋温度传导设备	5	安全；过程；速度；复杂性；利用率	30-作用于物体的有害因素；09-速度；36-系统的复杂性；39-生产率	F24F5/00
182	CN201910710943.6	一种用于空调外机使用的电器盒	6	摩擦力；裸露；安全；防护性；损坏	10-力；30-作用于物体的有害因素；27-可靠性	H05K7/02
183	CN201910728159.8	连接管组件、换热器、制冷系统及空调器	15	换热	17-温度	F16L9/00
184	CN201910954822.6	一种基于电磁变换的间隙防雷保护装置	4	实用性；防雷；火灾；适应性；距离	35-适应性、通用性；03-长度	H01T4/02
185	CN201911072531.0	一种适用于室内的可加热大幅度加湿的加湿器	5	自动化；潮湿；速度；流失率	38-自动化程度；09-速度	F24F6/10
186	CN201910972942.9	一种智能的空气湿度控制装置及其控制方法	5	散热；效率；清洁性；可控性；智能化；安全；资源；舒适性；能量；路线	17-温度；39-生产率；31-物质产生的有害因素；37-控制与测量的复杂性；30-作用于物体的有害因素；19-能耗	F24F11/89
187	CN201911349966.5	一种可利用自然资源对通信基站设备进行降温的机房	2	能源；寿命	19-能耗；27-可靠性	F24F5/00

序号	申请号	标题	权利要求数量/项	技术功效1级	技术功效TRIZ参数	IPC主分类
188	CN201911254109.7	用于柔性直流输电的主电极结构和制备方法	10	强度；热导率	14-强度	H01T1/00
189	CN201911407541.5	分体式外壳的风管机	12	便利性；难度；复杂性；成本	33-操作流程的方便性；36-系统的复杂性；39-生产率	F24F1/0047
190	CN202010093843.6	一种基于绝缘体上的收集装置	1	安全	30-作用于物体的有害因素	H02G13/00
191	CN202010122574.1	一种可以防静电的加湿器	5	安全；健康；潮湿；阻断；质量；静电	30-作用于物体的有害因素；27-可靠性；31-物质产生的有害因素	F24F6/14
192	CN202011036089.9	一种企业管理咨询协同办公装置	6	有效性；稳定性；实用性；封堵；速度；复杂性；成本；办公	13-稳定性；35-适应性、通用性；09-速度；36-系统的复杂性；39-生产率	A47B17/00
193	CN202010938764.0	一种单螺纹正负离子管	6	消毒；死亡；品质	29-制造精度	A61L9/22
194	CN202010819577.0	加温管加温控制方法、装置、存储介质及计算机设备	10	有害；舒适性；冷凝水；速度；可控性；温管	30-作用于物体的有害因素；09-速度；37-控制与测量的复杂性	A61M16/10
195	CN202011018338.1	一种车用空调冷凝器	7	洁净度	31-物质产生的有害因素	B60H1/00
196	CN202011101533.0	空调包装结构及窗式空调组件	16	局限性；成本；利用率；厚度；高度；尺寸	39-生产率；03-长度	B65D81/05
197	CN202010978376.5	一种电梯轿厢净化装置	8	灰尘；洁净度；充分性；质量；清洁性；潮湿	31-物质产生的有害因素；27-可靠性	B66B11/02
198	CN202010978380.1	一种电梯轿厢温度自动控制装置	10	乘坐；可控性；压力；稳定性	37-控制与测量的复杂性；10-力；13-稳定性	B66B11/02

序号	申请号	标题	权利要求数量/项	技术功效 1 级	技术功效 TRIZ 参数	IPC 主分类
199	CN202011009940.9	一种医院用火灾应急电梯装置	10	有害；便利性；损坏；冲板；速度；损失；密封性	30-作用于物体的有害因素；33-操作流程的方便性；27-可靠性；09-速度；23-物质损失；29-制造精度	B66B11/02
200	CN202011065208.3	一种混合制冷剂及其制备方法和应用	10	温度；安全；热物理；效率；成本；可靠性；物理；停机；制冷量；稳定性；平衡；复杂性；压力；适应性	17-温度；30-作用于物体的有害因素；39-生产率；27-可靠性；13-稳定性；36-系统的复杂性；10-力；35-适应性、通用性	C09K5/04
201	CN202011017074.8	一种具有绿化环保功能的建筑结构外墙	7	牢固性；粘合；稳定性；风声；紧固性；环境；可控性；广泛性；堵塞；便利性	27-可靠性；13-稳定性；37-控制与测量的复杂性；31-物质产生的有害因素；33-操作流程的方便性	E04B2/00
202	CN202011054371.X	一种智能化矿井降温制冷系统	10	过滤；智能化；易拆卸；水位；温度；安全；体积；连接；及时性；稳定性；畅通；可检测性；冷却；便利性；支撑	34-可维修性；17-温度；30-作用于物体的有害因素；07-体积；25-时间损失；13-稳定性；28-测量精度；33-操作流程的方便性	E21F3/00
203	CN201910549206.2	压缩机储液器和具有其的压缩机	16	成本；复杂性；品质；稳定性；效率；吸杯	39-生产率；36-系统的复杂性；29-制造精度；13-稳定性	F04B39/12
204	CN202010982177.1	超薄室内机	10	阻力；风量	10-力	F04D17/16
205	CN202011002033.1	一种便携式智能风扇	5	温度；实用性；吸热；调节；潮湿；集中度	17-温度；35-适应性、通用性	F04D25/16
206	CN201910550979.2	蜗舌结构、壁挂机及空调器	15	能源；风压；效率；速度；流量；冲击；噪音；间隙	19-能耗；39-生产率；09-速度；26-物质或事物的数量；31-物质产生的有害因素	F04D29/42

序号	申请号	标题	权利要求数量/项	技术功效1级	技术功效TRIZ参数	IPC主分类
207	CN202010914673.3	一种乏汽及烟气余热能量品质耦合提升系统	6	消耗；能力；水；提质；温度；灰尘；热；效率；抽汽；做功	23-物质损失；17-温度；31-物质产生的有害因素；39-生产率	F22D1/36
208	CN202010959468.9	一种燃气锅炉排烟深度余热回收方法	9	耐腐蚀性；能源；成本；老化；污染；燃气；寿命；浪费；水蒸气	30-作用于物体的有害因素；19-能耗；39-生产率；31-物质产生的有害因素；27-可靠性	F23J15/06
209	CN202010969407.0	防霜热泵系统	10	充分性；换热；量；循环；转移	17-温度	F24D15/04
210	CN202011010179.0	一种用于防爆空调的换气系统	9	臭味；干燥；及时性；易燃；防爆性；湿度；安全	25-时间损失；27-可靠性；30-作用于物体的有害因素	F24F1/0003
211	CN202010937316.9	内置激光投影发射器的空调器室内机	10	占用；障碍物；充分性；不舒适；智能化；体积；体验	07-体积	F24F1/0007
212	CN202010912087.5	空调及其导风装置	10	导风；舒适性；摆风；温度；扰流；阻力；理念；体验；混风	17-温度；10-力	F24F1/0011
213	CN202011023564.9	轨道交通车站无塔空调系统及其控制方法	10	消耗；有害；数量；温度；洁净度；噪音；次数；质量	23-物质损失；30-作用于物体的有害因素；26-物质或事物的数量；17-温度；31-物质产生的有害因素；27-可靠性	F24F1/0011
214	CN202011046888.4	空调室内机及空调器	10	噪声源；数量；体验；洁净度	26-物质或事物的数量；31-物质产生的有害因素	F24F1/0011
215	CN202011007710.9	具有U形支撑座的落地式空调	10	复杂性；体验；稳定性	36-系统的复杂性；13-稳定性	F24F1/005
216	CN202010914523.2	一种空调器及其控制方法	10	细菌；充分性；洁净度；清洁性；空调器；消耗；有害	30-作用于物体的有害因素；31-物质产生的有害因素；23-物质损失	F24F1/0063
217	CN202010930716.7	具有双室内换热器的空调器	10	智能化；速度；灵活性；制热；舒适性；复杂性；能源；局限性；冷却	09-速度；35-适应性、通用性；36-系统的复杂性；19-能耗；17-温度	F24F1/0063

序号	申请号	标题	权利要求数量/项	技术功效 1 级	技术功效 TRIZ 参数	IPC 主分类
218	CN202010960415.9	一种双蒸发温度热泵系统和控制方法	21	能力；能效；室温；制热除霜；效率；稳定性；能源；热量；适合性；回收；运行	39-生产率；13-稳定性；19-能耗；35-适应性、通用性	F24F1/0063
219	CN202010960451.5	一种双冷凝温度热泵系统和控制方法	17	制热水；制热；适合性；能效；功耗；正确性；供热；效率；稳定性；能源；能力；回收；运行	35-适应性、通用性；19-能耗；28-测量精度；39-生产率；13-稳定性	F24F1/0063
220	CN202010960988.1	一种空调器	10	均匀性；分离；换热；一致性；重力	29-制造精度；17-温度	F24F1/0063
221	CN202010963067.0	空调系统和控制方法	10	潮湿；体验；干涉；自动化；工艺	38-自动化程度	F24F1/0063
222	CN202011098224.2	换热装置及具有其的空调器	10	尺寸；体积；利用率；布局；紧固性	03-长度；07-体积；39-生产率	F24F1/0063
223	CN202011110826.5	用于空调器的电机散热装置及空调器	10	温降；调节；充分性；散热；能效	17-温度	F24F1/0063
224	CN202011134905.X	冷凝器和空调设备	12	效率；死区；均匀性	39-生产率；29-制造精度	F24F1/0063
225	CN202010960445.X	换热器及空调器	15	积液；面积；进液；均匀性	05-面积；29-制造精度	F24F1/0067
226	CN202011119883.X	一种可调流路以及新风空调器	16	效率；温度；长度；输出量；能力；流量	39-生产率；17-温度；03-长度；26-物质或事物的数量	F24F1/0068
227	CN202011141908.6	过滤网及空调	12	积尘；成本；面积；速度；清洁性；体验；易拆卸；便利性；效率；过滤网；复杂性	39-生产率；05-面积；09-速度；31-物质产生的有害因素；34-可维修性；33-操作流程的方便性；36-系统的复杂性	F24F1/0073
228	CN202010895520.9	一种新风湿度控制空调系统及其控制方法	28	复杂性；精准性；质量；相对湿度；便利性；温湿；空调；自动化；可控性；能力	36-系统的复杂性；27-可靠性；33-操作流程的方便性；38-自动化程度；37-控制与测量的复杂性	F24F1/0087

序号	申请号	标题	权利要求数量/项	技术功效1级	技术功效TRIZ参数	IPC主分类
229	CN201910555313.6	一种马鞍式窗机辅助安装装置及安装方法	9	复杂性；可操作性	36-系统的复杂性；33-操作流程的方便性	F24F1/031
230	CN202011119910.3	安装板、电器盒组件以及空调室外机	12	效率；盒；密封性；成本；复杂性；包裹	39-生产率；29-制造精度；36-系统的复杂性	F24F1/22
231	CN202010943372.3	一种空调室外机降噪设备	7	热量；接触；缩小；摩擦力	19-能耗；10-力	F24F1/40
232	CN202011008602.3	一种空调外机的降温装置	8	自动化；温度；水	38-自动化程度；17-温度；23-物质损失	F24F1/46
233	CN201910547375.2	空气净化模块、空调室内机及空调器	19	水粒；速度；洁净度；结合率；打散；接触	09-速度；31-物质产生的有害因素	F24F3/16
234	CN202010772483.2	一种除尘防霾环保装置	10	便利性；环境；洁净度；损坏；健康；防盗；效率；防霾；美观性；防护性	33-操作流程的方便性；31-物质产生的有害因素；27-可靠性；30-作用于物体的有害因素；39-生产率	F24F3/16
235	CN202010850846.X	水洗空气装置、空调内机及空调	10	洁净度；引风机；干燥；体验；质量	31-物质产生的有害因素；27-可靠性	F24F3/16
236	CN202010873904.0	一种具有滤网自动切换结构的空气净化设备	9	便利性；完成率；复杂性	33-操作流程的方便性；36-系统的复杂性	F24F3/16
237	CN202011009349.3	一种便于使用的风机盘管等离子体式空气净化消毒机	7	细菌；便利性；洁净度；可靠性；导风；复杂性；变更；安全；清洁性；打开	30-作用于物体的有害因素；33-操作流程的方便性；31-物质产生的有害因素；27-可靠性；36-系统的复杂性	F24F3/16
238	CN202011014092.0	空气净化器	8	冲洗；浪费；洁净度；均匀性；范围；复用性；智能化；便利性；堵塞；自动化	31-物质产生的有害因素；29-制造精度；35-适应性、通用性；39-生产率；33-操作流程的方便性；38-自动化程度	F24F3/16

序号	申请号	标题	权利要求数量/项	技术功效 1 级	技术功效 TRIZ 参数	IPC 主分类
239	CN202011037016.1	一种空气净化智能消杀设备	5	温度；电	17-温度	F24F3/16
240	CN202011065379.6	一种辅助清洗清洁空气净化器过滤网的装置	5	拆装；寿命；效率；损坏；清洁性；洁净度	27-可靠性；39-生产率；31-物质产生的有害因素	F24F3/16
241	CN202011065383.2	一种带有自清理功能的转动式入风口空气净化装置	6	频率；利用率；入风；流动性；范围；附着物	39-生产率；35-适应性、通用性	F24F3/16
242	CN202011114368.2	一种空气净化设备	9	洁净；确定性；导入；损失；波高；充分性；接触；杀菌灯	31-物质产生的有害因素；23-物质损失	F24F3/16
243	CN202011124364.2	用于空调机组的清洗装置及清洗方法、空调系统、存储介质	19	表冷器；过滤器；拆除；劳动强度；自动化；清洁性	39-生产率；38-自动化程度；31-物质产生的有害因素	F24F3/16
244	CN202011130001.X	一种消毒模块及空气净化设备	12	均匀性；成本；洁净度；可控性；滤网；火灾；温度	29-制造精度；39-生产率；31-物质产生的有害因素；37-控制与测量的复杂性；17-温度	F24F3/16
245	CN202011186061.3	一种通风设备	7	复杂性；合理性；便利性；清洁性；效率；频率；成本；完成率；噪音；可控性；寿命	36-系统的复杂性；35-适应性、通用性；33-操作流程的方便性；31-物质产生的有害因素；39-生产率；37-控制与测量的复杂性；27-可靠性	F24F3/16
246	CN201911123471.0	一种独立、自然、无风、供冷、供热空调	3	速度；导流槽；便利性	09-速度；33-操作流程的方便性	F24F5/00
247	CN202010801037.X	一种金属加工辅助设备	10	冷却；开启；关闭；洁净度；流动性；压缩；实用性；舒适性	17-温度；31-物质产生的有害因素；35-适应性、通用性	F24F5/00
248	CN202010898149.1	光伏空调机组的外风机控制方法	10	散热；体验；用电；效率	17-温度；39-生产率	F24F5/00

序号	申请号	标题	权利要求数量/项	技术功效1级	技术功效TRIZ参数	IPC主分类
249	CN202010903399.X	高压电缆附件现场用环境调节装置、系统	10	可操作性；自动化；附件；舒适性	33-操作流程的方便性；38-自动化程度	F24F5/00
250	CN202010924111.7	对流强化型辐射换热器	10	效率；供冷；接触；凝露；冷凝；换热；紊乱；能力	39-生产率；17-温度	F24F5/00
251	CN202010950257.9	空调系统及其控制方法	10	能源；时间；合理性；管线；循环性；自动化；效率；充分性	19-能耗；15-时间；35-适应性、通用性；38-自动化程度；39-生产率	F24F5/00
252	CN202011049185.7	一种高效节能空调制冷设备	7	清洁性；便利性；流畅性	31-物质产生的有害因素；33-操作流程的方便性	F24F5/00
253	CN202011051483.X	一种跨季利用冰雪冷量的液体冷媒循环装置及使用方法	10	清扫；温度；防护性；连通	17-温度	F24F5/00
254	CN202011063549.7	车间洁净室空调通风及水冷却系统	7	温度；数量	17-温度；26-物质或事物的数量	F24F5/00
255	CN202011067114.X	一种蓄冷和蓄热两用储能水箱	1	经济性；温度；成本；效率；安全；均匀性；能力；不匹配；环境；厚度；扰动；寿命	39-生产率；17-温度；30-作用于物体的有害因素；29-制造精度；03-长度；27-可靠性	F24F5/00
256	CN202011092754.6	一种可移动的临时调温车	4	自动化；直接；偏移	38-自动化程度	F24F5/00
257	CN202011116179.9	一种应用于卧式蓄冷罐的组合式布水器	10	效率	39-生产率	F24F5/00
258	CN202011116967.8	一种屋面自动喷淋降温系统	3	舒适性；能源；温度；洁净度；循环性；环境	19-能耗；17-温度；31-物质产生的有害因素	F24F5/00

序号	申请号	标题	权利要求数量/项	技术功效 1 级	技术功效 TRIZ 参数	IPC 主分类
259	CN202011210758.X	一种组合式盘管空气处理装置，及基于其的空气处理系统和使用方法	10	新风；厚度；资金；新风量；效率；灵活性；空间；冷却	03-长度；39-生产率；35-适应性、通用性；07-体积；17-温度	F24F5/00
260	CN202011101389.0	一种高稳定度香薰加湿器	10	散热；稳定性；合理性	17-温度；13-稳定性；35-适应性、通用性	F24F6/12
261	CN201910549950.2	风机壳组件及新风机	10	复杂性；牢固性；劳动强度	36-系统的复杂性；27-可靠性；39-生产率	F24F7/007
262	CN202010968102.8	一种新型供氧新风换气机	7	清洁性；流速；除臭；冷却；空气；过滤网	31-物质产生的有害因素；09-速度；17-温度	F24F7/007
263	CN202011088114.8	一种用于智能建筑的通风装置	7	便利性；可控性	33-操作流程的方便性；37-控制与测量的复杂性	F24F7/007
264	CN202011107319.6	一种可手动调控的室内空气置换装置	4	清洁性；灰尘；适合性；新陈代谢；健康；疲劳感；大脑	31-物质产生的有害因素；35-适应性、通用性	F24F7/007
265	CN202011000745.X	一种可防强光的自动通风换气装置及其控制方法	9	质量；飘动；通风；消耗；自动化；强光	27-可靠性；23-物质损失；38-自动化程度	F24F7/013
266	CN202010929923.0	新风装置	10	细菌；体验	30-作用于物体的有害因素	F24F7/06
267	CN202011014757.8	一种节能式建筑房屋	6	噪音；舒适性；清洁性；损耗；屋内；清凉；柔和；气体；温度	31-物质产生的有害因素；23-物质损失；17-温度	F24F7/06
268	CN202011017807.8	一种机电车间通风装置	5	适合性；变更；成本；复杂性	35-适应性、通用性；39-生产率；36-系统的复杂性	F24F7/06
269	CN202011019787.8	一种机械换气装置	6	适合性；便利性；成本；复杂性	35-适应性、通用性；33-操作流程的方便性；39-生产率；36-系统的复杂性	F24F7/06

序号	申请号	标题	权利要求数量/项	技术功效1级	技术功效TRIZ参数	IPC主分类
270	CN202010887950.6	用于空调器的控制方法及控制装置、空调器	10	细菌；微生物；清洁性；清洁度；干燥；可控性	30-作用于物体的有害因素；31-物质产生的有害因素；37-控制与测量的复杂性	F24F11/30
271	CN202010799328.X	一种用于空调风机降噪的主动噪声控制系统和空调	7	噪音；环境	31-物质产生的有害因素	F24F11/32
272	CN202010857989.3	空调器及其控制方法	10	智能化；自动化；凝结；消耗；事件；适合性；可控性	38-自动化程度；23-物质损失；35-适应性、通用性；37-控制与测量的复杂性	F24F11/41
273	CN202010863404.9	新风空调器的控制方法	10	准确性；速度；复杂性；浪费；环境	28-测量精度；09-速度；36-系统的复杂性	F24F11/64
274	CN202010885451.3	用于控制空调的方法及装置、空调	10	效率；换热器	39-生产率	F24F11/64
275	CN202010909547.9	新风空调器及其控制方法、计算机可读存储介质	10	可控性；电；体验；热；消耗；速度	37-控制与测量的复杂性；17-温度；23-物质损失；09-速度	F24F11/64
276	CN202011031673.5	定频空调防凝露控制方法、装置、电子设备及存储介质	12	舒适性；温度；质量；凝露；凝露水；投诉	17-温度；27-可靠性	F24F11/64
277	CN202010947462.X	用于空调湿度控制的方法、装置及空调	10	效率；湿度；温度	39-生产率；17-温度	F24F11/65
278	CN202011056842.0	一种室内环境控制方法	10	可控性；适应性；舒适性；环境；便利性	37-控制与测量的复杂性；35-适应性、通用性；33-操作流程的方便性	F24F11/89
279	CN202011112454.X	一种精准均匀温控旋风气流的人工作物气候室	8	能量；调控；温度场；速度；波动；精度；智能化；精准性；送风；平衡；均匀性	19-能耗；09-速度；28-测量精度；29-制造精度	F24F11/89

序号	申请号	标题	权利要求数量/项	技术功效 1 级	技术功效 TRIZ 参数	IPC 主分类
280	CN202011108351.6	一种电动分风箱	10	箱体；灵活性；噪音；进步性；精度；风管	35-适应性、通用性；31-物质产生的有害因素；28-测量精度	F24F13/02
281	CN202010980158.5	一种空调过滤网及空调	9	易拆卸；效率；洁净度；复杂性；传递	34-可维修性；39-生产率；31-物质产生的有害因素；36-系统的复杂性	F24F13/28
282	CN202011023064.5	空气源热泵热水机组	10	稳定性；消耗；适应性；速度；能源；效率；出力；使用性；环境；寿命	13-稳定性；23-物质损失；35-适应性、通用性；09-速度；19-能耗；39-生产率；27-可靠性	F24H4/02
283	CN201910800067.6	热管理系统	9	复杂性	36-系统的复杂性	F25B1/00
284	CN202010586194.3	具有内部换热器的加热和/或空调设施	17	自动化；功率；交换；复杂性；灵活性；热	38-自动化程度；21-功率；36-系统的复杂性；35-适应性、通用性；17-温度	F25B1/00
285	CN202011039542.1	水冷螺杆式冷水机组热回收系统	7	便利性；稳定性；能源；可靠性；效率；合理性	33-操作流程的方便性；13-稳定性；19-能耗；27-可靠性；39-生产率；35-适应性、通用性	F25B1/047
286	CN201910548641.3	压缩机和换热系统	11	平衡；速度；时间	09-速度；15-时间	F25B13/00
287	CN202011007037.9	空气能热水模块机	8	能源；模式；水	19-能耗；23-物质损失	F25B30/02
288	CN202011115373.5	一种能缓解地源热泵水平埋管热干扰排管结构及布管方法	7	成本；效率；不利；收益；实用性；经济性	39-生产率；35-适应性、通用性	F25B30/06
289	CN202010899165.2	一种密闭振子、制冷机和压缩机	10	平衡；压力；消耗；散热	10-力；23-物质损失；17-温度	F25B31/00
290	CN202010934922.5	一种汽车空调用自清洁装置	8	效率；实用性；细致；成本；空间；表面；清洁性；移动	39-生产率；35-适应性、通用性；07-体积；31-物质产生的有害因素	F25B39/02

序号	申请号	标题	权利要求数量/项	技术功效1级	技术功效TRIZ参数	IPC主分类
291	CN202011064360.X	一种用于冷凝器散热的降温节水装置	7	强度；水；水蒸气；缓冲性；循环性；防护性；效率；环境；能源；壳体；压力	14-强度；23-物质损失；39-生产率；19-能耗；10-力	F25B39/04
292	CN202011032676.0	制冷系统及其控制方法	10	消耗；可控性	23-物质损失；37-控制与测量的复杂性	F25B41/00
293	CN201910548624.X	储液器、压缩机和换热系统	12	损失；速度；循环性	23-物质损失；09-速度	F25B43/00
294	CN202011121864.0	一种新型壳管式换热器	9	效率；系数；均匀性；精度；扰度；成本；制冷剂	39-生产率；26-物质或事物的数量；29-制造精度；28-测量精度	F28D7/06
295	CN202011080267.8	插座及空调机组	12	可靠性；安全；稳定性	27-可靠性；30-作用于物体的有害因素；13-稳定性	H01R13/639
296	CN202010781927.9	一种户外电视广播发射台的防护装置	10	防护性；稳定性；干扰；防滑性；有害；安全	13-稳定性；30-作用于物体的有害因素	H01T19/04
297	CN202010883077.3	一种降低风致疲劳影响的构架避雷针	10	复杂性；成本；消耗；涡旋；稳定性；可维修性；安全；能源；荷载；概率；便利性；输入	36-系统的复杂性；39-生产率；23-物质损失；13-稳定性；34-可维修性；30-作用于物体的有害因素；19-能耗；33-操作流程的方便性	H01T19/04
298	CN202011076449.8	一种带有防杂质功能的火花塞保护性自动取出装置	5	强度；胶涂抹；有害；取出；覆盖；落入；成本	14-强度；30-作用于物体的有害因素；39-生产率	H01T21/02
299	CN201880093549.6	送风装置和空调机	6	噪音；剥离	31-物质产生的有害因素	F24F1/56
300	CN201980033671.9	空气调节机	4	可靠性；能力；舒适性；长度；自身；调节	27-可靠性；03-长度	F24F11/86

3.3　家用通风电器具制造领域

3.3.1　全球专利概况

3.3.1.1　全球专利申请趋势

图 3-19 展示的是家用通风电器具制造领域全球专利申请量的发展趋势。通过申请趋势可以从宏观层面把握分析对象在各时期的专利申请热度变化。申请数量的统计范围是前已公开的专利。

从图 3-19 中可以看出家用通风电器具制造领域在全球主要市场上的历年专利申请分布状况。2000—2009 年，家用通风电器具制造领域全球专利申请量缓慢增加，2010—2019 年家用通风电器具制造领域全球专利申请量快速增加。其中，2010 年家用通风电器具制造领域全球专利申请量为 14 412 件，到 2019 年达到峰值，当年专利申请量达 37 583 件。

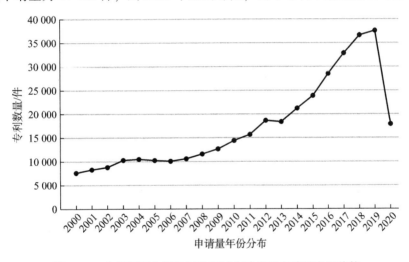

图 3-19　家用通风电器具制造领域全球专利申请量发展趋势

3.3.1.2　专利申请分布

图 3-20 展示的是家用通风电器制造领域全球专利申请主要分布情况。通过分析可以了解分析对象在不同国家或地区技术创新的活跃情况，从而发现主要的技术创新来源地和重要的目标市场。

专利申请分布情况可以体现专利权人如想在哪些国家或地区保护该技术。这一参数也反映了该技术未来可能的实施国家或地区。如图 3-20 所示，中国、日本、美国是家用通风电器具制造领域专利重点申请国家，专利数量分布为中国 202 128 件、日本 60 035 件和美国 22 754 件。

图 3-20 表明，中国、日本、美国等国家或地区是家用通风电器具制造领域专利布局的主要区域，企业可以跟踪、引进和消化相关领域技术，在此基础上实现技术突破。中国、日本、韩国在家用空气调节器制造领域的专利申请数量如表 3-23~表 3-25 所示。

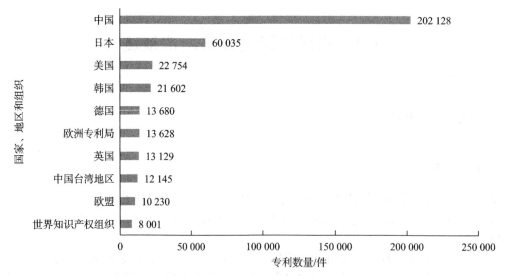

图 3-20　家用通风电器具制造领域全球专利主要申请主体分布

表 3-23　家用通风电器具制造领域中国专利数量　　　　单位：件

专利类型		专利数量
发明	发明申请	25 526
	发明授权	9 047
实用新型		69 696
外观设计		97 859

表 3-24　家用通风电器具制造领域日本专利数量　　　　单位：件

专利类型		专利数量
发明	发明申请	21 199
	发明授权	13 957
实用新型		13 180
外观设计		11 699

表 3-25　家用通风电器具制造领域美国专利数量　　　　单位：件

专利类型		专利数量
发明	发明申请	4 778
	发明授权	10 265
外观设计		7 711

3.3.1.3　全球专利申请人排行

表 3-26 展示的是家用通风电器具制造领域全球专利按照所属申请人（专利权人）的专利数量统计的申请人排名情况。通过分析可以发现创新成果积累较多的专利申请人，并可据

此进一步分析其专利竞争实力。

表3-26　家用通风电器具制造领域全球专利数量排名前十的申请人　　单位：件

排名	申请人名称	专利数量
1	珠海格力电器股份有限公司	6021
2	美的集团股份有限公司	3881
3	松下电器产业株式会社	3379
4	乐金电子公司	3301
5	宁波方太厨具有限公司	2864
6	三菱电机公司	2795
7	大金工业株式会社	2560
8	三星电子株式会社	2099
9	广东美的制冷设备有限公司	2032
10	松下精工有限公司	1596

3.3.1.4　全球专利技术构成

通过对家用通风电器具制造全球专利在各技术方向的数量分布情况进行分析，可以了解分析对象覆盖的主要技术类别，以及各技术分支的创新热度。

对家用通风电器具制造领域全球专利按照国际专利分类号（IPC）进行统计，得到图 3-21 和表 3-27。可知，家用通风电器具制造领域专利 IPC 分布中，F24F 小类（空气调节；空气增湿；通风；空气流作为屏蔽的应用）的专利数量最多，专利数量为 115 765 件，第二是 F04D 小类（非变容式泵），专利数量为 110 334 件。第三是 F24C 小类［家用炉或灶（用固体燃料的入 F24B）；一般用途家用炉或灶的零部件］，专利数量为 79 105 件，另外还有 B01D 小类（分离）16 004 件、H02K 小类（电机）8122 件等。

表3-27　家用通风电器具制造领域全球主要专利技术构成　　单位：件

IPC 分类号（小类）	专利数量
F24F（空气调节；空气增湿；通风；空气流作为屏蔽的应用）	115 765
F04D（非变容式泵）	110 334
F24C（家用炉或灶（用固体燃料的入 F24B）；一般用途家用炉或灶的零部件）	79 105
B01D（分离）	16 004
H02K（电机）	8 122
A61L（材料或消毒的一般方法或装置；空气的灭菌、消毒或除臭；绷带、敷料、吸收垫或外科用品的化学方面；绷带、敷料、吸收垫或外科用品的材料）	6 284
A47J（厨房用具；咖啡磨；香料磨；饮料制备装置〔6〕）	6 113
E04B（一般建筑物构造；墙）	5 906
F01D（非变容式机器或发动机）	5 184
H05B（电热；其他类目不包含的电照明）	4 987

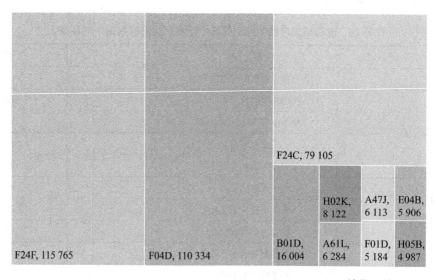

单位：件

图 3-21　家用通风电器具制造领域全球主要专利技术构成

3.3.2　国内专利概况

3.3.2.1　国内专利申请趋势

图 3-22 展示的是家用通风电器具制造领域国内专利申请量的发展趋势。通过申请趋势可以从宏观层面把握分析对象在各时期的专利申请热度变化。申请数量的统计范围是已公开的专利。

由图 3-22 可以看到，2000—2013 年，家用通风电器具制造领域国内专利申请量增长缓慢，2014—2019 年专利申请量增长迅速。其中，2019 年申请量达到峰值，有 29 577 件。

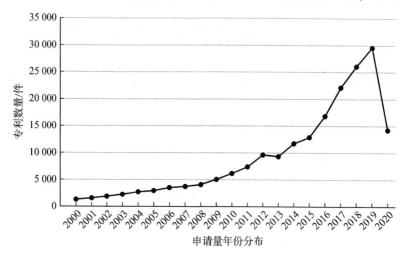

图 3-22　家用通风电器具制造领域国内专利申请量发展趋势

3.3.2.2　国内专利公开趋势

图 3-23 展示的是家用通风电器具制造领域国内专利公开量的发展趋势。通过公开趋势可以从宏观层面把握分析对象在各时期的专利公开文献的数量变化。

从图 3-23 中可以看到，家用通风电器具制造领域国内专利公开数量整体呈上升态势。2000—2014 年家用通风电器具制造领域国内专利公开数量均在 10 000 件以下，2015—2020 年家用通风电器具制造领域国内专利公开数量增长迅速，2020 年家用通风电器具制造领域国内专利公开量达 36 508 件。

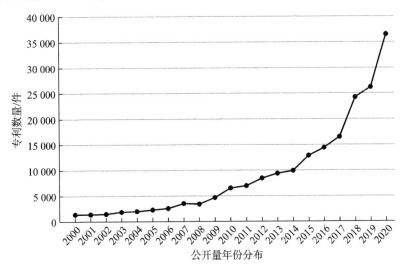

图 3-23　家用通风电器具制造领域国内专利公开量发展趋势

3.3.2.3　国内专利类型分布

专利类型分为发明专利、实用新型专利、外观设计专利。本节又根据发明专利授权与否，将发明细分为发明申请和发明授权。

在中国专利中，经过检索获得家用通风电器具制造领域专利共 202 128 件。如图 3-24 所示，其中发明申请 25 526 件，占总数的 13%；发明授权 9047 件，占总数的 4%；实用新型 69 696 件，占总数的 35%；外观设计 97 859 件，占总数的 48%。

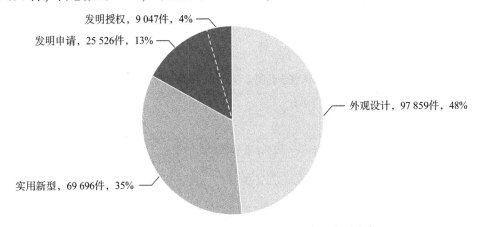

图 3-24　家用通风电器具制造领域国内专利类型分布

3.3.2.4 国内专利法律状态

图 3-25 展示的是家用通风电器具制造领域专利有效、失效、审中三种状态的占比情况，仅统计中国专利。通过分析可以分别了解分析对象中当前已获得实质性保护、已失去专利权保护或正在审查中的专利数量分布情况，以从整体上掌握专利的权利保护和潜在风险情况，为专利权的法律性调查提供依据。筛选进入公知技术领域的失效专利，可以进行无偿使用或改进利用。

如图 3-25 所示，有效专利 89 388 件，占总专利数的 44%，失效专利 101 867 件，占总专利数的 51%；审中专利 10 873 件，占总专利数的 5%。

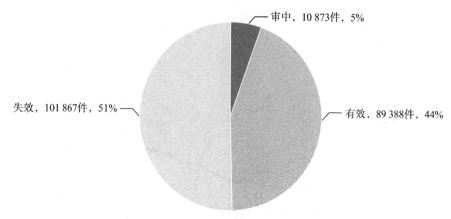

图 3-25　家用通风电器具制造领域国内专利法律状态分布

3.3.2.5 国内专利技术领域分布

通过对家用通风电器具制造领域国内专利在各技术方向的数量分布情况进行分析，可以了解分析对象覆盖的主要技术类别，以及各技术分支的创新热度。

家用通风电器具制造领域国内专利按照国际专利分类号（IPC）进行统计，得到表 3-28 和图 3-26。可知，家用通风电器具制造领域国内专利技术领域分布中，F04D 小类（非变容式泵）的专利数量最多，专利数量为 45 241 件，第二是 F24C 小类［家用炉或灶（用固体燃料的入 F24B）；一般用途家用炉或灶的零部件］，专利申请量为 39 422 件，第三是 F24F 小类（空气调节；空气增湿；通风；空气流作为屏蔽的应用），专利申请量为 23 813 件。另外还有 B01D（分离）3972 件、F21V（照明装置或其系统的功能特征或零部件；不包含在其他类目中的照明装置和其他物品的结构组合物〔1，7〕）等。

表 3-28　家用通风电器具制造领域国内专利主要技术领域分布　　　　单位：件

IPC 分类号（小类）	专利数量
F04D（非变容式泵）	45 241
F24C［家用炉或灶（用固体燃料的入 F24B）；一般用途家用炉或灶的零部件］	39 422
F24F（空气调节；空气增湿；通风；空气流作为屏蔽的应用）	23 813
B01D（分离）	3 972
F21V（照明装置或其系统的功能特征或零部件；不包含在其他类目中的照明装置和其他物品的结构组合物〔1，7〕）	2 531

IPC 分类号（小类）	专利数量
H02K［电机（电动继电器入 H01H53/00；直流或交流电力输入变换为浪涌电力输出入 H02M9/00）］	2 499
A61L［材料或消毒的一般方法或装置；空气的灭菌、消毒或除臭；绷带、敷料、吸收垫或外科用品的化学方面；绷带、敷料、吸收垫或外科用品的材料（以所用药剂为特征的机体保存与灭菌入 A01N；食物或食品的保存，如灭菌入 A23；医药、牙科或梳妆用的配制品入 A61K）〔4〕］	1 417
A47J［厨房用具；咖啡磨；香料磨；饮料制备装置〔6〕）	1 412
E04B［一般建筑物构造；墙，例如，间壁墙；屋顶；楼板；顶棚；建筑物的隔绝或其他防护（墙、楼板、或顶棚上的开口的边沿构造入 E06B1/00）］	1 200
G06F［电数字数据处理（基于特定计算模型的计算机系统入 G06N）］	1 200

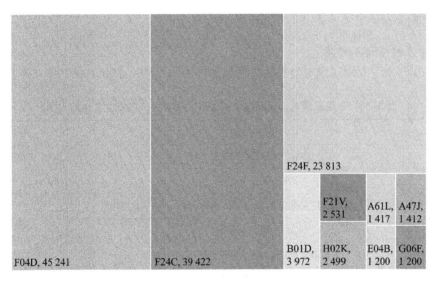

单位：件

图 3-26　家用通风电器具制造领域国内专利主要技术领域分布

3.3.2.6　国内专利省份分布

通过对家用通风电器具制造领域专利在中国省级行政区域的分布情况（仅统计中国专利）进行分析，可以了解在中国申请专利保护较多的省份，以及各省市的创新活跃程度。

对家用通风电器具制造领域国内专利进行省市分布分析，得到表 3-29。广东省以66 710 件专利排名第一，浙江省以 35 926 件专利排名第二，第三是江苏省，共有家用通风电器具制造领域专利 16 816 件，山东省、上海市、北京市、四川省、安徽省、福建省、湖南省的专利数量均在 10 000 件以下。

表 3-29　家用通风电器具制造领域国内专利主要省份分布　　　　　单位：件

申请人所属省份	专利数量
广东省	66 710
浙江省	35 926
江苏省	16 816
山东省	9 835
上海市	6 292
北京市	6 247
四川省	4 937
安徽省	4 314
福建省	4 106
湖南省	3 972

3.3.2.7　重点省份发明专利申请人布局

（1）广东省主要申请人排名

表 3-30 列出了家用通风电器具制造领域国内发明专利广东省主要申请人排名。

表 3-30　家用通风电器具制造领域国内发明专利广东省主要申请人排名　　　　单位：件

排名	申请人名称	专利数量
1	珠海格力电器股份有限公司	1082
2	美的集团股份有限公司	783
3	广东美的厨房电器制造有限公司	407
4	华帝股份有限公司	289
5	佛山市顺德区美的洗涤电器制造有限公司	229
6	广东美的环境电器制造有限公司	175
7	鸿海精密工业股份有限公司	159
8	鸿富锦精密工业（深圳）有限公司	154
9	广东美的制冷设备有限公司	110
10	广东万家乐燃气具有限公司	63

（2）浙江省主要申请人排名

表 3-31 列出了家用通风电器具制造领域国内发明专利浙江省主要申请人排名。

表 3-31　家用通风电器具制造领域国内发明专利浙江省主要申请人排名　　　　单位：件

排名	申请人名称	专利数量
1	宁波方太厨具有限公司	1210

排名	申请人名称	专利数量
2	杭州老板电器股份有限公司	175
3	浙江帅康电气股份有限公司	56
4	宁波奥克斯电气股份有限公司	54
5	浙江理工大学	53
6	奥克斯空调股份有限公司	39
7	浙江欧琳生活健康科技有限公司	37
8	浙江工业大学	36
9	浙江大学	33
10	浙江潮邦厨具电器有限公司	33

（3）江苏省专利申请人排名

表 3-32 列出了家用通风电器具制造领域国内发明专利江苏省主要申请人排名。

表 3-32　家用通风电器具制造领域国内发明专利江苏省主要申请人排名　　单位：件

排名	申请人名称	专利数量
1	博西华电器（江苏）有限公司	225
2	BSH 家用电器有限公司	99
3	苏州浪潮智能科技有限公司	72
4	东南大学	42
5	昆山富凌灶具有限公司	42
6	昆山富凌能源利用有限公司	40
7	江阴远望离合器有限公司	32
8	樱花卫厨（中国）股份有限公司	31
9	南京磁谷科技有限公司	29
10	南通大通宝富风机有限公司	24

3.3.3　国内发明专利聚类分析

聚类分析是通过数据建模后简化并使数据可视化的分析方法。通过提取家用通风电器具制造领域国内发明专利文本中的关键词，从其相关度聚合出不同类别的文本关键词并以圆环饼图的形式展示其分布情况，分析结果如图 3-27 所示。对应专利分析见表 3-33。

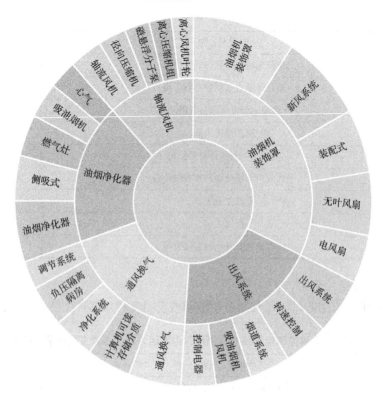

图 3-27　家用通风电器具制造领域国内发明专利聚类分析

表 3-33　家用通风电器具制造领域国内发明专利分析列表

序号	申请号	标题	权利要求数量/项	技术功效1级	技术功效TRIZ参数	IPC主分类
1	CN201511024183.1	一种智能控制散热风扇线性转速的装置	1	调节；自动化；可靠性；完成率；寿命；转速；效率；正确性；噪音；便利性；能源	38-自动化程度；27-可靠性；09-速度；39-生产率；28-测量精度；31-物质产生的有害因素；33-操作流程的方便性；19-能耗	F04D27/00
2	CN201711127278.5	全解耦式净化空调系统	11	便利性；回风	33-操作流程的方便性	F24F5/00
3	CN201810175603.3	一种轴流风扇和空调器室外机	8	阻塞；噪音；尖涡；风量；冲击	31-物质产生的有害因素	F04D25/08
4	CN201810605785.3	一种多功能橱柜	5	温度；可控性	17-温度；37-控制与测量的复杂性	A47B77/06
5	CN201810722728.3	一种室内空气净化系统	3	潮湿；健康；便利性；复杂性；洁净度；传递；不适感；舒适性	33操作流程的方便性；36-系统的复杂性；31-物质产生的有害因素	F24F7/007

序号	申请号	标题	权利要求数量/项	技术功效1级	技术功效TRIZ参数	IPC主分类
6	CN201811392597.3	一种压气机压力比控制的导叶调节器	8	可调性;稳定性;复杂性;便利性	13-稳定性;36-系统的复杂性;33-操作流程的方便性	F04D27/02
7	CN201910252862.6	设备风扇的使用寿命预警方法及装置	10	故障	27-可靠性	F04D27/00
8	CN201910018777.3	一种能源系统及其控制方法	4	热水器;热量	19-能耗	F24C15/20
9	CN201910233393.3	动叶可调节式送风机的动叶调整异常的恢复方法	6	正确性;无从下手;喘振;稳定性;安全;消耗	28-测量精度;13-稳定性;30-作用于物体的有害因素;23-物质损失	F04D25/08
10	CN201711470428.2	多CPU散热控制系统和散热控制方法	10	正确性;可靠性;压力;可控性;散热;一致性	28-测量精度;27-可靠性;10-力;37-控制与测量的复杂性;17-温度	G06F1/20
11	CN201910513973.8	一种可自物理降温的鼓风机	3	散热;热量;速度;风流;出风口;体积;调节;压缩;进风口	17-温度;19-能耗;09-速度;07-体积	F04D29/58
12	CN201910697889.6	一种厨房分体式新风装置	8	实时性;效率;噪音;流动性;舒适性;充分性;喷淋;成分;堵塞;景观;难度	25-时间损失;39-生产率;31-物质产生的有害因素;26-物质或事物的数量;36-系统的复杂性	F24F3/16
13	CN201910991450.4	一种带有消防灭火功能的油烟机	4	隔离;完成率;可操作性;污渍;挡杆;火势殃;风箱;劳动强度;蔓延;速度;新鲜	33-操作流程的方便性;39-生产率;09-速度	F24C15/20
14	CN201911256090.X	自动除尘弯掠式叶片及轴流风机	6	传送;噪音;自动化;可控性;清洁性;洁净度	31-物质产生的有害因素;38-自动化程度;37-控制与测量的复杂性	F04D29/38
15	CN202010072010.1	一种可折叠落地扇	5	空间;存放;运输;家庭	07-体积	F04D25/08
16	CN202010352345.9	一种用于计算机主机散热除尘的辅助设备	8	沾染;均匀性	29-制造精度	G06F1/20

序号	申请号	标题	权利要求数量/项	技术功效1级	技术功效TRIZ参数	IPC主分类
17	CN202011044778.4	带摄像头识别的烹饪电器控制系统、控制方法和烹饪电器	10	正确性；复杂性；精度；便利性	28-测量精度；36-系统的复杂性；33-操作流程的方便性	A47J36/00
18	CN202011069550.0	一种面包生产车间用烟汽排放风机箱	7	成本；过滤；效率；清洁性；劳动强度；交换；混合	39-生产率；31-物质产生的有害因素	B01D46/00
19	CN202010828360.6	厨房油烟水蒸汽工业废瘴气快速冷却分离净化原理	8	油水；速度；温度；便利性；分离；吸入率；广泛性；标准；干燥	09-速度；17-温度；33-操作流程的方便性	B01D53/26
20	CN202010793397.X	一种吸油烟机清洗设备	3	清洁性；油滞；便利性；完成率；吸油烟机；角度	31-物质产生的有害因素；33-操作流程的方便性	B08B3/02
21	CN202010931211.2	改进通风系统的可移动方舱实验室	9	热；调节；实验室；散发；热量；病菌	17-温度；19-能耗	E04H1/12
22	CN202011024143.8	一种基于图像识别的露天矿自动除雾系统	10	样本库；自动化；实时性；可控性	38-自动化程度；25-时间损失；37-控制与测量的复杂性	E21F3/00
23	CN202011117805.6	一种风动力汽车驱动机	5	自燃；燃油；安全；环境；风眼；能源；污染	30-作用于物体的有害因素；19-能耗；31-物质产生的有害因素	F03D9/25
24	CN202010910358.3	用于辅助检修单级离心动力设备的检修支架	10	成本；劳动强度；资源；污染；便利性；时间	39-生产率；31-物质产生的有害因素；33-操作流程的方便性；15-时间	F04D17/08
25	CN202010980795.2	一种风机机构、滤芯装置及清洁设备	10	寿命；自动化；过滤；损坏；长度；清洁性；安全；可靠性	27-可靠性；38-自动化程度；03-长度；31-物质产生的有害因素；30-作用于物体的有害因素	F04D17/16
26	CN202011029858.2	离心风机及其壳体结构、吸油烟机	12	深浅；静压；噪音；适应性	31-物质产生的有害因素；35-适应性、通用性	F04D17/16
27	CN201910564710.X	一种多变风扇	9	完成率；复杂性；合理性	36-系统的复杂性；35-适应性、通用性	F04D19/00

序号	申请号	标题	权利要求数量/项	技术功效 1 级	技术功效 TRIZ 参数	IPC 主分类
28	CN202011285844.7	一种防止电机振动降低噪音的不锈钢风机	10	稳定性；堆积；噪音；易拆卸；移动；偏移；便利性；气压；防尘网；光滑性	13-稳定性；31-物质产生的有害因素；34-可维修性；33-操作流程的方便性；12-形状	F04D25/06
29	CN201910571570.9	风扇和机电设备	11	效率；吸气	39-生产率	F04D25/08
30	CN201910572397.4	一种便于组装的工业电风扇	6	易拆卸；内壳；洁净度；清洁性；便利性；携带；分开	34-可维修性；31-物质产生的有害因素；33-操作流程的方便性	F04D25/08
31	CN202010951400.6	一种地下管廊专用防爆排烟风机	8	取用；便利性；脱落；速度；可靠性；致损；风筒；松动；防护性	33-操作流程的方便性；09-速度；27-可靠性；31-物质产生的有害因素	F04D25/08
32	CN202010951413.3	一种双速防爆消防排烟风机	8	风机；防爆性；便利性	27-可靠性；33-操作流程的方便性	F04D25/08
33	CN202010970454.7	一种新型自动洁净工业风机	9	清洁性；时间；劳动强度；自动化；便利性	31-物质产生的有害因素；15-时间；39-生产率；38-自动化程度；33-操作流程的方便性	F04D25/08
34	CN202011018436.5	风机组件、风冷系统和电传动工程机械	12	适应性；噪音	35-适应性、通用性；31-物质产生的有害因素	F04D25/08
35	CN202011144165.8	一种负压风机	10	稳定性；实用性；可调节性；便利性；寿命；自动化	13-稳定性；35-适应性、通用性；33-操作流程的方便性；27-可靠性；38-自动化程度	F04D25/08
36	CN202011151108.2	智能风扇及智能风扇系统	10	风扇；便利性	33-操作流程的方便性	F04D25/08
37	CN202011011752.X	一种人工智能电风扇	5	凉爽；安全；风扇；泄露；范围	30-作用于物体的有害因素；31-物质产生的有害因素；35-适应性、通用性	F04D25/10
38	CN202010915012.2	一种输出风量可控的风机无功补偿变频启动装置	6	合理性；供风量；复杂性；面积；成本；体积；电流；稳定性；适用性	35-适应性、通用性；36-系统的复杂性；05-面积；39-生产率；07-体积；13-稳定性	F04D27/00

序号	申请号	标题	权利要求数量/项	技术功效1级	技术功效TRIZ参数	IPC主分类
39	CN202011023144.0	一种调相机冷却风温度控制方法	4	温度；内扰；动作；速度；长度；稳定性；精度	17-温度；09-速度；03-长度；13-稳定性；28-测量精度	F04D27/00
40	CN202011031516.4	一种控制电扇的方法、装置、设备及存储介质	12	灵活性；太大；可控性	35-适应性、通用性；37-控制与测量的复杂性	F04D27/00
41	CN201910587533.7	出风结构以及内部设有换热结构的风扇	10	复杂性；故障	36-系统的复杂性；27-可靠性	F04D29/42
42	CN202010948873.0	一种便于安装的商用厨房通风设备	6	便利性；清洁性；置物板；通风；复杂性	33-操作流程的方便性；31-物质产生的有害因素；36-系统的复杂性	F04D29/64
43	CN202011067857.7	一种自扩孔型周向无叶出风器	10	安全；溢出；出风量；通风量；效率；健康；形变；重力；复杂性；自动化；难度；速度；总量；智能化；消毒	30-作用于物体的有害因素；39-生产率；36-系统的复杂性；38-自动化程度；09-速度	F04D29/70
44	CN202011071631.4	一种基于减速器用于保持流速统一的送风机体	4	进风；可控性；受压；安全；压力	37-控制与测量的复杂性；30-作用于物体的有害因素；10-力	F16H3/34
45	CN202010983526.1	一种5G通讯系统用信号增强基座	9	损坏；安全；空气；静电；干扰；稳定性；进入；堆积；发射器；防护性	27-可靠性；30-作用于物体的有害因素；31-物质产生的有害因素；13-稳定性	F16M13/02
46	CN202011068240.7	废旧轮胎热解气燃烧器的运行方法	8	稳定性；透平	13-稳定性	F23D14/02
47	CN202011076447.9	一种折叠式燃气木柴防雨两用炉	3	自动化；复杂性；便利性；美观性；充分性；安全	38-自动化程度；36-系统的复杂性；33-操作流程的方便性；30-作用于物体的有害因素	F24C1/02
48	CN202010836125.3	一种集成灶的散热结构及具有该结构的集成灶	16	温度；吸热；体验；比热容	17-温度	F24C3/00

序号	申请号	标题	权利要求数量/项	技术功效 1 级	技术功效 TRIZ 参数	IPC 主分类
49	CN202010852085.1	一种集成灶	9	清洁性；复杂性	31-物质产生的有害因素；36-系统的复杂性	F24C3/12
50	CN202010969256.9	一种电热炉	16	温度；顺畅；便利性；实用性；热量；平衡；安全；可靠性；复杂性；精准性；成本；效率；合理性；散热；流失率；使用者	17-温度；33-操作流程的方便性；35-适应性、通用性；19-能耗；30-作用于物体的有害因素；27-可靠性；36-系统的复杂性；39-生产率	F24C7/08
51	CN201910561928.X	一种烹饪平台的控制方法和烹饪平台	10	时间；污染；油烟；噪音；扩散性；能源；自动化；拢烟；控烟	15-时间；31-物质产生的有害因素；19-能耗；38-自动化程度	F24C15/20
52	CN201910567043.0	一种组合抽油烟机使用的空气调节器	4	浪费；清洁性；霉生菌；环境；干爽	31-物质产生的有害因素	F24C15/20
53	CN201910567129.3	一种吸油烟机声音故障识别方法	2	精度	28-测量精度	F24C15/20
54	CN202010946749.0	一种降噪装置及应用其的吸油烟机	10	噪音	31-物质产生的有害因素	F24C15/20
55	CN202010967340.7	一种吸油烟机	10	面积；顺畅；噪音；复杂性	05-面积；31-物质产生的有害因素；36-系统的复杂性	F24C15/20
56	CN202011030883.2	一种带有提醒作用的节能环保型烧烤用吸烟设备	7	堆积；速度；能源；自动化；油溢出；角度；合理性	09-速度；19-能耗；38-自动化程度；35-适应性、通用性	F24C15/20
57	CN202011036341.6	一种利用温差驱动的节能环保抽油烟机	8	清洁性	31-物质产生的有害因素	F24C15/20
58	CN202011065588.0	基于红外测温的油烟机控制处理方法、装置及油烟机	10	能源；手动；开关；体积；便利性；智能化；环境；高档	19-能耗；07-体积；33-操作流程的方便性	F24C15/20

序号	申请号	标题	权利要求数量/项	技术功效1级	技术功效TRIZ参数	IPC主分类
59	CN202011055520.4	一种跨季回收利用冰雪冷量的风冷循环装置以及使用方法	9	环境；清洁性；温度	31-物质产生的有害因素；17-温度	F24F5/00
60	CN202011129840.X	厨房空气质量改善装置及系统	13	局限性；进入；质量；清洁性；吸烟；不佳；循环性	27-可靠性；31-物质产生的有害因素	F24F5/00
61	CN202010910619.1	一种绿色建筑的智能化通风节能系统	9	能源；流动性；电力；通风；电力充沛；安全；便利性	19-能耗；30-作用于物体的有害因素；33-操作流程的方便性	F24F7/013
62	CN202010893313.X	一种模块拼装式空调屋顶进风过滤装置	4	平衡；灵活性；复杂性；便利性；风速；成本	35-适应性、通用性；36-系统的复杂性；33-操作流程的方便性；39-生产率	F24F7/02
63	CN202011013138.7	一种工业控制系统机房的通风装置	6	清洁性；便利性；堆积；进入；变更；实用性	31-物质产生的有害因素；33-操作流程的方便性；35-适应性、通用性	F24F7/06
64	CN202011025246.6	一种新风系统的空气过滤机构	9	效率；热；面积；易拆卸；空气；便利性	39-生产率；17-温度；05-面积；34-可维修性；33-操作流程的方便性	F24F7/06
65	CN202011130444.9	一种装配式吊顶架空层用通风结构	10	过滤；可操作性；便利性；空间；细菌；复杂性	33-操作流程的方便性；07-体积；30-作用于物体的有害因素；36-系统的复杂性	F24F7/06
66	CN201910588621.9	新风机	11	效率；成功率	39-生产率；27-可靠性	F24F7/08
67	CN202011041451.1	一种用于发动机排气冷热冲击风机自动控制系统	5	确定性；时间；成本；耐久；效率；可控性；冲击；试验；安全；验证；事故	15-时间；39-生产率；37-控制与测量的复杂性；30-作用于物体的有害因素；27-可靠性	G01N3/60
68	CN201910576802.X	厨房电器联动控制方法、厨房电器、抽烟电器及系统	10	便利性；获取；智能化	33-操作流程的方便性	G05B15/02

序号	申请号	标题	权利要求数量/项	技术功效1级	技术功效TRIZ参数	IPC主分类
69	CN202010872792.7	一种电器噪音的声音品质调节方法及吸油烟机	5	可调节性；竞争力；悦耳；舒适性；品质；平缓；体验	29-制造精度	G10L21/003
70	CN202011086983.7	一种辅助V形串绝缘子防风偏的装置	5	能源；寿命；劳动强度	19-能耗；27-可靠性；39-生产率	H02G7/00
71	CN201810127570.5	加热熟化食物的方法及系统	7	焦化；密闭；充分性；速度；环境；打开；漏出；消耗；洁净度；安全；粘	09-速度；23-物质损失；31-物质产生的有害因素；30-作用于物体的有害因素	A47J27/00
72	CN201710828611.9	风扇装置及其制造方法	20	紧固性；情形；厚度	03-长度	F04D17/08
73	CN201811617802.1	一种识别准确的吸油烟机的手势识别控制方法及吸油烟机	10	精度；设定；便利性；灵敏度；速度；准确性；识别性；改变成本；效率；可检测性	28-测量精度；33-操作流程的方便性；09-速度；37-控制与测量的复杂性；39-生产率	F24C15/20
74	CN201910018782.4	一种能源系统的控制方法	10	调度；消耗；收集；污染	23-物质损失；31-物质产生的有害因素	F24C15/20
75	CN201910386490.6	一种可燃气体检测报警自启动风机控制系统	1	适合性；便利性；安全；自动化；劳动强度	35-适应性、通用性；33-操作流程的方便性；30-作用于物体的有害因素；38-自动化程度；39-生产率	G08B21/16
76	CN201910958848.8	一种应用于电风扇的无级变角度摇头装置	4	复杂性；适合性；市场；便利性；调节；摇头	36-系统的复杂性；35-适应性、通用性；33-操作流程的方便性	F04D25/10
77	CN201910860454.9	一种塔扇风速控制方法、计算机可读存储介质及塔扇	6	可控性；合理性；适应性；浪费	37-控制与测量的复杂性；35-适应性、通用性	F04D27/00
78	CN201911349966.5	一种可利用自然资源对通信基站设备进行降温的机房	2	能源；寿命	19-能耗；27-可靠性	F24F5/00

家电行业专利分析报告

续表

序号	申请号	标题	权利要求数量/项	技术功效1级	技术功效TRIZ参数	IPC主分类
79	CN201911315673.5	风扇控制装置及系统	9	准确性；可靠性；获取；效率；占用	28-测量精度；27-可靠性；39-生产率	F04D25/08
80	CN202011128105.7	一种高效防潮的装配式橱柜	10	侵蚀；潮湿；效率	39-生产率	A47B77/04
81	CN202011111277.3	一种室内用装配式浴柜	10	发霉；功能性；可操作性；复杂性；寿命；化妆品；损失；实用性	30-作用于物体的有害因素；33-操作流程的方便性；36-系统的复杂性；27-可靠性；23-物质损失；35-适应性、通用性	A47B81/00
82	CN202011121411.8	一种基于人工智能的儿童床	10	安全；实时性；吹风；滚落；自动化；可控性；叮咬；惊醒；不适感；外出；安心；合理性	30-作用于物体的有害因素；25-时间损失；38-自动化程度；37-控制与测量的复杂性；35-适应性、通用性	A47D7/00
83	CN202011009940.9	一种医院用火灾应急电梯装置	10	有害；便利性；损坏；冲板；速度；损失；密封性	30-作用于物体的有害因素；33-操作流程的方便性；27-可靠性；09-速度；23-物质损失；29-制造精度	B66B11/02
84	CN202011118149.1	多面体观光轿厢	10	面积；充分性；观光；轿底；轿厢	05-面积	B66B11/02
85	CN202010962637.4	一种市政排水设备	8	自动化；便利性；干扰；污染	38-自动化程度；33-操作流程的方便性；30-作用于物体的有害因素；31-物质产生的有害因素	E03F5/22
86	CN202011017074.8	一种具有绿化环保功能的建筑结构外墙	7	牢固性；粘合；稳定性；风声；紧固性；环境；可控性；广泛性；堵塞；便利性	27-可靠性；13-稳定性；37-控制与测量的复杂性；31-物质产生的有害因素；33-操作流程的方便性	E04B2/00
87	CN202011130536.7	一种衣柜自动闭合装置	6	复杂性；自动化；毁坏；实用性；便利性；智能化	36-系统的复杂性；38-自动化程度；35-适应性、通用性；33-操作流程的方便性	E06B3/46

序号	申请号	标题	权利要求数量/项	技术功效 1 级	技术功效 TRIZ 参数	IPC 主分类
88	CN202010855673.0	一种侧向排烟辅助导流控制装置及方法	10	逃窜；污染；迷失；可控性；回流；排烟；扩散性；疏散；稳定性；效率；能力；恶化	31-物质产生的有害因素；37-控制与测量的复杂性；13-稳定性；39-生产率	E21F1/00
89	CN202010947471.9	高海拔高温特长隧道施工变频节能通风系统及方法	5	智能化；效率；消耗；充分性；能源；计算；新鲜；有害；寿命；安全；温差	39-生产率；23-物质损失；19-能耗；30-作用于物体的有害因素；27-可靠性	E21F1/00
90	CN202011016823.5	一种水压压气机	5	推动；环境；消耗；效率；稳定性；发电	23-物质损失；39-生产率；13-稳定性	F04B35/02
91	CN202010952379.1	一种空气压缩装置	10	寿命；工况	27-可靠性	F04D25/06
92	CN201910587078.0	风扇	18	装饰；复杂性；死角；实用性；美观性；可组装性；成本；均匀性；便利性；变更范围；易拆卸；环松；稳定性	36-系统的复杂性；35-适应性、通用性；32-可制造性；39-生产率；29-制造精度；33-操作流程的方便性；34-可维修性；13-稳定性	F04D25/08
93	CN202011005247.4	一种工业大吊扇外转子电动机	10	耐磨性；转动；重力；进入；稳定性	30-作用于物体的有害因素；13-稳定性	F04D25/08
94	CN202011043022.8	电子设备风冷散热轴流冷却风机	6	背压；风量；噪音；摩擦力；效能；强度；可靠性；损失；扭矩；稳定性；振动；效率；泄露；风压；压力；扰动；功耗；环境；能量；温度；接触	31-物质产生的有害因素；10-力；19-能耗；14-强度；27-可靠性；23-物质损失；13-稳定性；39-生产率；17-温度	F04D25/08
95	CN202011058467.3	一种折叠风扇	6	长度；收纳	03-长度	F04D25/08
96	CN202011149630.7	风扇马达结构	11	长度；品质；占用；零件；风扇；成本；效率；轻薄化；速度	03-长度；29-制造精度；39-生产率；09-速度	F04D25/08
97	CN202011229089.0	吊扇	15	难度；速度；送风；质量；接触；损失；成本；安全；损耗；吊扇；强度；过滤；稳定性	36-系统的复杂性；09-速度；27-可靠性；23-物质损失；39-生产率；30-作用于物体的有害因素；14-强度；13-稳定性	F04D25/08

序号	申请号	标题	权利要求数量/项	技术功效1级	技术功效TRIZ参数	IPC主分类
98	CN202011107370.7	可转向幅度的振动摇头电扇	9	可靠性；便利性；紧固性；可控性；可组装性；摇头；导电；线圈；支柱；连接；防滑性；底片	27-可靠性；33-操作流程的方便性；37-控制与测量的复杂性；32-可制造性	F04D25/10
99	CN202011107676.2	可调节仰角的振动摇头电扇	8	紧固性；便利性；可组装性；导电；可控性；可靠性；照明；仰角；支柱；防滑性；连接	33-操作流程的方便性；32-可制造性；37-控制与测量的复杂性；27-可靠性；18-照度	F04D25/10
100	CN202011002033.1	一种便携式智能风扇	5	温度；实用性；吸热；调节；潮湿；集中度	17-温度；35-适应性、通用性	F04D25/16
101	CN202010897501.X	一种液压缸输出反馈结构及其操作方法	10	卡涩；安全；复杂性；可靠性；暴露；阻力；便利性；稳定性；缸故障率	30-作用于物体的有害因素；36-系统的复杂性；27-可靠性；10-力；33-操作流程的方便性；13-稳定性	F04D27/00
102	CN201910550979.2	蜗舌结构、壁挂机及空调器	15	能源；风压；效率；速度；流量；冲击；噪音；间隙	19-能耗；39-生产率；09-速度；26-物质或事物的数量；31-物质产生的有害因素	F04D29/42
103	CN202010979448.8	一种自动调节风扇气流面的装置	4	不适；效率；舒适性；安全；损失；压力；速度	39-生产率；30-作用于物体的有害因素；23-物质损失；10-力；09-速度	F04D29/54
104	CN202011176066.8	一种实用的风机轴承自冷却系统	6	事件；实用性；寿命；安全；自动化；便利性；可维修性；复杂性	35-适应性、通用性；27-可靠性；30-作用于物体的有害因素；38-自动化程度；33-操作流程的方便性；34-可维修性；36-系统的复杂性	F04D29/58
105	CN202011068239.4	废旧轮胎热解气燃烧窑炉	8	稳定性；效率；透平；阻力；流量比	13-稳定性；39-生产率；10-力	F23G7/06

序号	申请号	标题	权利要求数量/项	技术功效 1 级	技术功效 TRIZ 参数	IPC 主分类
106	CN202011029924.6	油盒内油污监测方法、油盒内油污监测装置、集成灶	17	油污量；获取；计算；清洁性	31 - 物质产生的有害因素	F24C3/02
107	CN201910547448.8	一种驱动装置铰接的油烟机	10	溢烟；损坏；吸油烟；灵活性；体验；偏移；间隙；摩擦力；炮眼；稳定性	27 - 可靠性；35 - 适应性、通用性；10 - 力；13 - 稳定性	F24C15/20
108	CN202010820935.X	一种吸油烟机及其控制方法	9	路径；噪音；声音	31 - 物质产生的有害因素	F24C15/20
109	CN202010885253.7	一种防止油烟机干吸的控制方法及其系统	14	可控性；干吸；体验；准确性；及时性；寿命；长度	37 - 控制与测量的复杂性；28 - 测量精度；25 - 时间损失；27 - 可靠性；03 - 长度	F24C15/20
110	CN202010942506.X	一种烟雾检测器及油烟机	10	成本；准直性；油烟机；材料成本	39 - 生产率	F24C15/20
111	CN202010952524.6	一种用于油烟机内部风机的清洁机构	9	劳动强度；清洁性；吸烟；进入；安全；逃逸；诱导；环境；低落	39 - 生产率；31 - 物质产生的有害因素；30 - 作用于物体的有害因素	F24C15/20
112	CN202010978776.6	一种吸油烟机	9	噪音；湍流；阻力；损失；吸烟；附壁；确定性；换气；独立；美观性	31 - 物质产生的有害因素；10 - 力；23 - 物质损失	F24C15/20
113	CN202010993323.0	油烟机控制方法、装置、系统及油烟机	16	可靠性；效率	27 - 可靠性；39 - 生产率	F24C15/20
114	CN202011023781.8	基于无线供电的烟机 - 燃气灶一体化智能系统及方法	10	安全；智能化；复杂性；浪费；旋钮；传递；电池；可操作性；可靠性；灵活性	30 - 作用于物体的有害因素；36 - 系统的复杂性；33 - 操作流程的方便性；27 - 可靠性；35 - 适应性、通用性	F24C15/20
115	CN202011118888.0	油烟机及其控制方法	11	烟；速度；大风	09 - 速度	F24C15/20

序号	申请号	标题	权利要求数量/项	技术功效1级	技术功效TRIZ参数	IPC主分类
116	CN202011154895.6	一种具有余温利用的自动清洗烟管烟罩	4	自动化；散失；热；清洁性	38-自动化程度；17-温度；31-物质产生的有害因素	F24C15/20
117	CN202011196265.5	一种带有自动灭火功能的抽油烟机	6	速度；可控性	09-速度；37-控制与测量的复杂性	F24C15/20
118	CN202011289703.2	一种功率可调的入墙式全自动油烟机	5	空间；浪费；自动化	07-体积；38-自动化程度	F24C15/20
119	CN202010873904.0	一种具有滤网自动切换结构的空气净化设备	9	便利性；完成率；复杂性	33-操作流程的方便性；36-系统的复杂性	F24F3/16
120	CN202011186061.3	一种通风设备	7	复杂性；合理性；便利性；清洁性；效率；频率；成本；完成率；噪音；可控性；寿命	36-系统的复杂性；35-适应性、通用性；33-操作流程的方便性；31-物质产生的有害因素；39-生产率；37-控制与测量的复杂性；27-可靠性	F24F3/16
121	CN202011210758.X	一种组合式盘管空气处理装置，及基于其的空气处理系统和使用方法	10	新风；厚度；资金；新风量；效率；灵活性；空间；冷却	03-长度；39-生产率；35-适应性、通用性；07-体积；17-温度	F24F5/00
122	CN201910549950.2	风机壳组件及新风机	10	复杂性；牢固性；劳动强度	36-系统的复杂性；27-可靠性；39-生产率	F24F7/007
123	CN202010968102.8	一种新型供氧新风换气机	7	清洁性；流速；除臭；冷却；空气；过滤网	31-物质产生的有害因素；09-速度；17-温度	F24F7/007
124	CN202011088114.8	一种用于智能建筑的通风装置	7	便利性；可控性	33-操作流程的方便性；37-控制与测量的复杂性	F24F7/007
125	CN202011107319.6	一种可手动调控的室内空气置换装置	4	清洁性；灰尘；适合性；新陈代谢；健康；疲劳感；大脑	31-物质产生的有害因素；35-适应性、通用性	F24F7/007
126	CN202011120414.X	太阳能新风除尘机的供电控制系统及控制方法	8	自动化；新风；成本；消耗	38-自动化程度；39-生产率；23-物质损失	F24F7/007

序号	申请号	标题	权利要求数量/项	技术功效 1 级	技术功效 TRIZ 参数	IPC 主分类
127	CN202011342378.1	一种智能壁挂式新风系统	10	智能化；病毒；洁净；过敏；清洁性；细菌；新鲜	31-物质产生的有害因素；30-作用于物体的有害因素	F24F7/007
128	CN202011000745.X	一种可防强光的自动通风换气装置及其控制方法	9	质量；飘动；通风；消耗；自动化；强光	27-可靠性；23-物质损失；38-自动化程度	F24F7/013
129	CN202010821229.7	一种通风空调系统施工工艺	6	完好无损；准确性；稳定性；有序；损坏；防滑性；完好；合理性；及时性；过关	28-测量精度；13-稳定性；27-可靠性；35-适应性、通用性；25-时间损失	F24F7/06
130	CN202010929923.0	新风装置	10	细菌；体验	30-作用于物体的有害因素	F24F7/06
131	CN202011014757.8	一种节能式建筑房屋	6	噪音；舒适性；清洁性；损耗；屋内；清凉；柔和；气体；温度	31-物质产生的有害因素；23-物质损失；17-温度	F24F7/06
132	CN202011017807.8	一种机电车间通风装置	5	适合性；变更；成本；复杂性	35-适应性、通用性；39-生产率；36-系统的复杂性	F24F7/06
133	CN202011019787.8	一种机械换气装置	6	适合性；便利性；成本；复杂性	35-适应性、通用性；33-操作流程的方便性；39-生产率；36-系统的复杂性	F24F7/06
134	CN202010989581.1	一种凝露及油污收集排放装置	10	回流；便利性；截断	33-操作流程的方便性	F28B9/08
135	CN202011107769.5	一种直流与交流供电混接的一体化无刷风机	10	直流；正负极性；混接；交流；成本；便利性；灵活性	39-生产率；33-操作流程的方便性；35-适应性、通用性	H02M1/10
136	CN202010890068.7	一种具有散热效果的航空风机控制器安装结构	7	驱虫；脱落；挥发；紧固性；便利性；复杂性	33-操作流程的方便性；36-系统的复杂性	H05K7/20
137	CN201980031939.5	空气压缩机的热结构	6	热；分离；质量；压缩比；风险	17-温度；27-可靠性	F04D17/10

序号	申请号	标题	权利要求数量/项	技术功效1级	技术功效TRIZ参数	IPC主分类
138	CN201711103620.8	一种家用恒温恒湿方仓系统	7	消耗；占地；次数；便利性；噪音；污染；电；成本；可操作性；舒适性	23-物质损失；26-物质或事物的数量；33-操作流程的方便性；31-物质产生的有害因素；39-生产率	F24F5/00
139	CN201810449113.8	换气系统	16	复杂性；正压；气压；效率；传递；流入；污染	36-系统的复杂性；39-生产率；31-物质产生的有害因素	F24F7/08
140	CN201811450626.7	一种具有空气加湿功能的无叶风扇及加湿控制方法	9	清洁性；安全；重心；稳定性	31-物质产生的有害因素；30-作用于物体的有害因素；01-重量；13-稳定性	F04D25/10
141	CN201780064115.9	换气用系统构件及换气扇	5	脱离；稳定性	13-稳定性	F24F7/04
142	CN201910346812.4	一种消防排烟系统及其安装方法	5	美观性；温度；能力；烟尘；排烟；阻力；火灾；安全；便利性	17-温度；10-力；30-作用于物体的有害因素；33-操作流程的方便性	F24F11/34
143	CN201910729897.4	旋转滤网、滤网组件及吸油烟机	13	成本；分离度；便利性；体积；合理性	39-生产率；33-操作流程的方便性；07-体积；35-适应性、通用性	F24C15/20
144	CN201910729901.7	旋转滤网、滤网组件及吸油烟机	13	复杂性；成本；空间；分离度；便利性	36-系统的复杂性；39-生产率；07-体积；33-操作流程的方便性	F24C15/20
145	CN201910730294.6	旋转滤网、滤网组件及吸油烟机	15	成本；分离度；便利性	39-生产率；33-操作流程的方便性	F24C15/20
146	CN201911184385.0	一种风扇摇头组件的控制装置及其控制方法、风扇	6	摇头；速度；时间；满意度	09-速度；15-时间	F04D25/10
147	CN201911183739.X	电风扇定位控制方法、装置、存储介质及电风扇	8	复杂性；体验；速度	36-系统的复杂性；09-速度	F04D27/00

序号	申请号	标题	权利要求数量/项	技术功效 1 级	技术功效 TRIZ 参数	IPC 主分类
148	CN201911113555.6	离心压气机动态扩稳方法	8	稳定性；扩稳；气机	13-稳定性	F04D25/08
149	CN202010987822.9	一种涡轮转子组件及涡轮风机	6	重量；散热；面积；稳定性；结合力；平衡；热；焊接；热量；导热性；可靠性；残渣	01-重量；17-温度；05-面积；13-稳定性；10-力；19-能耗；27-可靠性	F04D29/28
150	CN202011035494.9	一种能够自动换气并照明的智能衣柜	5	时间；衣柜；腐败；自动化；长度；清洁性；发臭；寿命	15-时间；38-自动化程度；03-长度；31-物质产生的有害因素；27-可靠性	A47B61/00
151	CN202011151107.8	一种台式智能净化火锅及其净化方法	10	洁净度；防水性；噪音；延伸；便利性；合理性；不良；溢圈	31-物质产生的有害因素；30-作用于物体的有害因素；33-操作流程的方便性；35-适应性、通用性	A47J27/00
152	CN202010972942.1	一种可移动式联合循环发电系统	10	便利性；效率；消耗；尺寸；复杂性；充分性；重量；透平；速度；范围；质量；压气机；运行；温度；利用率	33-操作流程的方便性；39-生产率；23-物质损失；03-长度；36-系统的复杂性；01-重量；09-速度；35-适应性、通用性；27-可靠性；17-温度	F02C6/00
153	CN201910542512.3	制冷循环系统及其泵压机	12	成本；稳定性；泵压机；优越性	39-生产率；13-稳定性	F04D17/10
154	CN202010971415.9	一种可控吹风方向的离心风机	9	回流；速度	09-速度	F04D17/16
155	CN202011143692.7	一种真空泵	4	热量；概率；寿命；堵塞；损坏	19-能耗；27-可靠性；31-物质产生的有害因素	F04D25/02
156	CN201910543161.8	泵压机、制冷循环系统及其控制方法	15	成本；稳定性；泵压机；优越性	39-生产率；13-稳定性	F04D25/06
157	CN202011157521.X	一种外转子螺旋风叶锥形增压风机	3	成本；配件；复杂性；钢材	39-生产率；36-系统的复杂性	F04D25/06

序号	申请号	标题	权利要求数量/项	技术功效1级	技术功效TRIZ参数	IPC主分类
158	CN202010923359.1	一种风机盖板装置	10	可靠性；火；安全；复杂性；便利性	27-可靠性；30-作用于物体的有害因素；36-系统的复杂性；33-操作流程的方便性	F04D25/08
159	CN202010939337.4	一种纺织车间内的排风机	8	污染	31-物质产生的有害因素	F04D25/08
160	CN202011105216.6	一种便携式智能折叠风扇	10	实用性；携带；路由	35-适应性、通用性	F04D25/08
161	CN202010859206.5	一种基于工业互联网的风机系统能效在线监测平台	10	精准性；效率；实时性	39-生产率；25-时间损失	F04D27/00
162	CN202011003391.4	一种风机转速自动调整方法	9	利用率；实时性；冲击；噪音；正确性；损耗	39-生产率；25-时间损失；31-物质产生的有害因素；28-测量精度；23-物质损失	F04D27/00
163	CN202010962582.7	一种排烟风机	8	效率；便利性	39-生产率；33-操作流程的方便性	F04D29/40
164	CN202010963214.4	一种自锁定角度岗位式风机	7	速度；复杂性；效率；便利性	09-速度；36-系统的复杂性；39-生产率；33-操作流程的方便性	F16M11/18
165	CN202010867144.2	一种带双层聚能炉架的集成灶及燃气灶	6	热效率；体验；能源	22-能量损失；19-能耗	F24C3/08
166	CN202010534224.6	旋转体安装装置、油捕集装置以及抽油烟机	9	操作部；作业性；可靠性；附着；复杂性	27-可靠性；36-系统的复杂性	F24C15/20
167	CN202010892494.4	一种厨房油烟气液混合分离器	3	洁净度	31-物质产生的有害因素	F24C15/20
168	CN202011047867.4	中岛油烟机	10	清洁性；拆分；稳定性；便利性；范围；效率；光照；过滤网；零部件；外壳	31-物质产生的有害因素；13-稳定性；33-操作流程的方便性；35-适应性、通用性；39-生产率	F24C15/20
169	CN202011091198.0	组合灶的导烟管和具有其的组合灶	15	排烟；噪音；水；阻力	31-物质产生的有害因素；23-物质损失；10-力	F24C15/20

序号	申请号	标题	权利要求数量/项	技术功效 1 级	技术功效 TRIZ 参数	IPC 主分类
170	CN202011092051.3	组合灶的滤网和具有其的组合灶	15	过滤；成本	39-生产率	F24C15/20
171	CN202011100026.5	翼面体装置及油烟机	17	概率；过滤；效率；分量；逃逸；吸烟；面积；可维修性；可维护性；速度	39-生产率；05-面积；34-可维修性；09-速度	F24C15/20
172	CN202011110061.5	一种集成灶、集成灶的控制方法及控制装置	19	清洁度；便利性；清洁性；洁净度；飞溅；溢出；体验；效率；环境；灵活性；溶解度	33-操作流程的方便性；31-物质产生的有害因素；39-生产率；35-适应性、通用性	F24C15/20
173	CN202011118027.2	一种具有油烟净化除味功能的油烟机及其使用方法	10	洁净度；清洁性	31-物质产生的有害因素	F24C15/20
174	CN202011119310.7	一种具有油烟净化除味功能的集成灶及其使用方法	8	油烟；洁净度；速度	31-物质产生的有害因素；09-速度	F24C15/20
175	CN202011143669.8	一种油烟机	9	不方便；实用性；效率；受伤；便利性；寿命；清洁性；速度	35-适应性、通用性；39-生产率；31-物质产生的有害因素；33-操作流程的方便性；27-可靠性；09-速度	F24C15/20
176	CN202011201869.4	一种家用直吸式壁挂抽油烟机	5	油烟机；覆盖面；飞溅；可控性；扩散性；沾染；收回；弥漫；环境；吸附	37-控制与测量的复杂性	F24C15/20
177	CN202010787526.4	一种除尘热回收空气处理机组	5	消耗；利用率	23-物质损失；39-生产率	F24F3/044
178	CN202011101093.9	一种可有效减少污染物的通风净化循环装置	9	质量；通风；细菌；通透性；洁净度；过滤性；去除率；舒适性	27-可靠性；30-作用于物体的有害因素；31-物质产生的有害因素	F24F3/16

序号	申请号	标题	权利要求数量/项	技术功效1级	技术功效TRIZ参数	IPC主分类
179	CN202010465885.8	加热、通风与空调（HVAC）控制系统	15	确定性；效率；住宅；热；环境	39-生产率；17-温度	F24F5/00
180	CN202010810399.5	一种恒风量分体新风的控制方法	8	功率	21-功率	F24F7/007
181	CN202010810424.X	一种校园新风安装方法	10	效率；美观性；噪音；送风；占用率	39-生产率；31-物质产生的有害因素	F24F7/06
182	CN202010954675.5	一种用于通风管道自动清洗的新型节电排气设备	5	换气；开启；效率；清洁性	39-生产率；31-物质产生的有害因素	F24F7/06
183	CN202010859946.9	一种生物安全隔离环境的动态控制方法及设备	10	精度；确定性；安全；损耗；舒适性；效率；可控性；长度；外泄；准确性；稳定性	28-测量精度；30-作用于物体的有害因素；23-物质损失；39-生产率；37-控制与测量的复杂性；03-长度；13-稳定性	F24F7/08
184	CN202010985388.0	一种负压病房控制系统及方法	10	排风；速度；可控性；送风；频率；自动化；可靠性；环境；稳定性	09-速度；37-控制与测量的复杂性；38-自动化程度；27-可靠性；13-稳定性	F24F7/08
185	CN202011003000.9	吊顶式多功能新风机	10	效率；温度；噪音；环境；潮湿；细菌；阻力；能源；洁净度；体积；完整性；精准性	39-生产率；17-温度；31-物质产生的有害因素；30-作用于物体的有害因素；10-力；19-能耗；07-体积	F24F7/08
186	CN202010986312.X	一种风扇状态灯调控方法、系统、设备以及介质	10	调控；效率；测试性	39-生产率；37-控制与测量的复杂性	G06F11/32
187	CN201980032457.1	涡轮压缩机	20	流量；确定性；复杂性；冷却；可控性；温度	26-物质或事物的数量；36-系统的复杂性；17-温度；37-控制与测量的复杂性	F04D17/10

序号	申请号	标题	权利要求数量/项	技术功效 1 级	技术功效 TRIZ 参数	IPC 主分类
188	CN201980032788.5	流动发生装置	14	安全；供应；噪音；空气；风量	30-作用于物体的有害因素；31-物质产生的有害因素	F04D25/08
189	CN201980032854.9	具有过滤器盘的可调节冷却剂泵，过滤器盘和制造所述过滤器盘的方法	9	泄漏流；变形；确定性；接触；密封性；速度；支出；有害；进入；调节	12-形状；29-制造精度；09-速度；30-作用于物体的有害因素	F04D27/00
190	CN201610416254.0	一种无油烟烧烤车	6	副产品；复杂性；清洁性；周期；效率；洁净度；寿命；食客；污染	36-系统的复杂性；31-物质产生的有害因素；15-时间；39-生产率；27-可靠性	A47J37/07
191	CN201810099534.2	基于通信技术的烟雾快速散发系统	3	速度；准确性；获取；幅度；鉴别；实时性；改变；有害；自动化；可控性	09-速度；28-测量精度；25-时间损失；30-作用于物体的有害因素；38-自动化程度；37-控制与测量的复杂性	G01N33/00
192	CN201810204764.0	一种家用油脂分离器	10	效率；分离器；温度；电机；能源；环境	39-生产率；17-温度；19-能耗	C02F1/40
193	CN201811349507.2	一种可适用高瓦斯隧道不间断自启稳压供电通风控制系统	1	长度；适合性；合理性；内容；可靠性；安全；资源；劳动强度；可控性	03-长度；35-适应性、通用性；27-可靠性；30-作用于物体的有害因素；39-生产率；37-控制与测量的复杂性	F02D29/06
194	CN201811484059.7	自适应过滤网推送平台	1	效率；实时性	39-生产率；25-时间损失	F24C15/20
195	CN201680088608.1	换气系统	6	污染	31-物质产生的有害因素	F24F7/007
196	CN201910132382.6	汽车电子真空泵控制方法及电子设备	6	可控性；刹车	37-控制与测量的复杂性	B60T13/46
197	CN201910076665.3	一种基于抛物线性质的油烟净化装置	4	效率；成本；复杂性	39-生产率；36-系统的复杂性	B01D47/06

家电行业专利分析报告

续表

序号	申请号	标题	权利要求数量/项	技术功效1级	技术功效TRIZ参数	IPC主分类
198	CN201910212841.1	风扇控制方法及系统	8	准确性；效率；稳定性；可控性；灵活性；精确性；可靠性	28-测量精度；39-生产率；13-稳定性；37-控制与测量的复杂性；35-适应性、通用性；27-可靠性	F04D27/00
199	CN201910252685.1	一种大型综合气候实验室空气处理系统	10	输送；可靠性；安全；独立；灵活性；分配；成本；冗余度；环境；空间；蒸汽；复杂性；制冷剂	27-可靠性；30-作用于物体的有害因素；35-适应性、通用性；39-生产率；07-体积；36-系统的复杂性	F24F5/00
200	CN201910279581.X	一种监控摄像机	2	便利性；复杂性；清晰度；能源；寿命；安全	33-操作流程的方便性；36-系统的复杂性；28-测量精度；19-能耗；27-可靠性；30-作用于物体的有害因素	H04N5/225
201	CN201910839083.6	可自动转向的离心风机	5	自动化；移动；吹向；适应性	38-自动化程度；35-适应性、通用性	F04D25/08
202	CN201911004000.8	一种油烟机出烟管及其使用方法	2	收集；清洁性	31-物质产生的有害因素	F24C15/20
203	CN202010003492.5	一种可防止燃气外泄的家用燃气灶	6	自动化；弥漫；安全	38-自动化程度；30-作用于物体的有害因素	F24C3/12
204	CN202010399231.X	一种检测室内毒害气体自动通风的窗户	4	及时性；实时性；损失；监测	25-时间损失；23-物质损失；37-控制与测量的复杂性	F24F7/013
205	CN202010450457.8	一种自然风稳定换气设备	4	复杂性；自动化；稳定性；成本；适合性	36-系统的复杂性；38-自动化程度；13-稳定性；39-生产率；35-适应性、通用性	F24F7/007
206	CN202010598911.4	一种智能化清洁遮阳的高层建筑幕墙	5	清洁性；进入量；自动化；质量；劳动强度；难度；安全；风险；流通	31-物质产生的有害因素；38-自动化程度；27-可靠性；39-生产率；36-系统的复杂性；30-作用于物体的有害因素	E04B2/88

序号	申请号	标题	权利要求数量/项	技术功效 1 级	技术功效 TRIZ 参数	IPC 主分类
207	CN202010827457.5	一种使用便捷的智能鞋柜	8	复杂性；稳定性；安全；便利性；寿命；速度；鞋子；实用性	36-系统的复杂性；13-稳定性；30-作用于物体的有害因素；33-操作流程的方便性；27-可靠性；09-速度；35-适应性、通用性	A47B61/04
208	CN202010798836.6	智能危险品柜	6	安全	30-作用于物体的有害因素	A47B81/00
209	CN202011048931.0	一种提高电梯安全性的电梯系统及其控制方法	7	安全；可控性	30-作用于物体的有害因素；37-控制与测量的复杂性	B66B5/02
210	CN202011057390.8	一种排气效果较好的装配式集成吊顶	8	循环性；能源；面积；排气扇；效率	19-能耗；05-面积；39-生产率	E04B9/00
211	CN202010887292.0	一种低能耗装配式构件养护棚	8	效率；安全；监控；劳动强度；长度；速度	39-生产率；30-作用于物体的有害因素；03-长度；09-速度	E04H5/02
212	CN202011082671.9	基于 MES 平台智能制造碳纤维土工格栅的系统及方法	9	安全；风险；成本；品质；规模；智能化；电气；质量	30-作用于物体的有害因素；27-可靠性；39-生产率；29-制造精度	E04H5/02
213	CN202010843810.9	提升交通建筑配套地下商业设施防火安全性能的设计方法	10	损失；蔓延；符合；安全	23-物质损失；30-作用于物体的有害因素	E04H14/00
214	CN202010855853.9	一种安全性高的车库门智能管理方法	10	车主；安全；自动化；效率；停车	30-作用于物体的有害因素；38-自动化程度；39-生产率	E05F15/73
215	CN202010990388.X	一种煤矿用井下移动式除尘设备	9	成本；效率；洁净度；流出；便利性	39-生产率；31-物质产生的有害因素；33-操作流程的方便性	E21F5/00
216	CN202010936249.9	一种化工物料离心输送风机	9	面积；清洁性；附着；送风箱；复位	05-面积；31-物质产生的有害因素	F04D17/16
217	CN202011024041.6	一种中心高度可调的轴流风机	7	电机；适用性	35-适应性、通用性	F04D19/00

序号	申请号	标题	权利要求数量/项	技术功效1级	技术功效TRIZ参数	IPC主分类
218	CN202011024050.5	一种低损耗轴流式风机	8	功率	21-功率	F04D19/00
219	CN202011068249.8	废旧轮胎热解废气涡轮增压装置的运行方法	5	稳定性；透平	13-稳定性	F04D25/04
220	CN202011068256.8	废旧轮胎热解废气涡轮增压装置	6	稳定性；透平	13-稳定性	F04D25/04
221	CN202011068258.7	废旧轮胎热解废气涡轮增压系统	7	稳定性；透平	13-稳定性	F04D25/04
222	CN202011068261.9	废旧轮胎热解气燃烧器	8	稳定性；透平	13-稳定性	F04D25/04
223	CN202010493770.X	风扇	15	体积；效率；适合性；风扇；稳定性	07-体积；39-生产率；35-适应性、通用性；13-稳定性	F04D25/06
224	CN201910525963.6	工业吊扇的散热结构	7	确定性；速度；效率；损耗	09-速度；39-生产率；23-物质损失	F04D25/08
225	CN202010714349.7	一种嵌有光纤和压电材料的智能风扇叶片	6	实用性；合理性；健康；噪音	35-适应性、通用性；31-物质产生的有害因素	F04D25/08
226	CN202010726799.8	挂脖风扇空气消毒一体机	3	消毒机；便利性	33-操作流程的方便性	F04D25/08
227	CN202010871946.0	滤烟效率检测方法、风扇调速方法、电路、艾灸仪及介质	12	自动化；变更；风扇	38-自动化程度	F04D25/08
228	CN202010885825.1	一种吹风机	8	便利性；连通；散热；风速；电流；完成率；独立；寿命；效率；叠加	33-操作流程的方便性；17-温度；27-可靠性；39-生产率	F04D25/08
229	CN202010904731.4	台式风扇	10	干扰；空间；复杂性	30-作用于物体的有害因素；07-体积；36-系统的复杂性	F04D25/08

序号	申请号	标题	权利要求数量/项	技术功效 1 级	技术功效 TRIZ 参数	IPC 主分类
230	CN202010908926.6	一种雷达用散热风机	9	尺寸；高风压；速度；不畅；重量；散热；空间；大风量	03－长度；09－速度；01－重量；17－温度；07－体积	F04D25/08
231	CN202010924175.7	一种风扇多方位噪音检测装置	5	可检测性；姿态	28－测量精度	F04D25/08
232	CN202010957311.2	一种高灵活度涡流发生装置	10	高度	03－长度	F04D25/08
233	CN202010961189.6	一种应用于虎克定律的冷却风机底部减震装置	8	实用性；可维修性；噪音；保养；因音量；损坏	35－适应性、通用性；34－可维修性；31－物质产生的有害因素；27－可靠性	F04D25/08
234	CN202010961498.3	一种复合式冷凝式热交换器	6	电阻；速度；电流；变化	09－速度	F04D25/08
235	CN202010982622.4	可拆卸型口罩风扇	10	稳定性；温度；顺畅；动力；复杂性；闷热感；呼吸；速度；疫情	13－稳定性；17－温度；36－系统的复杂性；09－速度	F04D25/08
236	CN202010992498.X	一种低噪音的组装式风机	6	便利性；整体性；平顺；安静；噪音	33－操作流程的方便性；31－物质产生的有害因素	F04D25/08
237	CN202011091241.3	球形风扇及球形风扇的安装方法	10	面积；复杂性	05－面积；36－系统的复杂性	F04D25/10
238	CN202010957228.5	一种电子设备防静电装置	5	便利性；拆装；可维护性；稳定性；复杂性；合理性；调节	33－操作流程的方便性；34－可维修性；13－稳定性；36－系统的复杂性；35－适应性、通用性	F04D25/16
239	CN202011087428.6	叶轮、风机及吸油烟机	12	成本；噪音；进口角；涡区；曲率；流场；总压	39－生产率；31－物质产生的有害因素	F04D29/28
240	CN202010882178.9	一种简易快装的自扣风扇及其安装方法	10	复杂性；携带；便利性；收纳；空间；运输	36－系统的复杂性；33－操作流程的方便性；07－体积	F04D29/64

序号	申请号	标题	权利要求数量/项	技术功效1级	技术功效TRIZ参数	IPC主分类
241	CN202011021795.6	一种风冷热泵机组热回收制冷系统	8	寿命；回收；速度；推进；调节；稳定性	27-可靠性；09-速度；13-稳定性	F16M11/04
242	CN201910526714.9	一种吸油烟机控制装置	13	形式；灵活性；便利性；成本；多样；清洁性；放置；美观性；复杂性	35-适应性、通用性；33-操作流程的方便性；39-生产率；31-物质产生的有害因素；36-系统的复杂性	F24C15/20
243	CN201910526720.4	一种吸油烟机控制方法	18	形式；灵活性；便利性；成本；多样；清洁性；放置；美观性；复杂性	35-适应性、通用性；33-操作流程的方便性；39-生产率；31-物质产生的有害因素；36-系统的复杂性	F24C15/20
244	CN202010946779.1	一种降噪装置及应用其的吸油烟机	11	噪音	31-物质产生的有害因素	F24C15/20
245	CN202010993496.2	吸油烟机的控制方法、装置、吸油烟机和存储介质	10	可控性；美观性	37-控制与测量的复杂性	F24C15/20
246	CN202011006348.3	翻板机构及厨房电器	11	适合性；占用；便利性；适用性	35-适应性、通用性；33-操作流程的方便性	F24C15/20
247	CN202011088044.6	防渗油降噪组件及吸油烟机	11	吸音；油液量；概率；噪音	31-物质产生的有害因素	F24C15/20
248	CN202011140969.0	一种油烟机	10	检修；便利性；效率；可维护性；可维修性；实用性	33-操作流程的方便性；39-生产率；34-可维修性；35-适应性、通用性	F24C15/20
249	CN202011210252.9	一种综合型油烟机	10	废油；油脂；通畅；范围；次数；更换率；清洁性；温度；变更；抽出；易拆卸	35-适应性、通用性；26-物质或事物的数量；31-物质产生的有害因素；17-温度；34-可维修性	F24C15/20
250	CN202010881476.6	一种太阳能热风/热水集热器与太阳能烟囱集成装置	10	充分性；舒适性；通风；效率	39-生产率	F24D17/00

序号	申请号	标题	权利要求数量/项	技术功效 1 级	技术功效 TRIZ 参数	IPC 主分类
251	CN202011047681.9	一种两管制冷凝再热加热回收新风系统及其控制方法	5	便利性；适用性；复杂性；合理性；可推广性；可靠性；模式；成本	33-操作流程的方便性；35-适应性、通用性；36-系统的复杂性；39-生产率；27-可靠性	F24F3/044
252	CN202010945173.6	一种可调速空气通风过滤净化装置	10	环境；有害；流动性；安全；洁净度；成本；可靠性；舒适性；健康；症状；复杂性	30-作用于物体的有害因素；31-物质产生的有害因素；39-生产率；27-可靠性；36-系统的复杂性	F24F7/007
253	CN202011002723.7	一种便于维护人员操作的立式热回收新风机	6	风机；空间；关闭；效率；检查；可维修性；打开	07-体积；39-生产率；34-可维修性	F24F7/007
254	CN202011003514.4	一种建筑节能通风设备	10	能力；通风；流动性；能源	19-能耗	F24F7/06
255	CN202011009175.0	一种绿色建筑环保节能通风装置	7	效率	39-生产率	F24F7/08
256	CN202010970969.7	遥控器及其控制方法、家用电器、计算机可读存储介质	11	学习；设定；重值；速度；准确性；便利性	09-速度；28-测量精度；33-操作流程的方便性	F24F11/64
257	CN202010957630.3	机械加工厂房机械通风/局部通风转换系统与控制方法	3	能源；浓度；可控性；污染物；扩散性；质量	19-能耗；37-控制与测量的复杂性；27-可靠性	F24F11/89
258	CN202010810398.0	一种消音管组	10	噪音；送风	31-物质产生的有害因素	F24F13/24
259	CN202011128710.4	一种多功能油烟机控制电路	10	可控性；便利性	37-控制与测量的复杂性；33-操作流程的方便性	G05B19/042
260	CN202011025082.7	一种用于电脑主机箱的高效散热装置	8	温度；散热；能源；自动化；磁性；污染；浪费	17-温度；19-能耗；38-自动化程度；31-物质产生的有害因素	G06F1/20

序号	申请号	标题	权利要求数量/项	技术功效1级	技术功效TRIZ参数	IPC主分类
261	CN202010971159.3	一种用于心理咨询的体验装置	6	咨询；心扉；光照；实用性；舒适性；完成度	35-适应性、通用性	G16H20/70
262	CN202010944216.9	一种智能供电柜	10	安全；进入；搬运；便利性；灵活性；防水性；速度；复杂性	30-作用于物体的有害因素；33-操作流程的方便性；35-适应性、通用性；09-速度；36-系统的复杂性	H02B1/56
263	CN202011096618.4	一种具有高效散热模块的电缆沟	4	效率；散热	39-生产率；17-温度	H02G9/02
264	CN202010857248.5	外转高效电机及应用该电机的风扇	6	转速；电机；牢固性；能效比；惯量；能效；效率；稳定性；合理性；外转；适应性；经济性	09-速度；27-可靠性；39-生产率；13-稳定性；35-适应性、通用性	H02K5/06
265	CN201680024071.2	具有导向装置的斜流式或径流式风扇	26	成本；空间；效率；紧固性；尺寸；气流量；复杂性；声效	39-生产率；07-体积；03-长度；36-系统的复杂性	F04D29/28
266	CN201711436136.7	一种离心式消防排烟风机	2	安全；堵塞；寿命；噪音；进入；正确性；散热；防震性	30-作用于物体的有害因素；31-物质产生的有害因素；27-可靠性；28-测量精度；17-温度	F04D25/06
267	CN201780006983.1	吊扇	5	飞；静电	31-物质产生的有害因素	F04D25/08
268	CN201810568944.7	一种地暖新风加热系统以及地暖板体	6	热量；调节；调温	19-能耗	F24D13/04
269	CN201811133715.9	一种蒸发冷却与蒸发冷凝相结合的节能净化空调系统	1	效率；充分性；便利性；舒适性；稳定性；环境；成本；污染；压力；温度；能源	39-生产率；33-操作流程的方便性；13-稳定性；31-物质产生的有害因素；10-力；17-温度；19-能耗	F24F5/00
270	CN201811469057.0	基于灰尘检测的弧形吸烟机	2	辅助；实时性；标准；分块	25-时间损失	F24C15/20

序号	申请号	标题	权利要求数量/项	技术功效 1 级	技术功效 TRIZ 参数	IPC 主分类
271	CN201910002131.6	一种离心式空气压缩机梯级余热回收装置	5	浪费；回收；安全	30-作用于物体的有害因素	F04D29/58
272	CN201910325113.1	一种用于公共交通与非公共交通之间换乘的多功能停车楼	3	速度；有序；流畅；便利性	09-速度；33-操作流程的方便性	E04H14/00
273	CN201810194139.2	吸油烟机	23	监视；充分性；运行；个性化；可控性；单元；交互；判断	37-控制与测量的复杂性	F24C15/20
274	CN201910544322.5	一种耐久型的侧吸式油烟机	7	解决；效率	39-生产率	F24C15/20
275	CN201910728359.3	一种侧吸式油烟机的挡网自清洁装置	4	自动化；清洁性	38-自动化程度；31-物质产生的有害因素	F24C15/20
276	CN201911286110.8	一种涡轮增压器	7	导热性；强度；温度；噪音；成本；充分性；热；稳定性；压缩率；体积；损坏；速度；复杂性；膨胀；发动机	17-温度；14-强度；31-物质产生的有害因素；39-生产率；13-稳定性；07-体积；27-可靠性；09-速度；36-系统的复杂性	F04D29/58
277	CN202010154656.4	一种地下工程变风量新风除湿系统及其控制方法	9	适应性；湿度；自动化；范围；能源	35-适应性、通用性；38-自动化程度；19-能耗	F24F3/14
278	CN202010283370.6	一种具有防护机构的通风风机	7	便利性；防护性；柱位移；晃动	33-操作流程的方便性	F04D25/08
279	CN202011081468.X	一种磁悬浮分子泵降速控制方法和装置	10	安全	30-作用于物体的有害因素	F04D19/04
280	CN202011029214.3	一种进气调节机构及使用其的涡轮增压器压缩机	8	偏移；便利性；可控性；复杂性；空间；稳定性；效率	33-操作流程的方便性；37-控制与测量的复杂性；36-系统的复杂性；07-体积；13-稳定性；39-生产率	F04D27/02

序号	申请号	标题	权利要求数量/项	技术功效1级	技术功效TRIZ参数	IPC主分类
281	CN202011160973.3	一种清洁装置和吸油烟机	14	清洁性；调节；速度；效率；自动化	31-物质产生的有害因素；09-速度；39-生产率；38-自动化程度	B08B1/00
282	CN202010984473.5	液气体灰尘油烟推吸抽通用净化机	7	成本；安全；健康；寿命；广泛性；儿童；可靠性；洁净度；复杂性	39-生产率；30-作用于物体的有害因素；27-可靠性；31-物质产生的有害因素；36-系统的复杂性	B08B15/00
283	CN202011052796.7	一种卫生间用具有阶梯照明功能的装配式吊顶	10	效率；照明；可操作性	39-生产率；18-照度；33-操作流程的方便性	E04B9/00
284	CN202010840219.8	一种化工材料存储仓库	8	自动化；可控性	38-自动化程度；37-控制与测量的复杂性	E04H5/02
285	CN201910508602.0	一种具有空气净化的防尘防火玻璃窗	7	洁净度；灰尘；火	31-物质产生的有害因素；30-作用于物体的有害因素	E06B5/10
286	CN202011002944.4	一种汽车涡轮增压器	6	正确性；便利性；口处；气密性	28-测量精度；33-操作流程的方便性	F02B37/00
287	CN202011036385.9	一种带自循环加热隔音罩的压缩机	9	可靠性；能源；消耗；热；速度；浪费损失；开关；压缩机	27-可靠性；19-能耗；23-物质损失；17-温度；09-速度	F04C29/06
288	CN202011140977.5	一种低温风机	2	价值；效率；风机；正确性；传递	39-生产率；28-测量精度	F04D17/16
289	CN201910516893.8	用于送风的装置及制冷烟机	11	面积；舒适性；均匀性	05-面积；29-制造精度	F04D25/08
290	CN201910519182.6	扇头组件和风扇	10	复杂性；购买；气体；成本	36-系统的复杂性；39-生产率	F04D25/08
291	CN201911115350.1	一种电风机及清洁设备	13	零件；噪音；难度；可控性；损失	31-物质产生的有害因素；36-系统的复杂性；37-控制与测量的复杂性；23-物质损失	F04D25/08

序号	申请号	标题	权利要求数量/项	技术功效 1 级	技术功效 TRIZ 参数	IPC 主分类
292	CN202010466484.4	鼓风机	10	噪音；发散	31-物质产生的有害因素	F04D25/08
293	CN202010761728.1	一种具有发光效果的散热风扇及其实现方法	10	动感；实用性；视觉；复杂性	35-适应性、通用性；36-系统的复杂性	F04D25/08
294	CN202010937230.6	一种循环送风设备、循环送风设备的控制方法及装置	12	静电	31-物质产生的有害因素	F04D25/08
295	CN202011006354.9	一种趴地扇	10	速度；广泛性；效率；复杂性；组成	09-速度；39-生产率；36-系统的复杂性	F04D25/08
296	CN202011050352.X	一种电机直连式齿轮增速曝气用离心鼓风机	5	联轴器；效率；成本；体积	39-生产率；07-体积	F04D25/08
297	CN202011072076.7	一种带自动摇头机构的轴流风机或风扇	9	风量；振动；速度；松动；噪音；可维护性；静压；出力；自动化；效率；运转	31-物质产生的有害因素；09-速度；34-可维修性；38-自动化程度；39-生产率	F04D25/10
298	CN202010524439.X	风扇电动机、风扇电动机驱动装置以及冷却装置	6	复杂性	36-系统的复杂性	F04D27/00
299	CN202010806915.7	一种变频烟机的电机控制方法和变频烟机	13	一致性；准确性	28-测量精度	F04D27/00
300	CN202011128803.7	一种防喘振控制阀	3	成本；可维修性；频率；效率；劳动强度；冲击；范围；寿命；阀门	39-生产率；34-可维修性；35-适应性、通用性；27-可靠性	F04D27/02

3.4 家用厨房电器具制造领域

3.4.1 全球专利概况

3.4.1.1 全球专利申请趋势

图 3-28 展示的是家用厨房电器具制造领域全球专利申请量的发展趋势。通过申请趋势可以从宏观层面把握分析对象在各时期的专利申请热度变化。申请数量的统计范围是已公开的专利。

从图 3-28 中可以看出家用厨房电器具制造领域在全球主要市场上的历年专利申请分布状况。2000—2007 年，家用厨房电器具制造领域全球专利申请量缓慢增加，2008—2019 年家用厨房电器具制造领域全球专利申请量快速增加，2008 年家用厨房电器具制造领域全球专利申请量为 21 677 件，2018 年达到峰值，当年专利申请量达 52 000 件。

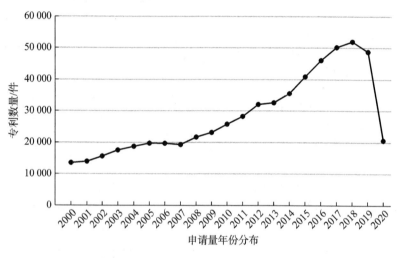

图 3-28　家用厨房电器具制造领域全球专利申请量发展趋势

3.4.1.2 专利申请分布

图 3-29 展示的是家用厨房电器具制造领域专利全球专利申请主要分布情况。通过分析可以了解分析对象在不同国家或地区技术创新的活跃情况，从而发现主要的技术创新来源地和重要的目标市场。

专利申请主体可以体现专利权人想在哪些国家或地区保护该技术。这一参数也反映了该技术未来可能的实施国家或地区。图 3-29 显示，中国、日本、韩国是家用厨房电器具制造领域专利重点申请国家，专利数量分布为中国 298 151 件、日本 87 262 件和韩国 43 672 件。

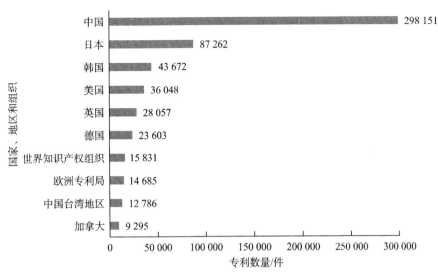

图 3-29 家用厨房电器具制造领域全球专利申请主要分布

图 3-29 表明，中国、日本、韩国等国家或地区是家用厨房电器具制造领域专利布局的主要区域，企业可以跟踪、引进和消化相关领域技术，在此基础上实现技术突破。中国、日本、韩国在家用厨房电器具制造领域的专利申请数量如表 3-34~表 3-36 所示。

表 3-34 家用厨房电器具制造领域中国专利数量 单位：件

专利类型		专利数量
发明	发明申请	38 225
	发明授权	12 271
实用新型		116 684
外观设计		130 971

表 3-35 家用厨房电器具制造领域日本专利数量 单位：件

专利类型		专利数量
发明	发明申请	26 085
	发明授权	19 547
实用新型		23 258
外观设计		18 372

表 3-36 家用厨房电器具制造领域韩国专利数量 单位：件

专利类型		专利数量
发明	发明申请	7 736
	发明授权	10 478

专利类型	专利数量
外观设计	11 068
实用新型	14 390

3.4.1.3　全球专利申请人排行

表3-37展示的是家用厨房电器具制造领域全球专利所属申请人（专利权人）的专利数量统计的申请人排名情况。通过分析可以发现创新成果积累较多的专利申请人，并可据此进一步分析其专利竞争实力。

表3-37　家用厨房电器具制造领域全球专利数量排名前十的申请人　　　单位：件

排名	申请人名称	专利数量
1	佛山市顺德区美的电热电器制造有限公司	8606
2	美的集团股份有限公司	8590
3	九阳股份有限公司	7956
4	浙江绍兴苏泊尔生活电器有限公司	6882
5	松下电器产业株式会社	6871
6	乐金电子公司	3651
7	广东美的生活电器制造有限公司	3651
8	珠海格力电器股份有限公司	3637
9	BSH家用电器有限公司	3594
10	赛博股份公司	3184

3.4.1.4　全球专利技术构成

通过对通用厨房电器具制造领域全球专利在各技术方向的数量分布情况进行分析，可以了解分析对象覆盖的主要技术类别，以及各技术分支的创新热度。

对家用厨房电器具制造领域专利按照国际专利分类号（IPC）进行统计，得到表3-38和图3-30。可知，家用厨房电器具制造领域专利IPC分布中，A47J小类（厨房用具；咖啡磨；香料磨；饮料制备装置〔6〕）的专利数量最多，专利数量为421 083件，第二是A47L小类（家庭的洗涤或清扫），专利数量为88 311件。第三是F24C小类〔家用炉或灶（用固体燃料的入F24B）；一般用途家用炉或灶的零部件〕，专利数量为27 939件。另外还有A23L小类（不包含在A21D或A23B至A23J小类中的食品、食料或非酒精饮料；它们的制备或处理）19 911件、H05B（电热；其他类目不包含的电照明）18 966件等。

表3-38　家用厨房电器具制造领域全球专利主要技术构成　　　单位：件

IPC分类号（小类）	专利数量
A47J（厨房用具；咖啡磨；香料磨；饮料制备装置〔6〕）	421 083

IPC 分类号（小类）	专利数量
A47L（家庭的洗涤或清扫）	88 311
F24C［家用炉或灶（用固体燃料的入 F24B）；一般用途家用炉或灶的零部件］	27 939
A23L（不包含在 A21D 或 A23B 至 A23J 小类中的食品、食料或非酒精饮料；它们的制备或处理）	19 911
H05B（电热；其他类目不包含的电照明）	18 966
B65D（用于物件或物料贮存或运输的容器）	18 302
D06F（纺织品的洗涤、干燥、熨烫、压平或打折）	14 748
A47G［家庭用具或餐桌用具（书档入 A47B65/00；刀具入 B26B）］	10 703
A21B（食品烤炉；焙烤用机械或设备）	8 899
B01F［混合，例如，溶解、乳化、分散（混合颜料入 B44D3/06）］	6 037

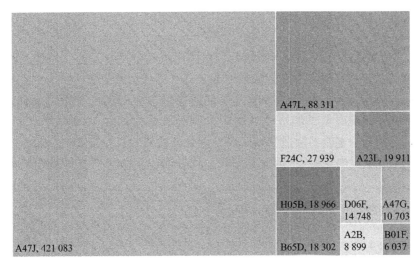

单位：件

图 3-30　家用厨房电器具制造领域全球专利主要技术构成

3.4.2　国内专利概况

3.4.2.1　国内专利申请趋势

图 3-31 展示的是家用厨房电器具制造领域国内专利申请量的发展趋势。通过申请趋势可以从宏观层面把握分析对象在各时期的专利申请热度变化。申请数量的统计范围是已公开的专利。

由图 3-31 可以看到，2000—2013 年，家用厨房电器具制造领域国内专利申请量缓慢增加，2014—2019 年家用厨房电器具制造领域国内专利申请量增长迅速，2014 年专利申请量为 17 554 件，2019 年达到 36 834 件。

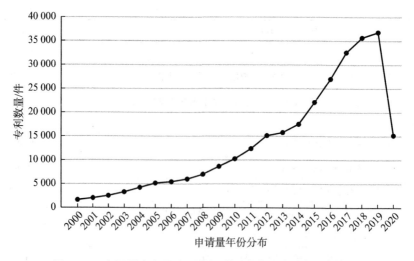

图 3-31　家用厨房电器具制造领域国内专利申请量发展趋势

3.4.2.2　国内专利公开趋势

图 3-32 展示的是家用厨房电器具制造领域国内专利公开量的发展趋势。通过公开趋势可以从宏观层面把握分析对象在各时期的专利公开文献的数量变化。

从图 3-32 中可以看到家用厨房电器具制造领域国内专利公开数量整体呈上升态势。2000—2009 年家用厨房电器具制造领域国内专利公开数量均在 10 000 件以下，增幅缓慢；2010—2016 年家用厨房电器具制造领域国内专利公开数量增长幅度加快，2017—2020 年家用厨房电器具制造领域国内专利公开量迅速增长，其中 2017 年 24 432 件，2020 年 46 124 件。

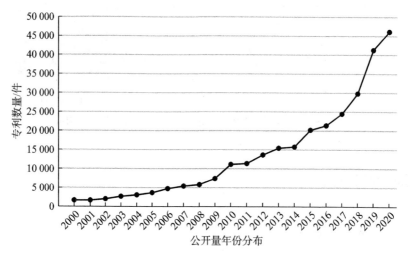

图 3-32　家用厨房电器具制造领域国内专利公开量发展趋势

3.4.2.3　国内专利类型分布

专利类型分为发明专利、实用新型专利、外观设计专利。本节又根据发明专利授权与否，将发明细分为发明申请和发明授权。

在中国专利中，经过检索获得家用厨房电器具制造领域专利共 29 8151 件。如图 3-33 所示，其中发明申请 38 225 件，占总数的 13%；发明授权 12 271 件，占总数的 4%；实用新型 116 684 件，占总数的 39%；外观设计 130 971 件，占总数的 44%。

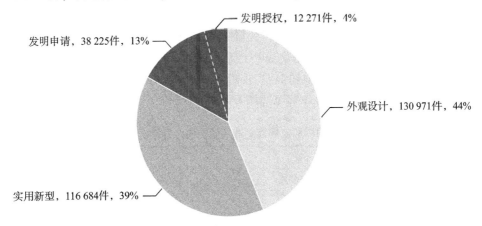

图 3-33　家用厨房电器具制造领域国内专利类型分布

3.4.2.4　国内专利法律状态

图 3-34 展示的是家用厨房电器具制造领域专利有效、失效、审中三种状态的占比情况，仅统计中国专利。通过分析可以分别了解分析对象中当前已获得实质性保护、已失去专利权保护或正在审查中的专利数量分布情况，以从整体上掌握专利的权利保护和潜在风险情况，为专利权的法律性调查提供依据。筛选进入公知技术领域的失效专利，可以进行无偿使用或改进利用。

如图 3-34 所示，有效专利 128 801 件，占总专利数的 43%；失效专利 154 152 件；占总专利数的 52%；审中专利 15 198 件，占总专利数的 5%。

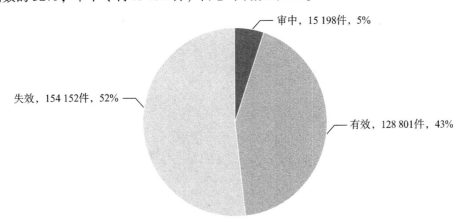

图 3-34　家用厨房电器具制造领域国内专利法律状态分布

3.4.2.5　国内专利技术领域分布

通过对家用厨房电器具制造领域国内专利在各技术方向的数量分布情况进行分析，可以了解分析对象覆盖的技术类别，以及各技术分支的创新热度。

将家用厨房电器具制造领域国内专利按照国际专利分类号（IPC）进行统计，得到表 3-39 和图 3-35。可知，国内家用厨房电器具制造领域专利技术领域分布中，A47J 小类（厨房用具；咖啡磨；香料磨；饮料制备装置〔6〕）的专利数量最多，专利数量 149 903 件；第二是 A47L 小类（家庭的洗涤或清扫），专利数量为 18 525 件；第三是 F24C 小类〔家用炉或灶（用固体燃料的入 F24B）；一般用途家用炉或灶的零部件〕，专利数量为 3499 件。另外还有 A47G 小类〔家庭用具或餐桌用具（书档入 A47B65/00；刀具入 B26B）〕3032 件、H05B 小类（电热；其他类目不包含的电照明）1943 件等。

表 3-39　家用厨房电器具制造领域国内专利技术领域分布　　　　单位：件

IPC 分类号（小类）	专利数量
A47J（厨房用具；咖啡磨；香料磨；饮料制备装置〔6〕）	149 903
A47L（家庭的洗涤或清扫）	18 525
F24C〔家用炉或灶（用固体燃料的入 F24B）；一般用途家用炉或灶的零部件〕	3 499
A47G〔家庭用具或餐桌用具（书档入 A47B65/00；刀具入 B26B）〕	3 032
H05B（电热；其他类目不包含的电照明）	1 943
A23L（不包含在 A21D 或 A23B 至 A23J 小类中的食品、食料或非酒精饮料；它们的制备或处理，例如烹调、营养品质的改进、物理处理）	1 886
A21B（食品烤炉；焙烤用机械或设备）	1 399
A61L（材料或消毒的一般方法或装置；空气的灭菌、消毒或除臭；绷带、敷料、吸收垫或外科用品的化学方面；绷带、敷料、吸收垫或外科用品的材料）	1 292
G05B（一般的控制或调节系统；这种系统的功能单元；用于这种系统或单元的监视或测试装置）	1 067
A45C（小包；行李箱；手提袋）	932

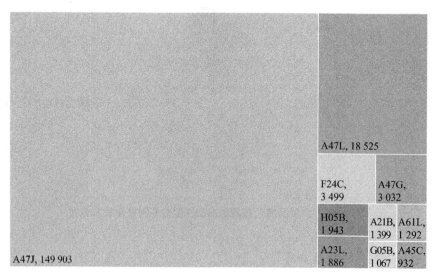

单位：件

图 3-35　家用厨房电器具制造领域国内专利技术领域分布

3.4.2.6　国内专利省份分布

通过对家用厨房电器具制造领域专利在中国省级行政区域的分布情况（仅统计中国专利）进行分析，可以了解在中国申请专利保护较多的省份，以及各省份的创新活跃程度。

对家用厨房电器具制造领域国内专利进行省份分布分析，得到表 3-40。表 3-40 显示，广东省以 113 313 件专利排名第一；浙江省以 64 366 件专利排名第二；第三是山东省，共有请家用厨房电器具制造领域专利 19 482 件；第四是江苏省，共有家用厨房电器具制造领域专利 13 707 件。福建省、上海市、湖北省、安徽省、四川省、北京市的专利数量均在 10 000 件以下。

表 3-40　家用厨房电器具制造领域国内专利省份分布　　　　单位：件

申请人所属省份	专利数量
广东省	113 313
浙江省	64 366
山东省	19 482
江苏省	13 707
福建省	7 650
上海市	6 404
湖北省	5 841
安徽省	4 823
四川省	4 662
北京市	4 040

3.4.2.7　重点省份发明专利申请人布局

（1）广东省主要申请人排名

表 3-41 列出了家用厨房电器具制造领域国内发明专利广东省主要申请人排名。

表 3-41　家用厨房电器具制造领域国内发明专利广东省主要申请人排名　　　单位：件

排名	申请人名称	专利数量
1	美的集团股份有限公司	2487
2	佛山市顺德区美的电热电器制造有限公司	2240
3	珠海格力电器股份有限公司	1473
4	佛山市顺德区美的洗涤电器制造有限公司	997
5	广东美的生活电器制造有限公司	685
6	广东美的厨房电器制造有限公司	663
7	华帝股份有限公司	266
8	广东新宝电器股份有限公司	180

排名	申请人名称	专利数量
9	广州富港万嘉智能科技有限公司	115
10	广东格兰仕集团有限公司	111

（2）浙江省主要申请人排名

表3-42列出了家用厨房电器具制造领域国内发明专利浙江省主要申请人排名。

表3-42　家用厨房电器具制造领域国内发明专利浙江省主要申请人排名　　单位：件

排名	申请人名称	专利数量
1	宁波方太厨具有限公司	734
2	浙江绍兴苏泊尔生活电器有限公司	656
3	浙江苏泊尔家电制造有限公司	374
4	宁波欧琳厨具有限公司	134
5	杭州老板电器股份有限公司	117
6	浙江欧琳生活健康科技有限公司	82
7	浙江气派智能科技有限公司	75
8	浙江蓝炬星电器有限公司	47
9	宁波美高厨具有限公司	46
10	浙江苏泊尔股份有限公司	41

（3）江苏省专利申请人排名

表3-43列出了家用厨房电器具制造领域国内发明专利江苏省主要申请人排名。

表3-43　家用厨房电器具制造领域国内发明专利江苏省主要申请人排名　　单位：件

排名	申请人名称	专利数量
1	泰州浩邦科技发展有限公司	140
2	南京乐金熊猫电器有限公司	68
3	苏州路之遥科技股份有限公司	59
4	苏州市赛品电器有限公司	48
5	南通芯迎设计服务有限公司	35
6	博西华电器（江苏）有限公司	35
7	江苏菲尼迪金属制品有限公司	35
8	江苏顺发电器有限公司	33
9	BSH家用电器有限公司	28
10	无锡汉思特电器科技有限公司	23

3.4.4 国内发明专利聚类分析

聚类分析是通过数据建模后简化并使数据可视化的分析方法。通过提取家用厨房电器具制造领域国内发明专利文本中的关键词，从其相关度聚合出不同类别的文本关键词并以圆环饼图的形式展示其分布情况，分析结果如图 3-36 所示。对应专利分析见表 3-44。

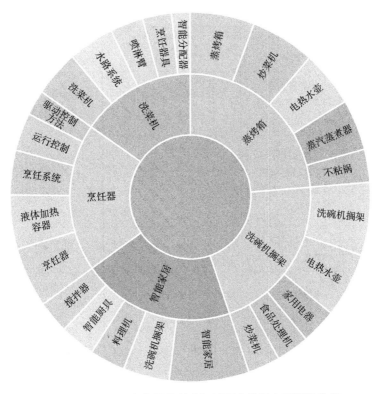

图 3-36 家用厨房电器具制造领域国内发明专利聚类分析

表 3-44 家用厨房电器具制造领域国内发明专利分析列表

序号	申请号	标题	权利要求数量/项	技术功效 1 级	技术功效 TRIZ 参数	IPC 主分类
1	CN201510388327.5	烹饪器具	6	清晰度；充分性；便利性；观察	28-测量精度；33-操作流程的方便性	A47J27/00
2	CN201610607854.5	具有至少一个用户界面的操作面板、家用电器及其制造方法	30	扩展；界面；灵活性；手势；干扰	35-适应性、通用性；30-作用于物体的有害因素	G06F3/041
3	CN201580051999.5	碗	24	折叠；金属；弯曲；热；刚性；浪费	17-温度；14-强度	A47J43/07

序号	申请号	标题	权利要求数量/项	技术功效1级	技术功效TRIZ参数	IPC主分类
4	CN201810034771.0	电动调理器	2	流入；氧化；耐久性；自由度；成本；突出	30-作用于物体的有害因素；13-稳定性；39-生产率	A47J43/046
5	CN201611161858.1	一种配制洗涤添加剂的装置	6	普适性；成本；广泛性	39-生产率	D06F39/02
6	CN201810229369.8	自动煮面无人售卖机及其自助选货与支付方法	6	时间；劳动强度；自动化	15-时间；39-生产率；38-自动化程度	G07F11/00
7	CN201810519038.8	一种清洗方法、清洗控制方法、清洗装置和服务器	18	清洁性；效率	31-物质产生的有害因素；39-生产率	A47L15/00
8	CN201710283915.1	一种控制方法和装置	11	效率	39-生产率	G05D23/20
9	CN201810849865.3	电热炊具	10	自动化；品质	38-自动化程度；29-制造精度	A47J27/00
10	CN201810676225.7	一种实现食材管理的蒸烤设备及方法	6	补充；便利性	33-操作流程的方便性	A47J27/04
11	CN201811046085.1	一种洗碗机智能洗涤的方法及系统	2	洗涤；能源；水；智能化；效率；体验；选择性；浪费；环境	19-能耗；23-物质损失；39-生产率	A47L15/00
12	CN201811089123.1	一种螃蟹盒及其使用方法	4	自动化；开合；紧固性；按压	38-自动化程度	A47J27/04
13	CN201910097360.0	烹饪用非金属加热装置	9	复杂性；寿命	36-系统的复杂性；27-可靠性	A47J27/21
14	CN201910103547.7	一种先腌制调味再烹调的自动烹饪方法	7	新鲜；风味；自动化；烹饪	38-自动化程度	A47J36/00
15	CN201811382490.0	食堂餐具清洗系统	8	效率；成本；安全；复杂性；清洁性；实用性；环境；可靠性；压力	39-生产率；30-作用于物体的有害因素；36-系统的复杂性；31-物质产生的有害因素；35-适应性、通用性；27-可靠性；10-力	A47L15/37

序号	申请号	标题	权利要求数量/项	技术功效 1 级	技术功效 TRIZ 参数	IPC 主分类
16	CN201910309441.2	电水壶	11	便利性	33-操作流程的方便性	A47J27/21
17	CN201910522420.9	一种蒸汽回流型节能蒸笼	3	溢出；利用率；视野；复杂性；蒸熟；安全；风险；范围；自动化；合理性；环境；可靠性；能源；效率	39-生产率；36-系统的复杂性；30-作用于物体的有害因素；27-可靠性；35-适应性、通用性；38-自动化程度；19-能耗	A47J27/04
18	CN201910512681.2	一种香肠自动烤制装置	9	接触；烤制；精准性；香肠；便利性	33-操作流程的方便性	A47J37/07
19	CN201910897306.4	多模式干燥控制方法、装置、存储介质及洗碗机	11	干燥；体验；参与；可控性	37-控制与测量的复杂性	A47L15/00
20	CN201910651176.6	分体式电机	9	噪音；复杂性	31-物质产生的有害因素；36-系统的复杂性	H02K1/12
21	CN201910952586.4	小型智能果蔬成酱装置	6	范围；适应性；自动化；效率；果蔬酱；洁净度；口感；垃圾；内筒；入料；富集	35-适应性、通用性；38-自动化程度；39-生产率；31-物质产生的有害因素	A47J19/00
22	CN201910915584.8	一种全自动可选量打饭机	7	加饭；实用性；难度；热；剩饭；便利性；合理性；效率；智能化；移动；温度；压缩；浪费	35-适应性、通用性；36-系统的复杂性；17-温度；33-操作流程的方便性；39-生产率	B65B43/44
23	CN201911072713.8	一种加热及搅拌的水杯套件	4	清洁性；适合性；搅拌	31-物质产生的有害因素；35-适应性、通用性	A47J27/00
24	CN201911360912.9	一种可伸缩型榨汁机	9	分离；玻璃杯；灵活性；携带	35-适应性、通用性	A47J19/02
25	CN202010916475.0	一种用于栗子快速充分加热设备	5	速度；效率；均匀性；质量	09-速度；39-生产率；29-制造精度；27-可靠性	A23N12/10

序号	申请号	标题	权利要求数量/项	技术功效1级	技术功效TRIZ参数	IPC主分类
26	CN201910565556.8	一种炒菜机的控制方法	10	稳定性；正确性；智能化；确定性；死角；复杂性；清洁性；可检测性；炒菜机；可靠性	13-稳定性；28-测量精度；36-系统的复杂性；31-物质产生的有害因素；27-可靠性	A47J27/00
27	CN201910565681.9	一种食品加工机用的烘干方法及食品加工机	10	温度；效率；用途；完成率；气体；异味；确定性；热；速度；损坏；烘干；管道；过热；相等；水渍；安全；流通；细菌；顺畅	17-温度；39-生产率；09-速度；27-可靠性；30-作用于物体的有害因素	A47J27/00
28	CN201910570298.2	承载体及其加工制造方法和烹饪器具	18	可控性；可制造性；均匀性；稳定性；陶瓷层；实用性；取材；口感；成本；导热性；强度；烹饪；速度；损失；安全；风险	37-控制与测量的复杂性；32-可制造性；29-制造精度；13-稳定性；35-适应性、通用性；39-生产率；17-温度；14-强度；09-速度；23-物质损失；30-作用于物体的有害因素；27-可靠性	A47J27/00
29	CN201910571400.0	一种烹饪控制方法、烹饪装置、服务器、烹饪系统	17	获取；精准性；可控性；食物	37-控制与测量的复杂性	A47J27/00
30	CN201910580305.7	烹饪器具	11	散热	17-温度	A47J27/00
31	CN202010513175.8	烹调装置	9	复杂性	36-系统的复杂性	A47J27/00
32	CN202010532598.4	烹调环境形成装置以及烹调器	8	可操作性	33-操作流程的方便性	A47J27/00
33	CN202011007715.1	一种带热盘加热的电饭煲	7	便利性；隔离板；不够；延伸；范围	33-操作流程的方便性；35-适应性、通用性	A47J27/00
34	CN202010002679.3	一种可变换底锅与锅盖的蒸煎套锅	10	空间	07-体积	A47J27/04

序号	申请号	标题	权利要求数量/项	技术功效 1 级	技术功效 TRIZ 参数	IPC 主分类
35	CN202010891882.0	一种用于烹饪设备的蒸汽加热结构及烹饪设备	13	数量；热效率；口感；气味；回收；效率；清洁性；体验；分离	26-物质或事物的数量；22-能量损失；39-生产率；31-物质产生的有害因素	A47J27/04
36	CN202010905130.5	导风结构及应用其的蒸汽烹饪设备	11	成本；进入；复杂性；分离	39-生产率；36-系统的复杂性	A47J27/04
37	CN202011074270.9	一种蒸箱	10	潮湿；温度；可操作性；时间；热损伤；蒸汽；速度；效率；冷却盒；换热	17-温度；33-操作流程的方便性；15-时间；09-速度；39-生产率	A47J27/04
38	CN202011152984.7	一种食材加热锅具	10	均匀性；清晰度；温度；长度；速度	29-制造精度；28-测量精度；17-温度；03-长度；09-速度	A47J27/04
39	CN201910580397.9	控制烹饪器具的方法以及烹饪器具	18	压力；可控性；准确性	10-力；37-控制与测量的复杂性；28-测量精度	A47J27/08
40	CN202010597908.0	设有可拆卸加热装置的电烹饪器具	18	确定性；释放；安全；接入；清洁性；复杂性	30-作用于物体的有害因素；31-物质产生的有害因素；36-系统的复杂性	A47J27/086
41	CN202011076236.5	一种基于半导体制冷技术的水壶设备	3	复杂性；便利性；自动化	36-系统的复杂性；33-操作流程的方便性；38-自动化程度	A47J27/21
42	CN201910579521.X	确定加热功率的方法、电路、烹饪器具及计算机存储介质	14	安全；长度；溢锅；效率；电压；功率；体验	30-作用于物体的有害因素；03-长度；39-生产率；21-功率	A47J27/56
43	CN202011023800.7	一种针对温泉蛋制作的加热温度调控机构	8	适合性；设定值；稳定性	35-适应性、通用性；13-稳定性	A47J29/02
44	CN202011059638.4	一种蒸蛋机器人系统	2	经济性；搬运；效率；紧固性；启闭；稳定性；完备；调节；自动化	39-生产率；13-稳定性；38-自动化程度	A47J29/02

序号	申请号	标题	权利要求数量/项	技术功效1级	技术功效TRIZ参数	IPC主分类
45	CN202011042595.9	一种户外旅游用环保野炊炊具支撑设备	7	便利性；插接；支撑力；稳定性	33-操作流程的方便性；13-稳定性	A47J33/00
46	CN201910573558.1	一种具有除雾功能的面板及应用有该面板的烹饪电器	15	便利性；烹饪；及时性	33-操作流程的方便性；25-时间损失	A47J36/00
47	CN201910578431.9	联轴器、旋转组件、容器及食品处理机	22	便利性；噪音；热量	33-操作流程的方便性；31-物质产生的有害因素；19-能耗	A47J36/00
48	CN202010596122.7	烹饪袋	11	口感；质地；复杂性	36-系统的复杂性	A47J36/00
49	CN202011044778.4	带摄像头识别的烹饪电器控制系统、控制方法和烹饪电器	10	正确性；复杂性；精度；便利性	28-测量精度；36-系统的复杂性；33-操作流程的方便性	A47J36/00
50	CN202011063896.X	烹饪设备的控制方法、控制装置、烹饪设备和存储介质	11	体验；时长；确定性；可控性；时间	37-控制与测量的复杂性；15-时间	A47J36/00
51	CN202011105052.7	具有改进蒸汽给进结构的锅具	10	效率；漏出；稳定性；边缘；输入；便利性；小孔；泄露；出口；热	39-生产率；13-稳定性；33-操作流程的方便性；31-物质产生的有害因素；17-温度	A47J36/00
52	CN201910578944.X	不粘器皿	10	耐磨性；硬度；划伤；粘；粘锅	30-作用于物体的有害因素；14-强度	A47J36/02
53	CN202010597601.0	不粘母粒、不粘母粒的制造方法、不粘材料及烹饪器具	17	耐磨性；粘；确定性；脱落；强度；成本；材料；耐高温性；稳定性；体验；耐用性；便利性；光滑性	30-作用于物体的有害因素；14-强度；39-生产率；23-物质损失；13-稳定性；33-操作流程的方便性；12-形状	A47J36/02
54	CN202010597619.0	烹饪器具	11	耐用性；便利性；堵住；光滑度；滑移性；机理；疏松；成本；光滑性；接触；表面能	13-稳定性；33-操作流程的方便性；39-生产率；12-形状	A47J36/02

序号	申请号	标题	权利要求数量/项	技术功效 1 级	技术功效 TRIZ 参数	IPC 主分类
55	CN202010597711.7	涂料与烹饪器具	18	耐用性；结合力；涂料；脱落；强度；材料；耐高温性；稳定性；粘；光滑性	13-稳定性；10-力；14-强度；23-物质损失；12-形状	A47J36/02
56	CN202010597717.4	不粘母粒、不粘母粒的制造方法、不粘材料及烹饪器具	21	过高；强度；材料；硬度；稳定性；耐高温性；体验；耐用性；支撑和防护；母粒；光滑性；主体	14-强度；23-物质损失；13-稳定性；12-形状	A47J36/02
57	CN202010597768.7	涂料与烹饪器具	13	面积；耐磨性；耐用性；导热率；粘连；涂料；硬度；稳定性；耐高温性；脏物；划伤；强度	05-面积；30-作用于物体的有害因素；13-稳定性；14-强度	A47J36/02
58	CN202010597803.5	烹饪器具及其成型方法	13	健康；耐磨性；耐用性；面积；脱落；强度；粘；腐蚀；划伤；粘连	30-作用于物体的有害因素；13-稳定性；05-面积；14-强度	A47J36/02
59	CN202010598714.2	容器体和烹饪器具	17	持久度；粘；颗粒感；耐磨性；集中度；光滑度；刮；粗糙；感受；寿命；成本；裂纹	30-作用于物体的有害因素；27-可靠性；39-生产率	A47J36/02
60	CN202010598747.7	涂料与烹饪器具	16	失去；耐用性；涂料；强度；材料；稳定性；耐高温性；粘；光滑性	13-稳定性；14-强度；23-物质损失；12-形状	A47J36/02
61	CN202010598776.3	烹饪器具	14	粘性；耐用性；确定性；滑移性；耐磨性；接触；健康；成本；表面能；寿命；便利性；持久度	13-稳定性；30-作用于物体的有害因素；39-生产率；27-可靠性；33-操作流程的方便性	A47J36/02
62	CN202010989808.2	一种玻璃锅盖	10	稳定性；实用性	13-稳定性；35-适应性、通用性	A47J36/06
63	CN202011116240.X	一种密封性更好的免烫伤锅盖	5	水；直接；速度；体积	23-物质损失；09-速度；07-体积	A47J36/06

序号	申请号	标题	权利要求数量/项	技术功效1级	技术功效TRIZ参数	IPC主分类
64	CN202011194911.4	分体式锅盖	8	闭合；食物；便利性；易拆卸；清洁性；死角；洁净度；复杂性；打开；标准；可靠性；稳定性	33-操作流程的方便性；34-可维修性；31-物质产生的有害因素；36-系统的复杂性；27-可靠性；13-稳定性	A47J36/06
65	CN201910562667.3	用于烹饪器具的控制方法、控制装置和烹饪器具	17	调节；便利性；浪费；体验	33-操作流程的方便性	A47J36/32
66	CN202011196686.8	一种多功能烹调装置	10	丰富；体积；面积；稳定性；开关；传递；反光板；便利性；安全；整体性；供电；热	07-体积；05-面积；13-稳定性；33-操作流程的方便性；30-作用于物体的有害因素；17-温度	A47J36/32
67	CN202010954207.8	一种节能匀速烘烤箱	8	均匀性；流通；温度；稳定性	29-制造精度；17-温度；13-稳定性	A47J37/04
68	CN202010889816.X	一种用于烹饪设备的叶轮结构及具有该结构的烤箱	16	均匀性	29-制造精度	A47J37/06
69	CN202010945931.4	一种烹饪器具及控制方法	10	可控性	37-控制与测量的复杂性	A47J37/06
70	CN202011062904.9	烹饪机和烹饪设备	13	均匀性；复杂性；自动化；可操作性	29-制造精度；36-系统的复杂性；38-自动化程度；33-操作流程的方便性	A47J37/06
71	CN202011063305.9	一种余热可利用的节能型热风循环烤箱	3	干燥；空气；流失率；消耗；循环性；持续；长度；浪费；湿热	23-物质损失；03-长度	A47J37/06
72	CN202011149416.1	蒸汽发生装置和蒸汽烤箱	13	成本；含水率；速度；复杂性	39-生产率；09-速度；36-系统的复杂性	A47J37/06
73	CN202010885722.5	一种止动装置及带有该止动机装置的烧烤炉置物架	10	灵活性；安全；空间；自动化	35-适应性、通用性；30-作用于物体的有害因素；07-体积；38-自动化程度	A47J37/07

序号	申请号	标题	权利要求数量/项	技术功效1级	技术功效TRIZ参数	IPC主分类
74	CN202010958486.5	一种玻璃内胆加热方式的内胆结构	6	复杂性；吸附；能源；稳定性；接触性；清洁性；环境	36-系统的复杂性；19-能耗；13-稳定性；31-物质产生的有害因素	A47J37/08
75	CN201910578432.3	旋转头、旋转组件、容器和食品处理机	21	速度；脱落；安全	09-速度；30-作用于物体的有害因素	A47J43/04
76	CN201910578442.7	旋转头、旋转组件、容器和食品处理机	22	事故；稳定性；损坏；速度；可控性；安全	27-可靠性；13-稳定性；09-速度；37-控制与测量的复杂性；30-作用于物体的有害因素	A47J43/04
77	CN201910578447.X	旋转头、旋转组件、容器和食品处理机	17	拆装；安全；复杂性；遗忘；清洁性；速度	30-作用于物体的有害因素；36-系统的复杂性；31-物质产生的有害因素；09-速度	A47J43/04
78	CN201910578415.X	旋转头、旋转组件、容器及食品处理机	21	稳定性；清洁性；复杂性；搅拌；安全	13-稳定性；31-物质产生的有害因素；36-系统的复杂性；30-作用于物体的有害因素	A47J43/044
79	CN201910578429.1	旋转头、旋转组件、容器及食品处理机	21	稳定性；清洁性；复杂性；搅拌；安全	13-稳定性；31-物质产生的有害因素；36-系统的复杂性；30-作用于物体的有害因素	A47J43/044
80	CN201910580012.9	旋转头、旋转组件、容器和食品处理机	22	安全；速度	30-作用于物体的有害因素；09-速度	A47J43/044
81	CN201910564497.2	一种运行顺畅的面食机	10	溢面；安全；效率；移位；舒畅；稳定性；面筒；便利性；晃动；偏心；可靠性；合理性	30-作用于物体的有害因素；39-生产率；13-稳定性；33-操作流程的方便性；27-可靠性；35-适应性、通用性	A47J43/046
82	CN201910567755.2	一种料理机	8	自动化	38-自动化程度	A47J43/046
83	CN202010476111.5	发热盘组件、搅拌杯组件和料理机	29	距离；安全；复杂性；效率；便利性；温控；热；混乱	03-长度；30-作用于物体的有害因素；36-系统的复杂性；39-生产率；33-操作流程的方便性；17-温度	A47J43/046

序号	申请号	标题	权利要求数量/项	技术功效1级	技术功效TRIZ参数	IPC主分类
84	CN202010945371.2	一种料理机	10	空间；复杂性；便利性；高度；紧固性；安全	07-体积；36-系统的复杂性；33-操作流程的方便性；03-长度；30-作用于物体的有害因素	A47J43/046
85	CN202011037644.X	一种食品加工机	10	高度；可靠性；倾倒；晃动；空间；体积；加工机	03-长度；27-可靠性；07-体积	A47J43/046
86	CN201910580021.8	旋转头、旋转组件、容器和食品处理机	18	套内；安全	30-作用于物体的有害因素	A47J43/07
87	CN201910580022.2	旋转头、旋转组件、容器和食品处理机	20	复杂性；安全；拆装；遗忘；清洁性；速度	36-系统的复杂性；30-作用于物体的有害因素；31-物质产生的有害因素；09-速度	A47J43/07
88	CN202010958350.4	一种便于拆装搅拌碗的厨师机	10	便利性；适合性；面团；脱离；速度	33-操作流程的方便性；35-适应性、通用性；09-速度	A47J43/07
89	CN201910578426.8	联轴器、旋转组件、容器及食品处理机	17	便利性；噪音；热量	33-操作流程的方便性；31-物质产生的有害因素；19-能耗	A47J43/08
90	CN202011023794.5	一种应用于鸡蛋面点生产的蛋清滤过装置	7	速度	09-速度	A47J43/14
91	CN202010898826.X	一种清洗机	10	复杂性；分散；结合；清洁性；均匀性	36-系统的复杂性；31-物质产生的有害因素；29-制造精度	A47J43/24
92	CN202011175683.6	一种消毒清洗装置	10	病毒；便利性；成本；复杂性	33-操作流程的方便性；39-生产率；36-系统的复杂性	A47J43/24
93	CN201910565085.0	一种木质锅铲	5	长度；灵活性；叠加	03-长度；35-适应性、通用性	A47J43/28
94	CN201910566353.0	一种洗碗机	10	体积；空间；便利性；寿命；堵塞	07-体积；33-操作流程的方便性；27-可靠性；31-物质产生的有害因素	A47L15/00

序号	申请号	标题	权利要求数量/项	技术功效1级	技术功效TRIZ参数	IPC主分类
95	CN201910566764.X	一种洗碗机	10	便利性；空间；均匀性；体积；清洁性；寿命；利用率；能源；堵塞	33-操作流程的方便性；07-体积；29-制造精度；31-物质产生的有害因素；27-可靠性；39-生产率；19-能耗	A47L15/00
96	CN202010924821.X	一种洗碗机及其缺水控制方法	10	洗涤；可靠性	27-可靠性	A47L15/00
97	CN202011133153.5	洗碗机、消毒装置及蒸汽机构	15	均匀性；扩散性；消毒	29-制造精度	A47L15/00
98	CN201910566763.5	一种洗碗机及控制方法	10	便利性；空间；清洁性；体积；寿命；堵塞	33-操作流程的方便性；07-体积；31-物质产生的有害因素；27-可靠性	A47L15/14
99	CN202011141941.9	洗碗机的喷臂组件、碗篮组件和洗碗机	14	可控性	37-控制与测量的复杂性	A47L15/22
100	CN202011152787.5	电解消毒结构、洗碗机	25	空间；进入；消毒；便利性；复杂性；可靠性；漏液；过滤；可控性；清洁性	07-体积；33-操作流程的方便性；36-系统的复杂性；27-可靠性；37-控制与测量的复杂性；31-物质产生的有害因素	A47L15/22
101	CN201910566347.5	一种洗碗机	10	体积；空间；便利性；清洁性；寿命；堵塞	07-体积；33-操作流程的方便性；31-物质产生的有害因素；27-可靠性	A47L15/42
102	CN201910579721.9	一种洗碗机内胆结构及洗碗机	10	水滴滴；生锈；凝结；干燥；可制造性；干净度；引流；碗碟	30-作用于物体的有害因素；32-可制造性	A47L15/42
103	CN201911409170.4	结合洗涤水槽使用的清洁器	21	一体性；复杂性；耐久性；安全；独立；运行；成本；便利性；开关；可靠性	36-系统的复杂性；13-稳定性；30-作用于物体的有害因素；39-生产率；33-操作流程的方便性；27-可靠性	A47L15/42

序号	申请号	标题	权利要求数量/项	技术功效1级	技术功效TRIZ参数	IPC主分类
104	CN202010560130.6	一种基于物联网的智能家居设备及其使用方法	9	便利性；效率；移动；清洁性；速度；水	33-操作流程的方便性；39-生产率；31-物质产生的有害因素；09-速度；23-物质损失	A47L15/42
105	CN202011130971.X	蒸汽消毒组件及洗碗机	23	消耗；成本；物品；能源；热；消毒；洗碗机；干燥；蒸汽；冷凝水；水量	23-物质损失；39-生产率；19-能耗；17-温度	A47L15/42
106	CN202011145560.8	电解组件的出线结构、电解装置及洗碗机	15	复杂性；防护盖；正确性；切换；电解；稳定性；安全；便利性；整齐度；规范性；锁定	36-系统的复杂性；28-测量精度；13-稳定性；30-作用于物体的有害因素；33-操作流程的方便性；29-制造精度	A47L15/42
107	CN202011148994.3	一种电解消毒模块及洗碗机	14	补充；消毒；压力；完成率；效率；细菌；面积；水流；强度；混接	10-力；39-生产率；30-作用于物体的有害因素；05-面积；14-强度	A47L15/42
108	CN202011149013.7	水箱密封安装结构、洗碗机	7	投放口；间隙；密封性；漏液	29-制造精度	A47L15/42
109	CN202011151622.6	一种软水器及洗碗机	8	复杂性；风险；自动化；正确性；消毒；改造；补充	36-系统的复杂性；27-可靠性；38-自动化程度；28-测量精度	A47L15/42
110	CN202011151717.8	分配器、分配器安装结构、洗碗机	18	体验；完成率；密闭性；水能；便利性；消毒；复杂性；安装槽；残留	33-操作流程的方便性；36-系统的复杂性	A47L15/42
111	CN202011152164.8	呼吸器、洗碗机	15	过滤；进入；细菌；溶解；清洁性	30-作用于物体的有害因素；31-物质产生的有害因素	A47L15/42
112	CN202011152786.0	电解液补充系统、洗碗机	7	精确性；资源；消毒；自动化；可操作性；效率；安全；复杂性；共用；体验	28-测量精度；39-生产率；38-自动化程度；33-操作流程的方便性；30-作用于物体的有害因素；36-系统的复杂性	A47L15/42

序号	申请号	标题	权利要求数量/项	技术功效 1 级	技术功效 TRIZ 参数	IPC 主分类
113	CN202011153158.4	电解液补充系统、洗碗机	9	自动化；效率；安全；资源；消毒；可操作性；精确性；体验	38-自动化程度；39-生产率；30-作用于物体的有害因素；33-操作流程的方便性；28-测量精度	A47L15/42
114	CN202010584462.8	餐具清洗机	13	便利性	33-操作流程的方便性	A47L15/50
115	CN202011079969.4	一种内旋转式圆形筷放置设备及使用方法	5	发霉；可控性；霉菌；转动	30-作用于物体的有害因素；37-控制与测量的复杂性	A47L19/00
116	CN202010570253.8	一种智能消毒及烘干方法	10	消毒；可控性；智能化；选择；能源	37-控制与测量的复杂性；19-能耗	A61L2/24
117	CN202010966411.1	一种耐磨陶瓷涂层不粘锅的制备方法	8	水煮；粘连；耐磨性；安全；开裂；细菌	30-作用于物体的有害因素	B05D7/14
118	CN202010586764.9	导水的家用器具	15	成本；舒适性；传送；复杂性；单元；LED；灵活性；速度	39-生产率；36-系统的复杂性；35-适应性、通用性；09-速度	D06F34/32
119	CN202010590882.7	用于处理洗涤物的家用器具	9	稳定性；清洁性；复杂性；确定性；聚集	13-稳定性；31-物质产生的有害因素；36-系统的复杂性	D06F39/02
120	CN202011080168.X	铰链组件及具有其的烹饪器具	12	便利性；复杂性；适应性；轻薄；多样化；扩展	33-操作流程的方便性；36-系统的复杂性；35-适应性、通用性	E05D3/02
121	CN201910580024.1	双向锁紧件、旋转头、旋转组件、容器及食品处理机	21	复杂性；安全；紧固性；便利性；稳定性；清洁性；搅拌；体积	36-系统的复杂性；30-作用于物体的有害因素；33-操作流程的方便性；13-稳定性；31-物质产生的有害因素；07-体积	F16D1/08
122	CN202010857090.1	一种快速蒸汽发生装置及蒸汽烹饪设备	10	热效率；体验；复杂性；长度	22-能量损失；36-系统的复杂性；03-长度	F22B1/28
123	CN202010852085.1	一种集成灶	9	清洁性；复杂性	31-物质产生的有害因素；36-系统的复杂性	F24C3/12

序号	申请号	标题	权利要求数量/项	技术功效1级	技术功效TRIZ参数	IPC主分类
124	CN202010852029.8	一种用于测量喷淋臂喷淋孔喷射流量的装置及测量系统	11	腔内；准确性	28-测量精度	G01F1/00
125	CN201910562669.2	用于烹饪器具的控制方法、控制装置和烹饪器具	14	准确性；体验；热	28-测量精度；17-温度	G05B19/042
126	CN202011045333.8	水蒸汽量控制方法及厨房电器	10	可靠性；热	27-可靠性；17-温度	G05D27/02
127	CN202011053861.8	烹饪方法、存储介质及计算机设备	12	标准；灵活性；体验；可控性	35-适应性、通用性；37-控制与测量的复杂性	G05F1/66
128	CN202010996438.5	一种全自动蒸煮智能厨房系统	10	蒸煮；效率；储存；打包；实用性；劳动强度；智能化	39-生产率；35-适应性、通用性	G07F17/00
129	CN201910575697.8	一种具有阻尼功能的电机、泵以及清洗装置	10	电机；清洁性	31-物质产生的有害因素	H02K7/04
130	CN202011035351.8	一种具有语音控制装置的食物处理机	11	体验；环境；可控性；识别性	37-控制与测量的复杂性	H04R1/08
131	CN201910563641.0	烹饪器具及其控制方法和控制装置以及存储介质	18	能源；可控性；浪费；频率；体验；事故	19-能耗；37-控制与测量的复杂性；27-可靠性	H05B6/06
132	CN201980033818.4	包括双金属声音警报元件的烹饪容器	12	复杂性；强度	36-系统的复杂性；14-强度	A47J37/10
133	CN201880093215.9	温度传感器以及烹调设备	8	硬度；摩擦力	14-强度；10-力	G01K1/14
134	CN201610533750.4	食物料理机	13	分离；难度；复杂性；确定性；体验；零件；挤汁	36-系统的复杂性	A47J19/00

序号	申请号	标题	权利要求数量/项	技术功效 1 级	技术功效 TRIZ 参数	IPC 主分类
135	CN201711292834.4	一种节能型厨房用单开门蒸饭柜	4	电；时间；密封性；蒸汽	15-时间；29-制造精度	A47J27/04
136	CN201710674810.9	一种食品加工机的加热控制方法	9	速度；热；蒸汽；稳定性；单一	09-速度；17-温度；13-稳定性	A47J27/04
137	CN201810117324.1	一种煎包机用注入装置的工作方法及煎包机	1	口味；便利性；可推广性；成本；复杂性；销售；适合性	33-操作流程的方便性；39-生产率；36-系统的复杂性；35-适应性、通用性	A47J37/10
138	CN201711421283.7	烹饪装置及其控制方法	17	时间	15-时间	A47J37/06
139	CN201810127570.5	加热熟化食物的方法及系统	7	焦化；密闭；充分性；速度；环境；打开；漏出；消耗；洁净度；安全；粘	09-速度；23-物质损失；31-物质产生的有害因素；30-作用于物体的有害因素	A47J27/00
140	CN201810642043.8	一种开栗子器	10	速度；便利性；安全；效率；剥除	09-速度；33-操作流程的方便性；30-作用于物体的有害因素；39-生产率	A47J43/26
141	CN201680077488.5	滑轨固定装置	2	脱离；固定力；成本；易拆卸；变形；引出；紧固性	39-生产率；34-可维修性；12-形状	F24C15/16
142	CN201810632296.7	一种原炖杯、炖制燕窝控制方法及炖制滋补品控制方法	8	可控性；均匀性；损坏；稳定性；成分；滋补品；吸收	37-控制与测量的复杂性；29-制造精度；27-可靠性；13-稳定性；26-物质或事物的数量	A47J27/00
143	CN201710284195.0	螺杆及食物处理机	13	难度；确定性；输送；成功率；榨汁；分离；食物；防滑性；堵渣；挤压；复杂性；研磨	36-系统的复杂性；27-可靠性	A47J19/00
144	CN201710301785.X	烹饪设备及其控制方法和其控制装置	7	导热板；确定性；熔盘；可控性；可靠性	37-控制与测量的复杂性；27-可靠性	G05D23/20

序号	申请号	标题	权利要求数量/项	技术功效1级	技术功效TRIZ参数	IPC主分类
145	CN201810995690.7	电炊具	18	质量；便利性；兼容性；局限性；安全；稳定性；个数；满意度	27-可靠性；33-操作流程的方便性；30-作用于物体的有害因素；13-稳定性	A47J27/00
146	CN201811530499.1	一种安全可靠的复合耦合器及食品加工机	9	安全；效率；稳定性；便利性；确定性；变形；可靠性；死角；速度；灰尘；连接；体积；传递；功能性；嵌入；开关；独立；触发；复杂性；尺寸；成本；适用性；防水性；自动化；强度	30-作用于物体的有害因素；39-生产率；13-稳定性；33-操作流程的方便性；12-形状；27-可靠性；09-速度；31-物质产生的有害因素；07-体积；36-系统的复杂性；03-长度；35-适应性、通用性；38-自动化程度；14-强度	H01R13/703
147	CN201811634913.3	一种臭氧空蚀消毒洗碗装置及方法	5	细菌；清洁性；均匀性；压力；利用率；空化；溶解度；充分性	30-作用于物体的有害因素；31-物质产生的有害因素；29-制造精度；10-力；39-生产率	A47L15/14
148	CN201711460138.X	烹饪器具的煮饭方法及煮饭系统	12	食材；平整度；糊化度；均匀性；口感；翻滚；移动；热；粘连	29-制造精度；17-温度	A47J27/00
149	CN201910375071.2	具有中途加料装置的电压力锅及控制方法	1	效率；浪费；成本	39-生产率	A47J27/086
150	CN201810119036.X	食物处理机	20	美观性；成功率；粉碎；速度；密封性；复杂性；利用率；连接	27-可靠性；09-速度；29-制造精度；36-系统的复杂性；39-生产率	A47J19/02
151	CN201810228528.2	一种烹饪装置	10	困难；复杂性；距离；紧固性；便利性；观察；适用性；稳定性；移动；散发；对接	36-系统的复杂性；03-长度；33-操作流程的方便性；35-适应性、通用性；13-稳定性	A47J27/04
152	CN201910853434.9	一种新型饭煲	7	便利性；盖体；体验；可控性；紧固性；均匀性	33-操作流程的方便性；37-控制与测量的复杂性；29-制造精度	A47J27/00
153	CN201910887634.6	过滤式炒菜锅	3	便利性；菜杂；泄露；味道	33-操作流程的方便性；31-物质产生的有害因素	A47J27/00

序号	申请号	标题	权利要求数量/项	技术功效 1 级	技术功效 TRIZ 参数	IPC 主分类
154	CN201810504796.2	一种烹饪器具的开盖控制方法	10	自动化；食材；霉变；可操作性；便利性；智能化	38-自动化程度；33-操作流程的方便性	A47J27/08
155	CN201910961791.7	一种操控方便的空气炸锅	10	效率；热风；便利性；清洁性；稳定性；体积；损坏；实用性；有害；可视窗；使用者；视窗；速度；扭矩；冷凝；占据；空间；温度；充分性；死角；观察；重心；完成率；力；高度；追求；面积；盖体	39-生产率；33-操作流程的方便性；31-物质产生的有害因素；13-稳定性；07-体积；27-可靠性；35-适应性、通用性；30-作用于物体的有害因素；09-速度；17-温度；01-重量；10-力；03-长度；05-面积	A47J37/06
156	CN201911048434.8	蔬果榨汁机	7	速度；果汁；效率；便利性；蔬果；振动；安全；稳定性；复杂性	09-速度；39-生产率；33-操作流程的方便性；31-物质产生的有害因素；30-作用于物体的有害因素；13-稳定性；36-系统的复杂性	A47J19/02
157	CN201910980693.8	一种清洗效果好的食品加工机	10	清洁性；便利性；耐用性；浪费；效率；可靠性；防震性；面积；噪音；存流；稳定性；安全；完成率；自动化；合理性；粉碎；物料；寿命；留存；健康；光滑度；可制造性；破裂；复杂性；支撑；循环性；装配；损坏；密封性；紧固性；速度；颗粒；正确性；环境	31-物质产生的有害因素；33-操作流程的方便性；13-稳定性；39-生产率；27-可靠性；30-作用于物体的有害因素；05-面积；38-自动化程度；35-适应性、通用性；32-可制造性；36-系统的复杂性；29-制造精度；09-速度；28-测量精度	A47J43/046
158	CN201911296544.6	一种家用面糊摊饼摊铺装置及其使用方法	2	槽内；均匀性；稳定性；面糊会；便利性；进入；阻挡	29-制造精度；13-稳定性；33-操作流程的方便性	A47J37/10
159	CN201911284056.3	洗碗机补水控制方法、装置、存储介质及洗碗机	5	缺水；空转；机器；正确性；体验；干烧；自动化	28-测量精度；38-自动化程度	A47L15/00

序号	申请号	标题	权利要求数量/项	技术功效1级	技术功效TRIZ参数	IPC主分类
160	CN201910546119.1	一种接汁机构和榨汁机	6	自动化；安全；便利性；时间；成功率；劳动强度；流出；可靠性	38-自动化程度；30-作用于物体的有害因素；33-操作流程的方便性；15-时间；27-可靠性；39-生产率	A47J19/02
161	CN201910546120.4	自动一体化榨取设备	8	安全；时间；自动化；成功率；便利性；劳动强度；流出；可靠性	30-作用于物体的有害因素；15-时间；38-自动化程度；27-可靠性；33-操作流程的方便性；39-生产率	A47J19/02
162	CN201910556262.9	一种烹饪器具及其控制方法	10	确定性；次数；选择；可操作性；改变；选中；便利性；可控性	26-物质或事物的数量；33-操作流程的方便性；37-控制与测量的复杂性	A47J27/00
163	CN202010942527.1	一种智能炒菜机	8	出菜；菜铲；易拆卸；摆动	34-可维修性	A47J27/00
164	CN202010974088.2	一种电热夹层锅	10	物料；时间；温度；劳动强度；便利性；倾倒；效率	15-时间；17-温度；39-生产率；33-操作流程的方便性	A47J27/00
165	CN202010994269.1	一种分时投料电饭煲	10	热；浸泡；过生；损坏；投放	17-温度；27-可靠性	A47J27/00
166	CN202011148592.3	一种带有磁场装置的电饭煲	9	热传导率；消耗；糊化；长度；体积	23-物质损失；03-长度；07-体积	A47J27/00
167	CN202011198959.2	烹饪设备	11	复杂性；效率	36-系统的复杂性；39-生产率	A47J27/00
168	CN201910555934.4	蒸汽烹饪装置及蒸汽烹饪装置的控制方法	12	长度；可能性；自动化；寿命；烹饪；水；持续性；消耗；环境；清洁性；竞争力；尺寸；体验	03-长度；38-自动化程度；27-可靠性；23-物质损失；31-物质产生的有害因素	A47J27/04
169	CN202010887603.3	一种用于烹饪装置的蒸汽加热结构及其蒸制烹饪装置	20	潮湿；速度；利用率	09-速度；39-生产率	A47J27/04

序号	申请号	标题	权利要求数量/项	技术功效 1 级	技术功效 TRIZ 参数	IPC 主分类
170	CN202011089867.0	用于烹饪器具的蒸汽发生系统、烹饪器具及其控制方法	19	浓度；结垢量；热效率	22-能量损失	A47J27/04
171	CN201910550665.2	烹饪方法、烹饪器具以及烹饪装置	13	口感；沸腾；体验；时间；过程；焦糊	15-时间	A47J27/08
172	CN201910556363.6	烹饪器具、加热的控制方法和装置	13	寿命；复杂性；控制装置；功率；设定	27-可靠性；36-系统的复杂性；21-功率	A47J27/08
173	CN202010590887.X	减少碳水化合物的烹饪方法	5	清洁性；健康；水；米饭；便利性	31-物质产生的有害因素；23-物质损失；33-操作流程的方便性	A47J27/08
174	CN202010759084.2	一种自进水循环式高效节能蒸饭车	8	安全；调节；便利性；效率；过滤；能源；定位；可控性；长度；稳定性；连接	30-作用于物体的有害因素；33-操作流程的方便性；39-生产率；19-能耗；37-控制与测量的复杂性；03-长度；13-稳定性	A47J27/16
175	CN201910555304.7	一种烹饪器具的控制方法	10	功率；适应性；合理性；异常；适用性；体验；溢锅；可控性；功耗；沸腾；能源；长度	21-功率；35-适应性、通用性；37-控制与测量的复杂性；19-能耗；03-长度	A47J27/62
176	CN202010808394.9	一种配料机的控制方法及配料机	11	浪费；可靠性	27-可靠性	A47J36/00
177	CN202010808407.2	一种接料器的检测方法、存储介质及配料机	11	速度；完整性；浪费	09-速度	A47J36/00
178	CN202011053963.X	烹饪权限的控制方法、设备及计算机可读存储介质	10	智能化；便利性	33-操作流程的方便性	A47J36/00

序号	申请号	标题	权利要求数量/项	技术功效1级	技术功效TRIZ参数	IPC主分类
179	CN202011195451.7	可开启式锅盖	7	开放；清洁性；完成率；稳定性；分盖；拆除；洁净度；便利性；死角；复杂性；环境	31-物质产生的有害因素；13-稳定性；33-操作流程的方便性；36-系统的复杂性	A47J36/06
180	CN202010856477.5	一种烹饪设备的控制方法	5	体验；精度	28-测量精度	A47J36/24
181	CN202011045395.9	一种玻璃内胆代替烤箱类产品内胆的结构	6	复杂性；清洁性；美观性；环境；便利性	36-系统的复杂性；31-物质产生的有害因素；33-操作流程的方便性	A47J37/06
182	CN202011142496.8	一种具有升降调节功能的不锈钢烧烤炉	8	便利性；稳定性；调节；平衡；使用者	33-操作流程的方便性；13-稳定性	A47J37/06
183	CN202011111313.6	一种多士炉	10	含水率；便利性；电；可控性；均匀性	33-操作流程的方便性；37-控制与测量的复杂性；29-制造精度	A47J37/08
184	CN202011197419.2	烹饪设备	11	稳定性；运输	13-稳定性	A47J37/12
185	CN202010845120.7	一种保温售饭台装置	5	灵活性	35-适应性、通用性	A47J39/02
186	CN202011010543.3	一种保温瓶塑料瓶塞	6	复杂性；密封性；便利性；气阻	36-系统的复杂性；29-制造精度；33-操作流程的方便性	A47J41/00
187	CN202011010556.0	一种自加热保温瓶	6	稳定性；便利性；破碎；复杂性；事故；温度；自动化	13-稳定性；33-操作流程的方便性；36-系统的复杂性；27-可靠性；17-温度；38-自动化程度	A47J41/02
188	CN202011074826.4	具有渣汁分离功能的食品处理机	8	易拆卸；清洁性；效率；滞留；平整度；汁液	34-可维修性；31-物质产生的有害因素；39-生产率；29-制造精度	A47J43/046
189	CN202011063468.7	一种菜篮及应用有该菜篮的水槽、清洗机	13	便利性；体积；存放	33-操作流程的方便性；07-体积	A47J43/24
190	CN202010785803.8	一种家用零食果壳收集处理器	7	便利性；碎屑；移动；调节；复杂性；坚果夹；动作；充分性；误操作；阻燃性；坚果	33-操作流程的方便性；36-系统的复杂性；30-作用于物体的有害因素	A47J43/26

序号	申请号	标题	权利要求数量/项	技术功效 1 级	技术功效 TRIZ 参数	IPC 主分类
191	CN202011067437.9	一种便于更换厨具头的厨具	6	成本；厨具头；厨具；变更；数量；更换厨具头；安全；清洁性；复杂性	39-生产率；26-物质或事物的数量；30-作用于物体的有害因素；31-物质产生的有害因素；36-系统的复杂性	A47J43/28
192	CN202011034192.X	一种智能一体化炒菜机用的调料加料装置	10	激发；速度；均匀性；质量；结晶；调味料	09-速度；29-制造精度；27-可靠性	A47J47/00
193	CN202010880102.2	菜谱执行方法及装置、存储介质、烹饪设备	10	体验；实用性	35-适应性、通用性	A47J47/01
194	CN202011117137.7	一种可侧立的水盆	6	便利性；收纳；使用者；声音；摩擦力	33-操作流程的方便性；10-力	A47K1/04
195	CN201910547307.6	一种洗碗机的控制方法	10	成本；确定性；速度；干烧；集中度；复杂性；清洁性；传递；软化；洁净度；效率	39-生产率；09-速度；36-系统的复杂性；31-物质产生的有害因素	A47L15/00
196	CN201910547912.3	一种清洗器	9	消耗；脏污；滴水；用电；水；洁净度；时间；复杂性；速度；效率；餐具	23-物质损失；31-物质产生的有害因素；15-时间；36-系统的复杂性；09-速度；39-生产率	A47L15/00
197	CN202010898759.1	一种清洗机	10	利用率；清洁性	39-生产率；31-物质产生的有害因素	A47L15/00
198	CN202010900548.7	一种清洗机	10	均匀性；复杂性；清洁性；分散	29-制造精度；36-系统的复杂性；31-物质产生的有害因素	A47L15/00
199	CN202010898796.2	一种清洗机	10	清洁性；利用率	31-物质产生的有害因素；39-生产率	A47L15/06
200	CN202011145606.6	一种溢流排气结构、水箱及洗碗机	20	面积；气体；液体；导通；便利性；难度；概率	05-面积；33-操作流程的方便性；36-系统的复杂性	A47L15/22
201	CN202011145610.2	一种溢流排气结构、水箱及洗碗机	17	水；回流；气体；液体；进入；回流筋；排气；概率	23-物质损失	A47L15/22

序号	申请号	标题	权利要求数量/项	技术功效1级	技术功效TRIZ参数	IPC主分类
202	CN202011000609.0	排余水机构及洗碗机	10	异味；存储；便利性	33-操作流程的方便性	A47L15/23
203	CN202011004450.X	一种餐具清洗设备	11	确定性；时间；浪费；适合性；喷淋；水电；能源；清洁性；空间	15-时间；35-适应性、通用性；19-能耗；31-物质产生的有害因素；07-体积	A47L15/23
204	CN202011050212.2	一种全方位冲洗的洗碗机	4	清洁性；健康；便利性；环境；确定性；复杂性；水	31-物质产生的有害因素；33-操作流程的方便性；36-系统的复杂性；23-物质损失	A47L15/30
205	CN201910554761.4	水杯组件和具有其的洗碗机	17	多样；便利性；舒适性	33-操作流程的方便性	A47L15/42
206	CN202010790119.9	一种洗碗机节能省水的控制方法及其供水系统	6	标准；水；清洁性；复杂性；能效；洗碗机；能源；洁净度	23-物质损失；31-物质产生的有害因素；36-系统的复杂性；19-能耗	A47L15/42
207	CN202010958088.3	洗碗机滑轨	7	光滑性；洗碗机；顺畅；刚性；承重力；阻隔	12-形状；14-强度	A47L15/42
208	CN202011130947.6	消毒设备及蒸汽发生器	18	效率；消毒；面积；温度；长度；速度	39-生产率；05-面积；17-温度；03-长度；09-速度	A47L15/42
209	CN202011145611.7	一种消毒水制备组件及洗碗机	10	便利性；额外；加盐；异味；安全；次数；单元；体验；清洁性；空间	33-操作流程的方便性；30-作用于物体的有害因素；26-物质或事物的数量；31-物质产生的有害因素；07-体积	A47L15/42
210	CN202011147129.7	一种水箱及洗碗机	10	流入；灌满；压力；飞溅；充分性；冲击；细菌；复杂性；冲击盐	10-力；30-作用于物体的有害因素；36-系统的复杂性	A47L15/42
211	CN202011150225.7	水箱安装结构、洗碗机	7	漏液；强度；效率；便利性	14-强度；39-生产率；33-操作流程的方便性	A47L15/42
212	CN202011152520.6	一种水箱及洗碗机	24	充分性；可靠性；紧固性；时间；强度；出水口；进入；细菌；面积	27-可靠性；15-时间；14-强度；30-作用于物体的有害因素；05-面积	A47L15/42

序号	申请号	标题	权利要求数量/项	技术功效 1 级	技术功效 TRIZ 参数	IPC 主分类
213	CN202011099152.3	一种自动放料设备	7	正确性；稳定性；自动化；添加；成本；浪费	28-测量精度；13-稳定性；38-自动化程度；39-生产率	A47L15/44
214	CN202011003327.6	一种智能家居餐具烘干沥水装置	10	收放；沥水；复杂性	36-系统的复杂性	A47L19/00
215	CN202010885256.0	一种远红外吸收涂料、涂层及应用其的锅具和制备方法	13	能源；效率；竞争力；实用性；体验；时间；成本；价格；热	19-能耗；39-生产率；35-适应性、通用性；15-时间；17-温度	C09D183/04
216	CN202011120669.6	水槽	13	烘干；热；清洁性；负担	17-温度；31-物质产生的有害因素；39-生产率	E03C1/182
217	CN202010950216.X	一种可对钻头进行冷却排屑的金刚石地质钻头	8	堵塞；水锤；冲击；冷却；速度	31-物质产生的有害因素；17-温度；09-速度	E21B4/14
218	CN202010819691.3	一种具有加热功能的燃气热水器及控制方法	8	复杂性；热；空间；可行性	36-系统的复杂性；17-温度；07-体积	F24H9/18
219	CN201910557401.X	烤箱的控制方法、系统及烤箱	10	功耗；浪费；经济性；可控性；消耗	19-能耗；39-生产率；37-控制与测量的复杂性；23-物质损失	G05B19/042
220	CN202011019699.8	一种烧烤炉液晶智能手机 APP 控制板	9	温度；便利性；保险；安全；及时性；观察	17-温度；33-操作流程的方便性；30-作用于物体的有害因素；25-时间损失	G05D23/19
221	CN202010998876.5	一种食材净化机	4	溶解率；干扰；阻挡；消毒；品质；洁净度；细菌；污迹；可靠性；有害	30-作用于物体的有害因素；29-制造精度；31-物质产生的有害因素；27-可靠性	H04N5/232
222	CN201610579227.5	锅具和具有其的电饭煲以及锅具的制备方法	20	能力；导磁性；面积；复杂性；热；噪音；效率；导热率；导磁率	05-面积；36-系统的复杂性；17-温度；31-物质产生的有害因素；39-生产率	A47J27/00

序号	申请号	标题	权利要求数量/项	技术功效1级	技术功效TRIZ参数	IPC主分类
223	CN201610634864.8	电压力锅	10	可靠性；热惯性；可控性	27-可靠性；37-控制与测量的复杂性	A47J27/086
224	CN201710795039.0	配备有倾斜壁的紧凑的烧水壶	15	经济性；溅；倾倒；复杂性；水；装配；侵入；体积；自由度；湍流	39-生产率；36-系统的复杂性；23-物质损失；07-体积	A47J27/21
225	CN201711124694.X	一种全自动电饭煲	8	复杂性；负重；自动化；便利性；体积	36-系统的复杂性；38-自动化程度；33-操作流程的方便性；07-体积	A47J43/24
226	CN201711431602.2	分配器组件及洗涤电器	10	体验；稳定性；局限性	13-稳定性	A47L15/44
227	CN201611084106.X	挤压桶及食物处理机	24	难度；方向；堵塞；成功率；顺畅；刮；力度；复杂性；挤压；便利性	36-系统的复杂性；31-物质产生的有害因素；27-可靠性；33-操作流程的方便性	A47J19/02
228	CN201810117297.8	适于对馅、煎包内壁进行煎炸的简易煎包机	1	口味；可推广性；复杂性；便利性；销售；成本；适合性	39-生产率；36-系统的复杂性；33-操作流程的方便性；35-适应性、通用性	A47J37/10
229	CN201710007771.7	压力烹饪器及其的加热控制方法和装置	9	美观性；平整度	29-制造精度	A47J27/08
230	CN201710035787.9	电烹饪器及其防溢出加热控制方法和装置	9	停止；溢出；时间；充分性；食物；口感	15-时间	A47J27/56
231	CN201710052029.8	电烹饪器及其防溢出控制装置和防溢出控制方法	11	充分性；质量；确定性；计算；口感；溢出	27-可靠性	A47J27/56
232	CN201710047602.6	压力烹饪器具及其控制装置和方法	11	烹饪；安全；便利性	30-作用于物体的有害因素；33-操作流程的方便性	A47J27/08
233	CN201810286711.8	集成有洗碗机的多功能橱柜	4	相抵；能源；合理性；堵塞；集成度；环境	19-能耗；35-适应性、通用性；31-物质产生的有害因素；36-系统的复杂性	A47L15/00

序号	申请号	标题	权利要求数量/项	技术功效 1 级	技术功效 TRIZ 参数	IPC 主分类
234	CN201810767198.4	西瓜榨汁装置	9	饮用；适应性；变味；有趣；滋味	35-适应性、通用性	A47J19/02
235	CN201810391030.8	烤箱预热控制方法、装置及计算机可读存储介质	8	准确性；热；可控性；稳定性	28-测量精度；17-温度；37-控制与测量的复杂性；13-稳定性	G05D23/30
236	CN201710250689.7	烹饪器具的变压控制方法及采用其进行控制的烹饪器具	18	可控性；可靠性；烹饪；复杂性；压力	37-控制与测量的复杂性；27-可靠性；36-系统的复杂性；10-力	A47J27/08
237	CN201810601677.9	一种用于茶楼茶杯的清洗装置	7	稳定性；清洁性；便利性	13-稳定性；31-物质产生的有害因素；33-操作流程的方便性	A47L15/00
238	CN201810830435.7	蒸汽消毒水槽	6	速度；洁净度；细菌；潮湿；水蒸汽	09-速度；31-物质产生的有害因素；30-作用于物体的有害因素	E03C1/182
239	CN201810767197.X	刀具组件	1	适应性	35-适应性、通用性	A47J19/02
240	CN201710393722.1	烹饪器具	8	成本；复杂性；美味；寿命；可口；噪音；烹饪	39-生产率；36-系统的复杂性；27-可靠性；31-物质产生的有害因素	A47J27/08
241	CN201710400607.2	电烹饪器及其烹饪温度调节方法和装置	9	准确性；获取；烹饪	28-测量精度	G05D23/20
242	CN201810573667.9	门开关电路和洗涤电器	8	安全；断开	30-作用于物体的有害因素	A47L15/00
243	CN201811019304.7	洗碗机及其洗涤控制方法、装置、电子设备和存储介质	11	洗碗机；时间；智能化；及时性；可靠性；效率；感知；水；情绪；故障；洗涤	15-时间；25-时间损失；27-可靠性；39-生产率；23-物质损失	A47L15/00
244	CN201811167454.2	一种电饭煲水米比例精确添加方法及电饭煲	12	精确性；便利性；变化；符合	28-测量精度；33-操作流程的方便性	A47J36/00
245	CN201811373929.3	一种具有指示功能的防假沸豆浆机	4	安全	30-作用于物体的有害因素	A47J43/04

序号	申请号	标题	权利要求数量/项	技术功效1级	技术功效TRIZ参数	IPC主分类
246	CN201710802750.4	搅拌杯组件和料理机	18	便利性；密封性	33-操作流程的方便性；29-制造精度	F16J15/3232
247	CN201811123397.8	铝基自发热剂极端低温下自热装置及其应用	2	防爆性；速度；热	27-可靠性；09-速度；17-温度	A47J36/28
248	CN201811611205.8	一种饮料混合机及其使用方法	9	定位；飞溅；充分性；杯体；碰撞	30-作用于物体的有害因素	A47J43/044
249	CN201910063841.X	一种自动化榨汁机设备	1	口感；效率；可操作性	39-生产率；33-操作流程的方便性	A47J19/02
250	CN201711390481.1	电磁烹饪器具及其输出功率计算方法	6	复杂性；可控性；计算；获取	36-系统的复杂性；37-控制与测量的复杂性	A47J36/32
251	CN201910339160.1	烹饪器具及其控制方法、装置、电子设备、存储介质	12	风险；电子；可控性；介质；器具；气泡；复杂性；淀粉	27-可靠性；37-控制与测量的复杂性；36-系统的复杂性	A47J27/00
252	CN201711477952.2	烹饪器具和烹饪器具的控制方法	12	堵塞；体验；清洁性	31-物质产生的有害因素	A47J27/00
253	CN201810002497.9	烹饪器具及其真空预约保鲜控制方法	16	保鲜；寿命；可控性	27-可靠性；37-控制与测量的复杂性	A47J27/00
254	CN201910422852.2	一种基于智能厨房的清洗锅具的方法、装置及存储介质	10	效率；锅具；机器人	39-生产率	A47L15/00
255	CN201910798647.6	一种智能型电热水壶内壁清洁保养设备	9	完成率；自动化；资源	38-自动化程度；39-生产率	A47J27/21
256	CN201910839557.7	一种榨汁机的果汁接汁杯	10	蔬汁；空气；有害	30-作用于物体的有害因素	A47J19/02
257	CN201910744762.5	一种多功能组合空气炸锅	7	多样化；底座；体积；灵活性；合理性；复杂性	07-体积；35-适应性、通用性；36-系统的复杂性	A47J37/06

序号	申请号	标题	权利要求数量/项	技术功效1级	技术功效TRIZ参数	IPC主分类
258	CN201911015772.1	烹饪器具的控制方法及烹饪器具及存储介质	9	交互度；可控性；食材；适应性；美味	37-控制与测量的复杂性；35-适应性、通用性	A47J27/00
259	CN201810629791.2	烹饪控制方法及烹饪控制装置、存储介质及烹饪设备	11	功耗；烹饪；体验	19-能耗	A47J27/00
260	CN201810635710.X	烹饪设备及其温控方法、装置	9	类型；温度；精度；稳定性；获取；烹饪	17-温度；28-测量精度；13-稳定性	A47J27/00
261	CN201910719117.8	一种抽拉加水式食物加热设备	8	复位；复杂性；烹饪；便利性；均匀性	36-系统的复杂性；33-操作流程的方便性；29-制造精度	A47J27/04
262	CN201911000585.6	蒸笼组件、电饭煲和电饭煲控制方法	12	人群；均匀性；适应性；时长；口感；数量	29-制造精度；35-适应性、通用性；26-物质或事物的数量	A47J27/00
263	CN201911102408.9	一种手动电动两用型离心榨汁机	1	外露；可控性	37-控制与测量的复杂性	A47J19/02
264	CN201911025930.1	检测方法、烹饪器具、烹饪系统和计算机可读存储介质	22	精度；效率；准确性；烹饪	28-测量精度；39-生产率	F24C3/12
265	CN201911401944.9	烤箱	12	损失；安全；可靠性；密封性；正确性	23-物质损失；30-作用于物体的有害因素；27-可靠性；29-制造精度；28-测量精度	A47J37/06
266	CN202011159643.2	一种便于维护的组件式橱柜拉篮	10	便利性；限位；接收；可维护性；稳定性；检修	33-操作流程的方便性；34-可维修性；13-稳定性	A47B77/14
267	CN202011159644.7	一种多功能的组合式橱柜拉篮	10	便利性；清洁性；积水；餐具；可维护性	33-操作流程的方便性；31-物质产生的有害因素；34-可维修性	A47B77/14
268	CN202010931527.1	一种榨汁机	10	挤汁罩；意外；便利性；榨汁；复杂性；脱离；舒适性	33-操作流程的方便性；36-系统的复杂性	A47J19/00

序号	申请号	标题	权利要求数量/项	技术功效1级	技术功效TRIZ参数	IPC主分类
269	CN201910533252.3	烹饪器具的控制方法及烹饪器具	11	效率；时长；充分性；质量	39-生产率；27-可靠性	A47J27/00
270	CN202011151107.8	一种台式智能净化火锅及其净化方法	10	洁净度；防水性；噪音；延伸；便利性；合理性；不良；溢圈	31-物质产生的有害因素；30-作用于物体的有害因素；33-操作流程的方便性；35-适应性、通用性	A47J27/00
271	CN201910543308.3	蒸汽电器	11	安全；蒸汽量	30-作用于物体的有害因素	A47J27/04
272	CN201910543317.2	蒸汽电器	15	便利性；积存；可操作性	33-操作流程的方便性	A47J27/04
273	CN201910544300.9	蒸汽电器	11	均匀性；释放	29-制造精度	A47J27/04
274	CN202010815860.6	一种用于电热水壶的安全使用装置	7	流出；有害；可控性；泼洒；电热水壶；适合性	30-作用于物体的有害因素；37-控制与测量的复杂性；35-适应性、通用性	A47J27/21
275	CN202011023721.6	一种配菜盒	13	劳动强度；料量；精确性；标准化；独立；可控性；效率；成本	39-生产率；28-测量精度；37-控制与测量的复杂性	A47J36/00
276	CN202011028465.X	一种便携的加热液体的装置	10	属性；便利性；速度；流失率；成本；长度；进入；一次性；温度；携带；粘连；复杂性；时间；经济性；漏出	33-操作流程的方便性；09-速度；39-生产率；03-长度；17-温度；36-系统的复杂性；15-时间	A47J36/28
277	CN202011002505.3	一种烹饪控制方法、装置、设备及可读存储介质	10	完成率；恰到好处；冲突；味道；温度	17-温度	A47J36/32
278	CN202010881764.1	一种基于电磁效应的多功能烧烤架	9	舒适性；确定性；缓冲量；烧焦；便利性；防滑性；堆积；紧固性；烤制	33-操作流程的方便性	A47J37/06

序号	申请号	标题	权利要求数量/项	技术功效 1 级	技术功效 TRIZ 参数	IPC 主分类
279	CN201910533756.5	餐盘加热垫	7	可控性；安全；热；清洁性	37-控制与测量的复杂性；30-作用于物体的有害因素；17-温度；31-物质产生的有害因素	A47J39/02
280	CN202010991656.X	一种可计量的便捷家用搅拌机	6	便利性；时间；复杂性；劳动强度；空间	33-操作流程的方便性；15-时间；36-系统的复杂性；39-生产率；07-体积	A47J43/044
281	CN201910533154.X	食物搅拌装置	4	安全；成本	30-作用于物体的有害因素；39-生产率	A47J43/046
282	CN201911159866.6	具有渣汁分离和甩干功能的食品处理机	11	易拆卸；平整度；清洁性；效率；转动；滞留；有害；粉碎	34-可维修性；29-制造精度；31-物质产生的有害因素；39-生产率；30-作用于物体的有害因素	A47J43/046
283	CN202011220714.5	一种可调节空间的不锈钢碗筷架装置	6	放置；便利性；洁净度；整齐度；防水性；实用性；稳定性；弹力；分散；拉动	33-操作流程的方便性；31-物质产生的有害因素；29-制造精度；30-作用于物体的有害因素；35-适应性、通用性；13-稳定性	A47J47/16
284	CN202010887016.4	家用多功能烘干架	10	适合性；干燥；调节；利用率；广泛性；灵活性；速度	35-适应性、通用性；39-生产率；09-速度	A47K10/06
285	CN202010922021.4	一种自动清洗消毒机	10	成本；自动化；面积；效率；体积；范围；利用率；便利性	39-生产率；38-自动化程度；05-面积；07-体积；35-适应性、通用性；33-操作流程的方便性	A47L15/16
286	CN202010900536.4	一种清洗机	10	喷淋；清洁性；自动化；利用率；集成度；复杂性	31-物质产生的有害因素；38-自动化程度；39-生产率；36-系统的复杂性	A47L15/22
287	CN202011014724.3	一种新型洗碗机模具	5	实用性	35-适应性、通用性	A47L15/30
288	CN201910544308.5	投放器、洗碗机和投放盒	17	便利性；复杂性	33-操作流程的方便性；36-系统的复杂性	A47L15/42

序号	申请号	标题	权利要求数量/项	技术功效1级	技术功效TRIZ参数	IPC主分类
289	CN202010885771.9	一种餐饮具烘干机	6	便利性；效率	33-操作流程的方便性；39-生产率	A47L19/00
290	CN202010833452.3	一种高效的链板式商用食品净化机	10	时间；完成率；有害；清洁性；虫卵；降解；速度；溢出；便利性；劳动强度；堵塞；残留；效率；复杂性	15-时间；30-作用于物体的有害因素；31-物质产生的有害因素；09-速度；33-操作流程的方便性；39-生产率；36-系统的复杂性	B08B3/02
291	CN202010900903.0	一种清洗装置及智能清洗消毒净化系统	10	排水；自动化；污染；可控性；便利性；智能化；水；翻滚	38-自动化程度；31-物质产生的有害因素；37-控制与测量的复杂性；33-操作流程的方便性；23-物质损失	B08B3/08
292	CN201910541294.1	一种门锁结构及应用有该门锁结构的清洗机	23	可靠性；安全；便利性；干涉；复杂性	27-可靠性；30-作用于物体的有害因素；33-操作流程的方便性；36-系统的复杂性	E05B65/00
293	CN201910541295.6	一种门锁结构及应用有该门锁结构的清洗机	16	复杂性；可靠性	36-系统的复杂性；27-可靠性	E05B65/00
294	CN202010854936.6	一种用于电器的门锁机构及具有该门锁机构的洗碗机	11	便利性；电控；质量；开门；锁门；可靠性	33-操作流程的方便性；27-可靠性	E05C19/02
295	CN201910543343.5	集成厨具	11	效率；健康；热	39-生产率；17-温度	F24C11/00
296	CN202011146457.5	制冷制热装置及家用电器	10	合理性；便利性；速度；体积；制热；适用性；容器；散热；耐热性；空间；损失；美观性；冷却；损坏	35-适应性、通用性；33-操作流程的方便性；09-速度；07-体积；17-温度；23-物质损失；27-可靠性	F25B21/02
297	CN201910540833.X	一种烹饪设备的称重方法	10	确定性；失败；复杂性；获取；智能化；成本	36-系统的复杂性；39-生产率	G01G17/06
298	CN201980032538.1	家具或家用电器的搁架的滑动枢转机构以及家具或家用电器	19	枢转杠杆；复杂性；单元；枢转；搁架；紧固性	36-系统的复杂性	A47B46/00

序号	申请号	标题	权利要求数量/项	技术功效1级	技术功效TRIZ参数	IPC主分类
299	CN201980032741.9	用于烹饪诸如全谷物米的全谷物的烹饪器具	15	选择；阐明；可控性；复杂性	37-控制与测量的复杂性；36-系统的复杂性	A47J27/00
300	CN201980031907.5	隔热感应加热模块及相关方法	74	热；温度	17-温度	A47J41/02

3.5 家用清洁卫生电器具制造领域

3.5.1 全球专利概况

3.5.1.1 全球专利申请趋势

图3-37展示的是家用清洁卫生电器具制造领域全球专利申请量的发展趋势。通过申请趋势可以从宏观层面把握分析对象在各时期的专利申请热度变化。申请数量的统计范围是已公开的专利。

从图3-37中可以看出家用清洁卫生电器具制造领域在全球主要市场上的历年专利申请分布状况。2000—2014年家用清洁卫生电器具制造领域全球专利申请量缓慢增加，其中，2006—2009年全球专利申请量略有回落。2015—2019年家用清洁卫生电器具制造领域全球专利申请量快速增加，2015年专利申请量为10 388件，到2019年达到峰值，当年专利申请量达15 611件。

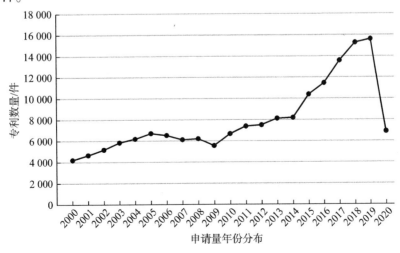

图3-37 家用清洁卫生电器具制造领域全球专利申请量发展趋势

3.5.1.2 专利申请分布

图3-38展示的是家用清洁卫生电器具制造领域全球专利申请主要分布情况。通过该分析可以了解分析对象在不同国家技术创新的活跃情况，从而发现主要的技术创新来源国和重要的目标市场。

专利申请分布情况可以体现专利权人想在哪些国家或地区保护该技术。这一参数也反映了该技术未来可能的实施国家或地区。图3-38显示，中国、日本、美国是家用清洁卫生电器具制造领域专利重点申请国家，专利数量分布为中国74 535件、日本36 313件和美国19 356件。

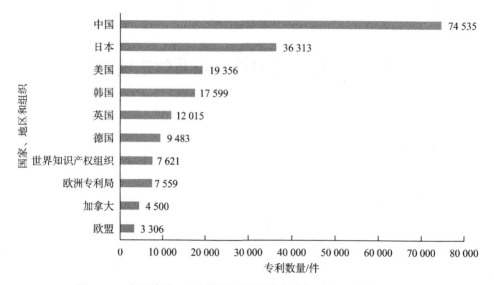

图3-38　家用清洁卫生电器具制造领域全球专利主要申请主体分布

图3-38表明，中国、日本、美国等国家或地区是家用清洁卫生电器具制造领域专利布局的主要区域，企业可以跟踪、引进和消化相关领域技术，在此基础上实现技术突破。中国、日本、韩国在家用清洁卫生电器具制造领域的专利申请数量如表3-45~表3-47所示。

表3-45　家用清洁卫生电器具制造领域中国专利数量　　　　单位：件

专利类型		专利数量
发明	发明申请	12 640
	发明授权	5 301
实用新型		21 248
外观设计		35 346

表3-46　家用清洁卫生电器具制造领域日本专利数量　　　　单位：件

专利类型		专利数量
发明	发明申请	14 268
	发明授权	8 235

专利类型	专利数量
实用新型	6 634
外观设计	7 176

表 3-47　家用清洁卫生电器具制造领域美国专利数量　　　　单位：件

专利类型		专利数量
发明	发明申请	3713
	发明授权	9512
外观设计		6131

3.5.1.3　全球专利申请人排行

表 3-48 展示的是家用清洁卫生电器具制造领域全球专利按照所属申请人（专利权人）的专利数量统计的申请人排名情况。通过分析可以发现创新成果积累较多的专利申请人，并可据此进一步分析其专利竞争实力。

表 3-48　家用清洁卫生电器具制造领域全球专利数量排名前十的申请人　　单位：件

排名	申请人名称	专利数量
1	乐金电子公司	6559
2	三星电子株式会社	4210
3	松下电器产业株式会社	3847
4	戴森技术有限公司	2120
5	江苏美的清洁电器股份有限公司	1555
6	福维克控股公司	1385
7	三洋电机有限公司	1366
8	三星光州电子株式会社（SAMSUNG KWANGJU ELECTRONICS CO）	1355
9	三星光州电子株式会社（SAMSUNG GWANGJU ELECTRONICS CO LTD）	1349
10	BSH 家用电器有限公司	1180

3.5.1.4　全球专利技术构成

通过对家用清洁卫生电器具制造领域全球专利在各技术方向的数量分布情况进行分析，可以了解分析对象覆盖的技术类别，以及各技术分支的创新热度。

对家用清洁卫生电器具制造领域全球专利按照国际专利分类号（IPC）进行统计，得到表 3-49 和图 3-39。可知，家用清洁卫生电器具制造领域专利 IPC 分布中，A47L 小类（家庭的洗涤或清扫）的专利数量最多，专利数量为 183 480 件，第二是 B01D 小类（分离），专利数量为 7954 件。第三是 B08B 小类（一般清洁；一般污垢的防除），专利数量为 6848 件，另外还有 D06F 小类（纺织品的洗涤、干燥、熨烫、压平或打折）6705 件、G05D 小类

（非电变量的控制或调节系统）6266件等。

表3-49　家用清洁卫生电器具制造领域全球专利技术构成　　　　单位：件

IPC分类号（小类）	专利数量
A47L（家庭的洗涤或清扫）	183 480
B01D［分离（用湿法从固体中分离固体入B03B、B03D，用风力跳汰机或摇床入B03B，用其他干法入B07；固体物料从固体物料或流体中的磁或静电分离，利用高压电场的分离入B03C；离心机、涡旋装置入B04B；涡旋装置入B04C；用于从含液物料中挤出液体的压力机本身入B30B9/02）〔5〕］	7 954
B08B（一般清洁；一般污垢的防除）	6 848
D06F（纺织品的洗涤、干燥、熨烫、压平或打折）	6 705
G05D（非电变量的控制或调节系统）	6 266
B25J（机械手；装有操纵装置的容器）	4 026
B04C（应用自由旋流的装置）	3 956
E01H（街道清洗；轨道清洗；海滩清洗；陆地清洗；一般驱雾法）	3 413
F04D（非变容式泵）	2 887
A46B［刷类（非刷类制品组成部分的柄入B25G）］	2 450

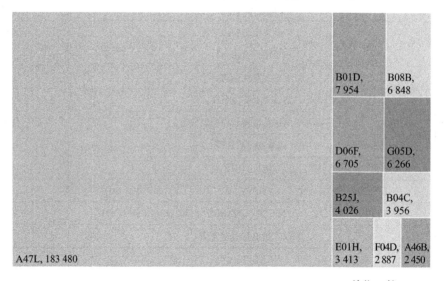

单位：件

图3-39　家用清洁卫生电器具制造领域全球专利技术构成

3.5.2　国内专利概况

3.5.2.1　国内专利申请趋势

图3-40展示的是家用清洁卫生电器具制造领域国内专利申请量的发展趋势。通过申请

趋势可以从宏观层面把握分析对象在各时期的专利申请热度变化。申请数量的统计范围是已公开的专利。

由图 3-40 可以看到，2000—2014 年，家用清洁卫生电器具制造领域国内专利申请量增长缓慢，2014 年达到 3461 件，2015—2019 年家用清洁卫生电器具制造领域国内专利申请量增长迅速，2015 年有 4800 件，2019 年达到 36 834 件。

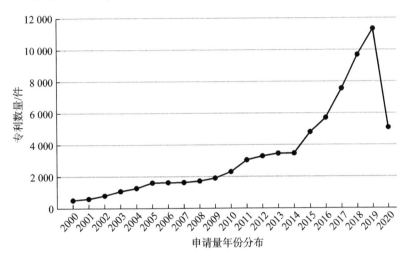

图 3-40　家用清洁卫生电器具制造领域国内专利申请量发展趋势

3.5.2.2　国内专利公开趋势

图 3-41 展示的是家用清洁卫生电器具制造领域国内专利公开量的发展趋势。通过公开趋势可以从宏观层面把握分析对象在各时期的专利公开文献的数量变化。

从图 3-41 中可以看到家用清洁卫生电器具制造领域国内专利公开数量整体呈上升态势。2000—2015 年家用清洁卫生电器具制造领域国内专利公开数量均在 4000 件以下，增幅缓慢；2015—2017 年家用清洁卫生电器具制造领域国内专利公开数量增长幅度加快，2018—2020 年家用清洁卫生电器具制造领域国内专利公开量迅速增长，其中 2017 年为 5401 件，2020 年达 14 510 件。

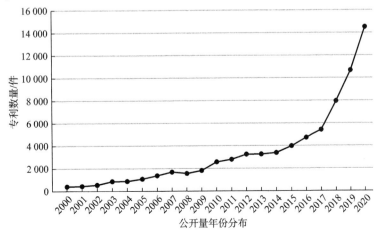

图 3-41　家用清洁卫生电器具制造领域国内专利公开量发展趋势

3.5.2.3　国内专利类型分布

专利类型分为发明专利、实用新型专利、外观设计专利。本节又根据发明专利授权与否，将发明细分为发明申请和发明授权。

在中国专利中，经过检索获得家用清洁卫生电器具制造领域专利共 74 535 件。如图 3-42 所示，其中发明申请 12 640 件，占总数的 17%；发明授权 5301 件，占总数的 7%；实用新型 21 248 件，占总数的 29%；外观设计 35 346 件，占总数的 47%。

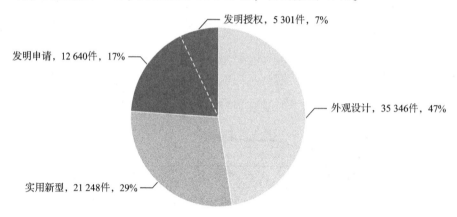

图 3-42　家用清洁卫生电器具制造领域国内专利类型分布

3.5.2.4　国内专利法律状态

图 3-43 展示的是家用清洁卫生电器具制造领域专利有效、失效、审中三种状态的占比情况，仅统计中国专利。通过分析可以分别了解分析对象中当前已获得实质性保护、已失去专利权保护或正在审查中的专利数量分布情况，以从整体上掌握专利的权利保护和潜在风险情况，为专利权的法律性调查提供依据。筛选进入公知技术领域的失效专利，可以进行无偿使用或改进利用。

将家用清洁卫生电器具制造领域国内专利按照法律状态进行统计分析，得到图 3-43。其中有效专利 33 418 件，占总专利数的 45%；失效专利 35 999 件，占总专利数的 48%；审中专利 5118 件，占总专利数的 7%。

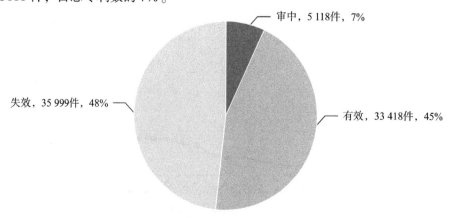

图 3-43　家用清洁卫生电器具制造领域国内专利法律状态分布

3.5.2.5 国内专利技术构成

通过对家用清洁卫生电器具制造领域国内专利在各技术方向的数量分布情况进行分析，可以了解分析对象覆盖的主要技术类别，以及各技术分支的创新热度。

将家用清洁卫生电器具制造领域国内专利按照国际专利分类号（IPC）进行统计，得到表 3-50 和图 3-44。可知，家用清洁卫生电器具制造领域国内专利技术领域分布中，A47L 小类（家庭的洗涤或清扫）的专利数量最多，专利数量为 38 614 件；第二是 E04G 小类（脚手架、模壳；模板；施工用具或辅助设备，或其应用；建筑材料的现场处理；原有建筑物的修理，拆除或其他工作），专利申请量为 749 件；第三是 D06F 小类（纺织品的洗涤、干燥、熨烫、压平或打折），专利申请量 657 件。另外还有 B01D 小类［分离（用湿法从固体中分离固体入 B03B、B03D，用风力跳汰机或摇床入 B03B，用其他干法入 B07；固体物料从固体物料或流体中的磁或静电分离，利用高压电场的分离入 B03C；离心机、涡旋装置入 B04B；涡旋装置入 B04C；用于从含液物料中挤出液体的压力机本身入 B30B9/02）〔5〕］585 件，B25J 小类（机械手；装有操纵装置的容器）565 件等。

表 3-50　家用清洁卫生电器具制造领域国内专利主要技术构成　　　单位：件

IPC 分类号（小类）	专利数量
A47L（家庭的洗涤或清扫）	38 614
E04G（脚手架、模壳；模板；施工用具或辅助设备，或其应用；建筑材料的现场处理；原有建筑物的修理，拆除或其他工作）	749
D06F（纺织品的洗涤、干燥、熨烫、压平或打折）	657
B01D［分离（用湿法从固体中分离固体入 B03B、B03D，用风力跳汰机或摇床入 B03B，用其他干法入 B07；固体物料从固体物料或流体中的磁或静电分离，利用高压电场的分离入 B03C；离心机、涡旋装置入 B04B；涡旋装置入 B04C；用于从含液物料中挤出液体的压力机本身入 B30B9/02）〔5〕］	585
B25J（机械手；装有操纵装置的容器）	565
G05D（非电变量的控制或调节系统）	534
A61L（材料或消毒的一般方法或装置；空气的灭菌、消毒或除臭；绷带、敷料、吸收垫或外科用品的化学方面；绷带、敷料、吸收垫或外科用品的材料）	490
B08B（一般清洁；一般污垢的防除）	449
E01H（街道清洗；轨道清洗；海滩清洗；陆地清洗；一般驱雾法）	411
H02K（电机（电动继电器入 H01H53/00；直流或交流电力输入变换为浪涌电力输出入 H02M9/00））	408

3.5.2.6 国内专利省份分布

通过对家用清洁卫生电器具制造领域专利在中国省级行政区域的分布情况（仅统计中国专利）进行分析，可以了解在中国申请专利保护较多的省份，以及各省份的创新活跃程度。

单位：件

图 3-44　家用清洁卫生电器具制造领域国内专利主要技术构成

对家用清洁卫生电器具制造领域国内专利进行省份分布分析，得到表 3-51。其中，江苏省以 15 236 件专利排名第一；浙江省以 13 851 件专利排名第二；第三是广东省，共有家用清洁卫生电器具制造领域专利 13 129 件。山东省、北京市、安徽省、上海市、天津市、福建省、四川省的专利数量均在 5000 件以下。

表 3-51　家用清洁卫生电器具制造领域国内专利主要省份分布　　单位：件

申请人所属省份	专利数量
江苏省	15 236
浙江省	13 851
广东省	13 129
山东省	3 252
北京市	2 677
安徽省	2 126
上海市	2 059
天津市	1 848
福建省	1 140
四川省	984

3.5.2.7　重点省份发明专利申请人布局

（1）江苏省主要申请人排名

表 3-52 列出了家用清洁卫生电器具制造领域国内发明专利江苏省主要申请人排名。

表 3-52　家用清洁卫生电器具制造领域国内发明专利江苏省主要申请人排名　　单位：件

排名	申请人名称	专利数量
1	江苏美的清洁电器股份有限公司	489
2	美的集团股份有限公司	261
3	莱克电气股份有限公司	149
4	天佑电器（苏州）有限公司	138
5	科沃斯机器人股份有限公司	109
6	泰怡凯电器（苏州）有限公司	97
7	苏州市春菊电器有限公司	87
8	苏州宝时得电动工具有限公司	66
9	添可智能科技有限公司	62
10	追创科技（苏州）有限公司	56

（2）广东省主要申请人排名

表 3-53 列出了家用清洁卫生电器具制造领域国内发明专利广东省主要申请人排名。

表 3-53　家用清洁卫生电器具制造领域国内发明专利广东省主要申请人排名　　单位：件

排名	申请人名称	专利数量
1	珠海格力电器股份有限公司	298
2	珠海市一微半导体有限公司	120
3	深圳市银星智能科技股份有限公司	109
4	美的集团股份有限公司	63
5	云鲸智能科技（东莞）有限公司	36
6	深圳市无限动力发展有限公司	32
7	深圳市杉川机器人有限公司	29
8	广东宝乐机器人股份有限公司	27
9	深圳市沃特沃德股份有限公司	25
10	深圳飞科机器人有限公司	25

（3）浙江省主要申请人排名

表 3-54 列出了家用清洁卫生电器具制造领域国内发明专利浙江省主要申请人排名。

表 3-54　家用清洁卫生电器具制造领域国内发明专利浙江省主要申请人排名　　单位：件

排名	申请人名称	专利数量
1	尚科宁家（中国）科技有限公司	54
2	宁波富佳实业有限公司	36

排名	申请人名称	专利数量
3	宁波海际电器有限公司	34
4	杭州匠龙机器人科技有限公司	21
5	宁波富佳实业股份有限公司	20
6	宁波菜鸟智能科技有限公司	20
7	浙江工业大学	14
8	宁波德昌电机制造有限公司	13
9	宁波锦隆电器有限公司	13
10	松下家电研究开发（杭州）有限公司	13

3.5.3 国内发明专利聚类分析

聚类分析是通过数据建模后简化并使数据可视化的分析方法。通过提取家用清洁卫生电器具制造领域国内发明专利文本中的关键词，从其相关度聚合出不同类别的文本关键词并以圆环饼图的形式展示其分布情况，分析结果如图 3-45 所示。对应专利分析见表 3-55。

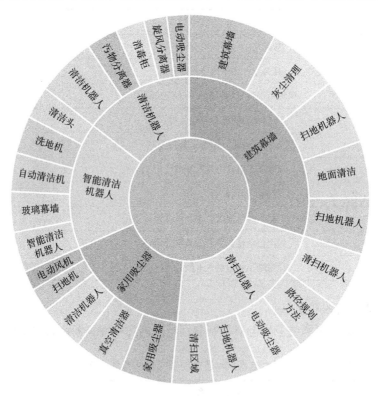

图 3-45　家用清洁卫生电器具制造领域国内发明专利聚类分析

表 3-55　家用清洁卫生电器具制造领域国内发明专利分析列表

序号	申请号	标题	权利要求数量/项	技术功效 1 级	技术功效 TRIZ 参数	IPC 主分类
1	CN201610395540.3	一种手提式旋流吸尘装置	7	噪音；可靠性；速度；劳动强度；完成率；过滤；稳定性；合理性；防震性	31-物质产生的有害因素；27-可靠性；09-速度；39-生产率；13-稳定性；35-适应性、通用性；30-作用于物体的有害因素	A47L5/24
2	CN201610394706.X	一种分流式旋风吸尘器	8	噪音；可靠性；完成率；过滤；合理性；稳定性；防震性	31-物质产生的有害因素；27-可靠性；35-适应性、通用性；13-稳定性；30-作用于物体的有害因素	A47L9/16
3	CN201610130146.7	电驱动的吸尘器	15	均匀性；复杂性；成本；组合；延伸；污物；清洁性	29-制造精度；36-系统的复杂性；39-生产率；31-物质产生的有害因素	A47L9/20
4	CN201610392330.9	一种进阶式分流吸尘装置	8	噪音；可靠性；完成率；过滤；合理性；稳定性；防震性	31-物质产生的有害因素；27-可靠性；35-适应性、通用性；13-稳定性；30-作用于物体的有害因素	A47L9/16
5	CN201610394388.7	一种分流式多风道吸尘装置	8	噪音；可靠性；完成率；过滤；合理性；稳定性；防震性	31-物质产生的有害因素；27-可靠性；35-适应性、通用性；13-稳定性；30-作用于物体的有害因素	A47L9/16
6	CN201610395173.7	一种进阶式分流吸尘器	8	噪音；可靠性；完成率；过滤；合理性；稳定性；防震性	31-物质产生的有害因素；27-可靠性；35-适应性、通用性；13-稳定性；30-作用于物体的有害因素	A47L9/16
7	CN201910102865.1	用于真空吸尘器的表面清洁头	9	复杂性；可靠性；进入；便利性；清洁头；通路	36-系统的复杂性；27-可靠性；33-操作流程的方便性	A47L7/00
8	CN201910074443.8	一种高楼幕墙清洗机器人	6	安全；复杂性；灵活性；范围；清洁性；脱落；吸附；损坏	30-作用于物体的有害因素；36-系统的复杂性；35-适应性、通用性；31-物质产生的有害因素；27-可靠性	A47L1/02

序号	申请号	标题	权利要求数量/项	技术功效1级	技术功效TRIZ参数	IPC主分类
9	CN201910070691.5	扫地机器人	7	运行；坠落；实用性；可控性；适应性	35-适应性、通用性；37-控制与测量的复杂性	B64C39/02
10	CN201910139156.0	一种图书馆用智能化书架清洁装置	5	便利性；洁净度；复杂性；实用性；清洁性	33-操作流程的方便性；31-物质产生的有害因素；36-系统的复杂性；35-适应性、通用性	A47L7/00
11	CN201910994884.X	一种用于生产车间卫生处理的清洁设备及其工作方法	8	清洁性；复杂性；水；飞扬；完成率；自动化；成本	31-物质产生的有害因素；36-系统的复杂性；23-物质损失；38-自动化程度；39-生产率	A47L11/24
12	CN202010930309.6	一种可以快速除螨的被褥除螨装置	7	健康；速度；广泛性；除螨	09-速度	A01M17/00
13	CN202010996457.8	一种带有清理功能的鞋柜	9	劳动强度；清洁性；自动化；便利性	39-生产率；31-物质产生的有害因素；38-自动化程度；33-操作流程的方便性	A47B61/04
14	CN202011035928.5	一种具有自动关闭柜门和清扫灰尘功能的家用鞋柜	7	鞋子；自动化；幸福感；实用性；进入；气味	38-自动化程度；35-适应性、通用性	A47B61/04
15	CN202010972960.X	清洗组件及清洗装置	10	底座；运动；小型化；复杂性	36-系统的复杂性	A47L1/02
16	CN202011142607.5	一种幕墙清洁机器人	4	成本；便利性；合理性	39-生产率；33-操作流程的方便性；35-适应性、通用性	A47L1/02
17	CN202011171921.6	一种可拖地擦玻璃两用拖把	5	清洁性；时间；便利性；洁净度；空间；一体化；完成率；一物多用	31-物质产生的有害因素；15-时间；33-操作流程的方便性；07-体积	A47L1/05
18	CN201910580132.9	一种吸尘器	10	效率；噪音；长度；体验；风噪	39-生产率；31-物质产生的有害因素；03-长度	A47L5/24

序号	申请号	标题	权利要求数量/项	技术功效 1 级	技术功效 TRIZ 参数	IPC 主分类
19	CN202010585401.3	电动吸尘器	6	吸引力；便利性；吸尘器	33-操作流程的方便性	A47L5/30
20	CN202011149484.8	一种清洁机器人的吸尘器	7	时间；劳动强度；吸尘器	15-时间；39-生产率	A47L5/36
21	CN202011008157.0	一种具有金属网过滤结构的除尘结构的吸尘器	10	实用性；清洁性；吸附；干燥	35-适应性、通用性；31-物质产生的有害因素	A47L7/02
22	CN202010584069.9	电动吸尘器	7	可控性；复杂性；成本；清洁性	37-控制与测量的复杂性；36-系统的复杂性；39-生产率；31-物质产生的有害因素	A47L9/00
23	CN202010585402.8	旋风式电动吸尘器	6	阻力；复杂性；精致	10-力；36-系统的复杂性	A47L9/00
24	CN202011129841.4	吸尘设备及清洁机构	14	灰尘；清洁性；便利性	31-物质产生的有害因素；33-操作流程的方便性	A47L9/00
25	CN202010952873.8	一种吸尘器插拔滤网组件	10	便利性；复杂性	33-操作流程的方便性；36-系统的复杂性	A47L9/10
26	CN202011090991.9	一种多功能桌面清洗机	6	擦拭盒；洁净度；速度；集中度；相抵；收纳；推动；清洁性	31-物质产生的有害因素；09-速度	A47L11/00
27	CN202010779953.8	一种地面汞珠粘起器	6	便利性；效率；安全；防滑性	33-操作流程的方便性；39-生产率；30-作用于物体的有害因素	A47L11/22
28	CN201910564494.9	一种扫地机器人及其清洁控制方法	10	清洁性；时间；电量；误判；水；转速；便利性；模式	31-物质产生的有害因素；15-时间；23-物质损失；09-速度；33-操作流程的方便性	A47L11/24
29	CN201910564501.5	一种扫地机器人的清扫方法、装置及扫地机器人	10	匹配；完成率；不匹配；适合性	35-适应性、通用性	A47L11/24
30	CN201910578132.5	一种改进型具有红外感应的家居机器人	5	损坏；移动；改变	27-可靠性	A47L11/24

序号	申请号	标题	权利要求数量/项	技术功效1级	技术功效TRIZ参数	IPC主分类
31	CN202010892851.7	一种自动清洁设备识别地面特征的方法及装置	10	识别性；清洁性；自动化	37-控制与测量的复杂性；31-物质产生的有害因素；38-自动化程度	A47L11/24
32	CN202010937169.5	一种节能环保的防毛发缠绕扫地机器人	7	毛发；清洁性；流通；环境；速度；能源	31-物质产生的有害因素；09-速度；19-能耗	A47L11/24
33	CN202010952839.0	一种美缝条保养扫地机器人	9	风扇；美；脱离；清洁性；便利性；成型	31-物质产生的有害因素；33-操作流程的方便性	A47L11/24
34	CN202010965384.6	扫地机电量的自适应续扫控制方法、芯片及清洁机器人	11	次数；清洁性；完成率；可控性；机器人；时间；效率；计算	26-物质或事物的数量；31-物质产生的有害因素；37-控制与测量的复杂性；15-时间；39-生产率	A47L11/24
35	CN202011013443.6	虚拟禁区的设置方法、装置和清洁机器人	20	清洁性；区域；效率；灵活性	31-物质产生的有害因素；39-生产率；35-适应性、通用性	A47L11/24
36	CN202011020955.5	集尘盒和扫地机器人	10	便利性	33-操作流程的方便性	A47L11/24
37	CN202011022350.X	一种扫地机器人清洁结构	10	幅度；复杂性；负担；清洁性；清扫；噪音；分类；便利性；飞出	36-系统的复杂性；39-生产率；31-物质产生的有害因素；33-操作流程的方便性	A47L11/24
38	CN202011023627.0	扫地机器人清扫区域的检测方法、装置、设备和存储介质	10	效率；可检测性；清扫；可控性；区域	39-生产率；28-测量精度；37-控制与测量的复杂性	A47L11/24
39	CN202011054160.6	一种酒店地面清扫方法、装置及电子设备	10	效率；清扫；时间；清洁性；体验	39-生产率；15-时间；31-物质产生的有害因素	A47L11/24
40	CN202011139380.9	一种光学传感装置及具有该光学传感装置的自移动机器人	10	传感器；装配；灰尘；复杂性	31-物质产生的有害因素；36-系统的复杂性	A47L11/24

序号	申请号	标题	权利要求数量/项	技术功效 1 级	技术功效 TRIZ 参数	IPC 主分类
41	CN202011140351.4	一种水箱组件	10	面积；堵塞；获取；气孔；自动化	05-面积；31-物质产生的有害因素；38-自动化程度	A47L11/28
42	CN202010959925.4	一种环保机器人专用清洁轮的操作方法	4	环境；清洁性；卡死；效率；过程；便利性；复杂性；速度；难度	31-物质产生的有害因素；39-生产率；33-操作流程的方便性；36-系统的复杂性；09-速度	A47L11/282
43	CN202011020319.2	一种全自动清洁拖地系统	9	清洁性；杂质；效率	31-物质产生的有害因素；30-作用于物体的有害因素；39-生产率	A47L11/282
44	CN202011102034.3	一种用于清洁地面的智能拖把	3	智能化；效率；滑倒；喷洒；清洁性；劳动强度	39-生产率；31-物质产生的有害因素	A47L11/283
45	CN202011138527.2	智能洗地机、滚刷/刷盘识别组件和方法	10	复杂性；成本；智能化；磁极	36-系统的复杂性；39-生产率	A47L11/283
46	CN202011152817.2	一种三段式清洁器具	9	清洁性；干燥；残留	31-物质产生的有害因素	A47L11/292
47	CN202010983673.9	一种驾驶式洗地机	8	可维修性；易拆卸；进入；脱离	34-可维修性	A47L11/30
48	CN202011136990.3	用于智能洗地机的自清洁-风干方法和组件	10	风干；清洁度；速度；智能化；材料成本；完成率；成本；干预；清洁性；便利性	09-速度；39-生产率；31-物质产生的有害因素；33-操作流程的方便性	A47L11/30
49	CN202011006381.6	一种基于互联网高层建筑外墙壁自动清洗机	6	便利性；安全；效率；适应性；可控性	33-操作流程的方便性；30-作用于物体的有害因素；39-生产率；35-适应性、通用性；37-控制与测量的复杂性	A47L11/38
50	CN202011033131.1	一种环保墙面广告多方位清除设备	7	广告；清洁性；完成率；摩擦力；稳定性	31-物质产生的有害因素；10-力；13-稳定性	A47L11/38
51	CN202011126705.X	一种室内装修用装配式楼层地板墙角钢结构	10	自动化；灰尘；均匀性	38-自动化程度；31-物质产生的有害因素；29-制造精度	A47L11/38

序号	申请号	标题	权利要求数量/项	技术功效1级	技术功效TRIZ参数	IPC主分类
52	CN201910501474.7	一种清洁装置的过程控制方法、控制装置、以及清洁装置	28	清洁性；效率；污渍；组合；适应性；均匀性；时间；清洁度	31-物质产生的有害因素；39-生产率；35-适应性、通用性；29-制造精度；15-时间	A47L11/40
53	CN202010965385.0	基于电量的自适应续扫控制方法、芯片及清洁机器人	10	寿命；电量；完成率；往返；可控性；机器人；损耗；用电；清洁性；效率；计算	27-可靠性；37-控制与测量的复杂性；23-物质损失；31-物质产生的有害因素；39-生产率	A47L11/40
54	CN202011027012.5	扫地机器人清扫区域的检测方法、装置、设备和存储介质	10	效率；可检测性；清扫；可控性；区域	39-生产率；28-测量精度；37-控制与测量的复杂性	A47L11/40
55	CN202011041176.3	一种基于密集障碍物的清扫控制方法	18	漏扫；效率；清扫；清洁性；适应性；环境；速度；正确性	39-生产率；31-物质产生的有害因素；35-适应性、通用性；09-速度；28-测量精度	A47L11/40
56	CN202011075145.X	清洗车	10	地毯；效率	39-生产率	B64F5/30
57	CN202010937143.0	一种基于节能环保理念的针织品衣物除尘干洗装置	7	环境；成本；清爽；洁净度；能源；时间；便利性；复杂性；适合性	39-生产率；31-物质产生的有害因素；19-能耗；15-时间；33-操作流程的方便性；36-系统的复杂性；35-适应性、通用性	D06F43/00
58	CN202010980795.2	一种风机机构、滤芯装置及清洁设备	10	寿命；自动化；过滤；损坏；长度；清洁性；安全；可靠性	27-可靠性；38-自动化程度；03-长度；31-物质产生的有害因素；30-作用于物体的有害因素	F04D17/16
59	CN202010954407.3	基于线激光的机器人沿边控制方法	12	沿边；环境；准确性；范围；灵活性；实用性；速度；能力；高清；效率	28-测量精度；35-适应性、通用性；09-速度；39-生产率	G05D1/02
60	CN202011299663.X	一种可移动充电且能够清理地面的支架设备	4	健康；清洁性；可操作性；过热；效率；功能性；正确性；丢失；观看；紧固性	31-物质产生的有害因素；33-操作流程的方便性；39-生产率；28-测量精度	H04M1/12
61	CN201980032008.7	清扫机及其控制方法	14	概率；环境；碰撞；长度；清洁性	30-作用于物体的有害因素；03-长度；31-物质产生的有害因素	A47L9/28

序号	申请号	标题	权利要求数量/项	技术功效 1 级	技术功效 TRIZ 参数	IPC 主分类
62	CN201680009869.X	真空软管收回系统	25	适当；适合性；体积；软管；精力；释放；收回；电缆线；完成率	35-适应性、通用性；07-体积	A47L9/24
63	CN201711247484.X	一种体育用篮球场木质地板水渍擦除设备	1	时间；速度	15-时间；09-速度	A47L11/30
64	CN201810081662.4	一种流水式扶手带清洗设备的使用方法	1	资源；劳动强度；洁净度	39-生产率；31-物质产生的有害因素	A47L11/00
65	CN201780013324.0	真空吸尘器	25	便利性；确定性；动作；均匀性；可检测性；软管；可靠性；障碍物；拉动；情形	33-操作流程的方便性；29-制造精度；28-测量精度；27-可靠性	A47L9/28
66	CN201780013399.9	真空吸尘器	16	便利性；吸尘器；可靠性；自动化；稳定性；准确性	33-操作流程的方便性；27-可靠性；38-自动化程度；13-稳定性；28-测量精度	A47L5/36
67	CN201810692019.5	一种扫地机器人插口的防尘装置	4	自动化；清洁性；智能化；片相；附着	38-自动化程度；31-物质产生的有害因素	A47L11/24
68	CN201811149405.6	一种水洗清洁装置	5	携带；利用率；体积；水滴	39-生产率；07-体积	A47L11/30
69	CN201811151875.6	一种水洗清洁装置	3	便利性；适合性	33-操作流程的方便性；35-适应性、通用性	A47L11/38
70	CN201811148628.0	一种水洗清洁装置	4	携带；利用率；体积	39-生产率；07-体积	A47L11/30
71	CN201811477837.X	一种纺织车间用智能化清扫机器人	6	撞击；便利性；清洁性；垃圾；智能化	33-操作流程的方便性；31-物质产生的有害因素	A47L11/24
72	CN201811427656.6	一种吸尘器	9	能力；灰尘；稳定性；质量；压力；便利性；效率；吸尘；寿命；判断；密封性；强度；泄露	31-物质产生的有害因素；13-稳定性；27-可靠性；10-力；33-操作流程的方便性；39-生产率；29-制造精度；14-强度	A47L5/26

序号	申请号	标题	权利要求数量/项	技术功效1级	技术功效TRIZ参数	IPC主分类
73	CN201811455949.5	一种纺织机械专用负压清洁机	7	速度；可控性；清洁度；完成率；清洁性；堵塞	09-速度；37-控制与测量的复杂性；31-物质产生的有害因素	A47L5/12
74	CN201910053192.5	一种绿色建筑玻璃幕墙使用的擦拭装置	10	摆动；便利性；密封性；成本；风险；紧固性；可控性；劳动强度；正确性；可操作性	33-操作流程的方便性；29-制造精度；39-生产率；27-可靠性；37-控制与测量的复杂性；28-测量精度	A47L1/02
75	CN201811555684.6	基于人工智能的家用清洁系统及方法	1	完成率；正确性；清洁性	28-测量精度；31-物质产生的有害因素	A47L11/24
76	CN201910351911.1	一种病房呕吐区域地面快速清理装置	4	速度；洁净度；干燥；清洁性；效率；集中度；传递；自动化；收集；扩散性	09-速度；31-物质产生的有害因素；39-生产率；38-自动化程度	A47L11/24
77	CN201910522437.4	一种悬吊式建筑外墙清洁装置	7	便利性；复杂性；速度	33-操作流程的方便性；36-系统的复杂性；09-速度	A47L11/38
78	CN201911344419.8	一种清洁方法、存储介质以及清洁设备	9	清洁性	31-物质产生的有害因素	A47L11/24
79	CN202011126609.5	一种太阳能宠物宿舍	6	自动化	38-自动化程度	A01K1/03
80	CN202010933872.9	一种具有多角度变换清洁功能的玻璃外墙清洁设备	7	用量；水；效率；清洁性；调取；成本；速度；正确性	26-物质或事物的数量；23-物质损失；39-生产率；31-物质产生的有害因素；09-速度；28-测量精度	A47L1/02
81	CN202010936256.9	一种具有污染源测定功能的玻璃外墙清洁设备	8	质量；速度；污染；清洁性	27-可靠性；09-速度；31-物质产生的有害因素	A47L1/02
82	CN202010955718.1	一种玻璃幕墙清洗装置	3	麻烦；效率；劳动强度；清洁性	31-物质产生的有害因素；39-生产率	A47L1/02

序号	申请号	标题	权利要求数量/项	技术功效 1 级	技术功效 TRIZ 参数	IPC 主分类
83	CN202011023972.4	一种高层建筑户外幕墙清洁机构	7	灵活性；清洁性；移动；抵御；强度；幕墙；效率	35-适应性、通用性；31-物质产生的有害因素；14-强度；39-生产率	A47L1/02
84	CN202010944563.1	一种节能环保型手持式吸尘器	7	电机；能源；充电；能量；污染	19-能耗；31-物质产生的有害因素	A47L5/24
85	CN202010950953.X	一种吸尘器尘杯内部挡尘罩结构	8	洁净度；过滤；旋流；清洁性；吸力；气流；速度	31-物质产生的有害因素；09-速度	A47L5/24
86	CN202011008175.9	具有高效高进风量结构的手持吸尘器	10	效率；受损率；温度；寿命	39-生产率；17-温度；27-可靠性	A47L5/24
87	CN202011044501.1	一种可处理狭小空间内尘埃的电动吸尘工具	5	速度；便利性；吸力；范围；及时性；能力	09-速度；33-操作流程的方便性；35-适应性、通用性；25-时间损失	A47L5/24
88	CN202011046323.6	带有多功能尘盒盖的地面清洁器	9	脏手；难度；滚刷；自动化；脱落	36-系统的复杂性；38-自动化程度	A47L5/30
89	CN202011064113.X	一种吸尘器	10	复杂性；数量；便利性；稳定性；效率；过重；堵塞；变更；过滤；负担；正确性；频率；寿命；清洁性；堆积	36-系统的复杂性；26-物质或事物的数量；33-操作流程的方便性；13-稳定性；39-生产率；31-物质产生的有害因素；28-测量精度；27-可靠性	A47L5/36
90	CN202011010155.5	一种能分离尖锐物和液体的办公用吸尘器装置	8	自动化；尖锐	38-自动化程度	A47L7/00
91	CN202011119305.6	一种双腔式尘气分离装置及具有其的除螨仪	8	效率；噪音；清洁性；拆装；集尘室；体验；稳定性；整机；空间；旋风室；变更	39-生产率；31-物质产生的有害因素；13-稳定性；07-体积	A47L7/00
92	CN202011118487.5	转换装置及组合式吸尘器	10	及时性；场合；清洁性；成本；疲劳度	25-时间损失；31-物质产生的有害因素；39-生产率	A47L9/00

193

序号	申请号	标题	权利要求数量/项	技术功效1级	技术功效TRIZ参数	IPC主分类
93	CN202011049123.6	控制电路及吸尘器	9	自动化；智能化；能力；安全	38-自动化程度；30-作用于物体的有害因素	A47L9/02
94	CN202010931471.X	一种风道侦测方法	3	寿命；消耗；判断；自动化；智能化；完成度	27-可靠性；23-物质损失；38-自动化程度	A47L9/28
95	CN202010912791.0	一种防跌落机器人的行走方法、系统及防跌落机器人	9	概率；安全；跌落；效率；碰撞；电；精度；能力；复杂性；成本	30-作用于物体的有害因素；39-生产率；28-测量精度；36-系统的复杂性	A47L11/00
96	CN202010916052.9	扶手清洁器	10	效率；劳动强度；清洁性；清洁器；适应性	39-生产率；31-物质产生的有害因素；35-适应性、通用性	A47L11/00
97	CN202010960459.1	一种家具支腿用清洗装置	6	脱离；洁净度；擦拭；直接；生锈；成本	31-物质产生的有害因素；30-作用于物体的有害因素；39-生产率	A47L11/00
98	CN202010977320.8	一种地板余蜡擦除机	6	清洁性；余蜡；速度；清除	31-物质产生的有害因素；09-速度	A47L11/22
99	CN202010922867.8	一种地刷及可移动设备	10	复杂性；便利性；时间；难度	36-系统的复杂性；33-操作流程的方便性；15-时间	A47L11/24
100	CN202010960953.8	活动区域构建方法、清洁机器人、控制终端和存储介质	11	清洁性；自动化；可控性	31-物质产生的有害因素；38-自动化程度；37-控制与测量的复杂性	A47L11/24
101	CN202010982593.1	一种地面清洁设备	10	半径；尺寸；效率；清洁性；面积；能力；滤芯；损坏	03-长度；39-生产率；31-物质产生的有害因素；05-面积；27-可靠性	A47L11/24
102	CN202010991903.6	一种扫拖一体式扫地机	10	污染；风险；潮湿；洁净度	31-物质产生的有害因素；27-可靠性	A47L11/24
103	CN202011018034.5	一种商场地面用吸尘机器人	8	粘结；速度；稳定性	09-速度；13-稳定性	A47L11/24
104	CN202011033462.5	一种根据阻碍物可以实现自主转向的地面清理装置	6	安全；转向；运转；清洁性	30-作用于物体的有害因素；31-物质产生的有害因素	A47L11/24

序号	申请号	标题	权利要求数量/项	技术功效 1 级	技术功效 TRIZ 参数	IPC 主分类
105	CN202011098517.0	宽幅拖帕自动循环拖地机	6	准确性；洁净度；连接件；体积；及时性；效率；便利性；拖帕；适合性	28-测量精度；31-物质产生的有害因素；07-体积；25-时间损失；39-生产率；33-操作流程的方便性；35-适应性、通用性	A47L11/28
106	CN202011099396.1	拖帕自动循环拖地机	6	连接件；数量；舒适性；及时性；便利性；拖帕；劳动强度；洁净度；体积；循环性；自动化；效率；电机	26-物质或事物的数量；25-时间损失；33-操作流程的方便性；39-生产率；31-物质产生的有害因素；07-体积；38-自动化程度	A47L11/28
107	CN202010972838.2	一种木制地板余蜡擦除机	7	劳动强度；效率；擦除；复杂性	39-生产率；36-系统的复杂性	A47L11/282
108	CN202011046946.3	一种高效清洗清洁装置	10	长度；洁净度；清洁性；空间；效率；水；完整性	03-长度；31-物质产生的有害因素；07-体积；39-生产率；23-物质损失	A47L11/282
109	CN202010794612.8	一种地板清洗机	5	自动化；时间；劳动强度；清洁性；洁净度	38-自动化程度；15-时间；39-生产率；31-物质产生的有害因素	A47L11/283
110	CN202011136941.X	用于智能洗地机的滚刷的自清洁方法和组件	10	成本；完成率；清洁性；干预；便利性；速度；智能化；材料成本；清洁度；风干	39-生产率；31-物质产生的有害因素；33-操作流程的方便性；09-速度	A47L11/292
111	CN202011147276.4	一种清洁机器人的水循环系统	7	拖地；效率；成本	39-生产率	A47L11/292
112	CN202010803289.6	玻璃幕墙清洁设备	10	效率；精确性；刷洗；坠落；行走；吸盘；安全；稳定性；清洁性；灵活性	39-生产率；28-测量精度；30-作用于物体的有害因素；13-稳定性；31-物质产生的有害因素；35-适应性、通用性	A47L11/38
113	CN202010924624.8	一种高清洁度的玻璃外墙清洁设备	8	调节；清洁性；接触；清洁度	31-物质产生的有害因素	A47L11/38

序号	申请号	标题	权利要求数量/项	技术功效1级	技术功效TRIZ参数	IPC主分类
114	CN202011142608.X	一种幕墙清洁机器人的吸盘	4	吸附；可靠性；长度；合理性	27-可靠性；03-长度；35-适应性、通用性	A47L11/38
115	CN201910555053.2	应用于清洁装置的水箱及其清洁装置	10	效率	39-生产率	A47L11/40
116	CN202011110067.2	一种扫地机器人充电配合组件	10	面积	05-面积	A47L11/40
117	CN202011104946.4	一种便于清理的家庭装修用装配式玻璃隔断	10	隔断；传统；复杂性；清洁性；时间；劳动强度	36-系统的复杂性；31-物质产生的有害因素；15-时间；39-生产率	E04B2/74
118	CN202011105844.4	一种保温效果好的装配式钢结构墙板	10	便利性；稳定性；温度；噪音；光滑性；污染；扩展；阻力；支撑；自动化；安全	33-操作流程的方便性；13-稳定性；17-温度；31-物质产生的有害因素；12-形状；10-力；38-自动化程度；30-作用于物体的有害因素	E04C2/30
119	CN202010754995.6	一种室内设计的墙面美化装置	9	移动；清洁性；美化；升降；墙面；喷涂；美观性；可控性	31-物质产生的有害因素；37-控制与测量的复杂性	E04F21/00
120	CN202011014092.0	空气净化器	8	冲洗；浪费；洁净度；均匀性；范围；复用性；智能化；便利性；堵塞；自动化	31-物质产生的有害因素；29-制造精度；35-适应性、通用性；39-生产率；33-操作流程的方便性；38-自动化程度	F24F3/16
121	CN202010409306.8	半导体装置、可移动设备和控制可移动设备的方法	18	精度；功耗	28-测量精度；19-能耗	G05D1/02
122	CN201980031671.5	用于执行清洁操作的方法和设备	15	清洁性	31-物质产生的有害因素	A47L9/28
123	CN201980032271.6	地板清洗干燥机器	5	侧向；清洁性；完成率；干燥	31-物质产生的有害因素	A47L11/30

序号	申请号	标题	权利要求数量/项	技术功效 1 级	技术功效 TRIZ 参数	IPC 主分类
124	CN201580074564.2	自走式真空吸尘器	26	清洁性	31-物质产生的有害因素	A47L11/00
125	CN201710739989.1	一种基于全方位麦克纳姆轮的移动家用擦窗机器人	6	复杂性；清洁性；动力；行走；便利性；实用性；摩擦力；可靠性；正确性	36-系统的复杂性；31-物质产生的有害因素；33-操作流程的方便性；35-适应性、通用性；10-力；27-可靠性；28-测量精度	A47L1/02
126	CN201680012943.3	自走式电子设备及所述自走式电子设备的行走方法	7	效率	39-生产率	G05D1/02
127	CN201711215983.0	立式可折叠机构以及立式可折叠吸尘器	11	转动部；晃动；体验；转动轴；复杂性；接触	36-系统的复杂性	A47L9/32
128	CN201810290082.6	一种家用厨房吸水擦拭方法	6	洁净度；效率；清洁性；完成率；便利性；速度；接触；空间；积水	31-物质产生的有害因素；39-生产率；33-操作流程的方便性；09-速度；07-体积	A47L11/30
129	CN201811129311.2	一种人工智能化家庭使用可联网电子机器人	9	效率；损坏；稳定性；成本	39-生产率；27-可靠性；13-稳定性	A47L11/24
130	CN201811313416.3	一种工地清洁车	2	复杂性；便利性；效率	36-系统的复杂性；33-操作流程的方便性；39-生产率	A47L11/24
131	CN201811461740.X	一种大型玻璃幕墙清洗装置	1	缠绕；便利性；移动；复杂性；自动化；潮湿；污渍；清洁性；有序；整齐度；冲洗	33-操作流程的方便性；36-系统的复杂性；38-自动化程度；31-物质产生的有害因素；29-制造精度	A47L1/02
132	CN201811461761.1	玻璃幕墙清洗装置	1	杂乱；劳动强度；缠绕；时间；清洁性；面积；劳作；整齐度；有序	39-生产率；15-时间；31-物质产生的有害因素；05-面积；29-制造精度	A47L11/38

序号	申请号	标题	权利要求数量/项	技术功效1级	技术功效TRIZ参数	IPC主分类
133	CN201811312731.4	电动机噪声消除平台	5	声音；平台；环境；数量；分块	26-物质或事物的数量	A47L9/00
134	CN201910440442.0	一种大数据服务器机房防尘散热系统	6	清洁性；速度	31-物质产生的有害因素；09-速度	A47L11/00
135	CN202010839741.4	扫地机器人的地图的优化方法及装置	14	噪音；光滑性；环境	31-物质产生的有害因素；12-形状	G06T7/13
136	CN202011018057.6	一种具有清洁功能的办公桌	8	水珠；清洁性；擦拭；速度	31-物质产生的有害因素；09-速度	A47B21/00
137	CN202011001159.7	一种采用一次性集尘袋的便携式吸尘器	6	密封性；安全；复杂性；洁净度；便利性；美观性	29-制造精度；30-作用于物体的有害因素；36-系统的复杂性；31-物质产生的有害因素；33-操作流程的方便性	A47L5/24
138	CN202011097419.5	模块化吸尘器	10	可组装性；效率；可靠性	32-可制造性；39-生产率；27-可靠性	A47L5/24
139	CN201910535565.2	一种可适应不同类型家电的除尘设备	6	安全；紧固性；取用；灵活性；便利性；吸尘罩；存放	30-作用于物体的有害因素；35-适应性、通用性；33-操作流程的方便性	A47L5/36
140	CN202010928547.3	一种木雕塑木屑清除收集装置	7	便利性；复杂性；堵塞	33-操作流程的方便性；36-系统的复杂性；31-物质产生的有害因素	A47L7/00
141	CN201910539259.6	一种便于清理的吸尘器	6	便利性；缠绕；空间；脱落；安全	33-操作流程的方便性；07-体积；30-作用于物体的有害因素	A47L9/14
142	CN202011023459.5	一种用于清洁设备的可弯折吸入管	10	损失；行程；便利性；一致性；刚性；磕碰；刮；组合；增加量；密封性；削弱；进入	23-物质损失；33-操作流程的方便性；14-强度；29-制造精度	A47L9/24

序号	申请号	标题	权利要求数量/项	技术功效 1 级	技术功效 TRIZ 参数	IPC 主分类
143	CN201910544554.0	一种控制方法、装置及吸尘器	10	准确性；可控性；清扫	28-测量精度；37-控制与测量的复杂性	A47L9/28
144	CN202010923964.9	一种布艺沙发的清理装置及清理方法	6	飞扬；防护性；棉布；弹性；擦拭；舒适性；损坏；清洁性；干燥；强度；效率；发霉	27-可靠性；31-物质产生的有害因素；14-强度；39-生产率；30-作用于物体的有害因素	A47L11/00
145	CN201910537570.7	一种机器人	13	及时性；事故；障碍物；避障	25-时间损失；27-可靠性	A47L11/24
146	CN202011022785.4	一种扫地机械人及其集尘盒	10	空间；频率	07-体积	A47L11/24
147	CN202011062925.0	智能清扫设备及其避障路径规划方法和装置	10	复杂性；规划；速度；效率	36-系统的复杂性；09-速度；39-生产率	A47L11/24
148	CN202010880436.X	一种扫地机器人出水量控制方法及装置、扫地机器人	10	可控性；成本；体验；范围；改造；精细；适应性	37-控制与测量的复杂性；39-生产率；35-适应性、通用性；29-制造精度	A47L11/28
149	CN202010485458.6	一种智能清洁修剪一体机	10	鞋靴；效率；清洁性；吸尘；种类	39-生产率；31-物质产生的有害因素	A47L11/38
150	CN202010827385.4	一种煤焦油除污染装置	10	杂物；效率；晃动	39-生产率	A47L11/38
151	CN202010925205.6	一种具有高稳定性的减震玻璃外墙清洗设备	6	适合性；正确性；稳定性；泄露；效率；完成率	35-适应性、通用性；28-测量精度；13-稳定性；31-物质产生的有害因素；39-生产率	A47L11/38
152	CN201911005431.6	擦地机中擦拭物的清洗控制方法	10	便利性	33-操作流程的方便性	A47L11/40
153	CN202011011946.X	一种便于内部排水的铝合金门窗	7	堵塞；畅通；清洁性；积攒	31-物质产生的有害因素	E06B1/04
154	CN201980032413.9	清洁器	17	便利性；充电；稳定性；清洁性	33-操作流程的方便性；13-稳定性；31-物质产生的有害因素	A47L9/28

序号	申请号	标题	权利要求数量/项	技术功效1级	技术功效TRIZ参数	IPC主分类
155	CN201610537635.4	集尘器	13	触感；便利性；使用者；确定性；清洁性；夹持；复杂性；握持；钩挂；电池；方向；吸入；手柄管	33-操作流程的方便性；31-物质产生的有害因素；36-系统的复杂性	A47L5/24
156	CN201810147495.9	一种多功能卫浴柜	1	速度；照妆镜霜；确定性；正确性；热	09-速度；28-测量精度；17-温度	A47L1/02
157	CN201810193813.5	一种废玻璃清理装置	8	清洁性；效率；夹取；便利性；废玻璃	31-物质产生的有害因素；39-生产率；33-操作流程的方便性	A47L7/00
158	CN201810331610.8	一种气动玻璃幕墙清洗机器人	4	稳定性；清洁性；效率；灵活性；速度；压力；成本；复杂性；体积；便利性	13-稳定性；31-物质产生的有害因素；39-生产率；35-适应性、通用性；09-速度；10-力；36-系统的复杂性；07-体积；33-操作流程的方便性	A47L11/38
159	CN201810333344.2	一种玻璃幕墙清洗机器人的爬壁机构及其工作方法	2	稳定性；复杂性；灵活性；实用性；效率；体积；速度；压力；可靠性；成本；清洁性；便利性	13-稳定性；36-系统的复杂性；35-适应性、通用性；39-生产率；07-体积；09-速度；10-力；27-可靠性；31-物质产生的有害因素；33-操作流程的方便性	A47L1/02
160	CN201810779652.8	清洁电器的收纳方法、系统、设备和可存储介质	12	清洁性；杂乱；激活	31-物质产生的有害因素	A47L11/24
161	CN201910164511.X	一种具有吸尘功能的簸箕	5	清扫；便利性；垃圾；能力；效率；复杂性；洁净度；清洁性；自动化；速度；范围	33-操作流程的方便性；39-生产率；36-系统的复杂性；31-物质产生的有害因素；38-自动化程度；09-速度；35-适应性、通用性	A47L7/00
162	CN201910403824.6	一种高空玻璃清洁装置	1	动力；效率；速度；清洁性；便利性	39-生产率；09-速度；31-物质产生的有害因素；33-操作流程的方便性	A47L1/02

序号	申请号	标题	权利要求数量/项	技术功效 1 级	技术功效 TRIZ 参数	IPC 主分类
163	CN201910522677.4	一种地下车库入口车棚自洁装置	2	稳定性；透光度；速度；积累；清洁性；行驶	13-稳定性；09-速度；31-物质产生的有害因素	A47L11/38
164	CN201910928332.9	一种自动调节宽度长廊扫灰装置	9	自动化；复杂性；效率；便利性；范围	38-自动化程度；36-系统的复杂性；39-生产率；33-操作流程的方便性；35-适应性、通用性	A47L11/24
165	CN201911043960.5	一种卫生间盥洗盆清洁装置	1	劳动强度；效率；清洁性；复杂性；盥洗盆；便利性	39-生产率；31-物质产生的有害因素；36-系统的复杂性；33-操作流程的方便性	E03C1/14
166	CN201911176152.6	一种可调节吸力的吸尘器	1	便利性；智能化；完成率；复杂性	33-操作流程的方便性；36-系统的复杂性	A47L5/12
167	CN202011007982.9	一种用于禽类养殖的鸡笼清理除臭装置	8	笼舍；效率；成本；实用性	39-生产率；35-适应性、通用性	A01K31/04
168	CN202011008954.9	一种智能化消毒病历柜及其控制方法	10	放置；清洁性；细菌；时间；劳动强度；精准性；摩擦力；安全；丢失；完成率	31-物质产生的有害因素；30-作用于物体的有害因素；15-时间；39-生产率；10-力	A47B63/00
169	CN202010953733.2	一种基于计算机机箱清洁的死角部位清洁机构	8	转动；扩散性；清扫；充分性；吸尘；洁净度；杂物；变换	31-物质产生的有害因素	A47L5/04
170	CN202010993064.1	一种便于清理的家用吸尘装置	5	便利性；清洁性；时间；效率；堵塞；使用性	33-操作流程的方便性；31-物质产生的有害因素；15-时间；39-生产率	A47L5/28
171	CN202010886808.X	电机可拆卸装置及吸尘器	10	可推广性；灵活性；便利性；实用性；变更	39-生产率；35-适应性、通用性；33-操作流程的方便性	A47L9/00
172	CN202010982879.X	一种曲面自适应真空收集系统	8	效率；抛撒；损失	39-生产率；23-物质损失	A47L9/00
173	CN201910524695.6	自走式电动吸尘器	7	效率；面积；范围；便利性	39-生产率；05-面积；35-适应性、通用性；33-操作流程的方便性	A47L9/28

序号	申请号	标题	权利要求数量/项	技术功效1级	技术功效TRIZ参数	IPC主分类
174	CN202011022389.1	一种扫地机器人的主刷抬升结构及其抬升方法	10	紧固性；避障；复杂性；自动化；损失；绳松弛	36-系统的复杂性；38-自动化程度；23-物质损失	A47L11/24
175	CN202011024826.3	一种商用扫地机器人	10	体积；稳定性；灵活性；便利性；过滤；积攒；清洁性；效率；紧固性	07-体积；13-稳定性；35-适应性、通用性；33-操作流程的方便性；31-物质产生的有害因素；39-生产率	A47L11/24
176	CN202011099400.4	一种自动交换清洗拖帕的拖地机	6	便利性；稳定性；清洗池；水；高度；体积	33-操作流程的方便性；13-稳定性；23-物质损失；03-长度；07-体积	A47L11/28
177	CN202011075359.7	地面清洁系统和电动拖把清洁方法	10	清洁度；清洁性；灵活性；适合性；溢出；污染	31-物质产生的有害因素；35-适应性、通用性	A47L11/283
178	CN202010792445.3	一种家用电动拖把	9	进水槽；清洁性；移动；运动；压力；速度；污水；水；啮合	31-物质产生的有害因素；10-力；09-速度；23-物质损失	A47L11/30
179	CN202011053927.3	一种便于清理的组装式吊顶	10	清洁性；便利性	31-物质产生的有害因素；33-操作流程的方便性	E04B9/00
180	CN202011032908.2	一种便于清理的组装式墙板	10	速度；牢固性；易拆卸；清洁性；粘附；连接；稳定性；紧固性	09-速度；27-可靠性；34-可维修性；31-物质产生的有害因素；13-稳定性	E04F13/072
181	CN202011056519.3	一种自清洁的装配式室内干挂墙板	8	清洁性；劳动强度；便利性；效率；美观性	31-物质产生的有害因素；39-生产率；33-操作流程的方便性	E04F13/072
182	CN202010919022.3	扫地机陀螺仪校准设备	10	水平度；精度	28-测量精度	G01C25/00
183	CN201980031501.7	在保持板的区域中具有膜的真空吸尘器滤袋	15	塑料膜；稳定性；效率；精确性	13-稳定性；39-生产率；28-测量精度	A47L9/14
184	CN201610948203.2	用于连接电气联接件的装置	10	损失；手柄件；安全；联接；清洁性；倾斜；复杂性；力作用；表面；功能性；传递	23-物质损失；30-作用于物体的有害因素；31-物质产生的有害因素；36-系统的复杂性	A47L5/24

序号	申请号	标题	权利要求数量/项	技术功效 1 级	技术功效 TRIZ 参数	IPC 主分类
185	CN201710707187.2	提供用于家庭环境控制的环境绘图的移动机器人	33	清洁性；可靠性；执行；激活	31-物质产生的有害因素；27-可靠性	A47L9/28
186	CN201710707170.7	提供用于家庭环境控制的环境绘图的移动机器人	12	清洁性；可靠性；执行；激活	31-物质产生的有害因素；27-可靠性	A47I9/28
187	CN201711386150.0	一种新型卫浴垃圾清理设备	2	可控性；劳动强度；质量；清洁性	37-控制与测量的复杂性；39-生产率；27-可靠性；31-物质产生的有害因素	A47L11/24
188	CN201711492866.9	自移动机器人的清扫方法和系统	8	效率；清扫；清洁性；覆盖率；繁琐；智能化；体验	39-生产率；31-物质产生的有害因素	A47L11/24
189	CN201810288082.2	一种智能吸尘器	1	便利性；面积；速度；效率；移动；智能化；可推广性；稳定性；吸尘；可操作性；清洁性	33-操作流程的方便性；05-面积；09-速度；39-生产率；13-稳定性；31-物质产生的有害因素	A47L9/00
190	CN201780013325.5	真空吸尘器	19	可检测性；配置；吸尘器；稳定性；便利性；可靠性；复杂性；准确性；自动化；污染	28-测量精度；13-稳定性；33-操作流程的方便性；27-可靠性；36-系统的复杂性；38-自动化程度；31-物质产生的有害因素	A47L9/28
191	CN201710428246.2	一种改进型除尘器	6	滞留；便利性；适合性；复杂性；清洁性；落入	33-操作流程的方便性；35-适应性、通用性；36-系统的复杂性；31-物质产生的有害因素	A47L9/00
192	CN201810991994.6	无曲臂装置的除尘抽吸臂结构	6	寿命；灵活性	27-可靠性；35-适应性、通用性	A47L9/00
193	CN201811017907.3	一种可自动调节水箱容积的洗地机	1	自动化；便利性；体积；合理性	38-自动化程度；33-操作流程的方便性；07-体积；35-适应性、通用性	A47L11/293

序号	申请号	标题	权利要求数量/项	技术功效1级	技术功效TRIZ参数	IPC主分类
194	CN201811382663.9	一种实验室台面清洁装置	5	接触；清洁性；安全	31-物质产生的有害因素；30-作用于物体的有害因素	A47L11/00
195	CN201811342953.0	一种毛绒玩具的干洗装置	8	吸附；复杂性；充分性；实用性；清洁性；可推广性	36-系统的复杂性；35-适应性、通用性；31-物质产生的有害因素；39-生产率	D06F43/00
196	CN201811214618.2	一种家居用卫生间墙面瓷砖处理设备	4	速度；效率；清洁性；劳动强度；安全；可靠性；反作用力；移动；适合性	09-速度；39-生产率；31-物质产生的有害因素；30-作用于物体的有害因素；27-可靠性；35-适应性、通用性	A47L11/38
197	CN201811535696.2	一种节能环保型医院用清扫消毒装置	8	体积；能源	07-体积；19-能耗	A47L11/24
198	CN201910094618.1	一种空气净化设备	6	劳动强度；清洁性；复杂性；便利性	39-生产率；31-物质产生的有害因素；36-系统的复杂性；33-操作流程的方便性	A47L5/12
199	CN201910802767.9	一种医院用室内消毒清洁车	8	效率；范围；充分性	39-生产率；35-适应性、通用性	A61L2/22
200	CN202011066580.6	一种自动清扫桌	8	时间；完成率；效率；能力；劳动强度；洁净度；自动化；便利性	15-时间；39-生产率；31-物质产生的有害因素；38-自动化程度；33-操作流程的方便性	A47B31/00
201	CN202010424386.4	喷洒模组及清洁机	14	范围；外泄；重量；泄出；孔泄	35-适应性、通用性；01-重量	A47L1/02
202	CN202010902667.6	基于机器视觉的产线智能吸尘机器人	10	准确性；精度；转化率；锐化	28-测量精度；39-生产率	A47L5/30
203	CN202011058746.X	一种污水箱结构及吸尘器	14	复杂性；分离；空间；电机；清洁性；环境；动能；分离度；气体；便利性	36-系统的复杂性；07-体积；31-物质产生的有害因素；33-操作流程的方便性	A47L7/00

序号	申请号	标题	权利要求数量/项	技术功效 1 级	技术功效 TRIZ 参数	IPC 主分类
204	CN202011099943.6	一种表面清洁设备	2	可控性；寿命；复杂性；可靠性；合理性；实时性；安全；消耗	37-控制与测量的复杂性；27-可靠性；36-系统的复杂性；35-适应性、通用性；25-时间损失；30-作用于物体的有害因素；23-物质损失	A47L7/00
205	CN201910518047.X	一种信息处理方法、装置及存储介质	18	可靠性	27-可靠性	A47L11/24
206	CN202010883901.5	一种智能家居装置	7	容量；智能化；频率；自动化；楼梯；清洁性；分类	07-体积；38-自动化程度；31-物质产生的有害因素	A47L11/24
207	CN202010991250.1	一种瓷砖地面自动清洁机器人	8	效率；种类；清洁性	39-生产率；31-物质产生的有害因素	A47L11/24
208	CN202010996902.0	智能消毒方法及扫地机	10	复杂性；确定性；消毒；参与；细菌；自主化；实用性；智能化	36-系统的复杂性；30-作用于物体的有害因素；35-适应性、通用性	A47L11/24
209	CN202011060810.8	室内地面自动清洗器	7	清洁性；拖扫；水；效率；拆装	31-物质产生的有害因素；23-物质损失；39-生产率	A47L11/24
210	CN202011147248.2	一种清洁机器人	10	拖地；成本；效率	39-生产率	A47L11/24
211	CN202010907897.1	一种智能工厂清洁设备	6	污染；清洁性	31-物质产生的有害因素	A47L11/292
212	CN202010535411.6	地面清洁机器人	18	移除；清洁性	31-物质产生的有害因素	A47L11/30
213	CN202010978293.6	一种清洗机器人及其使用方法	10	清洁性；断裂；可控性；刚性；污渍；长度；清洁度	31-物质产生的有害因素；27-可靠性；37-控制与测量的复杂性；14-强度；03-长度	A47L11/38
214	CN202011018863.3	一种厨房集成吊顶清洁更换装置	4	便利性；自动化；清洁性	33-操作流程的方便性；38-自动化程度；31-物质产生的有害因素	A47L11/38

序号	申请号	标题	权利要求数量/项	技术功效1级	技术功效TRIZ参数	IPC主分类
215	CN201910516675.4	清洗机用污水循环系统及清洗机	11	受限；液桶；循环性；体验；体积	07-体积	A47L11/40
216	CN202010925428.2	扫地机器人的回充方法、装置、扫地机器人及可读介质	10	效率；长度	39-生产率；03-长度	A47L11/40
217	CN202010971887.4	一种充电座、扫地机及扫地机系统	13	智能化；自动化；水；复杂性	38-自动化程度；23-物质损失；36-系统的复杂性	A47L11/40
218	CN202011012118.8	一种室内装配式自清洁墙板	10	旋转率；清洁性	31-物质产生的有害因素	E04C2/40
219	CN202011057445.5	一种牢固型室内装配式楼梯结构	9	便利性；楼梯；脱轨；稳定性；调节；清洁性；可控性	33-操作流程的方便性；13-稳定性；31-物质产生的有害因素；37-控制与测量的复杂性	E04F11/06
220	CN202011052801.4	一种医护走廊专用装配式瓷砖结构	8	清洁性；适合性；传递；细菌；防滑；潮湿	31-物质产生的有害因素；35-适应性、通用性；30-作用于物体的有害因素	E04F13/072
221	CN202010947158.5	自动清洁设备控制方法、装置及存储介质	10	准确性；清洁性；脏污；干扰；确定性；垃圾	28-测量精度；31-物质产生的有害因素；30-作用于物体的有害因素	G06T17/00
222	CN202010528248.0	环境的绘制	25	识别性；精确性；交互；精度	37-控制与测量的复杂性；28-测量精度	H04N5/232
223	CN201710059898.3	一种清洁家具底部的清洗设备	7	可操作性；细菌；强度；清洁性；速度；推动；合理性	33-操作流程的方便性；30-作用于物体的有害因素；14-强度；31-物质产生的有害因素；09-速度；35-适应性、通用性	A47L11/00
224	CN201580049216.X	具有向侧面枢转的手柄的表面清洁设备	30	重量；清洁性；能力；移除；表面	01-重量；31-物质产生的有害因素	A47L5/22

序号	申请号	标题	权利要求数量/项	技术功效 1 级	技术功效 TRIZ 参数	IPC 主分类
225	CN201711046596.9	清洁设备的监测方法、装置、设备和存储介质	16	功效；转速；寿命；及时性；获取；监测；清洁性	09-速度；27-可靠性；25-时间损失；37-控制与测量的复杂性；31-物质产生的有害因素	A47L11/40
226	CN201810978713.3	一种家用智能扫地机器人	4	擦拭；实用性；扰尘；及时性	35-适应性、通用性；25-时间损失	A47L11/24
227	CN201811055581.3	一种扫地机器人	9	速度；清洁性；安全；脱落；损坏；散热；防震性；损失；污染	09-速度；31-物质产生的有害因素；30-作用于物体的有害因素；27-可靠性；17-温度；23-物质损失	A47L11/282
228	CN201811322372.0	一种多功能擦地机器人装置	4	便利性；噪音；寿命；清洁性；安全	33-操作流程的方便性；31-物质产生的有害因素；27-可靠性；30-作用于物体的有害因素	A47L11/284
229	CN201811178410.X	一种密集架	3	紧绷；清洁性；空间；灰尘；洁净度；密封性；自动化；进入	31-物质产生的有害因素；07-体积；29-制造精度；38-自动化程度	A47B63/00
230	CN201910832954.1	一种改进型扫地机器人的自动化清扫和尘土处理装置	6	效率；自动化；便利性；灰尘；清扫；寿命；适合性；打扫；磨擦；收集	39-生产率；38-自动化程度；33-操作流程的方便性；31-物质产生的有害因素；27-可靠性；35-适应性、通用性	A47L11/24
231	CN201910751893.6	一种超洁净高效吸尘器	4	进入；能力；效率；灰尘	39-生产率；31-物质产生的有害因素	A47L5/22
232	CN202010815757.1	一种可快速收集清洗桌面的餐桌	6	清洁性；自动化	31-物质产生的有害因素；38-自动化程度	A47B31/00
233	CN202010882034.3	一种餐桌用快速清洁装置	5	清扫；可控性；收集；清洁性；距离	37-控制与测量的复杂性；31-物质产生的有害因素；03-长度	A47B31/00
234	CN202010983952.5	一种附带清洗收纳功能的智能餐桌	10	复杂性；便利性；面积；清洁性	36-系统的复杂性；33-操作流程的方便性；05-面积；31-物质产生的有害因素	A47B31/00

序号	申请号	标题	权利要求数量/项	技术功效1级	技术功效TRIZ参数	IPC主分类
235	CN202010830620.3	一种用于建筑幕墙清洁的可增进适用导向范围的机器人	9	进入；清洁性；稳定性；便利性；自动化；范围；适合性；散热	31-物质产生的有害因素；13-稳定性；33-操作流程的方便性；38-自动化程度；35-适应性、通用性；17-温度	A47L1/02
236	CN202010931314.9	一种用于建筑幕墙顽固污渍的自动清洁机器人	10	清洁性；水渍；强效；自动化；清洁度	31-物质产生的有害因素；38-自动化程度	A47L1/02
237	CN202011028173.6	一种门窗框体缝隙清洁装置	7	速度；浮起；洁净度；清洁性	09-速度；31-物质产生的有害因素	A47L1/05
238	CN202010791256.4	清洁装置及其吸口监测方法、监测装置和控制器	10	改变；成本	39-生产率	A47L5/30
239	CN202010990744.8	一种消防用火灾后高效清理装置	7	效率；水；过滤	39-生产率；23-物质损失	A47L5/32
240	CN202010793775.4	一种智能吸尘器的集尘装置	4	智能化；漏尘；合理性；稳定性；紧固性；晃动	35-适应性、通用性；13-稳定性	A47L9/10
241	CN202010988362.1	一种旋风分离装置及清洁设备	10	清洁性；分离；体积；路径；效率	31-物质产生的有害因素；07-体积；39-生产率	A47L9/16
242	CN202010990086.2	一种吸尘器风路组件及清洁设备	10	路径；风路；清洁性；效率；体积	31-物质产生的有害因素；39-生产率；07-体积	A47L9/16
243	CN202010946695.8	清洁机器人及其控制方法、可读存储介质	10	吸附；清洁性	31-物质产生的有害因素	A47L9/28
244	CN202010937040.4	机器人的主动清洁方法、装置、机器人和存储介质	10	精准性；可控性；清洁性	37-控制与测量的复杂性；31-物质产生的有害因素	A47L11/00

序号	申请号	标题	权利要求数量/项	技术功效 1 级	技术功效 TRIZ 参数	IPC 主分类
245	CN202010928222.5	清洁机器人的清洁方法、装置、清洁机器人和存储介质	10	效率；清洁性；消耗；难度；速度；确定性	39-生产率；31-物质产生的有害因素；23-物质损失；36-系统的复杂性；09-速度	A47L11/24
246	CN202010931054.5	一种清洁方法、装置、电子设备及计算机可读存储介质	11	灵活性	35-适应性、通用性	A47L11/24
247	CN202011029351.7	扫地机器人	10	安全	30-作用于物体的有害因素	A47L11/24
248	CN202011033600.X	一种装修房屋内部空气污染检测装置	9	精准性；准确性	28-测量精度	A47L11/24
249	CN202011036205.7	一种用于智能型扫地机器人的避障装置	7	正确性；机器人；转向	28-测量精度	A47L11/24
250	CN202011044180.5	一种墙体拐角废料清理机构	6	劳动强度；清洁性；效率；可调节性；实用性；调节	39-生产率；31-物质产生的有害因素；35-适应性、通用性	A47L11/24
251	CN202011275091.1	罩壳及清洁设备	11	便利性；清洁性；空间	33-操作流程的方便性；31-物质产生的有害因素；07-体积	A47L11/24
252	CN202011098522.1	手扶式自动拖地车	6	效率；清洗池；自动化；洁净度；变化；空间；体积；高度；便利性	39-生产率；38-自动化程度；31-物质产生的有害因素；07-体积；03-长度；33-操作流程的方便性	A47L11/28
253	CN202011065081.5	家用洗地机及其自清洗方法	14	残留；成本；清洁性；体验；商业化；复杂性；可靠性	39-生产率；31-物质产生的有害因素；36-系统的复杂性；27-可靠性	A47L11/282
254	CN202011033706.X	一种地板清洁机器人	5	劳动强度；便利性；复杂性；排水；清洁性	39-生产率；33-操作流程的方便性；36-系统的复杂性；31-物质产生的有害因素	A47L11/292

序号	申请号	标题	权利要求数量/项	技术功效1级	技术功效TRIZ参数	IPC主分类
255	CN201910495058.0	地板清洁设备	10	清洁性；轴杆；效能；地板	31-物质产生的有害因素；19-能耗	A47L11/34
256	CN202010934597.2	一种防尘式高楼层用玻璃幕墙	3	灰尘；清洁性；附着；循环性	31-物质产生的有害因素	A47L11/38
257	CN202010965614.9	一种幕墙清洁机器人障碍物识别方法及控制系统	8	清洁性；幕墙；效率；准确性；受损；安全	31-物质产生的有害因素；39-生产率；28-测量精度；30-作用于物体的有害因素	A47L11/38
258	CN202010980083.0	一种高楼玻璃幕墙专用清洗设备及其操作方法	10	效率；污渍	39-生产率	A47L11/38
259	CN202011011805.8	一种房屋智能通风保洁装置	9	雨；及时性	25-时间损失	A47L11/38
260	CN202011009686.2	一种用于电子芯片散热的手持清灰吸尘设备	7	效率；自动化；飞扬	39-生产率；38-自动化程度	B08B5/04
261	CN202010839785.7	一种大型铸件打磨设备	6	强度；阻碍；劳动强度；完成率	14-强度；39-生产率	B24B19/00
262	CN202011011735.6	一种地砖划痕检测修复设备	5	自动化；便利性；适合性；复杂性；效率；可操作性；成本	38-自动化程度；33-操作流程的方便性；35-适应性、通用性；36-系统的复杂性；39-生产率	B24B27/00
263	CN202010925601.9	玻璃淋浴房	7	劳动强度；资源；隐私；自动化；寿命；长度；美观性；便利性	39-生产率；38-自动化程度；27-可靠性；03-长度；33-操作流程的方便性	E06B3/46
264	CN202010845796.6	一种扫地机器人用的外壳圆度精准性检测机构	6	寿命；精准性；质量；效率；准确性；外壳；圆弧；范围	27-可靠性；39-生产率；28-测量精度；35-适应性、通用性	G01B5/20
265	CN202010961428.8	扫地机清扫面积去重方法、装置、计算机设备和存储介质	10	复杂性；能力；重量；计算	36-系统的复杂性；01-重量	G06F16/29

序号	申请号	标题	权利要求数量/项	技术功效 1 级	技术功效 TRIZ 参数	IPC 主分类
266	CN201880092967.3	清洁器	20	面积；改变；效率	05-面积；39-生产率	A47L9/16
267	CN201980026747.5	清洁器吸嘴	15	长度；清洁性；距离；路径；损失；振动	03-长度；31-物质产生的有害因素；23-物质损失	A47L11/20
268	CN201810518136.X	一种扫地机器人用底盘自清洗结构	5	便利性；实用性；正确性；功能性	33-操作流程的方便性；35-适应性、通用性；28-测量精度	A47L11/24
269	CN201810493522.8	一种机器人零件盘	1	温度；密度	17-温度	A47L11/24
270	CN201780014122.8	真空吸尘器	9	方颠覆；复杂性；稳定性；结合	36-系统的复杂性；13-稳定性	A47L5/36
271	CN201810515881.9	基于远程数据修复的智能楼梯清洁系统	7	清扫；清洁性；智能化；麻烦；风险；劳动强度；洁净度；跌落；效率	31-物质产生的有害因素；27-可靠性；39-生产率	A47L11/28
272	CN201811085335.2	一种用于机械除尘系统的配套输灰收集装置	8	复杂性	36-系统的复杂性	A47L11/24
273	CN201810797925.1	一种居家用干式防灰吊顶底部灰尘清理装置	5	飞扬；清洁性；清洁度；正确性；调节；存放；稳定性；吊顶；体积	31-物质产生的有害因素；28-测量精度；13-稳定性；07-体积	A47L11/38
274	CN201810995867.3	一种基于真空吸盘控制的高楼外墙玻璃清洗机器人	6	稳定性；完成度；清洁性；自动化；完成率；运动；玻璃	13-稳定性；31-物质产生的有害因素；38-自动化程度	A47L1/02
275	CN201811552564.0	一种多功能室内地面清洁装置	4	清洁性；循环性	31-物质产生的有害因素	A47L11/24
276	CN201910254574.4	一种基于反复行走实现针对性清扫的扫地机	4	劳动强度；清扫；便利性；时间；智能化	39-生产率；33-操作流程的方便性；15-时间	A47L11/24
277	CN201811492051.5	高空幕墙清洗机器人	5	效率；受伤；洁净度；清洁性	39-生产率；31-物质产生的有害因素	E04G23/00
278	CN201910232464.8	一种云平台防尘散热机房	5	效率	39-生产率	A47L7/00

序号	申请号	标题	权利要求数量/项	技术功效1级	技术功效TRIZ参数	IPC主分类
279	CN201910734295.8	一种激光雷达点云数据去畸变的方法及扫地装置	6	准确性	28-测量精度	A47L11/24
280	CN201910853308.3	一种深度除尘型吸尘器	1	灰尘；吸取；吸尘	31-物质产生的有害因素	A47L9/02
281	CN202011040757.5	一种适合在推杆上安装的手持式吸尘器	9	风量；便利性；损耗；合理性；复杂性；携带；收纳；容量；均匀性	33-操作流程的方便性；23-物质损失；35-适应性、通用性；36-系统的复杂性；07-体积；29-制造精度	A47L5/24
282	CN202010316378.8	电动吸尘器	11	可靠性	27-可靠性	A47L9/00
283	CN202010907378.5	一种工业真空吸尘器	9	稳定性；倾倒；平衡；损失；实用性；移动	13-稳定性；23-物质损失；35-适应性、通用性	A47L9/00
284	CN202010910045.8	一种旋风分离器及清洁设备	10	合力；寿命；堆积；可能性；平衡；洁净度	27-可靠性；31-物质产生的有害因素	A47L9/16
285	CN202010989850.4	一种灰尘清理机构及清洁设备	10	自动化；体验；可操作性；积灰	38-自动化程度；33-操作流程的方便性	A47L9/20
286	CN201910484931.6	空气处理组件及具有其的清洁设备	20	堵灰；清洁性；效率；灰尘	31-物质产生的有害因素；39-生产率	A47L11/24
287	CN202010718262.7	一种基于物联网的自动化清扫铣刨设备	9	防滑性；伸缩；清扫；摩擦力；稳定性；便利性；防护性；吸尘口；效率	10-力；13-稳定性；33-操作流程的方便性；39-生产率	A47L11/24
288	CN202010906593.3	一种扫拖一体机及其清洁方法	17	资源；劳动强度；清洁性	39-生产率；31-物质产生的有害因素	A47L11/24
289	CN202010955839.6	多模清洁设备及其清洁策略切换方法	10	能源；清洁性；环境；便利性	19-能耗；31-物质产生的有害因素；33-操作流程的方便性	A47L11/24
290	CN202010963603.7	一种多功能智能清洁机器人装置	5	清洁性；效率；智能化；机器人	31-物质产生的有害因素；39-生产率	A47L11/24

序号	申请号	标题	权利要求数量/项	技术功效 1 级	技术功效 TRIZ 参数	IPC 主分类
291	CN202011029186.5	激光模组和扫地机器人	10	避障；智能化；效率；安置；机器人；环境	39-生产率	A47L11/24
292	CN201910490245.X	清洁筒刮板及具有其的表面清洁装置	13	清洁性；分离；清除；附着物；附着；面积	31-物质产生的有害因素；05-面积	A47L11/282
293	CN202010961373.0	一种家用洗地机及其自清洗方法	10	成本；体验；清洁性；商业化；复杂性	39-生产率；31-物质产生的有害因素；36-系统的复杂性	A47L11/282
294	CN202011047262.5	一种地面清洁设备	10	清洁性；体积；容量	31-物质产生的有害因素；07-体积	A47L11/29
295	CN201910490230.3	污物清理机构及具有其的表面清洁器	12	清洁性；调节；便利性	31-物质产生的有害因素；33-操作流程的方便性	A47L11/292
296	CN202010923380.1	一种玻璃幕墙清洁设备	4	便利性；效率；复杂性；稳定性；清洁性；安全；自动化；可靠性	33-操作流程的方便性；39-生产率；36-系统的复杂性；13-稳定性；31-物质产生的有害因素；30-作用于物体的有害因素；38-自动化程度；27-可靠性	A47L11/38
297	CN202010975735.1	一种多功能冲洗刷	10	完成度；液面；清洁剂；稳定性；洗刷布；便利性；储存；水；清水；漏出	13-稳定性；33-操作流程的方便性；23-物质损失	A47L11/38
298	CN202010888915.6	一种智能机械清洁环保控制系统及控制方法	10	可控性；清洁性；便利性；组成；查看；智能化；复杂性；及时性；简短；清洁度	37-控制与测量的复杂性；31-物质产生的有害因素；33-操作流程的方便性；36-系统的复杂性；25-时间损失	A47L11/40
299	CN202011057698.2	全自动清洁机器人系统及控制方法	10	效率；自动化；智能化；清洁性；水；循环性；实用性；发臭；准确性；可检测性；地板	39-生产率；38-自动化程度；31-物质产生的有害因素；23-物质损失；35-适应性、通用性；28-测量精度	A47L11/40

序号	申请号	标题	权利要求数量/项	技术功效1级	技术功效TRIZ参数	IPC主分类
300	CN202010823198.9	自移动机器人及其控制方法	10	情形；可靠性；沿边；频率；校准；稳定性；准确性	27-可靠性；13-稳定性；28-测量精度	G05D1/02

3.6 家用美容、保健护理电器具制造领域

3.6.1 全球专利概况

3.6.1.1 全球专利申请趋势

图3-46展示的是家用美容、保健护理电器具制造领域全球专利申请量的发展趋势。通过申请趋势可以从宏观层面把握分析对象在各时期的专利申请热度变化。申请数量的统计范围是已公开的专利。

从图3-46中可以看出家用美容、保健护理电器具制造领域在全球主要市场上的历年专利申请分布状况。2000—2013年，家用美容、保健护理电器具制造领域全球专利申请量整体呈缓慢增加趋势，2005—2006年申请量略有下降。2014—2019年家用美容、保健护理电器具制造领域全球专利申请量快速增加，2014年家用美容、保健护理电器具制造领域全球专利申请量为24 129件，到2019年达到峰值，当年专利申请量达48 785件。

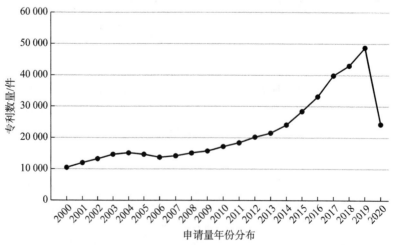

图3-46 家用美容、保健护理电器具制造领域全球专利申请量发展趋势

3.6.1.2　专利申请分布

图 3-47 展示的是家用美容、保健护理电器具制造领域全球专利申请主要分布情况。通过该分析可以了解分析对象在不同国家或地区技术创新的活跃情况，从而发现主要的技术创新来源地和重要的目标市场。

专利申请主要分布可以体现专利权人想在哪些国家或地区保护该技术。这一参数也反映了该技术未来可能的实施国家或地区。图 3-47 显示，中国、日本、美国是家用美容、保健护理电器具制造领域专利重点申请国家，专利数量分布为中国 205 733 件、日本 66 687 件、美国 36 772 件。

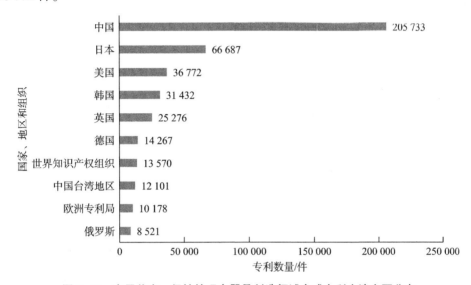

图 3-47　家用美容、保健护理电器具制造领域全球专利申请主要分布

图 3-47 表明，中国、日本、美国等国家或地区是家用美容、保健护理电器具制造领域专利布局的主要区域，企业可以跟踪、引进和消化相关领域技术，在此基础上实现技术突破。中国、日本、美国在家用美容、保健护理电器具制造领域的专利申请数量如表 3-56~表 3-58 所示。

表 3-56　家用美容、保健护理电器具制造领域中国专利数量　　　　　单位：件

专利类型		专利数量
发明	发明申请	28 201
	发明授权	9 142
实用新型		74 396
外观设计		93 994

表 3-57　家用美容、保健护理电器具制造领域日本专利数量　　　　　单位：件

专利类型		专利数量
发明	发明申请	19 875
	发明授权	12 177

专利类型	专利数量
实用新型	15 326
外观设计	19 309

表 3-58　家用美容、保健护理电器具制造领域美国专利数量　　　单位：件

专利类型		专利数量
发明	发明申请	8 343
	发明授权	15 209
外观设计		13 220

3.6.1.3　全球专利申请人排行

表 3-59 展示的是家用美容、保健护理电器具制造领域全球专利按照所属申请人（专利权人）的专利数量统计的申请人排名情况。通过分析可以发现创新成果积累较多的专利申请人，并据此进一步分析其专利竞争实力。

表 3-59　家用美容、保健护理电器具制造领域全球专利数量排名前十的申请人　　　单位：件

排名	申请人名称	专利数量
1	皇家飞利浦股份有限公司	4662
2	博朗股份有限责任公司	3804
3	高露洁-棕榄公司	3747
4	日本松下电子有限公司	3665
5	吉列有限责任公司	1621
6	皇家飞利浦电子股份有限公司	1599
7	吉列公司	1478
8	戴森技术有限公司	1269
9	宝洁公司	1087
10	博朗股份公司	975

3.6.1.4　全球专利技术构成

通过对家用美容、保健护理电器具制造领域全球专利在各技术方向的数量分布情况进行分析，可以了解分析对象覆盖的技术类别，以及各技术分支的创新热度。

对家用美容、保健护理电器具制造领域专利按照国际专利分类号（IPC）进行统计，得到表 3-60 和图 3-48。可知，家用美容、保健护理电器具制造领域全球专利 IPC 分布中，A61H 小类（理疗装置）的专利数量最多，专利数量为 184 519 件，第二是 A45D 小类（理发或修面设备），专利数量为 44 772 件，第三是 A61C 小类（牙科；口腔或牙齿卫生的装置或方法），专利数量为 36 978 件，另外还有 A61N 小类（电疗；磁疗；放射疗；超声波疗）

23 778 件，B26B 小类（不包含在其他类目中的手持切割工具）23 684 件等。

表 3-60　家用美容、保健护理电器具制造领域全球专利技术构成　　　　单位：件

IPC 分类号（小类）	专利数量
A61H（理疗装置）	184 519
A45D（理发或修面设备）	44 772
A61C（牙科；口腔或牙齿卫生的装置或方法）	36 978
A61N（电疗；磁疗；放射疗；超声波疗）	23 778
B26B（不包含在其他类目中的手持切割工具）	23 684
A61F（可植入血管内的滤器；假体；为人体管状结构提供开口、或防止其塌陷的装置）	18 668
A61M（将介质输入人体内或输到人体上的器械）	16 655
A63B（体育锻炼、体操、游泳、爬山或击剑用的器械；球类；训练器械（被动锻炼、按摩用装置入 A61H））	13 832
A61B（诊断；外科；鉴定（分析生物材料入 G01N，如 G01N33/48））	13 166
A46B（刷类（非刷类制品组成部分的柄入 B25G））	11 949

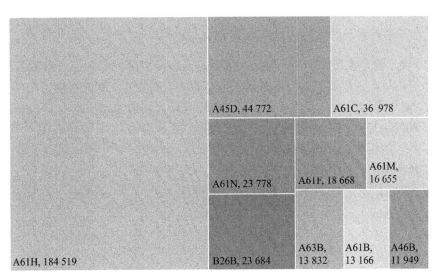

单位：件

图 3-48　家用美容、保健护理电器具制造领域全球专利技术构成

3.6.2　国内专利概况

3.6.2.1　国内专利申请趋势

图 3-49 展示的是家用美容、保健护理电器具制造领域国内专利申请量的发展趋势。通过申请趋势可以从宏观层面把握分析对象在各时期的专利申请热度变化。申请数量的统计范

围是已公开的专利。

由图 3-49 可以看到，2000—2014 年，家用美容、保健护理电器具制造领域国内专利申请量增长缓慢，2014 年达到 10 251 件，2015—2019 年家用美容、保健护理电器具制造领域国内专利申请量增长迅速，2019 年达到 34 555 件。

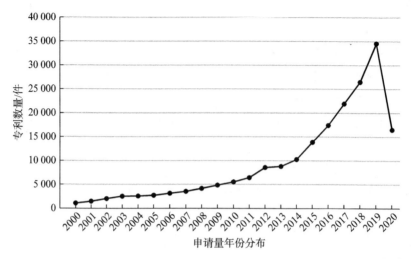

图 3-49　家用美容、保健护理电器具制造领域国内专利申请量发展趋势

3.6.2.2　国内专利公开趋势

图 3-50 展示的是家用美容、保健护理电器具制造领域国内专利公开量的发展趋势。通过公开趋势可以从宏观层面把握分析对象在各时期的专利公开文献的数量变化。

从图 3-50 中可以看到，家用美容、保健护理电器具制造领域国内专利公开数量整体呈上升态势。2000—2014 年家用美容、保健护理电器具制造领域国内专利公开数量均在 10 000 件以下，增幅缓慢；2015—2020 年家用美容、保健护理电器具制造领域国内专利公开数量增长幅度加快，其中 2015 年 12 302 件，2020 年 43 861 件。

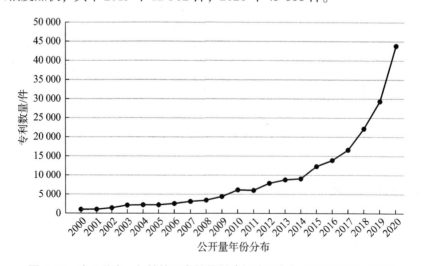

图 3-50　家用美容、保健护理电器具制造领域国内专利公开量发展趋势

3.6.2.3　国内专利类型分布

专利类型分为发明专利、实用新型专利、外观设计专利。本节又根据发明专利授权与否，将发明细分为发明申请和发明授权。

在中国专利中，经过检索获得家用美容、保健护理电器具制造领域专利共 205 733 件。如图 3-51 所示，其中发明申请 28 201 件，占总数的 14%；发明授权 9142 件，占总数的 4%；实用新型 74 396 件，占总数的 36%；外观设计 93 994 件，占总数的 46%。

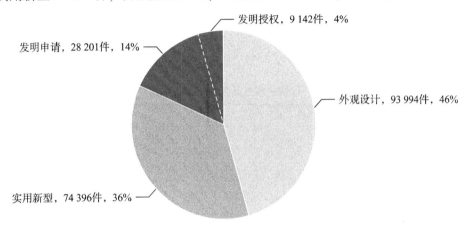

图 3-51　家用美容、保健护理电器具制造领域国内专利类型分布

3.6.2.4　国内专利法律状态

图 3-52 展示的是家用美容、保健护理电器具制造领域专利有效、失效、审中三种状态的占比情况，仅统计中国专利。通过分析可以分别了解分析对象中当前已获得实质性保护、已失去专利权保护或正在审查中的专利数量分布情况，以从整体上掌握专利的权利保护和潜在风险情况，为专利权的法律性调查提供依据。筛选进入公知技术领域的失效专利，可以进行无偿使用或改进利用。

如图 3-52 所示，有效专利 87 395 件，占总专利数的 42%，失效专利 106 792 件，占总专利数的 52%，审中专利 11 546 件，占总专利数的 6%。

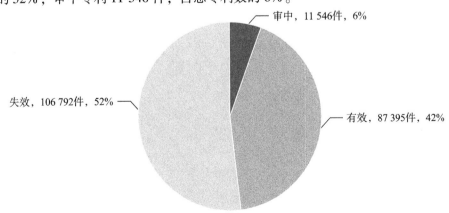

图 3-52　家用美容、保健护理电器具制造领域国内专利法律状态分布

3.6.2.5 国内专利技术领域分布

通过对家用美容、保健护理电器具领域国内专利在各技术方向的数量分布情况进行分析，可以了解分析对象覆盖的技术类别，以及各技术分支的创新热度。

家用美容、保健护理电器具制造领域国内专利按照国际专利分类号（IPC）进行统计，结果如表3-61和图3-53。家用美容、保健护理电器具制造领域国内专利技术构成中，A61H小类（理疗装置）的专利数量最多，专利数量为87 666件；第二是A61N小类（电疗；磁疗；放射疗；超声波疗），专利申请量为12 644件；第三是A61M小类（将介质输入人体内或输到人体上的器械），专利申请量为11 062件。另外还有A61C小类（牙科；口腔或牙齿卫生的装置或方法）10 165件，A45D小类（理发或修面设备）9601件等。

表3-61　家用美容、保健护理电器具制造领域国内专利技术领域分布　　　单位：件

IPC 分类号（小类）	专利数量
A61H（理疗装置）	87 666
A61N（电疗；磁疗；放射疗；超声波疗）	12 644
A61M（将介质输入人体内或输到人体上的器械）	11 062
A61C（牙科；口腔或牙齿卫生的装置或方法）	10 165
A45D（理发或修面设备）	9 601
A61F（可植入血管内的滤器；假体；为人体管状结构提供开口、或防止其塌陷的装置）	8 811
B26B（不包含在其他类目中的手持切割工具）	5 644
A63B（体育锻炼、体操、游泳、爬山或击剑用的器械；球类；训练器械（被动锻炼、按摩用装置入A61H））	5 250
A61G（专门适用于病人或残疾人的运输工具、专用运输工具或起居设施）	4 168
A61B［诊断；外科；鉴定（分析生物材料入G01N，如G01N33/48）］	3 765

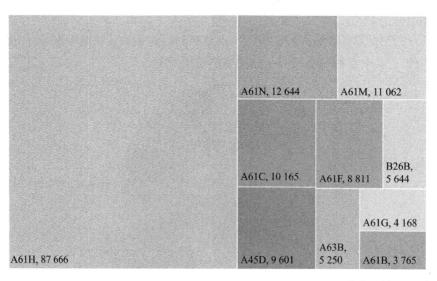

单位：件

图3-53　家用美容、保健护理电器具制造领域国内专利技术构成

3.6.2.6　国内专利省市分布

通过对家用美容、保健护理电器具制造领域专利在中国省级行政区域的分布情况（仅统计中国专利）进行分析，可以了解在中国申请专利保护较多的省份，以及各省份的创新活跃程度。

对家用美容、保健护理电器具制造领域国内专利进行省份分布分析，得到表 3-62。其中，广东省以 50 745 件专利排名第一，浙江省以 36 265 件专利排名第二，第三是江苏省，共有家用美容、保健护理电器具制造领域专利 14 645 件。山东省共有家用美容、保健护理电器具制造领域专利 13 954 件，排名第四。福建省、上海市、河南省、北京市、湖北省、安徽省的专利数量均在 10 000 件以下。

表 3-62　家用美容、保健护理电器具制造领域国内专利省份分布　　　　单位：件

申请人所属省份	专利数量
广东省	50 745
浙江省	36 265
江苏省	14 645
山东省	13 954
福建省	7 382
上海市	6 941
河南省	6 477
北京市	5 616
湖北省	4 890
安徽省	4 293

3.6.2.7　重点省份发明专利申请人布局

（1）广东省主要申请人排名

表 3-63 列出了家用美容、保健护理电器具制造领域国内发明专利广东省主要申请人排名。

表 3-63　家用美容、保健护理电器具制造领域国内发明专利广东省主要申请人排名　　单位：件

排名	申请人名称	专利数量
1	舒可士（深圳）科技有限公司	65
2	深圳市倍轻松科技股份有限公司	44
3	广东艾诗凯奇智能科技有限公司	35
4	广东工业大学	34
5	华南理工大学	29
6	广东美的安川服务机器人有限公司	28
7	深圳市奋达科技股份有限公司	27

排名	申请人名称	专利数量
8	深圳市丞辉威世智能科技有限公司	26
9	中国科学院深圳先进技术研究院	25
10	深圳市云顶信息技术有限公司	24

（2）浙江省主要申请人排名

表3-64列出了家用美容、保健护理电器具制造领域国内发明专利浙江省主要申请人排名。

表3-64　家用美容、保健护理电器具制造领域国内发明专利浙江省主要申请人排名　单位：件

排名	申请人名称	专利数量
1	浙江美森电器有限公司	50
2	浙江大学	49
3	浙江百特电器有限公司	35
4	浙江海顺电工有限公司	32
5	超人集团有限公司	32
6	浙江豪中豪健康产品有限公司	30
7	康知园（杭州）健身器材有限公司	28
8	浙江工业大学	28
9	温岭市智方科技有限公司	27
10	杭州电子科技大学	23

（3）山东省主要申请人排名

表3-65列出了家用美容、保健护理电器具制造领域国内发明专利山东省主要申请人排名。

表3-65　家用美容、保健护理电器具制造领域国内发明专利山东省主要申请人排名　单位：件

排名	申请人名称	专利数量
1	青岛大学附属医院	74
2	山东康泰实业有限公司	33
3	山东大学	25
4	潍坊大地医疗器械有限公司	22
5	青岛市中心医院	21
6	青岛市市立医院	20
7	山东中医药大学	19
8	山东海天智能工程有限公司	19
9	青岛文创科技有限公司	17
10	山东建筑大学	16

3.6.3　国内发明专利聚类分析

聚类分析是通过数据建模后简化并使数据可视化的分析方法。通过提取家用美容、保健护理电器具制造领域国内发明专利文本中的关键词，从其相关度聚合出不同类别的文本关键词并以圆环饼图的形式展示其分布情况，分析结果如图 3-54 所示。对应专利分析见表 3-66。

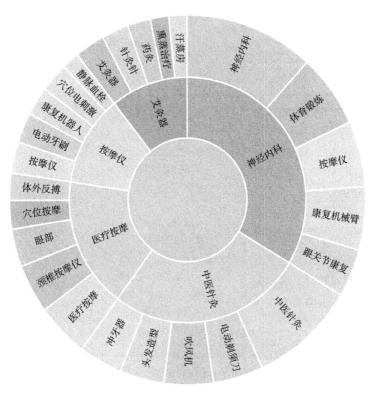

图 3-54　家用美容、保健护理电器具制造领域国内发明专利聚类分析

表 3-66　家用美容、保健护理电器具制造领域国内发明专利分析列表

序号	申请号	标题	权利要求数量/项	技术功效 1 级	技术功效 TRIZ 参数	IPC 主分类
1	CN201710319626.2	活血按摩鞋	4	血液；防滑性；体验；舒展；磁疗；体积；按摩；活血；紧固性；疲劳度；紧脚部；鞋子	07-体积	A43B7/00
2	CN201810245113.6	一种医用温度调节式药灸装置	6	手持；便利性；均匀性；疗效；损失	33-操作流程的方便性；29-制造精度；23-物质损失	A61H39/06

序号	申请号	标题	权利要求数量/项	技术功效1级	技术功效TRIZ参数	IPC主分类
3	CN201810743039.0	一种骨伤康复器	6	缠绕；康复；转动；连接线；精确性；疗效；脱离；稳定性	28-测量精度；13-稳定性	A61H1/02
4	CN201811050980.0	一种多模态反馈主被动康复训练系统及其使用方法	10	主动性；回收；适应性	35-适应性、通用性	A63B22/08
5	CN201811369080.2	一种康复锻炼设备	10	经济性；效率；复杂性；实用性；转移	39-生产率；36-系统的复杂性；35-适应性、通用性	A61H1/02
6	CN201811485111.0	干净刀片更换平台	6	概率；调节；自动化	38-自动化程度	B26B19/38
7	CN201910267329.7	一种卧式下肢康复机器人训练机构及系统	6	退化；便利性；长度；复杂性；范围	33-操作流程的方便性；03-长度；36-系统的复杂性；35-适应性、通用性	A61H1/02
8	CN201910339549.6	一种自动调温型隔附子饼灸器具	6	可推广性；充分性；体积；复杂性；烫伤；完成率；便利性；干预；局限性；确定性	39-生产率；07-体积；36-系统的复杂性；33-操作流程的方便性	A61H39/06
9	CN201910551126.0	一种内科病人用康复训练装置	9	便利性；实用性；活动；舒适性	33-操作流程的方便性；35-适应性、通用性	A61H1/02
10	CN201810304770.3	电动牙刷主体驱动结构	10	体积；收益；动力；稳定性；强度；复杂性；便利性	07-体积；13-稳定性；14-强度；36-系统的复杂性；33-操作流程的方便性	A61C17/26
11	CN202010006100.0	一种重症护理用肌肉放松按摩装置	6	按摩；不适感；曲线；拉动；酸痛感；温度；高度；劳动强度；牵引；放松	17-温度；03-长度；39-生产率	A61H1/02
12	CN202010045642.9	患者口腔中的唾液被引出的胃镜检查护理装置	2	器械；窒息；正确性；衣服；活动；舒适性；发现；及时性	28-测量精度；25-时间损失	A61B1/273
13	CN202010936967.6	一种便于携带的多功能幼儿托座旅行箱	7	劳动强度；携带；舒适性；次数；健康；摔倒	39-生产率；26-物质或事物的数量	A45C5/04

序号	申请号	标题	权利要求数量/项	技术功效1级	技术功效TRIZ参数	IPC主分类
14	CN202011050215.6	一种嵌入式头发烘干系统	6	疲劳度；效率；自动化	39-生产率；38-自动化程度	A45D20/16
15	CN202011193461.7	一种计算机编程用的具有短暂休息功能的办公座椅	8	午休；便利性；短暂；凸起；平躺	33-操作流程的方便性	A47C1/035
16	CN202010442523.7	一种体征数据采集系统以及体征数据采集方法	15	便利性	33-操作流程的方便性	A61B5/01
17	CN202011091551.5	一种美容祛斑机专用探头装置	4	有害；效率；稳定性；安全；自动化；嫩滑；密封性；功效；支撑；成本；抗冲击性；经济性；血液；美容；振动；便利性；精度；牢固性；摩擦力；防震性	30-作用于物体的有害因素；39-生产率；13-稳定性；38-自动化程度；29-制造精度；31-物质产生的有害因素；33-操作流程的方便性；28-测量精度；27-可靠性；10-力	A61B18/20
18	CN202011065409.3	一种具有加热功能的便携式洗牙器及水加热控制方法	9	效率；水；电阻；成本；复杂性；便利性；功率；可控性；安全；热	39-生产率；23-物质损失；36-系统的复杂性；33-操作流程的方便性；21-功率；37-控制与测量的复杂性；30-作用于物体的有害因素；17-温度	A61C17/02
19	CN202011091648.6	一种对牙齿表面自动打磨清洁设备	5	清洁性；自动化；紧固性	31-物质产生的有害因素；38-自动化程度	A61C17/22
20	CN201910405460.5	一种理疗医学物理感应器	4	激活病症；病症；能量；反应；温度；质变；活力；软化；实用性；量变；临床；治病；真实性	19-能耗；17-温度；35-适应性、通用性	A61F7/00
21	CN202010087594.X	按摩机	6	便利性	33-操作流程的方便性	A61H1/00
22	CN202011025402.9	按摩设备及其运行方法	14	调节；可控性；智能化；模式；便利性；体验	37-控制与测量的复杂性；33-操作流程的方便性	A61H1/00
23	CN202011203668.8	新型多功能中医排石治疗装置	10	便利性；成本；舒适性；结石；疗效；适用性	33-操作流程的方便性；39-生产率；35-适应性、通用性	A61H1/00

序号	申请号	标题	权利要求数量/项	技术功效1级	技术功效TRIZ参数	IPC主分类
24	CN201910574563.4	锻炼仪	12	便利性；依赖	33-操作流程的方便性	A61H1/02
25	CN202010578684.9	学习系统、复健辅助系统、方法、程序及学习完毕模型	17	可控性；反馈；信息	37-控制与测量的复杂性；24-信息损失	A61H1/02
26	CN202010776706.2	一种基于神经发育学技术的康复仪	8	复杂性；适合性；可控性；自动化；便利性	36-系统的复杂性；35-适应性、通用性；37-控制与测量的复杂性；38-自动化程度；33-操作流程的方便性	A61H1/02
27	CN202011021005.4	一种顺应性肩部康复外骨骼	5	康复；可维修性；力和力矩；舒适性；训练；独立；安全；受损；对齐；复杂性	34-可维修性；30-作用于物体的有害因素；36-系统的复杂性	A61H1/02
28	CN202011143189.1	一种并联三自由度踝关节康复机器人	9	灵活性；安全；训练；体积；趾屈；背伸；成本；可靠性；有害；重合；运输；可控性	35-适应性、通用性；30-作用于物体的有害因素；07-体积；39-生产率；27-可靠性；37-控制与测量的复杂性	A61H1/02
29	CN201910602339.1	平衡辅助系统及穿戴式装置	20	灵活性；平衡；跌倒；动作	35-适应性、通用性	A61H3/00
30	CN201910582376.0	一种通用按摩结构及睾丸按摩器	8	成本；干爽；体积；疼痛；丰富；舒适性；延展性；压迫；复杂性	39-生产率；07-体积；36-系统的复杂性	A61H7/00
31	CN202010443690.3	一种颈部按摩仪及基于颈部按摩仪的防撞方法	15	获取；安全；可控性	30-作用于物体的有害因素；37-控制与测量的复杂性	A61H7/00
32	CN202010909269.7	一种摆动式负压养生仪	6	负压；可操作性；血液；范围	33-操作流程的方便性；35-适应性、通用性	A61H7/00
33	CN202011014068.7	一种可变刚度的软体按摩机器人	10	范围；灵活性；柔性	35-适应性、通用性	A61H7/00
34	CN202011039185.9	适配立式全方位全身按摩装置	7	效率；成本；便利性；噪音；松动；按摩；适应性；舒适性；损耗；力度；皮肤；匹配度；摩擦力	39-生产率；33-操作流程的方便性；31-物质产生的有害因素；35-适应性、通用性；23-物质损失；10-力	A61H7/00

序号	申请号	标题	权利要求数量/项	技术功效 1 级	技术功效 TRIZ 参数	IPC 主分类
35	CN202011024353.7	一种负压养生仪	8	复杂性；效率	36 - 系统的复杂性；39-生产率	A61H9/00
36	CN202010979613.X	一种急诊护理用可调节肢体固定设备	7	刮伤；康复；舒适性；有害；实用性；安全；血液；按摩	30-作用于物体的有害因素；35 - 适应性、通用性	A61H15/00
37	CN202010893616.1	一种智能内衣按摩控制方法、控制系统及智能内衣	9	可控性；灵活性；智能化	37-控制与测量的复杂性；35-适应性、通用性	A61H23/02
38	CN202011137201.8	具有冰感机制的负压按摩装置及其按摩棒	20	体感；舒缓；舒适性；可操作性	33-操作流程的方便性	A61H23/02
39	CN202011137866.9	一种皮肤科用装置	8	速度；清洁性；均匀性；杂质；粘连；热；充分性；疗效；速率	09-速度；31-物质产生的有害因素；29-制造精度；30-作用于物体的有害因素；17-温度	A61H33/04
40	CN202011143852.8	一种微波中药理疗仪	10	速度；热；能量；自动化；可控性	09 - 速度；17 - 温度；19-能耗；38 - 自动化程度；37-控制与测量的复杂性	A61H33/06
41	CN202010975979.X	一种可调节式祛斑美白药物蒸汽美容面罩	6	调节；稳定性；美容；便利性；速度；祛斑；污垢；有害；美白	13-稳定性；33-操作流程的方便性；09-速度；31-物质产生的有害因素；30-作用于物体的有害因素	A61H33/12
42	CN202011026179.X	一种内分泌临床的可调节艾熏装置	6	便利性；手持；调节；稳定性	33-操作流程的方便性；13-稳定性	A61H39/06
43	CN202011144309.X	一种艾灸盒	7	复杂性；效率；便利性	36 - 系统的复杂性；39-生产率；33-操作流程的方便性	A61H39/06
44	CN202010875934.5	一种适用于吞咽障碍病人的针灸康复训练装置	9	针灸针；便利性；细菌；适合性；实用性；均匀性	33-操作流程的方便性；30-作用于物体的有害因素；35-适应性、通用性；29-制造精度	A61H39/08

序号	申请号	标题	权利要求数量/项	技术功效1级	技术功效TRIZ参数	IPC主分类
45	CN202011030218.3	一种中医学埋置线用送针装置	6	便利性；拆装；埋线	33-操作流程的方便性	A61H39/08
46	CN202011055897.X	一种用于排毒的中药组合物及制备方法和排毒理疗工具	10	速度；相克；充分性；健康；效果；残留；完成率；组合物；利用率；人体	09-速度；39-生产率	A61K36/9064
47	CN202011036886.7	一种五青药罐及其制备使用方法	10	反弹；闭塞；免疫力；体寒；体质；减肥；广泛性；气体；健康；胀气；风湿；治疗	30-作用于物体的有害因素	A61M1/08
48	CN202011060802.3	一种柔性罐	6	范围；脱落；颤动；易拆卸；理疗；吸收；均匀性；皮肤处	35-适应性、通用性；34-可维修性；29-制造精度	A61M1/08
49	CN202010910338.6	一种全能养生调理仪	6	疗效；挤压；辅助；用量；共混；速度	26-物质或事物的数量；09-速度	A61M37/00
50	CN201910566472.6	一种美容仪及控制方法	13	污染；隔离	31-物质产生的有害因素	A61N1/18
51	CN202011214531.2	一种增强磁场强度的方法	2	强度；便利性；穿透	14-强度；33-操作流程的方便性	A61N2/12
52	CN202011040462.8	一种电动剃须刀的刀头组件	8	安全；耐磨性；进入；便利性；舒适性；变形；皮肤；切削；精剪；空间；长度；粗剪；宽度；强度	30-作用于物体的有害因素；33-操作流程的方便性；12-形状；07-体积；03-长度；14-强度	B26B19/14
53	CN202010587578.7	居住设备提示装置、系统、方法以及程序	21	妥当性；能力；复杂性；提示	36-系统的复杂性	H04L29/08
54	CN201980032100.3	清洁和充电站	15	清洁性；可视性；充电	31-物质产生的有害因素	A45D27/46
55	CN201980032222.2	具有润滑装置的剃刮单元	15	供应；皮肤；润滑膜；光滑性；安全	12-形状；30-作用于物体的有害因素	B26B19/16
56	CN201810203539.5	一种辅助康复用骨科医疗装置	1	劳动强度；便利性；复杂性；康复	39-生产率；33-操作流程的方便性；36-系统的复杂性	A61H1/02

序号	申请号	标题	权利要求数量/项	技术功效 1 级	技术功效 TRIZ 参数	IPC 主分类
57	CN201810751062.4	仿真智能按摩椅	4	创伤；复杂性；便利性；按摩；推拿；舒适性；力度；扭转；成本；可推广性；体验；血液	36 - 系统的复杂性；33-操作流程的方便性；39-生产率	A61H7/00
58	CN201910033634.X	一种针灸热敷按摩器	6	按摩；可推广性；便利性	39-生产率；33-操作流程的方便性	A61N5/06
59	CN201910113962.0	一种脚踝康复机器人	6	复杂性；便利性；重量；调节；康复；风险；训练	36 - 系统的复杂性；33-操作流程的方便性；01-重量；27-可靠性	A61F5/01
60	CN201910148695.0	一种神经内科临床治疗装置	6	价值；安全；冲击；时间；劳动强度；复杂性；疗效；实用性；康复；速度	39-生产率；30-作用于物体的有害因素；15-时间；36-系统的复杂性；35 - 适应性、通用性；09-速度	A61H1/02
61	CN201910443464.2	一种儿童神经行为康复装置	10	不适感；训练；舒适性；疲劳感；适应性；康复；安全	35-适应性、通用性；30-作用于物体的有害因素	A61B90/18
62	CN201910638548.1	风湿部位辅助运动装置	7	复杂性；可调节性；切换	36-系统的复杂性	A61H1/02
63	CN202010945349.8	通过磁变量测量摆动角度及压力的控制方法、装置和介质	9	监测	37 - 控制与测量的复杂性	A61C17/22
64	CN201910553083.X	一种符合生物力学原理的鞋底	8	复杂性；舒适性	36-系统的复杂性	A43B13/14
65	CN202010998579.0	一种便于移动的可调式智能洗头机	9	可操作性；酸胀感；灵活性；舒适性；可维护性；细菌；复杂性；便利性；适应性；支撑；清洁性；选择；检修	33 - 操作流程的方便性；35 - 适应性、通用性；34-可维修性；30-作用于物体的有害因素；36-系统的复杂性；31-物质产生的有害因素	A45D19/10
66	CN202010907096.5	一种具有按摩功能且高度可调节的智能洗头机	8	舒适性；挤压；消耗；护发素；适应性；便利性；冲洗；家庭；均匀性；侵入；按摩；循环性；健康	23-物质损失；35-适应性、通用性；33-操作流程的方便性；29-制造精度	A45D19/14

序号	申请号	标题	权利要求数量/项	技术功效1级	技术功效TRIZ参数	IPC主分类
67	CN202011123638.6	一种内环境自保护型热吹风机	4	风险；自动化；寿命	27-可靠性；38-自动化程度	A45D20/10
68	CN202011220550.6	吹风机的恒温控制方法	10	精度；可控性；反馈；温度	28-测量精度；37-控制与测量的复杂性；17-温度	A45D20/10
69	CN202011139890.6	一种新型的吹风机加热机构及其加热方法	9	均匀性；速度；寿命；确定性；实用性；效率；消耗	29-制造精度；09-速度；27-可靠性；35-适应性、通用性；39-生产率；23-物质损失	A45D20/12
70	CN202011013800.9	一种牙刷及其使用方法	11	智能化；便利性；清洁性；适合性；效率	33-操作流程的方便性；31-物质产生的有害因素；35-适应性、通用性；39-生产率	A46B7/04
71	CN202010990747.1	一种用于牙种植体制备的表面喷砂处理装置	10	完成率；清洁性	31-物质产生的有害因素	A61C13/00
72	CN202011041036.6	一种冲牙器	10	稳定性；顺畅；受力；相互作用；喷嘴；舒适性；灵敏度；卡簧；插拔；转动；偏移	13-稳定性；10-力；28-测量精度	A61C17/02
73	CN202010896754.5	一种按摩椅控制方法	10	体验；确定性；调节；便利性	33-操作流程的方便性	A61H1/00
74	CN202010910346.0	一种按摩椅机芯	8	便利性；解除	33-操作流程的方便性	A61H1/00
75	CN202010911796.1	一种按摩椅底座	9	安全；不利；可靠性；潮湿；轮向；灵活性	30-作用于物体的有害因素；27-可靠性；35-适应性、通用性	A61H1/00
76	CN202010954684.4	用于辅助治疗改善腰椎间盘突出症状的治疗棒及使用方法	10	便利性；时间；大道；学习；办公；复杂性；成本	33-操作流程的方便性；15-时间；36-系统的复杂性；39-生产率	A61H1/00
77	CN202010989155.8	一种妇产科临盆前室内胯部锻炼设备	6	疲惫；自动化	38-自动化程度	A61H1/02
78	CN202011007194.X	一种医用治疗偏瘫手部康复护理器械	8	舒适性；适应性；血液；康复	35-适应性、通用性	A61H1/02

序号	申请号	标题	权利要求数量/项	技术功效 1 级	技术功效 TRIZ 参数	IPC 主分类
79	CN202011027030.3	一种心内科术后康复护理训练装置	4	稳定性；恢复	13-稳定性	A61H1/02
80	CN202011029567.3	一种动物后肢拉伸装置	6	拉伸；适应性	35-适应性、通用性	A61H1/02
81	CN202011032482.0	一种颈椎治疗装置	10	环境；便利性；疗效；能源	33 操作流程的方便性；19-能耗	A61H1/02
82	CN202011041945.X	一种手指锻炼和脚底按摩病床	6	劳动强度	39-生产率	A61H1/02
83	CN202011088462.5	下肢医疗康复机构	4	实用性；便利性；安全；患者；精巧；疗效；负担	35-适应性、通用性；33-操作流程的方便性；30-作用于物体的有害因素；39-生产率	A61H1/02
84	CN202010806489.7	一种多模式交互性关节松动训练设备与训练方法	10	直观性；速度	09-速度	A61H7/00
85	CN202010839389.4	颈部按摩仪	28	体积；携带；高度；距离	07-体积；03-长度	A61H7/00
86	CN202010951247.7	一种风湿免疫推拿护理装置	10	便利性；疗效；完成度；成本；适应性；下端；推拿；广泛性	33-操作流程的方便性；39-生产率；35-适应性、通用性	A61H7/00
87	CN202010966116.6	一种医疗用腰椎康复按摩病床	6	康复；自动化	38-自动化程度	A61H7/00
88	CN202011017154.3	一种神经内科临床辅助按摩装置	7	便利性；患者；效率；劳动强度；自动化	33-操作流程的方便性；39-生产率；38-自动化程度	A61H7/00
89	CN202011086948.5	一种医疗用按摩椅	5	便利性；效果；舒适性；疗效；复杂性；实用性	33-操作流程的方便性；36-系统的复杂性；35-适应性、通用性	A61H7/00
90	CN202011142102.9	一种能够复现医师手法的刮痧装置	8	可操作性；便利性；体积；实用性；刮；手法	33-操作流程的方便性；07-体积；35-适应性、通用性	A61H7/00

序号	申请号	标题	权利要求数量/项	技术功效1级	技术功效TRIZ参数	IPC主分类
91	CN202010891657.7	一种多功能美容仪	9	复杂性；堵塞；肤质；便利性；纯水；稳定性；淡化；可靠性；速度；清洁性；安全；成本	36-系统的复杂性；31-物质产生的有害因素；33-操作流程的方便性；13-稳定性；27-可靠性；09-速度；30-作用于物体的有害因素；39-生产率	A61H15/00
92	CN202011088461.0	一种肩颈治疗按摩椅	4	按摩；清洁性；感觉	31-物质产生的有害因素	A61H15/00
93	CN202011113274.3	一种腿部拉伸休闲椅	6	便利性	33-操作流程的方便性	A61H23/02
94	CN202010944771.1	一种银屑病熏蒸治疗装置	6	活力；可控性；速度；复杂性；康复；合理性；折断；完成率	37-控制与测量的复杂性；09-速度；36-系统的复杂性；35-适应性、通用性	A61H33/00
95	CN202011086044.2	一种骨折恢复全程辅助装置	4	活力；瘀血；恢复；负担；速度；积水；长度；精准性	39-生产率；09-速度；03-长度	A61H33/06
96	CN202011091376.X	一种智能面部按摩系统	10	标准化；可靠性；体验；准确性；量化；效率	27-可靠性；28-测量精度；39-生产率	A61H39/04
97	CN202011133951.8	一种治疗失眠用智能穴位探测按摩仪器	10	防滑性；自动化；速度；辅助；神经；按摩；舒适性；强度；质量	38-自动化程度；09-速度；14-强度；27-可靠性	A61H39/04
98	CN202011155744.2	一种多方位人体按摩美容设备	4	受益；自动化；按摩	38-自动化程度	A61H39/04
99	CN202011040371.4	一种舱室式灸疗床	10	全面性；灸疗	35-适应性、通用性	A61H39/06
100	CN202011088091.0	一种针灸科用艾灸装置	10	长久；正确性；艾灸；灸疗时；灸疗；复杂性；便利性；污染；充分性	28-测量精度；36-系统的复杂性；33-操作流程的方便性；31-物质产生的有害因素	A61H39/06
101	CN202011130774.8	一种无烟的艾灸装置	10	艾灸；环境；便利性；适合性；磁疗；空气；吸收器；改造；速度	33-操作流程的方便性；35-适应性、通用性；09-速度	A61H39/06

序号	申请号	标题	权利要求数量/项	技术功效 1 级	技术功效 TRIZ 参数	IPC 主分类
102	CN202011056664.1	一种可调自加温的针灸针	8	效率；实用性；速度；便利性；时间；疗效	39-生产率；35-适应性、通用性；09-速度；33-操作流程的方便性；15-时间	A61H39/08
103	CN202011014734.7	一种可增强止痛功效的针灸针及其制备方法和应用	10	止痛；相容性；功效；安全；活力；免疫力；组分；转移；疼痛；复杂性；代谢；成膜；适量；速度；稳定性；穿透；活血；效果；疗效	30-作用于物体的有害因素；36-系统的复杂性；09-速度；13-稳定性	A61K36/54
104	CN202011061011.2	一种用于艾灸的中药组合物及其制备方法	9	免疫力；层间；流动性；散失；充分性；吸收；适合性；确定性；新陈代谢；效果；效用；成分	30-作用于物体的有害因素；35-适应性、通用性；26-物质或事物的数量	A61K36/54
105	CN202011006141.6	一种 PICC 置管智能维护设备	9	温度	17-温度	A61M5/52
106	CN202011124519.2	一种持续性前列腺水囊扩张系统	9	收缩；实用性；扩张；风险；体积；漏尿；摩擦力；实时性；拉扯；滑移；紧固性	35-适应性、通用性；27-可靠性；07-体积；10-力；25-时间损失	A61M29/04
107	CN202010832222.5	一种腹腔术后防肠粘连装置	9	手术；锻炼；情绪；抵触；实用性；舒适性；可控性；便利性；劳动强度；占用；复杂性；难度	35-适应性、通用性；37-控制与测量的复杂性；33-操作流程的方便性；39-生产率；36-系统的复杂性	A63B23/04
108	CN202011046288.8	一种下肢静脉曲张熏蒸治疗装置	7	疗效；流动性；充分性；回流；复杂性；力量；吸收	36-系统的复杂性	A63B23/04
109	CN202010994405.7	一种带有圆球在环形轨道转圈的上肢康复训练器	10	碰撞；量化；拨动	30-作用于物体的有害因素	A63B23/12
110	CN201980033385.2	口腔护理装置	18	释放；电势；可控；健康；味觉	37-控制与测量的复杂性	A46B9/04

序号	申请号	标题	权利要求数量/项	技术功效1级	技术功效TRIZ参数	IPC主分类
111	CN201880090680.7	罐、抽吸装置以及包含该罐和抽吸装置的组织扩张装置	20	负压；湿气；长度；稳定性；便利性	03-长度；13-稳定性；33-操作流程的方便性	A61H9/00
112	CN201580027285.0	静电发生器及其方法	10	身体；便利性	33-操作流程的方便性	A61H7/00
113	CN201710533980.5	便携式上肢康复机器人及其基于LabVIEW的数字仿真实现方法	3	清晰度；复杂性；集成化；真实；便利性；动作；速度；可控性；直观性	28-测量精度；36-系统的复杂性；33-操作流程的方便性；09-速度；37-控制与测量的复杂性	B25J9/00
114	CN201810413775.X	计算机可读存储介质和终端	7	疗效；康复；质量；适合性；体验	27-可靠性；35-适应性、通用性	A61H1/02
115	CN201810925290.9	一种腰部肌肉恢复床	2	受伤	31-物质产生的有害因素	A61H1/02
116	CN201811233915.1	一种风湿病康复训练装置	4	流通；受损；准确性	28-测量精度	A61H1/02
117	CN201811134161.4	一种具有脚底按摩的健身漫步机	2	便利性；时间	33-操作流程的方便性；15-时间	A63B22/00
118	CN201811374451.6	一种艾灸床用艾条的自动熏疗装置	5	复杂性；熏疗；便利性；均匀性；调节；自动化；疗效；效率；阻燃性	36-系统的复杂性；33-操作流程的方便性；29-制造精度；38-自动化程度；39-生产率；30-作用于物体的有害因素	A61H39/06
119	CN201811306888.6	一种用于糖尿病人护理的穴位自我点按装置	1	便利性；复杂性；亲肤感；携带；频率；挫伤；敲打；皮肤	33-操作流程的方便性；36-系统的复杂性	G16H40/60
120	CN201910003622.2	一种心内科术后康复护理装置	7	适应性；合理性	35-适应性、通用性	A61H1/02
121	CN201811593757.0	躯干康复治疗机	8	适应性	35-适应性、通用性	A61F5/042
122	CN201910373175.X	一种医疗康复用足部按摩器	7	能源；环境	19-能耗	A61H15/00
123	CN201911124679.4	一种多功能防霉、防蛀保健枕的制造方法	8	松散；局部；噪音；通风；异响；利用率；头部；完成率；充盈；透气；按摩；干燥	31-物质产生的有害因素；39-生产率	A47G9/10

序号	申请号	标题	权利要求数量/项	技术功效 1 级	技术功效 TRIZ 参数	IPC 主分类
124	CN202010009333.6	一种神经偏瘫护理装置	6	舒适性；锻炼；可控性；不适；支撑；劳累；劳动强度	37-控制与测量的复杂性；39-生产率	A61H1/02
125	CN202010171703.6	一种行政管理办公人员用脚部缓解疲劳踩踏装置	6	血液；职业病；疲劳度；完成率；效率；锻炼；踩踏	39-生产率	A63B22/04
126	CN202011102590.0	一种洗脚杯	10	清洁性；血液；安全	31-物质产生的有害因素；30-作用于物体的有害因素	A01K13/00
127	CN202010964046.0	一种便于移动具有防堵塞结构的智能洗头机	9	集中度；清洁性；堵塞；角度；适应性；易拆卸；扫除；变更；便利性；强度	31-物质产生的有害因素；35-适应性、通用性；34-可维修性；33-操作流程的方便性；14-强度	A45D19/10
128	CN202011111912.8	电动牙刷	8	细菌；口腔；清洁性；美白；功能性	30-作用于物体的有害因素；31-物质产生的有害因素	A61C17/34
129	CN202011001790.7	采集和处理用户健康数据的系统和方法	10	效率；成本；智能化；收集；便利性；健康；速度；采集；可推广性	39-生产率；33-操作流程的方便性；09-速度	A61C19/04
130	CN202011089493.2	一种穿戴式多功能颈椎康复动力外骨骼	10	装配；稳定性；平衡；肌力；生物；便利性；柔顺性；适应性；训练	13-稳定性；33-操作流程的方便性；35-适应性、通用性	A61F5/042
131	CN202010910308.5	一种按摩椅机芯	7	环境；实用性；稳定性；适合性；安全；磕碰；精准性	35-适应性、通用性；13-稳定性；30-作用于物体的有害因素	A61H1/00
132	CN202010910317.4	一种按摩椅靠背	9	资源；支撑；透气；安全；灵活性；按摩；转动；温度	39-生产率；30-作用于物体的有害因素；35-适应性、通用性；17-温度	A61H1/00
133	CN202010910332.9	一种多部位气囊的按摩椅	7	成本；热；不适；承托；按摩；价值；单一；不均	39-生产率；17-温度	A61H1/00

序号	申请号	标题	权利要求数量/项	技术功效1级	技术功效TRIZ参数	IPC主分类
134	CN202010911793.8	一种按摩椅控制系统	5	复杂性；便利性；精度；稳定性；可控性	36－系统的复杂性；33－操作流程的方便性；28－测量精度；13－稳定性；37－控制与测量的复杂性	A61H1/00
135	CN202010976680.6	一种医疗用锻炼装置	6	健康；锻炼；速度	09－速度	A61H1/02
136	CN202011002311.3	一种智能张口康复器	10	康复效；精准性；自动化	38－自动化程度	A61H1/02
137	CN202011007931.6	一种可用于腿部康复训练的病床	6	病人；负担；碰撞；体积	39－生产率；30－作用于物体的有害因素；07－体积	A61H1/02
138	CN202010910342.2	一种按摩坐垫	9	灵活性；抗冲击性；稳定性；支撑；时间；安全；舒适性；环境；强度；按摩	35－适应性、通用性；13－稳定性；15－时间；30－作用于物体的有害因素；14－强度	A61H7/00
139	CN202010916126.9	一种腿部按摩装置	8	安全；防震性；不利；灵活性；防滑性；按摩；疲劳度；便利性	30－作用于物体的有害因素；35－适应性、通用性；33－操作流程的方便性	A61H7/00
140	CN202010836803.6	新型的空气波双连接气嘴及应用该气嘴的组件	9	可控性；气路；体积	37－控制与测量的复杂性；07－体积	A61H9/00
141	CN201910557776.6	复合磁疗多功能健身器具	3	美观性；适合性；循环性；光滑度；效果；复杂性；能力；质量；细胞；灵活性；血压；免疫力；代谢；记忆力	35－适应性、通用性；36－系统的复杂性；27－可靠性；30－作用于物体的有害因素	A61H23/06
142	CN201910977144.5	眼球保湿器	3	干燥症；安全；皱纹；洁净度；复杂性；完成度；烫伤；衰老；效率；眼筋；成本；携带	30－作用于物体的有害因素；31－物质产生的有害因素；36－系统的复杂性；39－生产率	A61H33/06

序号	申请号	标题	权利要求数量/项	技术功效 1 级	技术功效 TRIZ 参数	IPC 主分类
143	CN202010996607.5	一种可以发出香味的蒸脸器	10	质量；稳定性；面积；调节；水；介子；具体；便利性；泄露；顺畅	27-可靠性；13-稳定性；05-面积；23-物质损失；33-操作流程的方便性；31-物质产生的有害因素	A61H33/12
144	CN202010909259.3	一种双跡全息养生诊疗板	6	热；挤压；按摩；诊疗；旋转率	17-温度	A61H39/04
145	CN202010916109.5	一种脚部按摩装置	8	灵活性；便利性；脱落；坐姿	35-适应性、通用性；33-操作流程的方便性	A61H39/04
146	CN202010916123.5	一种脚部按摩装置	10	稳定性；刮；安全；底座；转动；摩擦力；刮伤；柔软度；平衡	13-稳定性；30-作用于物体的有害因素；10-力	A61H39/04
147	CN202010916129.2	一种脚部按摩装置	8	舒适性；封闭性；热量；温度；速度；安全；新陈代谢；风险	19-能耗；17-温度；09-速度；30-作用于物体的有害因素；27-可靠性	A61H39/04
148	CN202011060800.4	一种药物组合物及其在制备通督灸块中的用途	10	扶阳；便利性；疗效；经济性；成本；祛除；体质；负担；渗透；畅通；安全	33-操作流程的方便性；39-生产率；30-作用于物体的有害因素	A61K36/56
149	CN202010796944.X	一种拔火罐	19	适合性；痛感；风险	35-适应性、通用性；27-可靠性	A61M1/08
150	CN202010894296.1	一种拔火罐	12	可控性；效果	37-控制与测量的复杂性	A61M1/08
151	CN202011016434.2	针对于脚气患者的脚丫处辅助上药设备及上药方法	3	速度；舒适性；重量；安全；按摩；便利性；柔软性；锻炼；受伤；损坏；免疫力	09-速度；01-重量；30-作用于物体的有害因素；33-操作流程的方便性；31-物质产生的有害因素；27-可靠性	A61M35/00
152	CN202010940709.5	一种专用于脚关节患者用脚踏式锻炼康复设备	6	恢复；劳动强度；复杂性；锻炼	39-生产率；36-系统的复杂性	A63B22/04
153	CN202010883394.5	一种手指全面锻炼装置	7	强度；压缩；可控性；弯曲；紧固性；动筒；力度；适应性	14-强度；37-控制与测量的复杂性；35-适应性、通用性	A63B23/16

序号	申请号	标题	权利要求数量/项	技术功效1级	技术功效TRIZ参数	IPC主分类
154	CN202010883413.4	一种手指训练装置	5	强度；防滑性；力度；压缩；舒适性；弯屈；固定板；可控性；导向板；脱离；移动	14-强度；37-控制与测量的复杂性	A63B23/16
155	CN202011142223.3	压力旋转式花洒	10	复杂性；成本；完整性；沐浴；按摩；自动化；可推广性	36-系统的复杂性；39-生产率；38-自动化程度	B05B3/04
156	CN201910544954.1	一种假牙清洗装置	6	使用者；清洁性；规律；复杂性	31-物质产生的有害因素；36-系统的复杂性	B08B3/12
157	CN201910546140.1	一种变向摆杆传动的"T形"往复式电动剃须刀	3	便利性；舒适性；变化；外形；灵活性	33-操作流程的方便性；35-适应性、通用性	B26B19/04
158	CN202011104163.6	剃须刀	10	缝隙；施力；损坏	27-可靠性	B26B19/06
159	CN202010997767.1	一种动力传输装置及剃须刀	10	可靠性；头部；差异性；定位；寿命；复杂性；防水性；效率；噪音；成本；握感	27-可靠性；36-系统的复杂性；30-作用于物体的有害因素；39-生产率；31-物质产生的有害因素	B26B19/14
160	CN202011053188.8	一种汽车座椅气动腰托按摩系统	10	成本；舒适性；便利性；噪音；强度；可靠性；脱落；牢固性；复杂性；体积；质量；适合性	39-生产率；33-操作流程的方便性；31-物质产生的有害因素；14-强度；27-可靠性；36-系统的复杂性；07-体积；35-适应性、通用性	B60N2/66
161	CN202011020788.4	一种基于机器学习的足底图像智能标定方法	8	便利性；效率；速度；成本	33-操作流程的方便性；39-生产率；09-速度	G06K9/62
162	CN202010748030.6	一种基于鍉圆针痧象数据挖掘的背腹穴位区域定位健康管理系统	6	智能化；自动化；健康；可靠性	38-自动化程度；27-可靠性	G06T7/11
163	CN202011069071.9	转动电性连接器、导电转子结构以及电功能转动球	10	复杂性；成本；转子；接触；电；转动	36-系统的复杂性；39-生产率	H01R39/64

序号	申请号	标题	权利要求数量/项	技术功效1级	技术功效TRIZ参数	IPC主分类
164	CN201980032152.0	清洁和充电站	15	清洁性；线缆	31-物质产生的有害因素	A45D27/00
165	CN201980032219.0	清洁和充电站	15	清洁性；干燥；完成率	31-物质产生的有害因素	A45D27/00
166	CN201980032505.7	外骨骼手套	6	转换；张力；重量；手套	10-力；01-重量	B25J9/00
167	CN201580071825.5	通过枢转插入用于处理头发的装置中的再填充器	15	倾斜；复杂性	36-系统的复杂性	A45D1/04
168	CN201810879751.3	妇科坐式熏蒸治疗装置	8	便利性；难度；完整性	33-操作流程的方便性；36-系统的复杂性	A61B18/06
169	CN201810885697.3	一种水动力按摩椅	4	隔离；安全	30-作用于物体的有害因素	A61H9/00
170	CN201810951291.0	一种对腿部残疾人进行安全训练的训练康复装置	9	作用力；康复；干扰；训练；稳定性；血液；舒适性；安全；接触力；有害；刺激；时间；体质；锻炼；强度；防护性	30-作用于物体的有害因素；13-稳定性；15-时间；14-强度	A61H15/00
171	CN201910333355.5	一种可调节具有按摩功能的膝关节康复装置	6	流通；恢复；可调节性；适应性；萎缩；长度；积极性	35-适应性、通用性；03-长度	A61H1/02
172	CN201910685851.7	一种衣服结构	6	便利性；实用性	33-操作流程的方便性；35-适应性、通用性	A41D1/04
173	CN201911136745.X	一种家用的个人护理牙结石去除装置	5	清洁性	31-物质产生的有害因素	A61C17/16
174	CN202011089699.5	一种便于携带的吹风机	10	体积；携带	07-体积	A45D20/10
175	CN202011139655.9	一种新型风筒	4	便利性；复杂性；撞击；损坏；安全；寿命	33-操作流程的方便性；36-系统的复杂性；27-可靠性；30-作用于物体的有害因素	A45D20/12

序号	申请号	标题	权利要求数量/项	技术功效1级	技术功效TRIZ参数	IPC主分类
176	CN202011156963.2	一种预应力张力枕	10	弹性；透气性；舒适性；重量；柔软度	01-重量	A47G9/10
177	CN202010900450.1	一种手指关节康复训练评估方法及系统	10	实时性；肌力；精准性；可控性；训练；输出力；传感器	25-时间损失；37-控制与测量的复杂性	A61B5/22
178	CN202011013220.X	根管冲洗干燥充填一体化装置	5	污染；根管；补充；冲洗；愈合；稳定性；成本；便利性；感染；复杂性；注射器；病变	31-物质产生的有害因素；13-稳定性；39-生产率；33-操作流程的方便性；36-系统的复杂性	A61C5/50
179	CN202010606390.2	一种具有记录刷牙习惯功能的遥感牙刷及刷牙习惯记录方法	8	习惯；便利性；纠正；耗电	33-操作流程的方便性；19-能耗	A61C17/34
180	CN202011114578.1	快捷多功能中医手法整骨正骨器	10	时间；广泛性；整复；便利性；安全；患者；有害；损失；成功率；适应性；接受；人手；复杂性；稳定性；占用；痊愈	15-时间；33-操作流程的方便性；30-作用于物体的有害因素；23-物质损失；27-可靠性；35-适应性、通用性；36-系统的复杂性；13-稳定性	A61F5/042
181	CN201910519204.9	一种治疗近视的设备及方法	5	实用性；时间	35-适应性、通用性；15-时间	A61F9/00
182	CN201910528902.5	热身床	1	血液；跌倒；进入；正确性；运动	28-测量精度	A61G7/015
183	CN201910528605.0	一种按摩椅扶手、以及按摩椅	9	手法；揉摩；按摩；揉捏；灵活性；按压	35-适应性、通用性	A61H1/00
184	CN202011010725.0	基于表面肌电和功能电刺激的交互式训练外骨骼机器人	10	稳定性；可控性；协调；安全；激活；训练；刺激	13-稳定性；37-控制与测量的复杂性；30-作用于物体的有害因素	A61H1/02
185	CN202011114147.5	坐式脊椎悬挂器及其工作方法	10	劳动强度；便利性；时间；实用性；可操作性；合理性；机械化	39-生产率；33-操作流程的方便性；15-时间；35-适应性、通用性	A61H1/02
186	CN202011242538.5	康复机器人及其腿长调节机构	14	偏离；调节；复杂性；可操作性	36-系统的复杂性；33-操作流程的方便性	A61H1/02

序号	申请号	标题	权利要求数量/项	技术功效1级	技术功效TRIZ参数	IPC主分类
187	CN201911416986.X	眼部按摩仪及其充电座、眼部按摩仪套件	19	便利性；体验	33-操作流程的方便性	A61H7/00
188	CN201911423034.0	眼部按摩仪及其按摩部件	11	按摩；三维地；清洁性；力度	31-物质产生的有害因素	A61H7/00
189	CN202010442466.2	一种颈部按摩仪的控制方法、颈部按摩仪及存储介质	15	感受；可控性；局限性	37-控制与测量的复杂性	A61H7/00
190	CN202010442500.6	颈部按摩仪的好友删除方法及颈部按摩仪、可读存储介质	15	按摩仪；局限性；感受；资源；完成率；交互；智能化	39-生产率	A61H7/00
191	CN202010443665.5	一种颈部按摩仪及其清洁和消毒提醒方法	15	洁净度；寿命	31-物质产生的有害因素；27-可靠性	A61H7/00
192	CN202010443677.8	一种颈部按摩仪的登录方法、颈部按摩仪及存储介质	15	局限性；便利性	33-操作流程的方便性	A61H7/00
193	CN202010520170.8	颈部按摩仪	13	便利性；铰接；连接；缝隙；可靠性	33-操作流程的方便性；27-可靠性	A61H7/00
194	CN202010970337.0	一种自动刮痧椅	4	柔和；复杂性；自动化；广泛性；过程；移动；成本；合理性	36-系统的复杂性；38-自动化程度；39-生产率；35-适应性、通用性	A61H7/00
195	CN202011011101.0	一种用于神经内科瘫痪病人的可调式全身柔性按摩医疗床	5	有害；作用力；医疗	30-作用于物体的有害因素	A61H7/00
196	CN202011036757.8	一种基于气囊的颈部按摩揉捏装置	10	按摩；舒适性；人群；囊体；广泛性；效率；适用性；角度；方向；便利性；力度	39-生产率；35-适应性、通用性；33-操作流程的方便性	A61H7/00

序号	申请号	标题	权利要求数量/项	技术功效1级	技术功效TRIZ参数	IPC主分类
197	CN202010963777.3	一种基于PVC gel驱动的仿生按摩机器人	9	噪音；舒适性；覆盖；适应性；血液；质量；环境；便利性；疲劳度；血栓	31-物质产生的有害因素；35-适应性、通用性；27-可靠性；33-操作流程的方便性	A61H9/00
198	CN202011133573.3	一种用可加热的重症护理按摩器	7	成本；防震性	39-生产率；30-作用于物体的有害因素	A61H9/00
199	CN202011064377.5	簧片拨离式全方位四肢按摩仪	10	成本；时间；便利性；按摩；舒适性；疼痛；自转；耐磨性；噪音	39-生产率；15-时间；33-操作流程的方便性；30-作用于物体的有害因素；31-物质产生的有害因素	A61H23/00
200	CN202010893187.8	一种无烟温控智能艾灸盒	7	吸收；劳动强度；强烈；确定性；安全；传递；使用者；温热；堆积；健康；顾虑；及时性；智能化；便利性；阈值；烫伤；接触；中毒	39-生产率；30-作用于物体的有害因素；25-时间损失；33-操作流程的方便性	A61H39/06
201	CN202010911169.8	智能高效艾灸治疗器及其使用方法	10	强度；可控性；艾薰	14-强度；37-控制与测量的复杂性	A61H39/06
202	CN202011115058.2	一种艾灸温灸盒	5	可控性；防护性；使用者；有害；速度	37-控制与测量的复杂性；30-作用于物体的有害因素；09-速度	A61H39/06
203	CN202011165997.8	一种智慧神阙灸仪	13	智能化；聚集；稳定性；联网；实用性；体验；便利性；排放；灸效；学习；耗材；安全	13-稳定性；35-适应性、通用性；33-操作流程的方便性；23-物质损失；30-作用于物体的有害因素	A61H39/06
204	CN202011096880.9	一种复合因子抗衰老保湿化妆品	6	涂抹；吸收；打开；面对；复杂性；辅助；均匀性；速度；便利性；成分；乐趣	36-系统的复杂性；29-制造精度；09-速度；33-操作流程的方便性；26-物质或事物的数量	A61K8/9789

序号	申请号	标题	权利要求数量/项	技术功效 1 级	技术功效 TRIZ 参数	IPC 主分类
205	CN202011234681.X	具有健脾和胃功效的功能性纸尿裤	9	正确性；发育；生长；持久度；透皮；速度；副作用；症状；患儿；反应；安全；脏腑	28-测量精度；09-速度；31-物质产生的有害因素；30-作用于物体的有害因素	A61L15/40
206	CN202010680882.6	一种具有报警功能的中医拔罐用罐体	3	有害；便利性；受损；距离；放气	30-作用于物体的有害因素；33-操作流程的方便性；03-长度	A61M1/08
207	CN202011128096.1	负压控制电路及负压设备和医用清瘀治疗仪	10	燃火；安全；烧伤；负压	30-作用于物体的有害因素	A61M1/08
208	CN201910565862.1	可模拟施术先后的电针治疗仪	3	无序；顺序；时间；效果；构件；刺激；模式	15-时间	A61N1/36
209	CN202010834094.8	一种基于物联网的医养康复训练装置	6	速度；压力；加重	09-速度；10-力	A63B21/062
210	CN202010814059.X	一种剃毛装置的摆动机构	7	复杂性；成本；合理性；摆动	36-系统的复杂性；39-生产率；35-适应性、通用性	B26B19/12
211	CN202010966825.4	一种具有按摩功能的新型汽车座椅	9	易拆卸；变更；按摩	34-可维修性	B60N2/62
212	CN202011050469.8	一种便于组装的装配式按摩地板	10	涂抹；滑倒；按摩；防火性；稳定性；复杂性；强度；底板	13-稳定性；36-系统的复杂性；14-强度	E04F15/02
213	CN202011085694.5	一种降噪防漏耐用的脉冲冲牙器泵体构件	7	封闭；接触；溢出；水柱；紧固性；噪音；损耗；碰撞；稳定性；防水性	31-物质产生的有害因素；23-物质损失；30-作用于物体的有害因素；13-稳定性	F04B17/03
214	CN202010871946.0	滤烟效率检测方法、风扇调速方法、电路、艾灸仪及介质	12	自动化；变更；风扇	38-自动化程度	F04D25/08
215	CN202010961256.4	一种生物测量装置	5	插入；正确性；健康	28-测量精度	G01K5/22

序号	申请号	标题	权利要求数量/项	技术功效1级	技术功效TRIZ参数	IPC主分类
216	CN201980031261.0	基于口腔状况调节个人护理设备行为的方法和系统	14	自动化	38-自动化程度	A61C17/22
217	CN201710853686.2	一种神经科康复训练床	1	舒适性；疼痛；强度；萎缩；训练；实用性；按摩刺激；安全	14-强度；35-适应性、通用性；30-作用于物体的有害因素	A61H1/02
218	CN201711145209.7	用于减缓帕金森患者上肢震颤及肌强直的训练设备及方法	8	症状；实时性；适合性	25-时间损失；35-适应性、通用性	A61H1/02
219	CN201680038155.1	用于口腔位置检测的牙刷	30	益处；精度	28-测量精度	A61C17/22
220	CN201810072096.0	干发器	7	分离；延伸；层流；重量；适配器；分散；最小化；面积	01-重量；05-面积	A45D20/10
221	CN201810115065.9	一种智能水疗机器人	1	疾病；清洁身体表面；健康；活血；成分；速度	26-物质或事物的数量；09-速度	A61H9/00
222	CN201810444016.X	一种中医热疗熏蒸双用治疗医疗内科装置	7	安全；实用性；充分性	30-作用于物体的有害因素；35-适应性、通用性	A61H33/06
223	CN201811234999.0	一种催乳仪及使用该仪器催乳的方法	4	便利性；管疏通；复杂性；自动化；堵奶	33-操作流程的方便性；36-系统的复杂性；38-自动化程度	A61F7/00
224	CN201811253975.X	一种大腿腿部按压放松设备	1	便利性；移动	33-操作流程的方便性	A61H9/00
225	CN201811206391.7	一种按摩式卫浴花洒	6	可控性；体积；按摩；力度；舒适性；连接性	37-控制与测量的复杂性；07-体积	B05B1/18
226	CN201811188949.3	一种环保型持续吹氧吸湿装置	7	环境；抵抗力；细菌；老化；质量；安全；皮炎；涂抹；电相关性；平衡；复杂性；脱落；速度；适合性；腐蚀；稳定性；防护性；可靠性；成膜	30-作用于物体的有害因素；27-可靠性；36-系统的复杂性；09-速度；35-适应性、通用性；13-稳定性	A61H33/14

序号	申请号	标题	权利要求数量/项	技术功效 1 级	技术功效 TRIZ 参数	IPC 主分类
227	CN201910033750.1	一种用于下肢外骨骼机器人转向机构	9	适应性；舒适性；可控性；运动；完成率；稳定性；灵活性；正确性；可靠性；调节	35-适应性、通用性；37-控制与测量的复杂性；13-稳定性；28-测量精度；27-可靠性	A61H1/02
228	CN201811608809.7	一种便于调节的残疾人肢体力量康复训练装置	6	训练；复杂性；可调节性；调节	36-系统的复杂性	A61H1/02
229	CN201910938807.2	一种重症病人康复装置	6	拉伸；抬起；乐趣；复杂性；充分性	36-系统的复杂性	A63B21/00
230	CN202011213317.5	保健按摩胸罩	4	疾病；合理性；健康；重量；穴位	35-适应性、通用性；01-重量	A41C3/00
231	CN202010920667.9	一种可以重复充气的泡泡按摩健康鞋鞋底	4	舒适性；不适感；开支；适应性；按摩；前景	35-适应性、通用性	A43B17/03
232	CN202011047069.1	一种自动洗头机	10	可控性	37-控制与测量的复杂性	A45D19/00
233	CN202010792416.7	CR 具有自动多功能的美发按摩电器	2	智能化；体验；舒适性；时间；自动化；劳动强度；完成率；可操作性；全新；便利性；速度；享受；丰富；成本	15-时间；38-自动化程度；39-生产率；33-操作流程的方便性；09-速度	A45D19/10
234	CN202011070204.4	超薄直发梳	10	直发；厚度；厚重；体验；便利性；重量；范围；沿垂直	03-长度；33-操作流程的方便性；01-重量；35-适应性、通用性	A45D24/10
235	CN202010791830.6	一种按摩沙发	7	稳定性；舒适性；按摩；复杂性	13-稳定性；36-系统的复杂性	A47C17/86
236	CN202010971630.9	一种带有 APP 控制的智能充气床垫	9	可控性；空间；适合性	37-控制与测量的复杂性；07-体积；35-适应性、通用性	A47C27/08
237	CN202010898848.6	一种危重病人口腔护理装置	8	清洁性；成本；循环性；适应性；适合性	31-物质产生的有害因素；39-生产率；35-适应性、通用性	A61C17/16

序号	申请号	标题	权利要求数量/项	技术功效1级	技术功效TRIZ参数	IPC主分类
238	CN202011072705.6	一种口腔科儿童专用防脱式开口器及其使用方法	9	便利性；脱落；体积；脱白；合理性；紧固性	33-操作流程的方便性；07-体积；35-适应性、通用性	A61C19/00
239	CN202011050471.5	具有翻身功能的护理床	5	舒适性；便利性；血液；按摩	33-操作流程的方便性	A61G7/057
240	CN202010953539.4	一种基于低频rTMS结合红外线的治疗肢体运动功能障碍的装置	9	分离；吸收；间隔；时间；血液；病症；自动化；运输	15-时间；38-自动化程度	A61G10/00
241	CN201910991130.9	一种气血畅通机	9	复杂性；按摩；适应性	36-系统的复杂性；35-适应性、通用性	A61H1/00
242	CN202011040436.5	一种有助肠胃蠕动的复合震摆运动装置	10	便利性；摩擦力；复合；可控性；动作；振动；稳定性；复杂性；耐磨性	33-操作流程的方便性；10-力；37-控制与测量的复杂性；31-物质产生的有害因素；13-稳定性；36-系统的复杂性；30-作用于物体的有害因素	A61H1/00
243	CN202010901218.X	一种辅助腿部弯曲的康复装置	6	一致性；受伤；调节；完成率；轮位移；板抵触；自动化	31-物质产生的有害因素；38-自动化程度	A61H1/02
244	CN202010960032.1	一种体育锻炼用拉伸装置	6	便利性；受伤；适合性；时间；耐磨性；摔倒	33-操作流程的方便性；31-物质产生的有害因素；35-适应性、通用性；15-时间；30-作用于物体的有害因素	A61H1/02
245	CN202010972297.3	一种心脑血管康复椅及实现方法	9	血液；恢复；舒适性；康复；萎缩；适应性；防滑性；活动	35-适应性、通用性	A61H1/02
246	CN201910507342.5	一种沉浸体验式按摩衣系统	7	按摩；适应性；自由度	35-适应性、通用性	A61H23/02
247	CN202010652639.3	腰椎间盘突出患者用中药泥灸控温腰围固定带	8	安全；不舒适感；烫伤；合理性；舒适性；可靠性	30-作用于物体的有害因素；35-适应性、通用性；27-可靠性	A61H39/06

序号	申请号	标题	权利要求数量/项	技术功效 1 级	技术功效 TRIZ 参数	IPC 主分类
248	CN202010813744.0	一种带按摩的艾灸装置	8	腿麻；人体；血液；舒适性；便利性；溢出；复杂性	33-操作流程的方便性；36-系统的复杂性	A61H39/06
249	CN202010813766.7	一种艾灸装置	7	人体；舒适性；便利性；溢出；复杂性	33-操作流程的方便性；36-系统的复杂性	A61H39/06
250	CN202010820782.9	一种便于调节的艾灸治疗装置	4	距离；长度	03-长度	A61H39/06
251	CN202010850144.1	内热式电热针灸针	3	扎入；过渡；面积；挤出；倾斜	05-面积	A61H39/06
252	CN202010922090.5	一种能够快速缓解人体软组织损伤引起的疼痛的方法	10	速度；粘连；手法；活血	09-速度	A61K36/65
253	CN202010936285.5	一种自动卸妆清洁的面部护理设备	5	复杂性；便利性；适合性；吸收；浪费；可操作性	36-系统的复杂性；33-操作流程的方便性；35-适应性、通用性	A61M35/00
254	CN201910513013.1	一种用于缓解青少年视疲劳的人体远端穴位电刺激理疗装置	5	便利性；适合性；理疗；疗效；智能化；疲劳度；体积；合理性	33-操作流程的方便性；35-适应性、通用性；07-体积	A61N1/04
255	CN201910513014.6	一种多模式便携型穴位电刺激设备	5	理疗；体积；便利性；安全；合理性	07-体积；33-操作流程的方便性；30-作用于物体的有害因素；35-适应性、通用性	A61N1/36
256	CN201910513015.0	一种基于中医体质的视疲劳的穴位电刺激理疗方法	6	稳定性；针对性；持久度；安全	13-稳定性；30-作用于物体的有害因素	A61N1/36
257	CN202010923142.0	中西医麻醉辅助控制系统运行方法、电子装置及存储介质	10	手术；人性化；确定性；充分性；规范化；标准化；药；统一化；劳动强度	39-生产率	A61N1/36
258	CN202010965352.6	一种中医康复科腿部锻炼装置	9	渗透；康复；舒适性；安全；吸收	30-作用于物体的有害因素	A63B22/04

序号	申请号	标题	权利要求数量/项	技术功效1级	技术功效TRIZ参数	IPC主分类
259	CN202010972813.2	糖尿病运动代偿器	8	成本；恢复；复杂性；灵活性	39-生产率；36-系统的复杂性；35-适应性、通用性	A63B23/12
260	CN202010853703.4	一种针对偏瘫患者的对称式上肢自主康复外骨骼	10	局限性；便利性；康复；成本	33-操作流程的方便性；39-生产率	A63B23/16
261	CN201910519123.9	一种具备电磁衔接传动装置的智能毛发修剪设备	10	智能化；质量；修剪；重量；头发；独立；成本	27-可靠性；01-重量；39-生产率	B26B19/38
262	CN202011016133.X	一种泵阀一体式的气动控制装置及汽车座椅	10	寿命；泵阀；按摩；姿态；变更；可维修性；复杂性；形状	27-可靠性；34-可维修性；36-系统的复杂性；12-形状	F04B35/04
263	CN202011070151.6	振动机芯及电动牙刷	10	摆幅；转子；体积；扭矩	07-体积	H02K33/00
264	CN201980029127.7	剃刮单元和剃刮器具	15	损失；持久度；锋利度；单元；准确性；光滑度；耐磨性；安全；牢固性	23-物质损失；28-测量精度；30-作用于物体的有害因素；27-可靠性	B26B19/14
265	CN201980030559.X	智能剃刮配件	15	辅助；适合性；反馈；体验；刮	35-适应性、通用性	B26B21/40
266	CN201611137628.1	脱毛器	5	确定性；可制造性；紧固性；毛发；效率；光滑性；延伸部	32-可制造性；39-生产率；12-形状	A45D26/00
267	CN201710463927.2	扫描床	13	精度	28-测量精度	A61B6/04
268	CN201710965533.7	一种超声直线电机驱动的体外反搏执行装置	7	可控性；时间；监控；健康；信号；寿命；精确性；供电；精度	37-控制与测量的复杂性；15-时间；27-可靠性；28-测量精度	A61H7/00
269	CN201810084646.0	一种艾绒的制备设备	5	便利性；温度；充分性；效率	33-操作流程的方便性；17-温度；39-生产率	A61J3/00

序号	申请号	标题	权利要求数量/项	技术功效 1 级	技术功效 TRIZ 参数	IPC 主分类
270	CN201711420287.3	正姿高效能牙刷	3	清洁性；健康；时间；稳定性；间距；劳动强度；口腔；完成率；密度；转速；安全；洁净度	31-物质产生的有害因素；15-时间；13-稳定性；03-长度；39-生产率；09-速度；30-作用于物体的有害因素	A61C17/24
271	CN201810082936.1	一种胫腓骨骨折病人用康复治疗仪及其电路控制系统	1	便利性；舒适性；适应性；弱化；稳定性；丰富；疼痛；理疗	33-操作流程的方便性；35-适应性、通用性；13-稳定性	A61H23/02
272	CN201810434525.4	一种石疗针灸的制备工艺流程	6	成本；安全；广泛性；耐用性；便利性；复杂性；副作用；效果	39-生产率；30-作用于物体的有害因素；13-稳定性；33-操作流程的方便性；36-系统的复杂性；31-物质产生的有害因素	A61H39/06
273	CN201810751037.6	智能仿生电动按摩器	4	皮肤；幅度；触感；疼痛感；舒适性；安全；适度；活血；便利性；抖动；组织；疏通；牵拉；血液；温和	30-作用于物体的有害因素；33-操作流程的方便性	A61H23/02
274	CN201811129717.0	音乐播放理疗装置	1	便利性；可控性；范围	33-操作流程的方便性；37-控制与测量的复杂性；35-适应性、通用性	A61H23/02
275	CN201811053405.6	一种骨科小腿恢复装置	3	速度；便利性；一致性	09-速度；33-操作流程的方便性	A61F5/00
276	CN201810924795.3	一种多功能医用肩颈治疗仪	4	丰富；转动；牵引；自动化；疗效	38-自动化程度	A61F5/042
277	CN201810975857.3	一种腿部康复训练器	6	完成率；复杂性；舒适性；训练	36-系统的复杂性	A61H1/02
278	CN201811492409.4	扩展型旋转式刮胡器	8	可靠性；图像；智能化；深度	27-可靠性	B26B19/38
279	CN201910067189.9	一种风阻式腿部锻炼康复装置	9	锻炼；消耗；便利性；适合性；接触；阻力；强度；速度	23-物质损失；33-操作流程的方便性；35-适应性、通用性；10-力；14-强度；09-速度	A61H33/06

序号	申请号	标题	权利要求数量/项	技术功效1级	技术功效TRIZ参数	IPC主分类
280	CN201910509341.4	一种妇科坐浴装置	9	均匀性；时间；效率；坐浴；接触；沉淀；稳定性；补充	29-制造精度；15-时间；39-生产率；13-稳定性	A61H33/06
281	CN201910819817.4	电子型人工肌肉电致动器及其制备方法和在手指驱动装置中的应用	8	溶剂；快慢；非极性；相容性；适合性；均匀性	35-适应性、通用性；29-制造精度	B25J9/10
282	CN201911176123.X	一种自动喷砂洗牙装置	3	完成率；便利性；复杂性；运动；自动化；充分性；疲惫	33-操作流程的方便性；36-系统的复杂性；38-自动化程度	A61C17/02
283	CN202010097181.X	基于并联机构的下肢步态康复训练车	1	成本；复杂性；概率；安全；约束；穿戴；舒适性；多维性；适应性；外展；便利性；累赘	39-生产率；36-系统的复杂性；30-作用于物体的有害因素；35-适应性、通用性；33-操作流程的方便性	A61H1/02
284	CN202010049997.5	一种胃镜手术用内科护理辅助装置	6	实用性；舒适性；便利性；劳动强度；摆动；安全；适合性；扭曲；感染	35-适应性、通用性；33-操作流程的方便性；39-生产率；30-作用于物体的有害因素	A61B90/16
285	CN202010967436.3	一种多功能红外理疗内衣	10	乳进一步；疏通；便利性；清洁性；副乳；寿命；血液；循环性	33-操作流程的方便性；31-物质产生的有害因素；27-可靠性	A41C3/10
286	CN202010901283.2	一种影厅物联网智能动感按摩座椅	10	舒适性；智能化；经济性；环境；坐感；成本；可操作性	39-生产率；33-操作流程的方便性	A47C1/12
287	CN202011036462.0	摇晃身体电动床	4	疲劳度；畅通；消化；放松；阻力	10-力	A47C17/04
288	CN202010886665.2	一种收纳折叠床	8	轮；放置；稳定性	13-稳定性	A47C19/12
289	CN202010939356.7	基于脑机接口的机器人辅助脑瘫康复表情训练系统	9	流量；便利性；资源；研究；速度；疗效；请求	26-物质或事物的数量；33-操作流程的方便性；39-生产率；09-速度	A61B5/11

序号	申请号	标题	权利要求数量/项	技术功效 1 级	技术功效 TRIZ 参数	IPC 主分类
290	CN202010929295.6	一种口腔清洁器具手柄及口腔清洁器具	10	复杂性	36-系统的复杂性	A61C17/22
291	CN202010950057.3	智能匹配刷牙模式的控制方法、装置、设备及存储介质	10	模式；切换；智能化；体验；自动化	38-自动化程度	A61C17/22
292	CN202010753288.5	一种可拆分式颈椎理疗牵引结构及其使用方法	10	速度；拉伸；便利性；功能性；稳定性；复杂性；规范性；寿命；损失	09-速度；33-操作流程的方便性；13-稳定性；36-系统的复杂性；27-可靠性；23-物质损失	A61F5/042
293	CN202011053776.1	多功能护理床	6	质量；翻身；劳动强度；舒畅；舒适性；防滑性；疲劳度；疾病；循环性；负担；褥疮；防滑落；轻柔	27-可靠性；39-生产率	A61G7/012
294	CN202010841302.7	一种神经内科用护理床	6	磕碰；适应性；自动化；范围；复杂性；劳动强度	35-适应性、通用性；38-自动化程度；36-系统的复杂性；39-生产率	A61G7/015
295	CN202011026177.0	一种防压护理支架	6	防压；实用性；康复；紧固性	35-适应性、通用性	A61G7/075
296	CN202010833391.0	一种用于脊柱前凸的支撑装置	5	可控性；空间；舒适性；支撑；规范性；锻炼；不适；弹簧；变形；运动；平衡	37-控制与测量的复杂性；07-体积；12-形状	A61H1/00
297	CN201911224932.3	一种六自由度串并混联上肢康复机器人	10	充分性；刚性；灵活性	14-强度；35-适应性、通用性	A61H1/02
298	CN202010743095.1	手指康复运动系统	10	可控性；训练；实时性；手掌	37-控制与测量的复杂性；25-时间损失	A61H1/02
299	CN202010790040.6	一种刚柔耦合球面颈部辅助康复设备	6	刚性；便利性；能力；质量；精度；辅助；柔度；驱动	14-强度；33-操作流程的方便性；27-可靠性；28-测量精度	A61H1/02
300	CN202010959973.3	一种便携式纳米热磁疗自动偏瘫康复机	6	扭伤；稳定性；训练；安全	13-稳定性；30-作用于物体的有害因素	A61H1/02

3.7 家用电力器具专用配件制造领域

3.7.1 全球专利概况

3.7.1.1 专利申请趋势

图 3-55 展示的是家用电力器具专用配件制造领域全球专利申请趋势。通过申请趋势可以从宏观层面把握分析对象在各时期的专利申请热度变化。申请数量的统计范围是已公开的专利。

从图 3-55 中可以看出家用电力器具专用配件制造领域在全球主要市场上的专利申请趋势。2000—2010 年，家用电力器具专用配件制造领域全球专利申请量整体呈缓慢增加趋势，2011—2012 年家用电力器具专用配件制造领域全球专利申请量快速增加，2013 年专利申请量有所回落，2014—2018 年家用电力器具专用配件制造领域全球专利申请量快速增加，到2018 年达到峰值，专利申请量达 43 510 件，2019—2020 年有所回落。

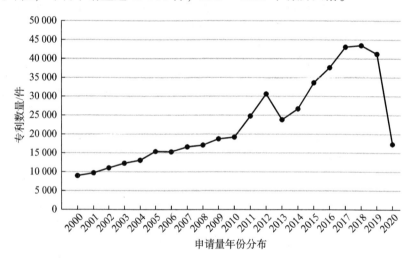

图 3-55　家用电力器具专用配件制造领域全球专利申请趋势

3.7.1.2 专利申请分布

图 3-56 展示的是家用电力器具专用配件制造领域全球专利申请主要分布情况。通过分析可以了解分析对象在不同国家或地区技术创新的活跃情况，从而发现主要的技术创新来源地和重要的目标市场。

专利申请分布情况可以体现专利权人想在哪些国家或地区保护该技术。这一参数也反映了该技术未来可能的实施国家或地区。图 3-56 显示，中国、日本、韩国是家用电力器具专用配件制造领域专利重点申请国家，专利数量分布为中国 282 295 件、日本 88 036 件、韩国57 027 件。另外，美国 27 712 件、德国 21 746 件，等等。

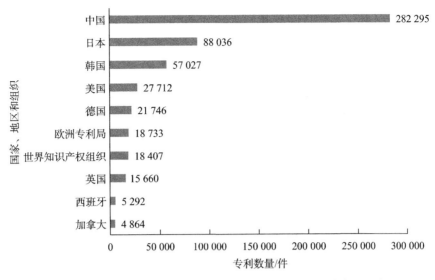

图 3-56　家用电力器具专用配件制造领域全球专利申请主要分布

图 3-56 表明，中国、日本、韩国等国家或地区是家用电力器具专用配件制造领域专利布局的主要区域，企业可以跟踪、引进和消化相关领域技术，在此基础上实现技术突破。中国、日本、韩国在家用电力器具专用配件制造领域的专利申请数量见表 3-67 ~ 表 3-69。

表 3-67　家用电力器具专用配件制造领域中国专利数量　　　单位：件

专利类型		专利数量
发明	发明申请	49 474
	发明授权	23 922
实用新型		105 896
外观设计		103 003

表 3-68　家用电力器具专用配件制造领域日本专利数量　　　单位：件

专利类型		专利数量
发明	发明申请	31 140
	发明授权	20 224
外观设计		18 605
实用新型		18 067

表 3-69　家用电力器具专用配件制造领域韩国专利数量　　　单位：件

专利类型		专利数量
发明	发明授权	19 244
	发明申请	16 093
实用新型		15 120
外观设计		6 570

3.7.1.3 全球专利申请人排行

表 3-70 展示的是家用电力器具专用配件制造领域全球专利按照所属申请人（专利权人）的专利数量统计的申请人排名情况。通过分析可以发现创新成果积累较多的专利申请人，并可据此进一步分析其专利竞争实力。

表 3-70　家用电力器具专用配件制造领域全球专利数量排名前十的申请人　单位：件

排名	申请人名称	专利数量
1	乐金电子公司	21 180
2	珠海格力电器股份有限公司	10 964
3	三星电子株式会社	10 510
4	美的集团股份有限公司	9 643
5	广东美的制冷设备有限公司	7 663
6	青岛海尔股份有限公司	4 353
7	松下电器产业株式会社	4 136
8	青岛海尔空调器有限总公司	3 548
9	博西家电公司	3 274
10	东芝公司	3 119

3.7.1.4 全球专利技术构成

通过对家用电力器专用配件制造领域在各技术方向的数量分布情况进行分析，可以了解分析对象覆盖的主要技术类别，以及各技术分支的创新热度。

家用电力器具专用配件制造领域专利按照国际专利分类号（IPC）进行统计，得到表 3-71 和图 3-57。可知，家用电力器具专用配件制造领域专利 IPC 分布中，F24F 小类（空气调节；空气增湿；通风；空气流作为屏蔽的应用）的专利数量最多，专利数量为 224 664 件，第二是 F25D 小类（其他相关子类目不包括的冰箱、冷库、冰柜、冷冻设备），专利数量为 189 445 件，第三是 D06F 小类（纺织品的洗涤、干燥、熨烫、压平或打折），专利数量为 148 381 件，另外还有 F25B 小类（制冷机，制冷设备或系统；加热和制冷的联合系统；热泵系统）22 991 件，A47L 小类（家庭的洗涤或清扫）13 939 件，等等。

表 3-71　家用电力器具专用配件制造领域全球专利主要技术构成　单位：件

IPC 分类号（小类）	专利数量
F24F（空气调节；空气增湿；通风；空气流作为屏蔽的应用）	224 664
F25D（其他相关子类目不包括的冰箱、冷库、冰柜、冷冻设备）	189 445
D06F（纺织品的洗涤、干燥、熨烫、压平或打折）	148 381
F25B（制冷机，制冷设备或系统；加热和制冷的联合系统；热泵系统）	22 991
A47L（家庭的洗涤或清扫）	13 939

IPC 分类号（小类）	专利数量
B01D［分离（用湿法从固体中分离固体入 B03B、B03D，用风力跳汰机或摇床入 B03B，用其他干法入 B07；固体物料从固体物料或流体中的磁或静电分离，利用高压电场的分离入 B03C；离心机、涡旋装置入 B04B；涡旋装置入 B04C；用于从含液物料中挤出液体的压力机本身入 B30B9/02）〔5〕］	13 201
B60H（特别适用于车辆客室或货室的加热、冷却、通风或其他空气处理设备的布置或装置）	9 454
A47B［桌子；写字台；办公家具；柜橱；抽屉；家具的一般零件（家具的连接部件入 F16B12/00）］	8 654
A47F（商店、仓库、酒店、饭店等场所用的特种家具、配件或附件；付款柜台）	8 306
A61L（材料或消毒的一般方法或装置；空气的灭菌、消毒或除臭；绷带、敷料、吸收垫或外科用品的化学方面；绷带、敷料、吸收垫或外科用品的材料）	7 167

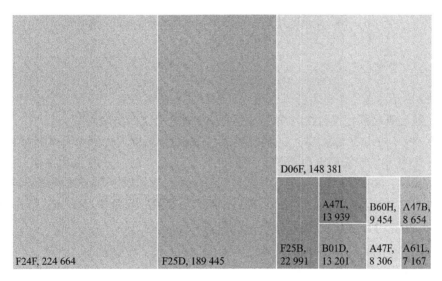

单位：件

图 3-57 家用电力器具专用配件制造领域全球专利主要技术构成

3.7.2 国内专利概况

3.7.2.1 国内专利申请趋势

图 3-58 展示的是家用电力器具专用配件制造领域国内专利申请量的发展趋势。通过申请趋势可以从宏观层面把握分析对象在各时期的专利申请热度变化。申请数量的统计范围是已公开的专利。

由图 3-58 可以看到，2000—2010 年，家用电力器具专用配件制造领域国内专利申请量增长缓慢，专利申请量均在 10 000 件以下。2011—2012 年专利申请量快速增加，2013 年专利申请量有所回落。2014—2019 年家用电力器具专用配件制造领域国内专利申请量增长迅速，2014 年专利申请量为 16 306 件，2019 年达到 32 717 件。

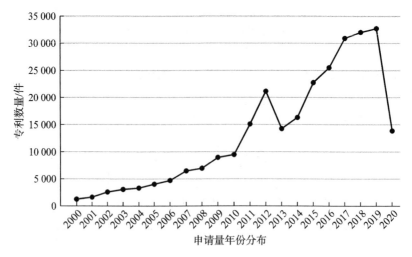

图 3-58　家用电力器具专用配件制造领域国内专利申请趋势

3.7.2.2　国内专利公开趋势

图 3-59 展示的是家用电力器具专用配件制造领域国内专利公开量的发展趋势。通过公开趋势可以从宏观层面把握分析对象在各时期的专利公开文献的数量变化。

从图 3-59 中可以看到家用电力器具专用配件制造领域国内专利公开数量整体呈上升态势。2000—2009 年国内家用电力器具专用配件制造领域专利公开数量均在 10 000 件以下，增幅缓慢。2010—2012 年国内家用电力器具专用配件制造领域专利公开数量增长幅度加快。2013—2014 年专利公开量有所回落。2015—2020 年专利公开量快速增加，其中 2015 年为 19 483 件，2020 年达 43 101 件。

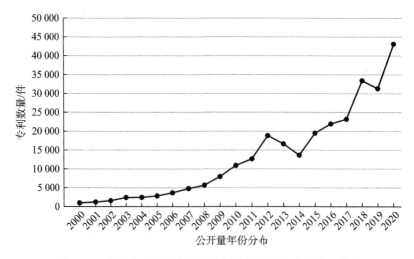

图 3-59　家用电力器具专用配件制造领域国内专利公开趋势

3.7.2.3　国内专利类型分布

专利类型分为发明专利、实用新型专利、外观设计专利。本节又根据发明专利授权与否，将发明细分为发明申请和发明授权。

在中国专利中，经过检索获得家用电力器具专用配件制造领域专利共 282 295 件。如图 3-60 所示，其中发明申请 49 474 件，占总数的 18%；发明授权 23 922 件，占总数的 8%；实用新型 105 896 件，占总数的 38%；外观设计 103 003 件，占总数的 36%。

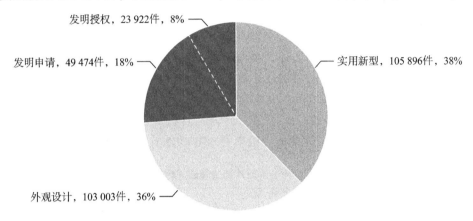

图 3-60　家用电力器具专用配件制造领域国内专利类型分布

3.7.2.4　国内专利法律状态

图 3-61 展示的是家用电力器具专用配件制造领域专利权有效、失效、审中三种状态的占比情况，仅统计中国专利。通过分析可以分别了解分析对象中当前已获得实质性保护、已失去专利权保护或正在审查中的专利数量分布情况，以从整体上掌握专利的权利保护和潜在风险情况，为专利权的法律性调查提供依据。筛选进入公知技术领域的失效专利，可以进行无偿使用或改进利用。

如图 3-61 所示，有效专利 107 490 件，占总专利数的 38%；失效专利 151 774 件，占总专利数的 54%；审中专利 23 031 件，占总专利数的 8%。

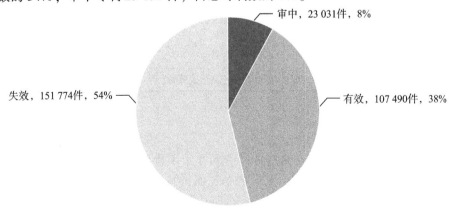

图 3-61　家用电力器具专用配件制造领域国内专利法律状态分布

3.7.2.5 国内专利技术领域分布

通过对家用电力器具专用配件制造领域国内专利在各技术方向的数量分布情况进行分析，可以了解分析对象覆盖的技术类别，以及各技术分支的创新热度。

家用电力器具专用配件制造领域国内专利按照国际专利分类号（IPC）进行统计，得到表3-72和图3-62。可知，国内家用电力器具专用配件制造领域专利技术领域分布中，F24F小类（空气调节；空气增湿；通风；空气流作为屏蔽的应用）的专利数量最多，专利数量为104 963件；第二是F25D小类（其他相关子类目不包括的冰箱、冷库、冰柜、冷冻设备），专利数量为45 778件；第三是D06F小类（纺织品的洗涤、干燥、熨烫、压平或打折），专利数量为29 748件。另外还有F25B小类（制冷机，制冷设备或系统；加热和制冷的联合系统；热泵系统）6872件，B01D小类［分离（用湿法从固体中分离固体入B03B、B03D，用风力跳汰机或摇床入B03B，用其他干法入B07；固体物料从固体物料或流体中的磁或静电分离，利用高压电场的分离入B03C；离心机、涡旋装置入B04B；涡旋装置入B04C；用于从含液物料中挤出液体的压力机本身入B30B9/02）〔5〕］4416件，等等。

表3-72　家用电力器具专用配件制造领域国内专利主要技术构成　　　　　　单位：件

IPC 分类号（小类）	专利数量
F24F（空气调节；空气增湿；通风；空气流作为屏蔽的应用）	104 963
F25D（其他相关子类目不包括的冰箱、冷库、冰柜、冷冻设备）	45 778
D06F（纺织品的洗涤、干燥、熨烫、压平或打折）	29 748
F25B（制冷机，制冷设备或系统；加热和制冷的联合系统；热泵系统）	6 872
B01D［分离（用湿法从固体中分离固体入B03B、B03D，用风力跳汰机或摇床入B03B，用其他干法入B07；固体物料从固体物料或流体中的磁或静电分离，利用高压电场的分离入B03C；离心机、涡旋装置入B04B；涡旋装置入B04C；用于从含液物料中挤出液体的压力机本身入B30B9/02）〔5〕］	4 416
A61L（材料或消毒的一般方法或装置；空气的灭菌、消毒或除臭；绷带、敷料、吸收垫或外科用品的化学方面；绷带、敷料、吸收垫或外科用品的材料）	4 162
F21V（照明装置或其系统的功能特征或零部件；不包含在其他类目中的照明装置和其他物品的结构组合物〔1，7〕）	1 446
F04D（非变容式泵）	1 191
F28F（通用热交换或传热设备的零部件）	1 188
F28D（其他小类中不包括的热交换设备，其中热交换介质不直接接触的）	1 143

3.7.2.6 国内专利省份分布

通过对家用电力器具专用配件制造领域专利在中国省级行政区域的分布情况（仅统计中国专利）进行分析，可以了解在中国申请专利保护较多的省份，以及各省份的创新活跃程度。

对家用电力器具专用配件制造领域国内专利进行省份分布分析，得到表3-67。其中，江苏省以63 597件专利排名第一；广东省以54 369件专利排名第二；第三是浙江省，共有

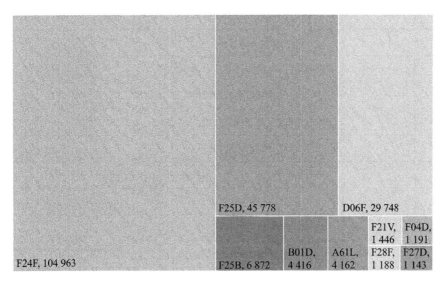

F25D, 45 778

D06F, 29 748

F21V, 1 446

F04D, 1 191

B01D, 4 416

A61L, 4 162

F28F, 1 188

F27D, 1 143

F24F, 104 963

F25B, 6 872

单位：件

图 3-62　家用电力器具专用配件制造领域国内专利主要技术构成

家用电力器具专用配件制造领域专利 35 666 件。山东省共有家用电力器具专用配件制造领域专利 31 606 件，排名第四。安徽省共有家用电力器具专用配件制造领域专利 16 679 件，排名第五。上海市、北京市、天津市、四川省、河南省的专利数量均在 10 000 件以下。

表 3-73　家用电力器具专用配件制造领域专利省份分布　　　单位：件

申请人所属省份	专利数量
江苏省	63 597
广东省	54 369
浙江省	35 666
山东省	31 606
安徽省	16 679
上海市	9 487
北京市	6 431
天津市	5 971
四川省	4 751
河南省	4 499

3.7.2.7　重点省份发明专利申请人布局

（1）广东省主要申请人排名

表 3-74 列出了家用电力器具专用配件制造领域国内发明专利广东省主要申请人排名。

表3-74　家用电力器具专用配件制造领域国内发明专利广东省主要申请人排名　　　单位：件

排名	申请人名称	专利数量
1	珠海格力电器股份有限公司	5007
2	广东美的制冷设备有限公司	2494
3	美的集团股份有限公司	2051
4	广东美的暖通设备有限公司	288
5	海信容声（广东）冰箱有限公司	262
6	TCL空调器（中山）有限公司	155
7	深圳沃海森科技有限公司	129
8	广东志高空调有限公司	111
9	海信（广东）空调有限公司	92
10	广东申菱环境系统股份有限公司	73

（2）山东省主要申请人排名

表3-75列出了家用电力器具专用配件制造领域国内发明专利山东省主要申请人排名。

表3-75　家用电力器具专用配件制造领域国内发明专利山东省主要申请人排名　　　单位：件

排行	申请人名称	专利数量
1	青岛海尔股份有限公司	2781
2	青岛海尔洗衣机有限公司	2113
3	青岛海尔空调器有限总公司	1736
4	青岛海尔滚筒洗衣机有限公司	1167
5	海尔集团公司	1077
6	海尔智家股份有限公司	676
7	青岛海尔智能技术研发有限公司	566
8	海信（山东）冰箱有限公司	448
9	青岛海尔电冰箱有限公司	355
10	青岛海尔特种电冰柜有限公司	341

（3）江苏省主要申请人排名

表3-76列出了家用电力器具专用配件制造领域国内发明专利江苏省主要申请人排名。

表3-76　家用电力器具专用配件制造领域国内发明专利江苏省主要申请人排名　　　单位：件

排行	申请人名称	专利数量
1	无锡小天鹅股份有限公司	1003
2	无锡小天鹅电器有限公司	522

排行	申请人名称	专利数量
3	南京乐金熊猫电器有限公司	424
4	博西华电器（江苏）有限公司	391
5	泰州乐金电子冷机有限公司	287
6	BSH 家用电器有限公司	250
7	苏州三星电子有限公司	227
8	三星电子株式会社	145
9	南京创维家用电器有限公司	94
10	东南大学	92

3.7.3　国内发明专利聚类分析

聚类分析是通过数据建模后简化并使数据可视化的分析方法。通过提取家用电力器具专用配件制造领域国内发明专利文本中的关键词，从其相关度聚合出不同类别的文本关键词并以圆环饼图的形式展示其分布情况，分析结果如图 3-63 所示。对应专利分析见表 3-77。

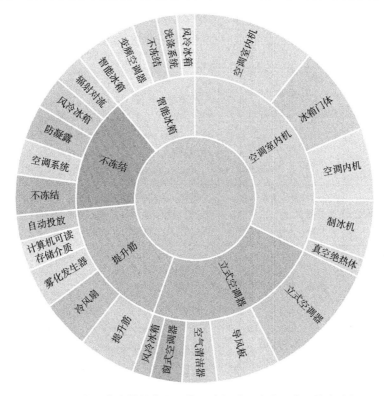

图 3-63　家用电力器具专用配件制造领域国内发明专利聚类分析

表 3-77 家用电力器具专用配件制造领域国内发明专利分析列表

序号	申请号	标题	权利要求数量/项	技术功效1级	技术功效TRIZ参数	IPC主分类
1	CN201510332317.X	一种具有推拉式盖体的洗衣机以及该洗衣机的防水方法	9	安全；打开；寿命；水滴滴	30-作用于物体的有害因素；27-可靠性	D06F37/18
2	CN201710296547.4	空调器及其阈值调整方法	9	可控性；休息；睡眠；数值；阈值；及时性	37-控制与测量的复杂性；26-物质或事物的数量；25-时间损失	F24F11/64
3	CN201610266218.0	一种波轮及洗衣机	7	体验；纠正；体积；纠偏；实时性；洗衣机；稳定性	07-体积；25-时间损失；13-稳定性	D06F17/10
4	CN201710631822.3	内导风板及具有其的壁挂式空调室内机	8	舒适性；送风；干涉；噪音；体积；气流	31-物质产生的有害因素；07-体积	F24F1/0057
5	CN201710601905.8	壁挂式空调室内机	8	复杂性；驱动；灵活性；强度；便利性；变形；质量；形状	36-系统的复杂性；35-适应性、通用性；14-强度；33-操作流程的方便性；12-形状；27-可靠性	F24F1/0073
6	CN201710671522.8	壁挂式空调室内机	9	洁净度；质量；体积；空间；灵活性；便利性；易拆卸；复杂性；精巧	31-物质产生的有害因素；27-可靠性；07-体积；35-适应性、通用性；33-操作流程的方便性；34-可维修性；36-系统的复杂性	F24F1/0071
7	CN201610803402.4	一种用于微重力环境的洗衣机及其控制方法	18	环境；关闭；便利性；舒适性；洗衣机；自动化；水；智能化	33-操作流程的方便性；38-自动化程度；23-物质损失	D06F23/00
8	CN201711084190.X	辐射空调机	9	空间；噪音；舒适性；面积；便利性；美观性；分离；灵活性	07-体积；31-物质产生的有害因素；05-面积；33-操作流程的方便性；35-适应性、通用性	F24F1/0068
9	CN201711093016.1	一种制冰机组件、储冰盒组件及制冰模块和冰箱	8	可操作性；噪音；局限性；体验；均匀性；残留；碎冰机	33-操作流程的方便性；31-物质产生的有害因素；29-制造精度	F25C1/04
10	CN201711127278.5	全解耦式净化空调系统	11	便利性；回风	33-操作流程的方便性	F24F5/00

序号	申请号	标题	权利要求数量/项	技术功效 1 级	技术功效 TRIZ 参数	IPC 主分类
11	CN201611161858.1	一种配制洗涤添加剂的装置	6	普适性；成本；广泛性	39-生产率	D06F39/02
12	CN201810179769.2	空调设备	7	压降；顺畅；确定性；噪音；体积；光滑性；损失；能效；均匀性；流阻；柔和性	31-物质产生的有害因素；07-体积；12-形状；23-物质损失；29-制造精度	F24F5/00
13	CN201680073221.9	洗衣机	5	接触；过程；不良；运转；复杂性；被固定部；软管	36-系统的复杂性	D06F37/00
14	CN201710179643.0	冷藏冷冻装置及其控制方法	7	完成率；温度；独立；高度；便利性；空间；灵活性；厚度	17-温度；03-长度；33-操作流程的方便性；07-体积；35-适应性、通用性	F25D11/02
15	CN201710202697.4	一种液压升降底脚、具有该底脚的洗衣机及其控制方法	9	调节；密封性；自动化；底脚；持续；溢出	29-制造精度；38-自动化程度	D06F39/12
16	CN201710249321.9	一种洗涤添加剂盒	9	添加；投放；洁净度；自动化；浪费；充分性；难度；流动性；洗涤；吸取；便利性	31-物质产生的有害因素；38-自动化程度；36-系统的复杂性；33-操作流程的方便性	D06F39/02
17	CN201710301099.2	一种手持式衣物洗涤装置	16	便利性；面积；劳动强度	33-操作流程的方便性；05-面积；39-生产率	D06F7/00
18	CN201810606483.8	空调器清洁方法、空调器以及可读存储介质	8	清洁性；寿命；及时性；异味；制热；复杂性；冷却	31-物质产生的有害因素；27-可靠性；25-时间损失；36-系统的复杂性；17-温度	F24F5/00
19	CN201810729844.8	一种空气净化装置	5	劳动强度；受损；洁净度；时间；打开；复杂性	39-生产率；31-物质产生的有害因素；15-时间；36-系统的复杂性	F24F3/16
20	CN201810722741.9	一种室内空气净化系统	6	潮湿；健康；便利性；复杂性；洁净度；传递；不适感；舒适性	33-操作流程的方便性；36-系统的复杂性；31-物质产生的有害因素	F24F3/16

序号	申请号	标题	权利要求数量/项	技术功效1级	技术功效TRIZ参数	IPC主分类
21	CN201810722728.3	一种室内空气净化系统	3	潮湿；健康；便利性；复杂性；洁净度；传递；不适感；舒适性	33-操作流程的方便性；36-系统的复杂性；31-物质产生的有害因素	F24F7/007
22	CN201810594282.0	基于洗衣机用水的生活状况检测方法及存储介质	7	安全	30-作用于物体的有害因素	D06F37/42
23	CN201810875721.5	一种可升降门搁架装置及冰箱	9	便利性；灵活性；复杂性	33-操作流程的方便性；35-适应性、通用性；36-系统的复杂性	F25D23/02
24	CN201710502514.0	一种洗衣机	9	复杂性；外桶；速度；便利性；利用率；用量；体积；可控性；污垢；衣物量；灵活性	36-系统的复杂性；09-速度；33-操作流程的方便性；39-生产率；26-物质或事物的数量；07-体积；37-控制与测量的复杂性；31-物质产生的有害因素；35-适应性、通用性	D06F17/06
25	CN201810697593.X	壁挂式空调室内机	8	可控性；走向；变化；舒适性；热；间距；混风；精确性；面积；精准性；稳定性；速度	37-控制与测量的复杂性；17-温度；03-长度；28-测量精度；05-面积；13-稳定性；09-速度	F24F13/10
26	CN201811210997.8	空调器及其防凝露控制方法	10	冷却；稳定性；波动；确定性；可控性；凝露；防凝露；空调器	17-温度；13-稳定性；37-控制与测量的复杂性	F24F13/22
27	CN201811014764.0	空气净化装置	1	实用性；效率；适用性；洁净度；便利性；复杂性；细菌；稳定性；频率；寿命	35-适应性、通用性；39-生产率；31-物质产生的有害因素；33-操作流程的方便性；36-系统的复杂性；30-作用于物体的有害因素；13-稳定性；27-可靠性	F24F3/16

序号	申请号	标题	权利要求数量/项	技术功效 1 级	技术功效 TRIZ 参数	IPC 主分类
28	CN201811298749.3	空调装置	16	加热量；消耗；热利用；湿度；耗比；空气；环境；舒适性；充分性	23-物质损失	F24F1/0063
29	CN201811328602.4	一种家庭用高效节能的空气净化器	7	效率；自动化；便利性；转动；循环性；成本；实用性；蒸发热；洁净度；易拆卸；可推广性；清洁性；强度；过滤；刷洗	39-生产率；38-自动化程度；33-操作流程的方便性；35-适应性、通用性；17-温度；31-物质产生的有害因素；34-可维修性；14-强度	F24F3/16
30	CN201811292320.3	滑动门组件和空调器	9	稳定性；抖动；摩擦力；噪音；空调器；能源	13-稳定性；10-力；31-物质产生的有害因素；19-能耗	F24F13/14
31	CN201811455813.4	自动除冰式单门冰箱	7	确定性；自动化；识别性	38-自动化程度；37-控制与测量的复杂性	G06T7/11
32	CN201811274857.7	一种冰冻室采用折叠扇原理开展便于寻物的冰箱	1	拉动；速度；能源；冰箱；长度；安全；用电	09-速度；19-能耗；03-长度；30-作用于物体的有害因素	F25D11/02
33	CN201811534348.3	双风机空气净化器控制系统及其控制方法	9	冲击；噪音	31-物质产生的有害因素	F24F11/30
34	CN201811270474.2	一种单独投放酶制剂的洗涤方法	9	洗涤；利用率；效率；活性	39-生产率	D06F33/36
35	CN201910169028.0	一种恒温型双向流除霾除湿机	9	成本；复杂性；热；湿度；寿命	39-生产率；36-系统的复杂性；17-温度；27-可靠性	F24F3/16
36	CN201910261365.2	一种办公用加湿增氧装置及方法	8	干燥；输出；舒适性；效率	39-生产率	F24F6/12
37	CN201910589681.2	一种除湿换热装置	9	风险；成本；风道	27-可靠性；39-生产率	F24F3/14

序号	申请号	标题	权利要求数量/项	技术功效1级	技术功效TRIZ参数	IPC主分类
38	CN201910697889.6	一种厨房分体式新风装置	8	实时性；效率；噪音；流动性；舒适性；充分性；喷淋；成分；堵塞；景观；难度	25-时间损失；39-生产率；31-物质产生的有害因素；26-物质或事物的数量；36-系统的复杂性	F24F3/16
39	CN201810708511.7	一种纺织空调余热综合利用系统及其使用方法	6	复杂性；便利性；消耗；成本；充分性	36-系统的复杂性；33-操作流程的方便性；23-物质损失；39-生产率	F24F12/00
40	CN202010938601.2	一种集成式的智能床头柜及其控制系统	10	速度；床头柜	09-速度	A47B79/00
41	CN202011046987.2	一种家用新生儿护理保温箱	9	舒适性；概率；次数；矛盾；交流；发育；和谐；年轻；劳动强度；数量	26-物质或事物的数量；39-生产率	A61G11/00
42	CN202011069550.0	一种面包生产车间用烟汽排放风机箱	7	成本；过滤；效率；清洁性；劳动强度；交换；混合	39-生产率；31-物质产生的有害因素	B01D46/00
43	CN202010597158.7	通气孔	10	能力；可控性；效率；关闭；空气；用户	37-控制与测量的复杂性；39-生产率	B60H1/34
44	CN202011135763.9	一种水性不粘涂料及层架滑道	9	硬度；脱落；氧化性	14-强度	C09D127/18
45	CN202011076267.0	一种自动取衣的洗衣卫生设备	5	打开；安全；便利性；时间；清洁性；复杂性；自动化	30-作用于物体的有害因素；33-操作流程的方便性；15-时间；31-物质产生的有害因素；36-系统的复杂性；38-自动化程度	D06F21/02
46	CN201910500352.6	一种内筒易清洗的洗衣机及其支架	10	污垢；稳定性；均匀性；细菌；便利性	31-物质产生的有害因素；13-稳定性；29-制造精度；30-作用于物体的有害因素；33-操作流程的方便性	D06F21/04
47	CN201910499797.7	一种洗衣机及其控制方法	10	水温；过低；复杂性；效率；可控性；独立；过高；实用性	36-系统的复杂性；39-生产率；37-控制与测量的复杂性；35-适应性、通用性	D06F23/02

序号	申请号	标题	权利要求数量/项	技术功效 1 级	技术功效 TRIZ 参数	IPC 主分类
48	CN201910500358.3	一种内外筒易清洗的滚筒洗衣机	10	便利性；分离	33-操作流程的方便性	D06F23/02
49	CN201910572562.6	滚筒洗衣机的洗涤控制方法及滚筒洗衣机	10	智能化；精度；精确性；准确性；确定性	28-测量精度	D06F33/34
50	CN201910572566.4	洗衣机的护色洗涤方法及洗衣机	10	精度；精确性；满意度；互染；染色	28-测量精度	D06F33/36
51	CN201910572836.1	滚筒洗衣机的脱水振动检测方法及滚筒洗衣机	10	筒内；效率；准确性；寿命；清洁性；滚筒；摄像头；稳定性；振动量；转速	39-生产率；28-测量精度；27-可靠性；31-物质产生的有害因素；13-稳定性；09-速度	D06F37/20
52	CN201910501182.3	衣物处理设备及其控制方法	10	便利性；阻尼；复杂性；衣物；广泛性	33-操作流程的方便性；36-系统的复杂性	D06F37/24
53	CN201910574056.0	一种平衡环及洗衣机	10	故障；复杂性；可靠性；理解；碰撞；平衡；适合性；损坏	27-可靠性；36-系统的复杂性；30-作用于物体的有害因素；35-适应性、通用性	D06F37/24
54	CN202011065052.9	一种波轮洗衣机及用于波轮洗衣机的振动控制方法	9	可检测性；烦恼；实时性；可控性；精准性；整机	28-测量精度；25-时间损失；37-控制与测量的复杂性	D06F37/24
55	CN202010563887.0	套环、洗涤物处理器具和用于设定间隙尺寸的方法	10	硬化；型板；持久度；复杂性；面的；保持器；精确性；可靠性；可控性；形状	36-系统的复杂性；28-测量精度；27-可靠性；37-控制与测量的复杂性；12-形状	D06F37/26
56	CN201910498346.1	一种滚筒洗衣机	9	便利性	33-操作流程的方便性	D06F37/30
57	CN201910500357.9	一种滚筒洗衣机的锁定解锁机构	9	便利性；正确性；耐磨性；噪音；分离；解锁；长度；防震性；稳定性	33-操作流程的方便性；28-测量精度；30-作用于物体的有害因素；31-物质产生的有害因素；03-长度；13-稳定性	D06F37/30

序号	申请号	标题	权利要求数量/项	技术功效1级	技术功效TRIZ参数	IPC主分类
58	CN201910500506.1	一种可清洗的滚筒洗衣机	13	便利性；分离	33-操作流程的方便性	D06F37/30
59	CN201910566254.2	一种洗衣机减速离合装置及洗衣机	10	长度；复杂性；稳定性；合理性；寿命	03-长度；36-系统的复杂性；13-稳定性；35-适应性、通用性；27-可靠性	D06F37/40
60	CN201910566255.7	一种洗衣机减速离合装置	10	复杂性；跟随；稳定性；合理性	36-系统的复杂性；13-稳定性；35-适应性、通用性	D06F37/40
61	CN201910566260.8	一种洗衣机减速离合装置	10	长度；复杂性；稳定性；合理性；寿命	03-长度；36-系统的复杂性；13-稳定性；35-适应性、通用性；27-可靠性	D06F37/40
62	CN201910566266.5	一种洗衣机减速离合装置	10	输入；复杂性；稳定性；速度；转动；噪音；洗涤；能力	36-系统的复杂性；13-稳定性；09-速度；31-物质产生的有害因素	D06F37/40
63	CN201910566587.5	一种洗衣机减速离合装置	10	输出；多样性；洗涤；速度；合理性；转动；噪音；能力；输入；复杂性；稳定性	09-速度；35-适应性、通用性；31-物质产生的有害因素；36-系统的复杂性；13-稳定性	D06F37/40
64	CN201910566672.1	一种洗衣机减速离合装置及洗衣机	10	旋转率；清洁性；可控性；摩擦力；交替；转动；清洁率	31-物质产生的有害因素；37-控制与测量的复杂性；10-力	D06F37/40
65	CN201910573339.3	一种洗衣机减速离合装置及洗衣机	10	多样性；洗涤；连接；可靠性；便利性；稳定性；复杂性；输入；轻柔洗；摩擦力	27-可靠性；33-操作流程的方便性；13-稳定性；36-系统的复杂性；10-力	D06F37/40
66	CN201910573340.6	一种洗衣机减速离合装置及洗衣机	10	输入；可靠性；洗涤；稳定性；便利性；连接；复杂性；轻柔洗；摩擦力	27-可靠性；13-稳定性；33-操作流程的方便性；36-系统的复杂性；10-力	D06F37/40
67	CN201910572550.3	滚筒洗衣机筒内检测装置及滚筒洗衣机	10	筒内；采集；滚筒；摄像头；稳定性；寿命；环境；进入；故障；效率；准确性	13-稳定性；27-可靠性；39-生产率；28-测量精度	D06F39/00

序号	申请号	标题	权利要求数量/项	技术功效1级	技术功效TRIZ参数	IPC主分类
68	CN201910579605.3	用于衣物处理设备的雾化装置及衣物处理设备	10	拆装；检测器；安全；密封性；正确性；接触；变更；紧固性；可维修性；空气；偏移；防水性	30-作用于物体的有害因素；29-制造精度；28-测量精度；34-可维修性	D06F39/00
69	CN202010590882.7	用于处理洗涤物的家用器具	9	稳定性；清洁性；复杂性；确定性；聚集	13-稳定性；31-物质产生的有害因素；36-系统的复杂性	D06F39/02
70	CN201910499804.3	一种洗衣机及其控制方法	10	过高；精准性；独立；过低；测温；速度；实用性；可控性；复杂性；易控性；效率；精度	09-速度；35-适应性、通用性；37-控制与测量的复杂性；36-系统的复杂性；39-生产率；28-测量精度	D06F39/04
71	CN201910565492.1	洗衣设备	8	强度；稳定性；脱落	14-强度；13-稳定性	D06F39/14
72	CN202011104519.6	一种节能环保的用于洗衣机下水管与地漏连接处的固定装置	8	环境；污水；能源；负担；便利性；杂物；堵塞	19-能耗；39-生产率；33-操作流程的方便性；31-物质产生的有害因素	E03F5/04
73	CN202011109643.1	一种空调出风口用集成带	10	可操作性	33-操作流程的方便性	E04B9/00
74	CN202011000893.1	空调及其控制方法	11	堵转；精准性；速度；准确性；可控性；到位；复位	09-速度；28-测量精度；37-控制与测量的复杂性	F24F1/0011
75	CN202011002193.6	空调及其控制方法	10	堵转；转音；识别性；复位；准确性；速度	37-控制与测量的复杂性；28-测量精度；09-速度	F24F1/0011
76	CN202011246815.X	立式空调支架式竖向分风器及其工作方法	6	复杂性；效率；便利性	36-系统的复杂性；39-生产率；33-操作流程的方便性	F24F1/0011
77	CN201910563014.7	空调室内机	11	效率；送风	39-生产率	F24F1/0014
78	CN201910563024.0	空调室内机	10	风量；长度；体积；小型化；送风；范围	03-长度；07-体积；35-适应性、通用性	F24F1/0014

序号	申请号	标题	权利要求数量/项	技术功效1级	技术功效TRIZ参数	IPC主分类
79	CN201910563042.9	空调室内机	16	出风风量；范围	35-适应性、通用性	F24F1/0014
80	CN201910563057.5	空调室内机的导风机构及具有其的空调室内机	24	空间；送风；体验；范围	07-体积；35-适应性、通用性	F24F1/0014
81	CN201910563833.1	空调室内机	12	均匀性；体验；出风	29-制造精度	F24F1/0014
82	CN201910563834.6	空调室内机	11	范围；送风；体验	35-适应性、通用性	F24F1/0014
83	CN202011096152.8	一种具有防尘功能的立式空调移动支架	6	自动化；便利性；积累	38-自动化程度；33-操作流程的方便性	F24F1/005
84	CN201910559608.0	清洁装置、自清洁过滤网和空调器	11	清洁性；空间；复杂性	31-物质产生的有害因素；07-体积；36-系统的复杂性	F24F1/0073
85	CN202011028539.X	空气处理模块、空调室内机及空调器	18	效率；面积；滤网	39-生产率；05-面积	F24F1/0073
86	CN202011072429.3	一种空调过滤板清洁装置	5	便利性；安全	33-操作流程的方便性；30-作用于物体的有害因素	F24F1/0073
87	CN201910579956.4	一体式厨房空调	10	清洁性；合理性；舒适性；体积；便利性；模式	31-物质产生的有害因素；35-适应性、通用性；07-体积；33-操作流程的方便性	F24F1/022
88	CN201910578764.1	窗式空调器	11	安全；水	30-作用于物体的有害因素；23-物质损失	F24F1/031
89	CN201910575813.6	散热构件、散热器和空调器	10	散热；不佳；热量；能力；密度；集中度	17-温度；19-能耗	F24F1/16
90	CN201910577189.3	散热构件、散热器和空调器	10	散热；不佳	17-温度	F24F1/16
91	CN202010968913.8	一种空调外机的冷却装置、方法以及空调器	14	安全；速度；结垢；硬度；浓度；密度；堵塞	30-作用于物体的有害因素；09-速度；14-强度；31-物质产生的有害因素	F24F1/16

序号	申请号	标题	权利要求数量/项	技术功效 1 级	技术功效 TRIZ 参数	IPC 主分类
92	CN201910562161.2	低噪中央空调	9	噪音	31-物质产生的有害因素	F24F3/00
93	CN202010933836.2	一种新型转轮除湿机	10	冷却；湿度；水量；空气；成本；充分性；能力；效率	17-温度；39-生产率	F24F3/14
94	CN202011235649.3	除湿机	10	运输；紧固性；充分性；集中度；利用率；仓储；体积；合理性	39-生产率；07-体积；35-适应性、通用性	F24F3/14
95	CN202010597170.8	室内环境调节设备及控制方法	10	风道；风阻；空间；效率；洁净度；能源	30-作用于物体的有害因素；07-体积；39-生产率；31-物质产生的有害因素；19-能耗	F24F3/16
96	CN202010925446.0	一种智能超市用具有防疫消毒功能的空气循环设备	9	细菌；防疫；均匀性；智能化；消毒液；紧固性；收集；充分性；滴入	30-作用于物体的有害因素；29-制造精度	F24F3/16
97	CN202010960188.X	一种消声杀菌消毒自净化空气净化机	6	洁净度；催化；扩散性；复杂性；能力；消耗；细菌；噪音	31-物质产生的有害因素；36-系统的复杂性；23-物质损失；30-作用于物体的有害因素	F24F3/16
98	CN202010961584.4	一种可变换组合的空气净化系统	9	效率；洁净度；除臭；紧固性	39-生产率；31-物质产生的有害因素	F24F3/16
99	CN202011032989.6	一种基于物联网的智能家居用空气净化设备	8	洁净度；自动化；时间；智能化；便利性；面积；频率；劳动强度；容量；粘附	31-物质产生的有害因素；38-自动化程度；15-时间；33-操作流程的方便性；05-面积；39-生产率；07-体积	F24F3/16
100	CN202011039455.6	一种具有空气净化功能的消毒装置	7	健康；杀毒；空气；灰尘；打开；闭合；洁净度；进入	31-物质产生的有害因素	F24F3/16
101	CN202011053936.2	一种根据滤网清洗方式进行清理的空气净化装置	4	清洁性；效率；空间；堆积；洁净度；健康	31-物质产生的有害因素；39-生产率；07-体积	F24F3/16

序号	申请号	标题	权利要求数量/项	技术功效1级	技术功效TRIZ参数	IPC主分类
102	CN202011097081.3	一种自动消毒旋转清洗空调滤网装置	4	清洁性；清洁度	31-物质产生的有害因素	F24F3/16
103	CN202011105637.9	一种基于吸附过滤的畜牧养殖棚舍的除味换气消毒方法	6	效率；齿轮；散失；空气；成本；环境；耐磨性；质量；能源	39-生产率；30-作用于物体的有害因素；27-可靠性；19-能耗	F24F3/16
104	CN202011169599.3	一种具有加湿除菌功能的空气净化器	7	速度；雾化	09-速度	F24F3/16
105	CN202011054013.9	集成式能源联供装置	9	经济性；互补；效率；共用	39-生产率	F24F5/00
106	CN202011055520.4	一种跨季回收利用冰雪冷量的风冷循环装置以及使用方法	9	环境；清洁性；温度	31-物质产生的有害因素；17-温度	F24F5/00
107	CN202011084480.6	一种冰水直接接触式区域供冷系统	10	温度；成本；合理性；复杂性；能力	17-温度；39-生产率；35-适应性、通用性；36-系统的复杂性	F24F5/00
108	CN202011129840.X	厨房空气质量改善装置及系统	13	局限性；进入；质量；清洁性；吸烟；不佳；循环性	27-可靠性；31-物质产生的有害因素	F24F5/00
109	CN202011134314.2	一种智慧灯杆专用空调	8	速度；成本；便利性；安全；复杂性；体积；美观性；寿命	09-速度；39-生产率；33-操作流程的方便性；30-作用于物体的有害因素；36-系统的复杂性；07-体积；27-可靠性	F24F5/00
110	CN202011204041.4	一种温湿度独立的空调系统及其控制方法	10	负荷；湿度；冷负荷；能源；精度；耗电；环境	01-重量；19-能耗；28-测量精度	F24F5/00
111	CN202010905997.0	一种具有空气加湿功能的香炉	7	浪费；便利性；时间；空间；凝结；防护性；速度；数量	33-操作流程的方便性；15-时间；07-体积；09-速度；26-物质或事物的数量	F24F6/12

序号	申请号	标题	权利要求数量/项	技术功效 1 级	技术功效 TRIZ 参数	IPC 主分类
112	CN202011035501.5	一种便携式双喷加湿器	6	便利性；吸水性；刚性；透明度；成本；体积；变形	33-操作流程的方便性；14-强度；39-生产率；07-体积；12-形状	F24F6/12
113	CN202010910619.1	一种绿色建筑的智能化通风节能系统	9	能源；流动性；电力；通风；电力充沛；安全；便利性	19-能耗；30-作用于物体的有害因素；33-操作流程的方便性	F24F7/013
114	CN202010893313.X	一种模块拼装式空调屋顶进风过滤装置	4	平衡；灵活性；复杂性；便利性；风速；成本	35-适应性、通用性；36-系统的复杂性；33-操作流程的方便性；39-生产率	F24F7/02
115	CN202011013138.7	一种工业控制系统机房的通风装置	6	清洁性；便利性；堆积；进入；变更；实用性	31-物质产生的有害因素；33-操作流程的方便性；35-适应性、通用性	F24F7/06
116	CN202011025246.6	一种新风系统的空气过滤机构	9	效率；热；面积；易拆卸；空气；便利性	39-生产率；17-温度；05-面积；34-可维修性；33-操作流程的方便性	F24F7/06
117	CN202011130444.9	一种装配式吊顶架空层用通风结构	10	过滤；可操作性；便利性；空间；细菌；复杂性	33-操作流程的方便性；07-体积；30-作用于物体的有害因素；36-系统的复杂性	F24F7/06
118	CN201910588621.9	新风机	11	效率；成功率	39-生产率；27-可靠性	F24F7/08
119	CN201910564804.7	一种便携式风幕机	10	转动；便利性；噪音；多样	33-操作流程的方便性；31-物质产生的有害因素	F24F9/00
120	CN202010902154.5	压力检测开关、空调控制方法、装置、空调及存储介质	13	确定性；成本；冲击	39-生产率	F24F11/30
121	CN202011025937.6	一种提高人体免疫力的智能健康空调及使用方法	10	环境；舒适性；质量；详细；心情；充分性；免疫力	27-可靠性；30-作用于物体的有害因素	F24F11/56
122	CN202011035997.6	一种避免风力分布不均匀的办公室中央空调辅助装置	7	辅助；头痛；均匀性；风力	29-制造精度	F24F13/10

序号	申请号	标题	权利要求数量/项	技术功效1级	技术功效TRIZ参数	IPC主分类
123	CN201910572692.X	空调器的导风板组件和具有其的空调器	14	可靠性；风量	27-可靠性	F24F13/12
124	CN201910577834.1	一种能够一体旋转的摆叶组件及空调器	10	便利性；稳定性；干涉；避让；效率；可靠性；清洁性；碰撞；过长；风道	33-操作流程的方便性；13-稳定性；39-生产率；27-可靠性；31-物质产生的有害因素；30-作用于物体的有害因素	F24F13/15
125	CN202010948651.9	用于空调防凝露的方法、装置和空调	10	功率；补充；获取；凝露	21-功率	F24F13/22
126	CN202010974120.7	一种冷凝水回收利用设备	9	变更；效率；停机；进入；实用性；可推广性；便利性；过滤	39-生产率；35-适应性、通用性；33-操作流程的方便性	F24F13/22
127	CN202011136536.8	一种房间空调与采暖系统及控制方法	8	经济性；成本；舒适性；冷气；一体化；可靠性；稳定性；温暖	39-生产率；27-可靠性；13-稳定性	F25B13/00
128	CN202010517229.8	制冰器、家用制冷器具以及用于装入制冰器的机架的方法	15	自动化；复杂性；有害；速度；精确性；力耗费；手柄；定位；准确性	38-自动化程度；36-系统的复杂性；30-作用于物体的有害因素；09-速度；28-测量精度	F25C1/10
129	CN202011021321.1	一种肉类食品加工用的快速冷冻装置	10	速度；实用性；可控性；质量；均匀性；口感；便利性	09-速度；35-适应性、通用性；37-控制与测量的复杂性；27-可靠性；29-制造精度；33-操作流程的方便性	F25D3/10
130	CN201910568092.6	制冷设备	10	体验；空间；充分性；体积；能力	07-体积	F25D11/00
131	CN201910568101.1	一体式制冷机组及制冷设备	10	体验；空间；充分性；体积；能力	07-体积	F25D11/00
132	CN201910569883.0	制冷机组及制冷设备	10	体验；空间；充分性；体积；能力	07-体积	F25D11/00

序号	申请号	标题	权利要求数量/项	技术功效 1 级	技术功效 TRIZ 参数	IPC 主分类
133	CN201910576211.2	具有变色干燥模块的储物装置及冰箱	14	用量；便利性；水；利用率	26-物质或事物的数量；33-操作流程的方便性；23-物质损失；39-生产率	F25D11/00
134	CN202010926075.8	一种黄花菜加工冷藏储藏装置	9	便利性；时间；复杂性；把控；效率；适合性	33-操作流程的方便性；15-时间；36-系统的复杂性；39-生产率；35-适应性、通用性	F25D11/00
135	CN202011002267.6	一种冷藏装置	10	精度；保鲜；可控性	28-测量精度；37-控制与测量的复杂性	F25D11/00
136	CN202011002281.6	一种冷藏装置	10	休息；噪音	31-物质产生的有害因素	F25D11/00
137	CN202011015317.4	一种分隔式生物药剂冷藏箱	7	泄露；速度；效率；低温	31-物质产生的有害因素；09-速度；39-生产率	F25D11/00
138	CN201910573707.4	温度指示和调整组件	12	可控性；成本；速度	37-控制与测量的复杂性；39-生产率；09-速度	F25D11/02
139	CN202010923562.9	一种制冷设备及其控制方法	9	温度；体验	17-温度	F25D11/02
140	CN202011080073.8	一种基于物联网技术的方便存储的冰箱	6	便利性；利用率；污染	33-操作流程的方便性；39-生产率；31-物质产生的有害因素	F25D11/02
141	CN202011063550.X	基于加工车间的制程冷却水净化传输装置	7	便利性；实用性；洁净度；复杂性；可靠性；可推广性	33-操作流程的方便性；35-适应性、通用性；31-物质产生的有害因素；36-系统的复杂性；27-可靠性；39-生产率	F25D17/02
142	CN201910562833.X	一种具有保温功能的冰箱及控制方法	10	调节；温度	17-温度	F25D23/12
143	CN201910566708.6	冰箱抽屉及冰箱	11	次数；体验	26-物质或事物的数量	F25D25/02

序号	申请号	标题	权利要求数量/项	技术功效 1 级	技术功效 TRIZ 参数	IPC 主分类
144	CN201910566722.6	冰箱抽屉及冰箱	10	可靠性；便利性；时间；实用性；改变分区	27-可靠性；33-操作流程的方便性；15-时间；35-适应性、通用性	F25D25/02
145	CN201910566897.7	一种可调节高度的搁物架	10	使用率；可维修性；成本；复杂性；充分性；美观性；实用性；可靠性；能力；灵活性；便利性	35-适应性、通用性；34-可维修性；39-生产率；36-系统的复杂性；27-可靠性；33-操作流程的方便性	F25D25/02
146	CN201910566904.3	一种可调节高度的搁物架	10	使用率；可靠性；可维修性；成本；充分性；美观性；实用性；复杂性；能力；灵活性；便利性	35-适应性、通用性；27-可靠性；34-可维修性；39-生产率；36-系统的复杂性；33-操作流程的方便性	F25D25/02
147	CN201910566914.7	一种高度可调节的搁物架及电冰箱	10	使用率；可靠性；可维修性；复杂性；成本；充分性；美观性；实用性；能力；灵活性；便利性	35-适应性、通用性；27-可靠性；34-可维修性；36-系统的复杂性；39-生产率；33-操作流程的方便性	F25D25/02
148	CN201910572610.1	一种抽屉组件和家用器具	12	寿命；确定性；复杂性；便利性；面积；分离；噪音；成本；脱落；风险；紧固性	27-可靠性；36-系统的复杂性；33-操作流程的方便性；05-面积；31-物质产生的有害因素；39-生产率	F25D25/02
149	CN201910576327.6	存储装置及冰箱	10	复杂性	36-系统的复杂性	F25D25/02
150	CN201910577790.2	冰箱及其内部光源的亮度设置方法	10	可控性；获取；体验；准确性；稳定性	37-控制与测量的复杂性；28-测量精度；13-稳定性	F25D27/00
151	CN201910569949.6	一种制冷设备控制方法、服务器和用户终端	13	自动化；冷却	38-自动化程度；17-温度	F25D29/00
152	CN201910575826.3	一种冰箱门闪缝的检测方法、控制装置和冰箱	10	保鲜；可检测性；结霜量；后果；复杂性；平衡	28-测量精度；36-系统的复杂性	F25D29/00

序号	申请号	标题	权利要求数量/项	技术功效 1 级	技术功效 TRIZ 参数	IPC 主分类
153	CN201910575841.8	冰箱防倾倒控制方法、控制装置及冰箱	10	损坏；安全	27-可靠性；30-作用于物体的有害因素	F25D29/00
154	CN201910575852.6	冰箱防倾倒控制方法、控制装置及冰箱	10	损坏；及时性；安全	27-可靠性；25-时间损失；30-作用于物体的有害因素	F25D29/00
155	CN201910577206.3	一种检测冰箱门闪缝的控制方法、控制装置和冰箱	10	保鲜；可检测性；结霜；后果；平衡；复杂性	28-测量精度；36-系统的复杂性	F25D29/00
156	CN201910577236.4	冰箱防倾倒控制方法、控制装置及冰箱	11	损坏；及时性；安全	27-可靠性；25-时间损失；30-作用于物体的有害因素	F25D29/00
157	CN201910577239.8	冰箱防倾倒控制方法、控制装置及冰箱	10	损坏；及时性；安全	27-可靠性；25-时间损失；30-作用于物体的有害因素	F25D29/00
158	CN202010957197.3	电子秤玻璃板水冷循环装置	10	可能性；玻璃板；变化；便利性；水温；面积；差距；过高；温度	33-操作流程的方便性；05-面积；17-温度	F25D31/00
159	CN202011052780.6	复合肥生产用冷却机	7	品质	29-制造精度	F25D31/00
160	CN201980034051.7	洗衣机	7	突出；便利性	33-操作流程的方便性	D06F39/00
161	CN201980034139.9	空调机的室外单元	11	噪音；路径；风风扇；单元；空气量；形状；功耗；长度	31-物质产生的有害因素；12-形状；19-能耗；03-长度	F24F1/48
162	CN201980028808.1	可变空气过滤器组件	28	折叠成；构型；尺寸	03-长度	F24F13/28
163	CN201610124212.X	滚筒型洗衣机	15	贮藏；电机；支撑肋；完成度；热量	19-能耗	D06F37/20
164	CN201510213042.8	净水模块自清洁方法及采用该方法的洗衣机	8	洗涤；清洁性；确定性；及时性；长度；洁净度；感受	31-物质产生的有害因素；25-时间损失；03-长度	D06F39/00
165	CN201510791749.7	多功能吊顶系统	7	智能化；美观性；实用性；舒适性；柔和；洁净度；过滤；真正；环境；复杂性	35-适应性、通用性；31-物质产生的有害因素；36-系统的复杂性	F24F5/00

序号	申请号	标题	权利要求数量/项	技术功效1级	技术功效TRIZ参数	IPC主分类
166	CN201480084159.4	使用可锁定冷藏隔室改装冷藏集装箱的方法和冷藏集装箱	19	确定性；冷冻；循环性；充分性；可靠性；接近	27-可靠性	F25D11/00
167	CN201710213758.7	室内换热装置和空调器	9	效率；损失；冷凝水；距离；温度；冷却	39-生产率；23-物质损失；03-长度；17-温度	F25B39/02
168	CN201610751962.X	一种结构加强型洗衣机外桶及洗衣机	8	成本；紧固性；污染；变形；寿命；强度	39-生产率；31-物质产生的有害因素；12-形状；27-可靠性；14-强度	D06F37/26
169	CN201810094777.7	空调防凝露控制的方法、装置及计算机存储介质	8	凝露；概率；空调；能源	19-能耗	F24F13/22
170	CN201711405217.0	一种高清多媒体冰箱门	5	实用性；防雾；模糊	35-适应性、通用性	F25D21/08
171	CN201810182284.9	电冰箱	6	成本；电冰箱	39-生产率	F25D23/06
172	CN201810026795.1	一种冰箱用保鲜膜、其制备方法和保鲜盒	7	保鲜盒；细菌；活性；复杂性；褐变；保鲜；及时性；便利性；食物；持续	30-作用于物体的有害因素；36-系统的复杂性；25-时间损失；33-操作流程的方便性	C08L29/04
173	CN201810095911.5	空调防凝露控制的方法、装置及计算机存储介质	8	凝露；概率；空调；能源	19-能耗	F24F13/22
174	CN201810140857.1	自动空气净化器	1	自动化；洁净度；切换	38-自动化程度；31-物质产生的有害因素	F24F3/16
175	CN201810366935.X	一种设在室内踢脚线位置的充气式强化换热装置	1	冷却；便利性；面积；舒适性；热；冷热；均匀性；温度；可维修性；成本；效率；复杂性；损失；速度	17-温度；33-操作流程的方便性；05-面积；29-制造精度；34-可维修性；39-生产率；36-系统的复杂性；23-物质损失；09-速度	F24F5/00

序号	申请号	标题	权利要求数量/项	技术功效 1 级	技术功效 TRIZ 参数	IPC 主分类
176	CN201680077488.5	滑轨固定装置	2	脱离；固定力；成本；易拆卸；变形；引出；紧固性	39-生产率；34-可维修性；12-形状	F24C15/16
177	CN201810339220.5	一种空调用加热管组件	4	泄露；对流；复杂性；连接；热；便利性	31-物质产生的有害因素；36-系统的复杂性；17-温度；33-操作流程的方便性	F24F13/00
178	CN201810393391.6	一种冰箱冷藏室照明灯的自动调节方法	3	可控性；浪费；能源；适合性	37-控制与测量的复杂性；19-能耗；35-适应性、通用性	F25D27/00
179	CN201810709020.4	可控制照明的冰箱	9	分区；效率；复杂性；成本；便利性	39-生产率；36-系统的复杂性；33-操作流程的方便性	F25D27/00
180	CN201810506176.2	冰箱	8	复杂性	36-系统的复杂性	F25D11/02
181	CN201810673724.0	一种便于拆卸的空气净化环保设备	3	空气；洁净度	31-物质产生的有害因素	F24F3/16
182	CN201810910953.X	湿式辐射对流冷热交换器	6	便利性；管堵塞；凝结；冷凝；水；合理性	33-操作流程的方便性；23-物质损失；35-适应性、通用性	F25B39/00
183	CN201811255740.4	一种电机安装组件及空调器	7	便利性；抱攀；牢固性；效率；数量；电机架	33-操作流程的方便性；27-可靠性；39-生产率；26-物质或事物的数量	H02K5/00
184	CN201680087027.6	保冷加温装置、及分析装置	12	加温；成本	39-生产率	F25D23/12
185	CN201710823938.7	冷柜风机控制方法	6	负载量；冷却；冷量；能源；速度	17-温度；19-能耗；09-速度	F25D29/00
186	CN201811421372.6	一种铝材加工用可快速降温的防烫伤装置	1	速度；防烫伤；灵活性；循环性	09-速度；35-适应性、通用性	F25D1/00
187	CN201780047944.6	制冷系统、交通工具及对制冷系统进行操作的方法	11	正确性；可控性	28-测量精度；37-控制与测量的复杂性	F25B49/02

序号	申请号	标题	权利要求数量/项	技术功效1级	技术功效TRIZ参数	IPC主分类
188	CN201811139753.5	便携式冷冻装置	7	密封性；孔；效率；温度；畅通性	29-制造精度；39-生产率；17-温度	F25D11/00
189	CN201811140859.7	便携式冷冻装置	7	便利性；重力；可靠性；消耗；放置；环境；效率；物品；取出	33-操作流程的方便性；27-可靠性；23-物质损失；39-生产率	F25D11/00
190	CN201811140879.4	便携式冷冻装置	8	复杂性；打开；关闭；温度；准确性；美观性；环境；自动化；便利性；损坏	36-系统的复杂性；17-温度；28-测量精度；38-自动化程度；33-操作流程的方便性；27-可靠性	F25D11/00
191	CN201810837697.6	离合自动开门装置及冰箱	10	安全；体验；合理性；可靠性	30-作用于物体的有害因素；35-适应性、通用性；27-可靠性	F25D23/02
192	CN201910258278.1	一种闭环双泵式预热除湿室内暖气供应系统	5	热；效率；湿度；利用率；制热；温度；干燥；充分性；露点	17-温度；39-生产率	F24F5/00
193	CN201711407924.3	冷藏冷冻装置	6	散热；效率；稳定性	17-温度；39-生产率；13-稳定性	F25D11/02
194	CN201910697442.9	去除污垢的双层外筒洗衣机	1	确定性；便利性；污垢；清洁性	33-操作流程的方便性；31-物质产生的有害因素	D06F37/26
195	CN201910734258.7	一种房屋温度传导设备	5	安全；过程；速度；复杂性；利用率	30-作用于物体的有害因素；09-速度；36-系统的复杂性；39-生产率	F24F5/00
196	CN201810836694.0	离合自动开门装置及冰箱	10	合理性；安全；损失；体验；撞击；可靠性	35-适应性、通用性；30-作用于物体的有害因素；23-物质损失；27-可靠性	F25D23/02
197	CN201911072531.0	一种适用于室内的可加热大幅度加湿的加湿器	5	自动化；潮湿；速度；流失率	38-自动化程度；09-速度	F24F6/10
198	CN201810898291.9	一种用于冰箱的抽屉组件	6	间隙；倾斜；体验；空间；均匀性	07-体积；29-制造精度	F25D25/02

序号	申请号	标题	权利要求数量/项	技术功效 1 级	技术功效 TRIZ 参数	IPC 主分类
199	CN201910972942.9	一种智能的空气湿度控制装置及其控制方法	5	散热；效率；清洁性；可控性；智能化；安全；资源；舒适性；能量；路线	17-温度；39-生产率；31-物质产生的有害因素；37-控制与测量的复杂性；30-作用于物体的有害因素；19-能耗	F24F11/89
200	CN201911365954.1	一种可中途添衣的滚筒洗衣机及其控制方法	6	复杂性；水	36 - 系统的复杂性；23-物质损失	D06F39/14
201	CN201911407541.5	分体式外壳的风管机	12	便利性；难度；复杂性；成本	33-操作流程的方便性；36-系统的复杂性；39-生产率	F24F1/0047
202	CN202010022418.8	一种多桶洗衣机加热洗涤的控制方法及多桶洗衣机	9	功率；消耗；噪音；洁净度；时间；安全；热；循环性	21-功率；23-物质损失；31-物质产生的有害因素；15-时间；30-作用于物体的有害因素；17-温度	D06F31/00
203	CN202010908899.2	一种黄花菜速冻保鲜装置	7	冷却；运输；面积；速冻；可控性；质量	17-温度；05-面积；37-控制与测量的复杂性；27-可靠性	A23B7/04
204	CN202010819577.0	加温管加温控制方法、装置、存储介质及计算机设备	10	有害；舒适性；冷凝水；速度；可控性；温管	30-作用于物体的有害因素；09-速度；37-控制与测量的复杂性	A61M16/10
205	CN202011115202.2	一种医用转瓶机	8	自动化；安全；智能化；复杂性	38-自动化程度；30-作用于物体的有害因素；36-系统的复杂性	B65G13/06
206	CN202010978376.5	一种电梯轿厢净化装置	8	灰尘；洁净度；充分性；质量；清洁性；潮湿	31-物质产生的有害因素；27-可靠性	B66B11/02
207	CN202011009940.9	一种医院用火灾应急电梯装置	10	有害；便利性；损坏；冲板；速度；损失；密封性	30-作用于物体的有害因素；33-操作流程的方便性；27-可靠性；09-速度；23-物质损失；29-制造精度	B66B11/02

序号	申请号	标题	权利要求数量/项	技术功效1级	技术功效TRIZ参数	IPC主分类
208	CN201910489595.4	一种衣物处理装置及其控制方法	10	体积；携带；适合性；清洁性；复杂性；脱水；水	07-体积；35-适应性、通用性；31-物质产生的有害因素；36-系统的复杂性；23-物质损失	D06F15/00
209	CN202011033204.7	一种喷头及具有其的喷头组件和洗衣机	18	喷淋；能力；清洁性；力度；范围	31-物质产生的有害因素；35-适应性、通用性	D06F17/04
210	CN201910551418.4	一种洗衣机	10	复杂性；存水；独立；确定性；开启；洗涤；漂洗；关闭；藏污；排水口	36-系统的复杂性	D06F23/04
211	CN201910554803.4	一种洗衣机及控制方法	10	洗衣机；复杂性；用量；污染；附着；热效率；适合性；效率；独立；洁净度	36-系统的复杂性；26-物质或事物的数量；31-物质产生的有害因素；22-能量损失；35-适应性、通用性；39-生产率	D06F23/04
212	CN201910492069.3	用于衣物处理设备的控制方法	10	复杂性；体验；有害；洗衣机；确定性；安全；程序	36-系统的复杂性；30-作用于物体的有害因素	D06F33/30
213	CN201910554790.0	一种洗衣机及控制方法	10	循环性；复杂性；水；用量；洁净度；积存；适合性；效率；污染；利用率	36-系统的复杂性；23-物质损失；26-物质或事物的数量；31-物质产生的有害因素；35-适应性、通用性；39-生产率	D06F33/36
214	CN202010828321.6	一种液位检测装置、控制方法、蒸汽盒组件及洗衣机	10	寿命；耐腐蚀性；长度	27-可靠性；30-作用于物体的有害因素；03-长度	D06F33/43
215	CN201910490409.9	一种洗衣机的脱水控制方法及控制装置	10	资源；撞箱体；效率；体验	39-生产率	D06F33/48
216	CN201910549485.2	一种洗衣机	10	复杂性；便利性；脏污；清洁性	36-系统的复杂性；33-操作流程的方便性；31-物质产生的有害因素	D06F35/00

序号	申请号	标题	权利要求数量/项	技术功效 1 级	技术功效 TRIZ 参数	IPC 主分类
217	CN201910552434.5	一种滚筒洗衣机	10	锁定；损坏；可控性；闭合；概率；损耗	27-可靠性；37-控制与测量的复杂性；23-物质损失	D06F37/10
218	CN201910551733.7	一种洗衣机	10	可靠性；复杂性；可操作性；排水；独立；密封性；过滤；效率；缝隙；脱水；确定性	27-可靠性；36-系统的复杂性；33-操作流程的方便性；29-制造精度；39-生产率	D06F37/12
219	CN201910550433.7	一种洗衣机	10	复杂性；调节；洗衣机；效率；成本；可靠性；速度；适合性；消耗	36-系统的复杂性；39-生产率；27-可靠性；09-速度；35-适应性、通用性；23-物质损失	D06F37/14
220	CN201910551487.5	一种洗衣机	10	独立；确定性；分离；洗涤；存水；藏污；漂洗；污染；密封性	31-物质产生的有害因素；29-制造精度	D06F37/14
221	CN202011047544.5	一种洗涤组件、洗涤筒组件及洗衣机	15	洗涤；耐磨性；不好；安全	30-作用于物体的有害因素	D06F37/14
222	CN201910551482.2	洗衣机	11	独立；确定性；洗涤；反动量；防震性；箱体；污染；存水	30-作用于物体的有害因素；31-物质产生的有害因素	D06F37/24
223	CN201910551501.1	洗衣机	11	反动量；独立；洗涤；确定性；箱体；存水；污染；防震性	31-物质产生的有害因素；30-作用于物体的有害因素	D06F37/24
224	CN202010934182.5	洗衣机筒体结构以及具有其的洗衣机	12	速度；进入	09-速度	D06F37/26
225	CN201910551293.5	一种减速离合器及洗衣机	10	复杂性；成本；调节；洗衣机；适合性；效率；可靠性；速度；消耗；死角	36-系统的复杂性；39-生产率；35-适应性、通用性；27-可靠性；09-速度；23-物质损失	D06F37/40

序号	申请号	标题	权利要求数量/项	技术功效1级	技术功效TRIZ参数	IPC主分类
226	CN201910555542.8	用于衣物处理设备的衣物处理剂投放组件及衣物处理设备	10	分离；脱离；完成率；泄露；速度；体验；劳动强度；防滑性；解锁；安全；进入；便利性；可靠性	31-物质产生的有害因素；09-速度；39-生产率；30-作用于物体的有害因素；33-操作流程的方便性；27-可靠性	D06F39/02
227	CN201910555548.5	用于衣物处理设备的衣物处理剂投放组件及衣物处理设备	34	分离；稳定性；完成率；密封性；移动；泄露；可靠性；防脱；脱离；解锁；进入；便利性	13-稳定性；29-制造精度；31-物质产生的有害因素；27-可靠性；33-操作流程的方便性	D06F39/02
228	CN201910555556.X	衣物处理设备	19	密封性；复杂性；可靠性；偏离；泄露；稳定性；效率；移动；插管；刮除；摩擦力	29-制造精度；36-系统的复杂性；27-可靠性；31-物质产生的有害因素；13-稳定性；39-生产率；10-力	D06F39/02
229	CN201910555561.0	用于衣物处理设备的衣物处理剂投放组件及衣物处理设备	12	完成度；泄露；可靠性；效率；稳定性；密封性；移动；插管；摩擦力；便利性	31-物质产生的有害因素；27-可靠性；39-生产率；13-稳定性；29-制造精度；10-力；33-操作流程的方便性	D06F39/02
230	CN201910556617.4	衣物处理设备	10	体验；便利性；偏离；安全；脱出；可靠性；脱落；劳动强度；效率；处理剂	33-操作流程的方便性；30-作用于物体的有害因素；27-可靠性；39-生产率	D06F39/02
231	CN201910556645.6	用于衣物处理设备的衣物处理剂投放组件及衣物处理设备	16	稳定性；密封性；移动；泄露；速度；可靠性；劳动强度；解锁；脱离；便利性	13-稳定性；29-制造精度；31-物质产生的有害因素；09-速度；27-可靠性；39-生产率；33-操作流程的方便性	D06F39/02
232	CN202010580622.1	带泵设备的洗涤物护理器具和运行洗涤物护理器具的方法	16	确定性；自净；速度；洗涤剂；护理；溶解；结束	09-速度	D06F39/02

序号	申请号	标题	权利要求数量/项	技术功效 1 级	技术功效 TRIZ 参数	IPC 主分类
233	CN201910489834.6	一种洗衣机及其进水控制方法	10	可控性	37－控制与测量的复杂性	D06F39/08
234	CN201910549331.3	一种喷淋装置及衣物处理设备	10	可操作性；能力；效率；复杂性；压力；适用性；面积	33－操作流程的方便性；39－生产率；36－系统的复杂性；10－力；35－适应性、通用性；05－面积	D06F39/08
235	CN201910550829.1	一种洗衣机	10	独立；便利性；确定性；可控性；洗涤；存水；漂洗；藏污	33－操作流程的方便性；37－控制与测量的复杂性	D06F39/08
236	CN202010866028.9	一种过滤组件、波轮和洗衣机	15	变更；细菌；复杂性；清洁性；充分性；毛屑；结合	30－作用于物体的有害因素；36－系统的复杂性；31－物质产生的有害因素	D06F39/10
237	CN202011017074.8	一种具有绿化环保功能的建筑结构外墙	7	牢固性；粘合；稳定性；风声；紧固性；环境；可控性；广泛性；堵塞；便利性	27－可靠性；13－稳定性；37－控制与测量的复杂性；31－物质产生的有害因素；33－操作流程的方便性	E04B2/00
238	CN201910550312.2	门体驱动装置及冰箱	10	门体；老人；有害；小孩	30－作用于物体的有害因素	E05F15/41
239	CN201910550359.9	门体驱动装置及冰箱	10	可控性；品质	37－控制与测量的复杂性；29－制造精度	E05F15/41
240	CN201910551252.6	门体驱动装置及冰箱	10	有害；老人；小孩	30－作用于物体的有害因素	E05F15/41
241	CN201910550341.9	门体驱动装置及冰箱	10	便利性	33－操作流程的方便性	E05F15/79
242	CN201910551299.2	门体驱动装置及冰箱	10	成本	39－生产率	E05F15/79
243	CN201910551314.3	门体驱动装置及冰箱	10	可能性；寿命；冲击	27－可靠性	E05F15/79
244	CN201910551338.9	门体驱动装置及冰箱	10	适合性	35－适应性、通用性	E05F15/79

序号	申请号	标题	权利要求数量/项	技术功效1级	技术功效TRIZ参数	IPC主分类
245	CN201910551339.3	门体驱动装置及冰箱	10	泄露；变质	31-物质产生的有害因素	E05F15/79
246	CN202010982177.1	超薄室内机	10	阻力；风量	10-力	F04D17/16
247	CN202011019485.0	一种高温物料密封式冷却兼输送方法	6	安全；能源；有害；环境；可操作性；成本；可靠性；稳定性；健康；清洁性；消耗；体积；故障；劳动强度	30-作用于物体的有害因素；19-能耗；33-操作流程的方便性；39-生产率；27-可靠性；13-稳定性；31-物质产生的有害因素；23-物质损失；07-体积	F23J1/02
248	CN202010937316.9	内置激光投影发射器的空调器室内机	10	占用；障碍物；充分性；不舒适；智能化；体积；体验	07-体积	F24F1/0007
249	CN202010912087.5	空调及其导风装置	10	导风；舒适性；摆风；温度；扰流；阻力；理念；体验；混风	17-温度；10-力	F24F1/0011
250	CN202011023564.9	轨道交通车站无塔空调系统及其控制方法	10	消耗；有害；数量；温度；洁净度；噪音；次数；质量	23-物质损失；30-作用于物体的有害因素；26-物质或事物的数量；17-温度；31-物质产生的有害因素；27-可靠性	F24F1/0011
251	CN202011046888.4	空调室内机及空调器	10	噪声源；数量；体验；洁净度	26-物质或事物的数量；31-物质产生的有害因素	F24F1/0011
252	CN202010914523.2	一种空调器及其控制方法	10	细菌；充分性；洁净度；清洁性；空调器；消耗；有害	30-作用于物体的有害因素；31-物质产生的有害因素；23-物质损失	F24F1/0063
253	CN202010930716.7	具有双室内换热器的空调器	10	智能化；速度；灵活性；制热；舒适性；复杂性；能源；局限性；冷却	09-速度；35-适应性、通用性；36-系统的复杂性；19-能耗；17-温度	F24F1/0063
254	CN202010960415.9	一种双蒸发温度热泵系统和控制方法	21	能力；能效；室温；制热除霜；效率；稳定性；能源；热量；适合性；回收；运行	39-生产率；13-稳定性；19-能耗；35-适应性、通用性	F24F1/0063

序号	申请号	标题	权利要求数量/项	技术功效 1 级	技术功效 TRIZ 参数	IPC 主分类
255	CN202010960451.5	一种双冷凝温度热泵系统和控制方法	17	制热水；制热；适合性；能效；功耗；正确性；供热；效率；稳定性；能源；能力；回收；运行	35-适应性、通用性；19-能耗；28-测量精度；39-生产率；13-稳定性	F24F1/0063
256	CN202010960988.1	一种空调器	10	均匀性；分离；换热；一致性；重力	29-制造精度；17-温度	F24F1/0063
257	CN202010963067.0	空调系统和控制方法	10	潮湿；体验；干涉；自动化；工艺	38-自动化程度	F24F1/0063
258	CN202011098224.2	换热装置及具有其的空调器	10	尺寸；体积；利用率；布局；紧固性	03-长度；07-体积；39-生产率	F24F1/0063
259	CN202011110826.5	用于空调器的电机散热装置及空调器	10	温降；调节；充分性；散热；能效	17-温度	F24F1/0063
260	CN202011134905.X	冷凝器和空调设备	12	效率；死区；均匀性	39-生产率；29-制造精度	F24F1/0063
261	CN202010960445.X	换热器及空调器	15	积液；面积；进液；均匀性	05-面积；29-制造精度	F24F1/0067
262	CN202011119883.X	一种可调流路以及新风空调器	16	效率；温度；长度；输出量；能力；流量	39-生产率；17-温度；03-长度；26-物质或事物的数量	F24F1/0068
263	CN202011141908.6	过滤网及空调	12	积尘；成本；面积；速度；清洁性；体验；易拆卸；便利性；效率；过滤网；复杂性	39-生产率；05-面积；09-速度；31-物质产生的有害因素；34-可维修性；33-操作流程的方便性；36-系统的复杂性	F24F1/0073
264	CN202010895520.9	一种新风湿度控制空调系统及其控制方法	28	复杂性；精准性；质量；相对湿度；便利性；温湿；空调；自动化；可控性；能力	36-系统的复杂性；27-可靠性；33-操作流程的方便性；38-自动化程度；37-控制与测量的复杂性	F24F1/0087
265	CN202011119910.3	安装板、电器盒组件以及空调室外机	12	效率；盒；密封性；成本；复杂性；包裹	39-生产率；29-制造精度；36-系统的复杂性	F24F1/22

序号	申请号	标题	权利要求数量/项	技术功效 1 级	技术功效 TRIZ 参数	IPC 主分类
266	CN202010943372.3	一种空调室外机降噪设备	7	热量；接触；缩小；摩擦力	19-能耗；10-力	F24F1/40
267	CN202011085994.3	一种卫生安全应急设备	5	速度；便利性；风险；交叉；感染	09-速度；33-操作流程的方便性；27-可靠性	F24F3/044
268	CN201910547375.2	空气净化模块、空调室内机及空调器	19	水粒；速度；洁净度；结合率；打散；接触	09-速度；31-物质产生的有害因素	F24F3/16
269	CN202010772483.2	一种除尘防霾环保装置	10	便利性；环境；洁净度；损坏；健康；防盗；效率；防霾；美观性；防护性	33-操作流程的方便性；31-物质产生的有害因素；27-可靠性；30-作用于物体的有害因素；39-生产率	F24F3/16
270	CN202010873904.0	一种具有滤网自动切换结构的空气净化设备	9	便利性；完成率；复杂性	33-操作流程的方便性；36-系统的复杂性	F24F3/16
271	CN202011009349.3	一种便于使用的风机盘管等离子体式空气净化消毒机	7	细菌；便利性；洁净度；可靠性；导风；复杂性；变更；安全；清洁性；打开	30-作用于物体的有害因素；33-操作流程的方便性；31-物质产生的有害因素；27-可靠性；36-系统的复杂性	F24F3/16
272	CN202011014092.0	空气净化器	8	冲洗；浪费；洁净度；均匀性；范围；复用性；智能化；便利性；堵塞；自动化	31-物质产生的有害因素；29-制造精度；35-适应性、通用性；39-生产率；33-操作流程的方便性；38-自动化程度	F24F3/16
273	CN202011037016.1	一种空气净化智能消杀设备	5	温度；电	17-温度	F24F3/16
274	CN202011065379.6	一种辅助清洗清洁空气净化器过滤网的装置	5	拆装；寿命；效率；损坏；清洁性；洁净度	27-可靠性；39-生产率；31-物质产生的有害因素	F24F3/16
275	CN202011065383.2	一种带有自清理功能的转动式入风口空气净化装置	6	频率；利用率；入风；流动性；范围；附着物	39-生产率；35-适应性、通用性	F24F3/16

序号	申请号	标题	权利要求数量/项	技术功效 1 级	技术功效 TRIZ 参数	IPC 主分类
276	CN202011114368.2	一种空气净化设备	9	洁净度；确定性；导入；损失；波高；充分性；接触；杀菌灯	31-物质产生的有害因素；23-物质损失	F24F3/16
277	CN202011124364.2	用于空调机组的清洗装置及清洗方法、空调系统、存储介质	19	表冷器；过滤器；拆除；劳动强度；自动化；清洁性	39-生产率；38-自动化程度；31-物质产生的有害因素	F24F3/16
278	CN202011130001.X	一种消毒模块及空气净化设备	12	均匀性；成本；洁净度；可控性；滤网；火灾；温度	29-制造精度；39-生产率；31-物质产生的有害因素；37-控制与测量的复杂性；17-温度	F24F3/16
279	CN202011186061.3	一种通风设备	7	复杂性；合理性；便利性；清洁性；效率；频率；成本；完成率；噪音；可控性；寿命	36-系统的复杂性；35-适应性、通用性；33-操作流程的方便性；31-物质产生的有害因素；39-生产率；37-控制与测量的复杂性；27-可靠性	F24F3/16
280	CN201911123471.0	一种独立、自然、无风、供冷、供热空调	3	速度；导流槽；便利性	09-速度；33-操作流程的方便性	F24F5/00
281	CN202010801037.X	一种金属加工辅助设备	10	冷却；开启；关闭；洁净度；流动性；压缩；实用性；舒适性	17-温度；31-物质产生的有害因素；35-适应性、通用性	F24F5/00
282	CN202010924111.7	对流强化型辐射换热器	10	效率；供冷；接触；凝露；冷凝；换热；紊乱；能力	39-生产率；17-温度	F24F5/00
283	CN202011049185.7	一种高效节能空调制冷设备	7	清洁性；便利性；流畅性	31-物质产生的有害因素；33-操作流程的方便性	F24F5/00
284	CN202011051483.X	一种跨季利用冰雪冷量的液体冷媒循环装置及使用方法	10	清扫；温度；防护性；连通	17-温度	F24F5/00

序号	申请号	标题	权利要求数量/项	技术功效1级	技术功效TRIZ参数	IPC主分类
285	CN202011063549.7	车间洁净室空调通风及水冷却系统	7	温度；数量	17-温度；26-物质或事物的数量	F24F5/00
286	CN202011067114.X	一种蓄冷和蓄热两用储能水箱	1	经济性；温度；成本；效率；安全；均匀性；能力；不匹配；环境；厚度；扰动；寿命	39-生产率；17-温度；30-作用于物体的有害因素；29-制造精度；03-长度；27-可靠性	F24F5/00
287	CN202011210758.X	一种组合式盘管空气处理装置，及基于其的空气处理系统和使用方法	10	新风；厚度；资金；新风量；效率；灵活性；空间；冷却	03-长度；39-生产率；35-适应性、通用性；07-体积；17-温度	F24F5/00
288	CN202011101389.0	一种高稳定度香薰加湿器	10	散热；稳定性；合理性	17-温度；13-稳定性；35-适应性、通用性	F24F6/12
289	CN201910549950.2	风机壳组件及新风机	10	复杂性；牢固性；劳动强度	36-系统的复杂性；27-可靠性；39-生产率	F24F7/007
290	CN202010968102.8	一种新型供氧新风换气机	7	清洁性；流速；除臭；冷却；空气；过滤网	31-物质产生的有害因素；09-速度；17-温度	F24F7/007
291	CN202011088114.8	一种用于智能建筑的通风装置	7	便利性；可控性	33-操作流程的方便性；37-控制与测量的复杂性	F24F7/007
292	CN202011107319.6	一种可手动调控的室内空气置换装置	4	清洁性；灰尘；适合性；新陈代谢；健康；疲劳感；大脑	31-物质产生的有害因素；35-适应性、通用性	F24F7/007
293	CN202011000745.X	一种可防强光的自动通风换气装置及其控制方法	9	质量；飘动；通风；消耗；自动化；强光	27-可靠性；23-物质损失；38-自动化程度	F24F7/013
294	CN202010929923.0	新风装置	10	细菌；体验	30-作用于物体的有害因素	F24F7/06
295	CN202011014757.8	一种节能式建筑房屋	6	噪音；舒适性；清洁性；损耗；屋内；清凉；柔和；气体；温度	31-物质产生的有害因素；23-物质损失；17-温度	F24F7/06

序号	申请号	标题	权利要求数量/项	技术功效 1 级	技术功效 TRIZ 参数	IPC 主分类
296	CN202011017807.8	一种机电车间通风装置	5	适合性；变更；成本；复杂性	35 - 适应性、通用性；39 - 生产率；36 - 系统的复杂性	F24F7/06
297	CN202011019787.8	一种机械换气装置	6	适合性；便利性；成本；复杂性	35 - 适应性、通用性；33 - 操作流程的方便性；39 - 生产率；36 - 系统的复杂性	F24F7/06
298	CN202010887950.6	用于空调器的控制方法及控制装置、空调器	10	细菌；微生物；清洁性；清洁度；干燥；可控性	30 - 作用于物体的有害因素；31 - 物质产生的有害因素；37 - 控制与测量的复杂性	F24F11/30
299	CN202010799328.X	一种用于空调风机降噪的主动噪声控制系统和空调	7	噪音；环境	31 - 物质产生的有害因素	F24F11/32
300	CN202010857989.3	空调器及其控制方法	10	智能化；自动化；凝结；消耗；事件；适合性；可控性	38 - 自动化程度；23 - 物质损失；35 - 适应性、通用性；37 - 控制与测量的复杂性	F24F11/41

3.8　其他家用电力器具制造领域

3.8.1　全球专利概况

3.8.1.1　全球专利申请趋势

图 3-64 展示的是其他家用电力器具制造领域全球专利申请量的发展趋势。通过申请趋势可以从宏观层面把握分析对象在各时期的专利申请热度变化。申请数量的统计范围是已公开的专利。

从图 3-64 中可以看出其他家用电力器具制造领域在全球主要市场上的历年专利申请分布状况。2000—2007 年，其他家用电力器具制造领域全球专利申请量增加缓慢，其中，2003 年略有回落。2008—2018 年其他家用电力器具制造领域全球专利申请量快速增加，

2008 年其他家用电力器具制造领域全球专利申请量为 6642 件，到 2018 年达到峰值，当年专利申请量达 16 452 件。2019—2020 年专利申请量有所回落。

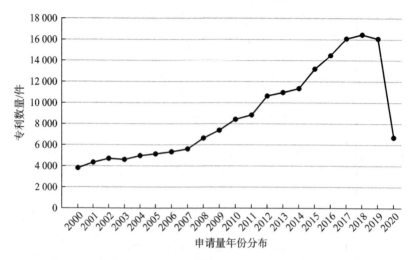

图 3-64　其他家用电力器具制造领域全球专利申请量发展趋势

3.8.1.2　专利申请分布

图 3-65 展示的是其他家用电力器具制造领域全球专利申请主要分布情况。通过该分析可以了解分析对象在不同国家或地区技术创新的活跃情况，从而发现主要的技术创新来源地和重要的目标市场。

专利申请分布情况可以体现专利权人想在哪些国家或地区保护该技术。这一参数也反映了该技术未来可能的实施国家或地区。图 3-65 显示，中国、日本、韩国是其他家用电力器具制造领域专利重点申请国家，专利数量分布为中国 101 061 件、日本 31 995 件、韩国 12 526 件。另外，德国 10 080 件，美国 9334 件，等等。

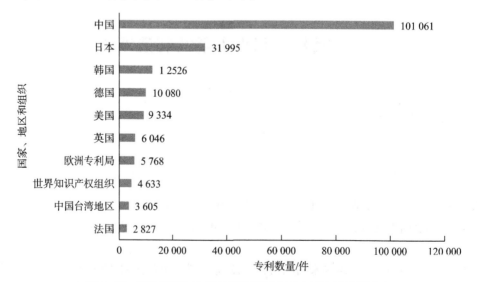

图 3-65　其他家用电力器具制造领域全球专利申请主要分布

图 3-65 表明，中国、日本、韩国等国家或地区是其他家用电力器具制造领域专利布局的主要区域，企业可以跟踪、引进和消化相关领域技术，在此基础上实现技术突破。中国、日本、韩国在其他家用电力器具制造领域的专利数量见表 3-78~表 3-80。

表 3-78　其他家用电力器具制造领域中国专利数量　　　单位：件

专利类型		专利数量
发明	发明申请	19 626
	发明授权	6 479
实用新型		55 144
外观设计		19 812

表 3-79　其他家用电力器具制造领域日本专利数量　　　单位：件

专利类型		专利数量
发明	发明申请	9940
	发明授权	7874
实用新型		9234
外观设计		4947

表 3-80　其他家用电力器具制造领域韩国专利数量　　　单位：件

专利类型		专利数量
发明	发明申请	2885
	发明授权	4000
外观设计		2079
实用新型		3562

3.8.1.3　全球专利申请人排行

表 3-81 展示的是其他家用电力器具制造领域全球专利按照所属申请人（专利权人）的专利数量统计的申请人排名情况。通过分析可以发现创新成果积累较多的专利申请人，并可据此进一步分析其专利竞争实力。

表 3-81　其他家用电力器具制造领域全球专利数量排名前十的申请人　　　单位：件

排名	申请人名称	专利数量
1	松下电器产业株式会社	5295
2	美的集团股份有限公司	2090
3	芜湖美的厨卫电器制造有限公司	2044

续表

排名	申请人名称	专利数量
4	珠海格力电器股份有限公司	1591
5	日本能率株式会社	1189
6	三菱电机公司	1124
7	威能有限责任公司（VAILLANT GESELLSCHAFT M B H）	1063
8	广东万家乐燃气具有限公司	1047
9	威能有限责任公司（VAILLANT GMBH）	1046
10	皇家飞利浦股份有限公司	1042

3.8.1.4　全球专利技术构成

通过对其他家用电力器具制造领域全球专利在各技术方向的数量分布情况进行分析，可以了解分析对象覆盖的技术类别，以及各技术分支的创新热度。

其他家用电力器具制造领域专利按照国际专利分类号（IPC）进行统计，得到表 3-82和图 3-66。可知，其他家用电力器具制造领域专利 IPC 分布中，F24H 小类（一般有热发生装置的流体加热器）的专利数量最多，专利数量为 175 595 件，第二是 D06F 小类（纺织品的洗涤、干燥、熨烫、压平或打折），专利数量为 37 036 件，第三是 F24D 小类（住宅供热系统或区域供热系统），专利数量为 18 147 件。另外还有 F28D 小类（其他小类中不包括的热交换设备）9458 件，H05B 小类（电热；其他类目不包含的电照明）8771 件，等等。

表 3-82　其他家用电力器具制造领域全球专利主要技术构成　　　　单位：件

IPC 分类号（小类）	专利数量
F24H（一般有热发生装置的流体加热器）	175 595
D06F（纺织品的洗涤、干燥、熨烫、压平或打折）	37 036
F24D（住宅供热系统或区域供热系统）	18 147
F28D（其他小类中不包括的热交换设备）	9 458
H05B（电热；其他类目不包含的电照明）	8 771
F28F［通用热交换或传热设备的零部件（传热、热交换或储热材料入 C09K5/00；聚水器或防气阀、通气入 F16）］	7 553
F25B（制冷机，制冷设备或系统；加热和制冷的联合系统；热泵系统）	6 112
F23N（燃烧的调节或控制）	5 937
F24F（空气调节；空气增湿；通风；空气流作为屏蔽的应用）	5 778
F22B（蒸汽的发生方法；蒸汽锅炉）	5 402

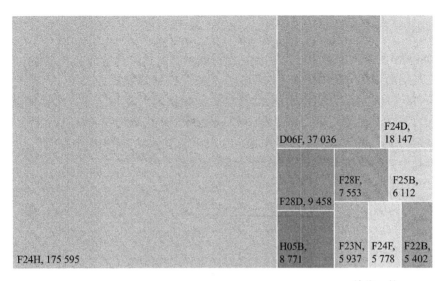

单位：件

图 3-66 其他家用电力器具制造领域全球专利主要技术构成

3.8.2 国内专利概况

3.8.2.1 国内专利申请趋势

图 3-67 展示的是其他家用电力器具制造领域国内专利申请量的发展趋势。通过申请趋势可以从宏观层面把握分析对象在各时期的专利申请热度变化。申请数量的统计范围是已公开的专利。

由图 3-67 的其他家用电力器具制造领域国内专利申请趋势可以看到，2000—2019 年其他家用电力器具制造领域国内专利申请量增长迅速，其中 2013 年专利申请量有所回落，2019 年专利申请量达到峰值，为 13 052 件。

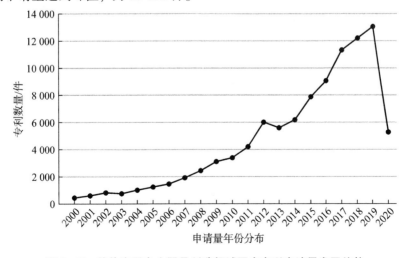

图 3-67 其他家用电力器具制造领域国内专利申请量发展趋势

3.8.2.2 国内专利公开趋势

图 3-68 展示的是其他家用电力器具制造领域国内专利公开量的发展趋势。通过公开趋势可以从宏观层面把握分析对象在各时期的专利公开文献的数量变化。

从图 3-68 中可以看到其他家用电力器具制造领域国内专利公开数量整体呈上升态势。2000—2011 年国内其他家用电力器具制造领域专利公开数量均在 4000 件以下,增幅缓慢。2012—2014 年专利公开数量基本保持平稳,2015—2020 年除 2019 年略有回落外,整体增长幅度加快,其中 2012 年 5535 件,2020 年达 16 062 件。

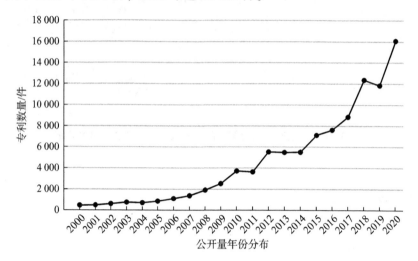

图 3-68　其他家用电力器具制造领域国内专利公开量发展趋势

3.8.2.3 国内专利类型分布

专利类型分为发明专利、实用新型专利、外观设计专利。本节又根据发明专利授权与否,将发明细分为发明申请和发明授权。

在中国专利中,经过检索获得其他家用电力器具制造领域专利共 101 061 件。如图 3-69 所示,其中发明申请 19 626 件,占总数的 19%;发明授权 6479 件,占总数的 6%;实用新型 55 144 件,占总数的 55%;外观设计 19 812 件,占总数的 20%。

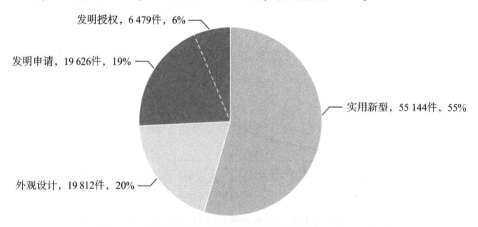

图 3-69　其他家用电力器具制造领域国内专利类型分布

3.8.2.4　国内专利法律状态

图 3-70 展示的是其他家用电力器具制造领域专利有效、失效、审中三种状态的占比情况，仅统计中国专利。通过分析可以分别了解分析对象中当前已获得实质性保护、已失去专利权保护或正在审查中的专利数量分布情况，以从整体上掌握专利的权利保护和潜在风险情况，为专利权的法律性调查提供依据。筛选进入公知技术领域的失效专利，可以进行无偿使用或改进利用。

如图 3-70 所示，有效专利 40 328 件，占总专利数的 40%；失效专利 52 840 件，占总专利数的 52%；审中专利 7893 件，占总专利数的 8%。

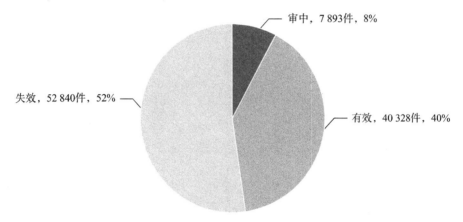

图 3-70　其他家用电力器具制造领域国内专利法律状态分布

3.8.2.5　国内专利技术构成

通过对其他家用电力器具制造领域国内专利在各技术方向的数量分布情况进行分析，可以了解分析对象覆盖的技术类别，以及各技术分支的创新热度。

将其他家用电力器具制造领域国内专利按照国际专利分类号（IPC）进行统计，得到表 3-83 和图 3-71。可知，其他家用电力器具制造领域国内专利技术领域分布中，F24H 小类（一般有热发生装置的流体加热器）的专利数量最多，专利数量 71 645 件；第二是 D06F 小类（纺织品的洗涤、干燥、熨烫、压平或打折），专利数量为 9788 件；第三是 F25B 小类（制冷机，制冷设备或系统；加热和制冷的联合系统；热泵系统），专利数量为 2885 件。另外还有 F22B 小类（蒸汽的发生方法；蒸汽锅炉）2475 件，F24D（住宅供热系统或区域供热系统）2337 件，等等。

表 3-83　其他家用电力器具制造领域国内专利主要技术领域分布　　　　　　　单位：件

IPC 分类号（小类）	专利数量
F24H（一般有热发生装置的流体加热器）	71 645
D06F（纺织品的洗涤、干燥、熨烫、压平或打折）	9 788
F25B（制冷机，制冷设备或系统；加热和制冷的联合系统；热泵系统）	2 885
F22B（蒸汽的发生方法；蒸汽锅炉）	2 475

IPC 分类号（小类）	专利数量
F24D（住宅供热系统或区域供热系统）	2 337
F23J（燃烧生成物或燃烧余渣的清除或处理；烟道）	2 067
F28D（其他小类中不包括的热交换设备，其中热交换介质不直接接触的）	1 876
F24F（空气调节；空气增湿；通风；空气流作为屏蔽的应用）	1 838
H05B（电热；其他类目不包含的电照明）	1 614
F24J（（删除））	1 474

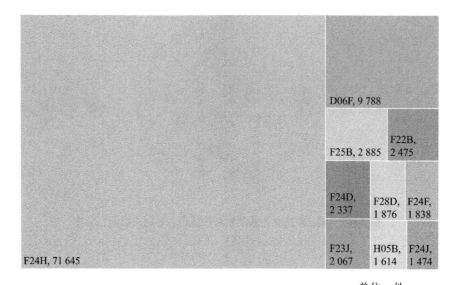

单位：件

图 3-71　其他家用电力器具制造领域国内专利主要技术领域分布

3.8.2.6　国内专利省份分布

通过对其他家用电力器具制造领域专利在中国省级行政区域的分布情况（仅统计中国专利）进行分析，可以了解在中国申请专利保护较多的省份，以及各省份的创新活跃程度。

对其他家用电力器具制造领域国内专利进行省份分布分析，得到表 3-84。其中广东省以 23 055 件专利排名第一；浙江省以 17 597 件专利排名第二；第三是江苏省，共有其他家用电力器具制造领域专利 11 686 件。山东省、安徽省、河北省、上海市、北京市、福建省、河南省的专利数量均在 10 000 件以下。

表 3-84　其他家用电力器具制造领域国内专利省份分布　　　　单位：件

申请人所属省份	专利数量
广东省	23 055
浙江省	17 597
江苏省	11 686

申请人所属省份	专利数量
山东省	6 685
安徽省	4 879
河北省	2 856
上海市	2 785
北京市	2 733
福建省	2 625
河南省	2 257

3.8.2.7　重点省份发明专利申请人布局

（1）广东省主要申请人排名

表3-85列出了其他家用电力器具制造领域国内发明专利广东省主要申请人排名。

表 3-85　其他家用电力器具制造领域国内发明专利广东省主要申请人排名　　单位：件

排名	申请人名称	专利数量
1	珠海格力电器股份有限公司	774
2	美的集团股份有限公司	406
3	广东万家乐燃气具有限公司	351
4	华帝股份有限公司	307
5	广东顺德光晟电器股份有限公司	191
6	广东美的暖通设备有限公司	157
7	广东万和新电气股份有限公司	144
8	广东美的环境电器制造有限公司	96
9	佛山市顺德区美的电热电器制造有限公司	66
10	中山市思源电器有限公司	46

（2）江苏省主要申请人排名

表3-86列出了其他家用电力器具制造领域国内发明专利江苏省主要申请人排名。

表 3-86　其他家用电力器具制造领域国内发明专利江苏省主要申请人排名　　单位：件

排名	申请人名称	专利数量
1	艾欧史密斯（中国）热水器有限公司	93
2	江苏天舒电器有限公司	51

排名	申请人名称	专利数量
3	樱花卫厨（中国）股份有限公司	46
4	博西华电器（江苏）有限公司	36
5	东南大学	32
6	江苏海狮机械集团有限公司	29
7	常州市奥琳斯邦热能设备有限公司	27
8	无锡小天鹅股份有限公司	26
9	江苏海狮机械股份有限公司	22
10	威能（无锡）供热设备有限公司	21

（3）浙江省主要申请人排名

表3-87列出了其他家用电力器具制造领域国内发明专利浙江省主要申请人排名。

表3-87　其他家用电力器具制造领域国内发明专利浙江省主要申请人排名　　　单位：件

排名	申请人名称	专利数量
1	宁波方太厨具有限公司	184
2	宁波凯波集团有限公司	43
3	浙江大学	42
4	浙江长兴亿安贝电器有限公司	32
5	宁波凯波智能熨烫电器制造有限公司	29
6	浙江工业大学	29
7	浙江特富锅炉有限公司	29
8	卓力电器集团有限公司	20
9	宁波帅康热水器有限公司	19
10	浙江中广电器股份有限公司	19

3.8.3　国内发明专利聚类分析

聚类分析是通过数据建模后简化并使数据可视化的分析方法。通过提取其他家用电力器具制造领域国内发明专利文本中的关键词，从其相关度聚合出不同类别的文本关键词并以圆环饼图的形式展示其分布情况，分析结果如图3-72所示。对应专利分析见表3-88。

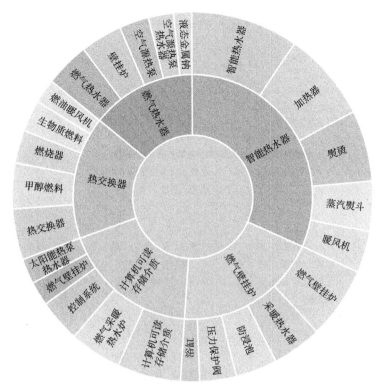

图 3-72　其他家用电力器具制造领域国内发明专利聚类分析

表 3-88　其他家用电力器具制造领域国内发明专利分析列表

序号	申请号	标题	权利要求数量/项	技术功效 1 级	技术功效 TRIZ 参数	IPC 主分类
1	CN201810444295. X	一种简易型自动叠衣机	8	适合性；复杂性；自动化；劳作量；速度；成本	35-适应性、通用性；36-系统的复杂性；38-自动化程度；09-速度；39-生产率	D06F89/02
2	CN201810704583. 4	压力式大功率双侧电磁致热器	6	密度；可维护性；辐射；检修；可靠性；效率；成本；难度；扩充；结垢；面积；体积；水质；寿命；利用率；材料；复杂性	34-可维修性；27-可靠性；39-生产率；36-系统的复杂性；05-面积；07-体积；23-物质损失	F24H1/20
3	CN201811469550. 2	洗浴水量预警机构	6	图像；实时性；可靠性；目标；提醒；面积；资源	25-时间损失；27-可靠性；05-面积；39-生产率	F24H9/20

序号	申请号	标题	权利要求数量/项	技术功效1级	技术功效TRIZ参数	IPC主分类
4	CN201910018777.3	一种能源系统及其控制方法	4	热水器；热量	19-能耗	F24C15/20
5	CN202010054804.5	换热管自清洁方法及热泵热水器	12	冷量；清洁性；稳定性；除垢；完成率；水速；热量	31-物质产生的有害因素；13-稳定性；19-能耗	F28G9/00
6	CN202011065409.3	一种具有加热功能的便携式洗牙器及水加热控制方法	9	效率；水；电阻；成本；复杂性；便利性；功率；可控性；安全；热	39-生产率；23-物质损失；36-系统的复杂性；33-操作流程的方便性；21-功率；37-控制与测量的复杂性；30-作用于物体的有害因素；17-温度	A61C17/02
7	CN202010959997.9	一种便于携带的眼镜清洗装置	7	清洁性；资源；效率；冷凝；洁净度；污染；复杂性；流动性	31-物质产生的有害因素；39-生产率；36-系统的复杂性	B08B3/02
8	CN202010588682.8	包括用于保持蒸汽携带的水垢颗粒的装置的熨斗	11	清洁性；体积	31-物质产生的有害因素；07-体积	D06F75/10
9	CN202010581603.0	配备有具有倾斜的表面的蒸发室的熨斗	15	流入；溅射；速度	09-速度	D06F75/14
10	CN202010588498.3	配备有设有两个加热电阻的蒸发室的熨斗	15	风险；均匀性；表面	27-可靠性；29-制造精度	D06F75/14
11	CN201910577219.0	分气杆组件、比例阀和热水设备	10	便利性；体积；标准	33-操作流程的方便性；07-体积	F16K11/22
12	CN202010898474.8	一种超高温超高压煤气锅炉及其附属设备安装方法	3	安全；精度；长度；加固；高空作业；效率；时间	30-作用于物体的有害因素；28-测量精度；03-长度；39-生产率；15-时间	F22B37/24
13	CN202010833642.5	快速启动的供暖方法	5	成本；速度；雾化器；循环泵	39-生产率；09-速度	F24D15/02

序号	申请号	标题	权利要求数量/项	技术功效 1 级	技术功效 TRIZ 参数	IPC 主分类
14	CN202011025246.6	一种新风系统的空气过滤机构	9	效率；热；面积；易拆卸；空气；便利性	39-生产率；17-温度；05-面积；34-可维修性；33-操作流程的方便性	F24F7/06
15	CN201910567411.1	热水设备及热水设备的控制方法、电子设备	18	获取；正确性；稳定性；安全	28-测量精度；13-稳定性；30-作用于物体的有害因素	F24H1/10
16	CN201910567413.0	热水设备及其控制方法、电子设备	19	合理性；安全；数量；燃气量；稳定性	35-适应性、通用性；30-作用于物体的有害因素；26-物质或事物的数量；13-稳定性	F24H1/10
17	CN202011161836.1	一种具暖风功能的即热式电热水器	9	消耗；可控性；整合；整体性	23-物质损失；37-控制与测量的复杂性	F24H1/10
18	CN202010925522.8	一种多级精准控温热水器及控制方法	10	可控性；广泛性；成本；舒适性；精准性；适合性	37-控制与测量的复杂性；39-生产率；35-适应性、通用性	F24H1/12
19	CN202011140416.5	一种工业仪器仪表的防冻装置及防冻方法	7	冻	17-温度	F24H1/12
20	CN202011071228.1	一种生物质锅炉	9	熄火；遮盖；变化；速度；压力	09-速度；10-力	F24H1/22
21	CN202010594136.5	环保节能型燃气直烧炉	5	环境；价值；体积；稳定性；实用性	39-生产率；07-体积；13-稳定性；35-适应性、通用性	F24H3/04
22	CN202011058644.8	一种用于矿井井口的石墨烯热风箱	10	速度；便利性；能源；扩展；制热；导热性；耗电；清洁性	09-速度；33-操作流程的方便性；19-能耗；17-温度；31-物质产生的有害因素	F24H3/04
23	CN202011014248.5	一种超高压换热系统	9	复杂性；热负荷；可靠性；数值；注气量；安全；面积；重量	36-系统的复杂性；27-可靠性；26-物质或事物的数量；30-作用于物体的有害因素；05-面积；01-重量	F24H7/04

序号	申请号	标题	权利要求数量/项	技术功效1级	技术功效TRIZ参数	IPC主分类
24	CN201910653429.3	一种锅炉房补水排气装置	4	效率；便利性；实用性；成本	39-生产率；33-操作流程的方便性；35-适应性、通用性	F24H9/00
25	CN202010956248.0	一种控制排烟方法、排烟装置及应用其的热水器	22	风压；自动化；正确性	38-自动化程度；28-测量精度	F24H9/00
26	CN202011084918.0	一种加工车间用节水型热水器管道	5	浪费；误排；亮；及时性；推动	25-时间损失	F24H9/00
27	CN202011084923.1	一种热水器用即热水管	6	体验；精确性	28-测量精度	F24H9/00
28	CN202011039078.6	一种新型底盘的锅炉	8	充分性；堆积；面积；体积；适应性；紧固性	05-面积；07-体积；35-适应性、通用性	F24H9/06
29	CN202011070909.6	一种燃气供暖壁挂炉	10	速度；便利性；平整度；掌握；复杂性	09-速度；33-操作流程的方便性；29-制造精度；36-系统的复杂性	F24H9/06
30	CN201910575310.9	一种全预混燃气热水器的控制方法及燃气热水器	10	负荷；火	01-重量；30-作用于物体的有害因素	F24H9/20
31	CN201910575337.8	一种自适应气源全预混燃气热水器的控制方法及其燃气热水器	10	充分性；及时性；排放；热效率	25-时间损失；22-能量损失	F24H9/20
32	CN201910576575.0	一种全预混的燃气热水器的控制方法及其燃气热水器	10	负荷；火	01-重量；30-作用于物体的有害因素	F24H9/20
33	CN201910576638.2	一种全预混的燃气热水器的控制方法及其燃气热水器	10	负荷；火；水	01-重量；30-作用丁物体的有害因素；23-物质损失	F24H9/20

序号	申请号	标题	权利要求数量/项	技术功效 1 级	技术功效 TRIZ 参数	IPC 主分类
34	CN201910579727.2	用于热水器系统的控制方法及装置、热水器系统	10	体验；热水器；数量；可控性	26-物质或事物的数量；37-控制与测量的复杂性	F24H9/20
35	CN202010575147.9	供热水装置以及供热水系统	10	复杂性；流量	36-系统的复杂性；26-物质或事物的数量	F24H9/20
36	CN202010950096.3	一种燃气热水器的风量匹配控制方法和控制系统	13	噪音；热负荷；确定性；效率	31-物质产生的有害因素；39-生产率	F24H9/20
37	CN202011033723.3	一种热水器及其恒温阀控制方法以及恒温阀装置	5	成本；可控性；复杂性	39-生产率；37-控制与测量的复杂性；36-系统的复杂性	F24H9/20
38	CN202011053847.8	一种基于水位检测自动加水并在紧急状态下断电的装置	4	自动化；及时性；可控性；安全；正确性；资源	38-自动化程度；25-时间损失；37-控制与测量的复杂性；30-作用于物体的有害因素；28-测量精度；39-生产率	F24H9/20
39	CN202011087596.5	一种扁管微通道双液体换热器及其换热方法	10	复杂性；组合；空间；适用性；效率；集成度	36-系统的复杂性；07-体积；35-适应性、通用性；39-生产率	F25B39/04
40	CN202010472910.5	斜温层控制增强的蓄热装置及其控制方法	12	蓄热；可控性；效率；稳定性；精准性；精确性	37-控制与测量的复杂性；39-生产率；13-稳定性；28-测量精度	F28D20/00
41	CN202011029204.X	一种通过水流充电的热水器遥控器	5	便利性；能力	33-操作流程的方便性	H02K7/18
42	CN201710038847.2	即时沸腾热水系统	10	热	17-温度	F24H1/20
43	CN201710912379.7	车辆挡风玻璃清洁系统	19	清洁性；热	31-物质产生的有害因素；17-温度	B60S1/46

序号	申请号	标题	权利要求数量/项	技术功效1级	技术功效TRIZ参数	IPC主分类
44	CN201680060517.7	具有热压缩机的热力锅炉	14	系数；锅炉；体积；优选；热水；热量；冷却；复杂性；效率	26-物质或事物的数量；07-体积；19-能耗；17-温度；36-系统的复杂性；39-生产率	F24H9/00
45	CN201810339228.1	一种热水器用加热管组件	4	对流；复杂性；适应性；泄露；连接；热；便利性	36-系统的复杂性；35-适应性、通用性；31-物质产生的有害因素；17-温度；33-操作流程的方便性	F24H9/18
46	CN201810631483.3	包括瞬时汽化蒸汽发生器的用于处理织物的设备	18	可操作性；均匀性	33-操作流程的方便性；29-制造精度	D06F75/14
47	CN201811045920.X	一种布草分类方法、装置以及布草折叠机	8	精度；体积；区域；效率；寿命；接触；干扰；精确性；稳定性；自动化	28-测量精度；07-体积；39-生产率；27-可靠性；30-作用于物体的有害因素；13-稳定性；38-自动化程度	D06F93/00
48	CN201910030126.6	一种便于拆卸的智能热水器	3	表面；稳定性；便利性；易拆卸；安全；配合；紧固性；智能化	13-稳定性；33-操作流程的方便性；34-可维修性；30-作用于物体的有害因素	F24H9/06
49	CN201910018782.4	一种能源系统的控制方法	10	调度；消耗；收集；污染	23-物质损失；31-物质产生的有害因素	F24C15/20
50	CN201910527898.0	燃气热水器的预热控制方法及装置、存储介质、电子装置	8	速度	09-速度	F24H1/10
51	CN201910563340.8	一种高功率准谐振电磁感应热水结构及其控制方法	4	环境；可控性；效率；利用率；实时性；废气；稳定性	37-控制与测量的复杂性；39-生产率；25-时间损失；13-稳定性	F24H1/10
52	CN201910679724.6	一种家用天然气加热的冷热水循环控制装置	7	浪费；复杂性；水；便利性	36-系统的复杂性；23-物质损失；33-操作流程的方便性	F24H1/10

序号	申请号	标题	权利要求数量/项	技术功效 1 级	技术功效 TRIZ 参数	IPC 主分类
53	CN201910812071.4	一种高效导热油锅炉	8	排放；速度；接触量；废气；流动性；利用率	09-速度；39-生产率	F24H7/02
54	CN201910592550.X	一种以半导体为发热元器件的即热式热水壁挂炉	1	连接；变更；转动；脱落；速度；便利性；可操作性	09-速度；33-操作流程的方便性	F24H9/18
55	CN201910745115.6	一种加热组件	10	热；灵活性	17-温度；35-适应性、通用性	F24H3/04
56	CN202010316513.9	一种热水器水垢清洁设备	5	自动化；适量	38-自动化程度	B08B9/08
57	CN202010897828.7	一种用于木材加工与处理装置	6	集中度；时间；取出；放置；效率；滚动；收集；劳动强度；稳定性	15-时间；39-生产率；13-稳定性	B27K3/02
58	CN201910493270.3	熨烫设备	10	便利性；异味；洁净度；潮气；清洁性；及时性	33-操作流程的方便性；31-物质产生的有害因素；25-时间损失	D06F73/00
59	CN202011024857.9	一种环形整烫线	7	熨烫；衣服；运输；效率；自动化	39-生产率；38-自动化程度	D06F73/00
60	CN202011024858.3	一种衣服熨烫箱	8	检修；损失；利用率；衣服；安全；聚集	23-物质损失；39-生产率；30-作用于物体的有害因素	D06F73/02
61	CN202011031215.1	一种一体化衣物折叠设备	8	自动化；空间；成本	38-自动化程度；07-体积；39-生产率	D06F89/02
62	CN202010974876.1	一种摔倒防护节能减排洗浴系统	8	淋浴；水；事件；精确性；有害；复杂性；温度；能力	23-物质损失；28-测量精度；30-作用于物体的有害因素；36-系统的复杂性；17-温度	E03C1/02
63	CN202010854355.2	一种壁挂炉用烟管	6	加长；能源；效率	19-能耗；39-生产率	F23J11/00
64	CN202011003825.0	一种新型电暖器发热体	3	寿命；热量；体积；集中度；速度	27-可靠性；19-能耗；07-体积；09-速度	F24D13/00

序号	申请号	标题	权利要求数量/项	技术功效1级	技术功效TRIZ参数	IPC主分类
65	CN202010449022.1	一种商用气电混合热水器及其使用方法	10	消耗；效率；正确性；可靠性；成本；体积；速度；安全；分离；负担；检修；水；容量	23-物质损失；39-生产率；28-测量精度；27-可靠性；07-体积；09-速度；30-作用于物体的有害因素	F24H1/10
66	CN202010933439.5	一种基于节能环保的多功能开水器	8	长度；能源；资源；经济性；效率；环境；凝结；热；面积	03-长度；19-能耗；39-生产率；17-温度；05-面积	F24H1/18
67	CN202011039386.9	一种防止内胆压力过大的电热水器	10	准确性；成本；安全；压力；便利性；热；复杂性	28-测量精度；39-生产率；30-作用于物体的有害因素；10-力；33-操作流程的方便性；17-温度；36-系统的复杂性	F24H1/20
68	CN202010960224.2	一种高效、低氮燃生物质锅炉	7	充分性；平整度；均匀性；氮氧化物；低温；效率；利用率	29-制造精度；39-生产率	F24H1/34
69	CN202011061322.9	一种工业节能环保炉	10	充分性；利用率；安全；能源；成本；速度；适合性；效率；环境	39-生产率；30-作用于物体的有害因素；19-能耗；09-速度；35-适应性、通用性	F24H1/43
70	CN202011017524.3	一种半导体修复用热风修复机	10	连接；安全；速度；进风量；转动；便利性；流通；热；进入；清洁性；正确性	30-作用于物体的有害因素；09-速度；33-操作流程的方便性；17-温度；31-物质产生的有害因素；28-测量精度	F24H3/04
71	CN202011058624.0	一种吊装式石墨烯热风机	10	适合性；面积；污染；清洁性；能源；转换率；导热性；成本	35-适应性、通用性；05-面积；31-物质产生的有害因素；19-能耗；17-温度；39-生产率	F24H3/04
72	CN202011023064.5	空气源热泵热水机组	10	稳定性；消耗；适应性；速度；能源；效率；出力；使用性；环境；寿命	13-稳定性；23-物质损失；35-适应性、通用性；09-速度；19-能耗；39-生产率；27-可靠性	F24H4/02

序号	申请号	标题	权利要求数量/项	技术功效 1 级	技术功效 TRIZ 参数	IPC 主分类
73	CN202011112412.6	一种多功能空气能热水器	9	转化率；正确性；吸入；洗浴；冰阻；水盘；损失；热水；速度；实用性；及时性；噪音；能量	39-生产率；28-测量精度；23-物质损失；09-速度；35-适应性、通用性；25-时间损失；31-物质产生的有害因素；19-能耗	F24H4/04
74	CN202010966223.9	一种生物质能高效热水储水器	10	冷凝水；有害；损失；效率；再生；结垢；脱落；清洁性；扰动	30-作用于物体的有害因素；23-物质损失；39-生产率；31-物质产生的有害因素	F24H7/02
75	CN202011021355.0	一种空煤气上喷卷吸高温烟气蓄热体中燃烧与传热的热风炉	10	稳定性；效率；经济性；可控性；氮；能源；合理性；环境；复杂性	13-稳定性；39-生产率；37-控制与测量的复杂性；19-能耗；35-适应性、通用性；36-系统的复杂性	F24H7/02
76	CN202011042865.6	电磁加热给水变压智能蓄热器	5	蓄热；蓄热器；安全；成本；效率；可靠性	30-作用于物体的有害因素；39-生产率；27-可靠性	F24H7/02
77	CN202011138612.9	一种危废桶装物料的加热预处理的工艺方法	8	能源；难度；成本；效率；循环性；可操作性；污染	19-能耗；36-系统的复杂性；39-生产率；33-操作流程的方便性；31-物质产生的有害因素	F24H7/02
78	CN201910549919.9	电热水器	10	安全；复杂性；发泡；温管；质量；连接；效率	30-作用于物体的有害因素；36-系统的复杂性；27-可靠性；39-生产率	F24H9/00
79	CN201910553360.7	热水器的低出水温度的控制方法及系统、热水器	12	温度；体验	17-温度	F24H9/00
80	CN202010909346.9	带自清洗功能的换热结构及应用其的壁挂炉	10	间隙；时间；劳动强度；自动化；寿命；变化	15-时间；39-生产率；38-自动化程度；27-可靠性	F24H9/00
81	CN201910551456.X	热水器冷水回收利用系统	10	利用率；成本；安全；回收；冷水	39-生产率；30-作用于物体的有害因素	F24H9/12

序号	申请号	标题	权利要求数量/项	技术功效1级	技术功效TRIZ参数	IPC主分类
82	CN201910550589.5	用于热水器的混水装置和具有其的热水器	19	舒适性；稳定性	13-稳定性	F24H9/14
83	CN202010819691.3	一种具有加热功能的燃气热水器及控制方法	8	复杂性；热；空间；可行性	36-系统的复杂性；17-温度；07-体积	F24H9/18
84	CN201910555890.5	燃气热水器的燃气调节装置和具有其的燃气热水器	12	空间；调节	07-体积	F24H9/20
85	CN201910557051.7	燃气热水器的燃气调节装置和具有其的燃气热水器	13	空间；调节	07-体积	F24H9/20
86	CN202010886360.1	一种热水器的防冻控制方法及热水器	10	冻；热量；环境；适用性	17-温度；19-能耗；35-适应性、通用性	F24H9/20
87	CN202010894901.5	一种控制热水器稳定燃烧的方法及热水器	33	稳定性；精准性；供氧量	13-稳定性	F24H9/20
88	CN202010895815.6	一种热水器高气压识别控制方法及热水器	25	安全；进气量；负荷	30-作用于物体的有害因素；01-重量	F24H9/20
89	CN202010895831.5	一种热水器噪音自适应的控制方法及热水器	24	充分性；需求量；稳定性	13-稳定性	F24H9/20
90	CN202010903504.X	一种水路系统的控制方法、水路系统及零冷水换热设备	12	省气；长度；完成率；复杂性；能源	03-长度；36-系统的复杂性；19-能耗	F24H9/20
91	CN202010909345.4	一种排气保护控制方法及应用其的热水器	9	安全；转速；频繁；超标；可控性	30-作用于物体的有害因素；09-速度；37-控制与测量的复杂性	F24H9/20

序号	申请号	标题	权利要求数量/项	技术功效1级	技术功效 TRIZ 参数	IPC 主分类
92	CN202011007037.9	空气能热水模块机	8	能源；模式；水	19-能耗；23-物质损失	F25B30/02
93	CN202010906921.X	一种降噪装置，燃气热水器和降噪控制方法	16	噪音	31-物质产生的有害因素	G10K11/16
94	CN201310393748.8	一种可适应多种热值燃气的热水器控制方法	5	复杂性；自动化；误判；适合性；效率；选择；可操作性	36-系统的复杂性；38-自动化程度；35-适应性、通用性；39-生产率；33-操作流程的方便性	F24H9/20
95	CN201710516604.5	一种多路并联扰流管式换热装置	2	效率；充分性；效比	39-生产率	F24H9/00
96	CN201710025900.5	一种镁棒外置的电热水器	10	面积；污垢；充分性；冲击；数量；清洁性；压力	05-面积；31-物质产生的有害因素；26-物质或事物的数量；10-力	F24H1/18
97	CN201710026140.X	一种镁棒外置的电热水器	9	污垢；充分性；数量；排污；压力；冲击；清洁性；面积	31-物质产生的有害因素；26-物质或事物的数量；10-力；05-面积	F24H9/00
98	CN201711444787.0	一种袖英熨烫机	14	自动化；效率；劳动强度	38-自动化程度；39-生产率	D06F71/28
99	CN201611252375.2	一种空气能热水器化霜控制方法和系统	5	充分性；误判；准确性；浪费；可靠性；可控性；化霜；制热；合理性	28-测量精度；27-可靠性；37-控制与测量的复杂性；35-适应性、通用性	F24H4/02
100	CN201810329928.2	挂烫机	10	骤降；持续性；蒸汽；稳定性；冷却；可控性	13-稳定性；17-温度；37-控制与测量的复杂性	D06F73/00
101	CN201810462029.X	高性能热水器	7	温度；速度；水垢；热；精度；自动化；加热器；水温；不良；可控性	17-温度；09-速度；28-测量精度；38-自动化程度；37-控制与测量的复杂性	F24H1/18

序号	申请号	标题	权利要求数量/项	技术功效1级	技术功效TRIZ参数	IPC主分类
102	CN201810703920.8	抽屉式双侧电磁致热系统	6	密度；寿命；辐射；可靠性；效率；难度；材料；成本；扩充；结垢；面积；体积；水质；利用率；复杂性	27-可靠性；39-生产率；36-系统的复杂性；23-物质损失；05-面积；07-体积	F24H1/18
103	CN201811039486.4	一种热效率高的空气能热水器	6	安全；稳定性；接触；耐腐蚀性；寿命；便利性	30-作用于物体的有害因素；13-稳定性；27-可靠性；33-操作流程的方便性	F24H4/02
104	CN201810790370.8	家居袜子自动收叠杀菌装置及其收叠杀菌方法	2	自动化；适合性；便利性	38-自动化程度；35-适应性、通用性；33-操作流程的方便性	D06F89/02
105	CN201811542024.4	燃气热水器和壁挂炉自适应烟道压力变化的控制方法	3	热水器；转速；成本；速度；壁挂炉；安全；正确性；效率；能源	09-速度；39-生产率；30-作用于物体的有害因素；28-测量精度；19-能耗	F24H9/20
106	CN201910550773.X	一种即热式电热水器冷水回流加热装置	7	负压；便利性；闭合；水	33-操作流程的方便性；23-物质损失	F24H9/00
107	CN201910727943.7	一种室内局部循环式取暖器	8	循环性；热空气量；消耗；距离	23-物质损失；03-长度	F24D15/02
108	CN201910932538.9	热水器出水温度控制方法、装置、设备及热水器系统	11	温度；适应性；不适；便利性；时间；模拟	17-温度；35-适应性、通用性；33-操作流程的方便性；15-时间	F24H9/20
109	CN201910871857.3	一种基于电力载波通信的电热水器控制系统	5	可靠性；电热水器；便利性；稳定性；适合性	27-可靠性；33-操作流程的方便性；13-稳定性；35-适应性、通用性	F24H9/20
110	CN202010456340.0	一种洗浴自动断电的电热水器	5	复杂性；便利性；安全；清洁性	36-系统的复杂性；33-操作流程的方便性；30-作用于物体的有害因素；31-物质产生的有害因素	F24H9/20

序号	申请号	标题	权利要求数量/项	技术功效 1 级	技术功效 TRIZ 参数	IPC 主分类
111	CN202010996103.3	一种可实现自动熨烫的智能衣柜	5	便利性；自动化；时间；集聚	33-操作流程的方便性；38-自动化程度；15-时间	A47B61/00
112	CN202010860645.8	一种防堵塞的粉碎设备	10	热；时间；面积；质量；粉碎；堵塞；实用性；速度；充分性；概率；可靠性	17-温度；15-时间；05-面积；27-可靠性；31-物质产生的有害因素；35-适应性、通用性；09-速度	B02C4/08
113	CN202010975890.3	热管热油同时加热高温压合机	3	寿命；均匀性；精良；速度；工艺；效率	27-可靠性；29-制造精度；09-速度；39-生产率	B30B15/34
114	CN202011010959.5	一种安全防护型新能源充电桩	10	确定性；损失；醒目；安全；裸露；充电头；可推广性；效率；传递；便利性；防护性；偏移；负担；竖杆；扩展；横杆；准确性；触电；时间；冲击；泄露；寿命；低垂；受伤；过程	23-物质损失；30-作用于物体的有害因素；39-生产率；33-操作流程的方便性；28-测量精度；15-时间；31-物质产生的有害因素；27-可靠性	B60L53/31
115	CN202011029210.5	一种油罐加热装置	5	效率；散失；挤压；出料；温度	39-生产率；17-温度	B65D88/74
116	CN202011153579.7	一种高效节能加热的商用净水设备及其使用方法	9	效率；运作	39-生产率	C02F9/02
117	CN202011014839.2	一种节能型微纳米熔喷生产设备及其工作原理	7	回收；散失；完成率；热量；能源	19-能耗	D04H1/544
118	CN202010818969.5	一种衬衫的防皱装置	10	成本；平整度；效率；劳动强度；软化	39-生产率；29-制造精度	D06F71/20
119	CN202010719184.2	一种智能化烫衣收衣方法及其设备	10	自动化；概率；效率；潮湿	38-自动化程度；39-生产率	D06F73/00

序号	申请号	标题	权利要求数量/项	技术功效1级	技术功效TRIZ参数	IPC主分类
120	CN202010851306.3	一种真空抽湿熨烫装置	9	拉动；耐磨性；蒸汽管；弯折；摩擦力；熨烫；范围；过长；立杆	30-作用于物体的有害因素；10-力；35-适应性、通用性	D06F75/06
121	CN202011027091.X	一种熨烫蒸汽出气板	6	压力；效率；损失	10-力；39-生产率；23-物质损失	D06F75/10
122	CN202011120983.4	采用电蓄热的液态空气储能系统	11	安全；时段；失稳；损失；经济性；容量；质量；功率；供电	30-作用于物体的有害因素；23-物质损失；39-生产率；07-体积；27-可靠性；21-功率	F01K3/18
123	CN202010986605.8	稳压阀及包括其的燃气热水器	12	安全；破裂；正确性	30-作用于物体的有害因素；28-测量精度	F16K17/30
124	CN202010849677.8	用于加热熔盐的装置和方法	10	损失；组成	23-物质损失	F22B1/06
125	CN201910533078.2	一种低温热水加热装置	7	效率；热；可控性；范围；导热性；稳定性；质量；关系；除垢	39-生产率；17-温度；37-控制与测量的复杂性；35-适应性、通用性；13-稳定性；27-可靠性	F22B1/28
126	CN202011095365.9	一种高效换热家用取暖装置	7	能源；效率；可靠性；安全	19-能耗；39-生产率；27-可靠性；30-作用于物体的有害因素	F24D13/04
127	CN201910586956.7	一种外加热式氧化铝陶瓷管热水装置	1	复杂性；隔离；实用性；安全；成本	36-系统的复杂性；35-适应性、通用性；30-作用于物体的有害因素；39-生产率	F24H1/10
128	CN202010565366.9	热源机	12	强度；倾斜部；安装片	14-强度	F24H1/10
129	CN202010868265.9	一种实现浓淡燃烧的火排、燃烧器及热水器	17	效率；刚性；安全；燃烧法；脱火；数量；稳定性	39-生产率；14-强度；30-作用于物体的有害因素；26-物质或事物的数量；13-稳定性	F24H1/10
130	CN202011051697.7	一种手术台上温度可控式无菌液体加热装置	10	清洁性；密封盖；时间；箱体；便利性；紧固性	31-物质产生的有害因素；15-时间；33-操作流程的方便性	F24H1/18

序号	申请号	标题	权利要求数量/项	技术功效 1 级	技术功效 TRIZ 参数	IPC 主分类
131	CN202011105262.6	一种便携式助浴设备	10	喷头；速度；便利性；进水管；水管；着凉；老人；雾化；脱落；水；完成率	09-速度；33-操作流程的方便性；23-物质损失	F24H1/20
132	CN202010874643.4	一种温度可调的更换处理器用热风枪	7	寿命；稳定性；偏移；适合性；接触；温度	27-可靠性；13-稳定性；35-适应性、通用性；17-温度	F24H3/04
133	CN202010955112.8	电磁感应热风炉	5	便利性；安全；热	33-操作流程的方便性；30-作用于物体的有害因素；17-温度	F24H3/04
134	CN202010874936.2	一种热泵热水器的管路清理液注入装置	6	便利性；效率	33-操作流程的方便性；39-生产率	F24H4/02
135	CN201910537017.3	一种压力变化的换热器	2	效率；关系；除垢；热	39-生产率；17-温度	F24H7/02
136	CN201910537672.9	一种流速变化的换热器	2	效率；关系；除垢；热	39-生产率；17-温度	F24H7/02
137	CN201910540864.5	一种液位变化的换热器	2	效率；关系；除垢；热	39-生产率；17-温度	F24H7/02
138	CN201910541720.1	一种换热流体出口温度的控制方法	4	热；效率；关系；稳定性；除垢	17-温度；39-生产率；13-稳定性	F24H7/02
139	CN201910532228.8	热水器内胆加工设备及热水器内胆	10	密封性；交叉	29-制造精度	F24H9/00
140	CN202011003893.7	高效双翼式重叠型燃烧气分布器	6	效率；利用率；能源；序列化；标准化	39-生产率；19-能耗	F24H9/00
141	CN202010920674.9	一种新型浓淡燃烧火排、燃烧器及热水器	16	成本；可组装性；刚性；燃烧法；数量；材料；效率；复杂性；稳定性；安全；脱火	39-生产率；32-可制造性；14-强度；26-物质或事物的数量；23-物质损失；36-系统的复杂性；13-稳定性；30-作用于物体的有害因素	F24H9/18

序号	申请号	标题	权利要求数量/项	技术功效1级	技术功效TRIZ参数	IPC主分类
142	CN202010361807.3	一种热风枪及其控制方法	10	安全；损坏	30-作用于物体的有害因素；27-可靠性	F24H9/20
143	CN202010866169.0	热水器及其方法、装置、机器可读存储介质	18	清晰度；概率；便利性；针对性；体验；有效性	28-测量精度；33-操作流程的方便性	F24H9/20
144	CN202010920288.X	热水器的控制系统和控制方法	8	调节；体验；自动化	38-自动化程度	F24H9/20
145	CN202010937612.9	一种燃气热水器的控制方法及应用的热水器	10	正确性；清洁性；流传	28-测量精度；31-物质产生的有害因素	F24H9/20
146	CN202010941181.3	一种燃气热水器的预热循环完成的判断方法	14	循环性；热	17-温度	F24H9/20
147	CN202010960976.9	一种热水器的控制方法及热水器	10	计算；个性化；节气；温度	17-温度	F24H9/20
148	CN202010988368.9	一种热水器自适应CO浓度的控制方法及热水器	33	稳定性；供氧量；精准性；浓度；需求量	13-稳定性	F24H9/20
149	CN202010990110.2	一种热水器的控制方法及热水器	52	稳定性；精准性；噪音；供氧量；异常	13-稳定性；31-物质产生的有害因素	F24H9/20
150	CN202011102305.5	零冷水燃气热水器及其防止水泵空转的方法和系统	12	转空比；寿命；空转；耐磨性；指令	27-可靠性；30-作用于物体的有害因素	F24H9/20
151	CN202011153186.6	智能热力门电路控制系统和零冷水恒温机	10	集成度；距离；浪费；能源；成本；可控性	36-系统的复杂性；03-长度；19-能耗；39-生产率；37-控制与测量的复杂性	F24H9/20
152	CN202011153656.9	一种利用废水余热制热和干燥系统	10	利用率；消耗；成本；充分性；温度	39-生产率；23-物质损失；17-温度	F25B30/04

序号	申请号	标题	权利要求数量/项	技术功效1级	技术功效TRIZ参数	IPC主分类
153	CN202010908427.7	一种流通池法的盘管加热装置	10	紧固性；循环性；面积；运行；安全；热；精准性；均匀性	05-面积；30-作用于物体的有害因素；17-温度；29-制造精度	G01N33/15
154	CN201980032788.5	流动发生装置	14	安全；供应；噪音；空气；风量	30-作用于物体的有害因素；31-物质产生的有害因素	F04D25/08
155	CN201710355735.X	热源机	2	上升；效率；可靠性	39-生产率；27-可靠性	F24H1/44
156	CN201810037636.1	一种基于太阳能的节能感应保温幕墙	5	烫伤；接触；能源；建筑；灰尘；安全；温度；浪费；过低；利用率	19-能耗；31-物质产生的有害因素；30-作用于物体的有害因素；17-温度；39-生产率	E04B2/88
157	CN201811199963.3	喷气式旋转结构	1	距离；熨烫；损坏	03-长度；27-可靠性	D06F73/00
158	CN201811462823.0	一种燃气燃油锅炉	6	集中度；混合；效率；能力	39-生产率	F24H1/43
159	CN201811642148.X	热水器节水热管	2	效率；空隙；复杂性；速度；便利性；氧化；浪费；精巧；长度；可推广性；老化	39-生产率；36-系统的复杂性；09-速度；33-操作流程的方便性；30-作用于物体的有害因素；03-长度	F24H1/14
160	CN201811625432.6	浴室用取暖器及其上电热板的加工方式	8	细菌	30-作用于物体的有害因素	F24D13/02
161	CN201910690170.X	分隔水箱预热式电磁感应高温水加热装置及其控制方法	9	供水；便利性；热；扩散性；效能；速度；复杂性；自动化；可控性	33-操作流程的方便性；17-温度；19-能耗；09-速度；36-系统的复杂性；38-自动化程度；37-控制与测量的复杂性	F24H1/18
162	CN201910745123.0	一种加热组件	10	充分性；传递；功率；均匀性；辐射	21-功率；29-制造精度	F24H3/04

序号	申请号	标题	权利要求数量/项	技术功效1级	技术功效TRIZ参数	IPC主分类
163	CN202010296920.8	一种用于热水器的定期防护检修设备	1	便利性；安全；自动化；效率；清洁性	33-操作流程的方便性；30-作用于物体的有害因素；38-自动化程度；39-生产率；31-物质产生的有害因素	F24H9/00
164	CN202011119498.5	一种自动为花盆内花卉长期供水的花盆	8	补水量；灵活性；含水量；种植；速度；水流；水量；确定性	35-适应性、通用性；09-速度	A01G9/02
165	CN202011075058.4	一种可实现恒温、消毒、自动喷水的育苗装置	1	可靠性；智能化；经济性；组成；质量；发达；成本；自动化；合理性；育苗；温度；措施	27-可靠性；39-生产率；38-自动化程度；35-适应性、通用性；17-温度	A01G9/029
166	CN202010945177.4	一种多功能智能衣柜	10	合理性；细菌；便利性；自动化；充分性；安全；质感；质量；舒适性；空间；移动；老人；长度；消毒；复杂性	35-适应性、通用性；30-作用于物体的有害因素；33-操作流程的方便性；38-自动化程度；27-可靠性；07-体积；03-长度；36-系统的复杂性	A47B61/00
167	CN202011009799.2	一种围巾折叠收纳装置	6	便利性；时间；复杂性	33-操作流程的方便性；15-时间；36-系统的复杂性	A47B61/00
168	CN202010839112.1	一种健康监测养生仪	6	实用性；效率；速度；健康；浪费；便利性	35-适应性、通用性；39-生产率；09-速度；33-操作流程的方便性	A61B5/0205
169	CN202011045772.9	一种茶叶发酵用分布式多旋风筒气水分离循环使用装置	5	热	17-温度	B01D19/00
170	CN202010994083.6	一种城市轨道交通用加热型撒砂设备	7	效率；砂石	39-生产率	B61C15/10
171	CN202010944710.5	一种服装熨烫设备	7	烘干；熨烫；分开；加长；冷却	17-温度	D06F58/00

序号	申请号	标题	权利要求数量/项	技术功效 1 级	技术功效 TRIZ 参数	IPC 主分类
172	CN202010961900.8	一种方便升降的服装加工用工作台	10	烫伤；防烫；可调节性；便利性；舒适性；平整度	33-操作流程的方便性；29-制造精度	D06F69/04
173	CN202011027082.0	一种熨烫衣架	8	适应性；便利性；衣袖定型	35-适应性、通用性；33-操作流程的方便性	D06F73/00
174	CN202011042048.0	具有防腐消毒功能的挂烫机	8	安全；细菌；耐腐蚀性	30-作用于物体的有害因素	D06F73/00
175	CN201910525067.X	一种衣物处理设备及其控制方法	10	结合；体积；复杂性；码放；衣物；分离；适合性	07-体积；36-系统的复杂性；35-适应性、通用性	D06F89/02
176	CN202011046156.5	一种全自动叠衣装置	10	速度；智能化；自动化；效率；折叠	09-速度；38-自动化程度；39-生产率	D06F89/02
177	CN202011080670.0	一种卷叠收纳装置及方法	10	灰尘；美观性；光洁度；衣物；卷叠；清洁性；遮蔽；形态	31-物质产生的有害因素；29-制造精度	D06F89/02
178	CN202010887292.0	一种低能耗装配式构件养护棚	8	效率；安全；监控；劳动强度；长度；速度	39-生产率；30-作用于物体的有害因素；03-长度；09-速度	E04H5/02
179	CN202010961498.3	一种复合式冷凝式热交换器	6	电阻；速度；电流；变化	09-速度	F04D25/08
180	CN202010982066.0	一种电磁水阀、节水节能热水供应装置及其控制方法	8	成本；能源；体验；复杂性；浪费	39-生产率；19-能耗；36-系统的复杂性	F16K11/065
181	CN202011081865.7	一种锅炉的装配式支撑结构	7	便利性；效率；合理性	33-操作流程的方便性；39-生产率；35-适应性、通用性	F22B37/24
182	CN202010962394.4	燃烧装置及燃气热水设备	10	稳定性；阻燃性；混合；平衡；分配	13-稳定性；30-作用于物体的有害因素	F23D14/04
183	CN201910792823.5	一种锅炉节能与烟气脱白系统、工艺、应用	15	堵塞；消耗；安全；稳定性；便利性；含水率；风险；灰尘；可靠性；温度；能源；确定性；脱白；经济性；凝结；价格；复杂性；积灰；燃煤；周期；转动	31-物质产生的有害因素；23-物质损失；30-作用于物体的有害因素；13-稳定性；33-操作流程的方便性；27-可靠性；17-温度；19-能耗；39-生产率；36-系统的复杂性；15-时间	F23L15/04

序号	申请号	标题	权利要求数量/项	技术功效1级	技术功效TRIZ参数	IPC主分类
184	CN202011089412.9	水速热装置、水速热控制方法及热水器	13	寿命；均匀性；循环性；热水；接近；速度；风险；水垢；速热	27-可靠性；29-制造精度；09-速度	F24H1/10
185	CN202011001701.9	一种储水式电热水器	10	置药盒；便利性；感受；复杂性；变更	33-操作流程的方便性；36-系统的复杂性	F24H1/20
186	CN202011145785.3	一种汽车热水器	6	转化率；消耗；时间	39-生产率；23-物质损失；15-时间	F24H1/20
187	CN202011063974.6	一种移动式石墨烯热风机	10	导热性；污染；速度；便利性；能源；耗电；潮湿；清洁性；成本	17-温度；31-物质产生的有害因素；09-速度；33-操作流程的方便性；19-能耗；39-生产率	F24H3/04
188	CN202010621072.3	一种高效热泵热水机及其补水方法	8	效率；能效；温度；损失；制热量	39-生产率；17-温度；23-物质损失	F24H4/02
189	CN202011021254.3	一种带有全冷回收的空气源热泵热水机组	8	细菌	30-作用于物体的有害因素	F24H4/02
190	CN202011025738.5	一种热泵热水装置	8	防震性	30-作用于物体的有害因素	F24H4/02
191	CN202011027918.7	一种小型立式两用热水炉	5	速度	09-速度	F24H9/00
192	CN202011055270.4	一种全预混换热器及具有其的燃气热水装置	10	效率；换热；时间	39-生产率；17-温度；15-时间	F24H9/00
193	CN202011089420.3	具有自清洗功能的节能回收装置及热水器	14	外壁；能源；确定性；清洁性；异味	19-能耗；31-物质产生的有害因素	F24H9/00
194	CN202011090000.7	分水盘及节能热水器	10	堵塞；能源；废水；效率；热水器；节能率；过高；均匀性	31-物质产生的有害因素；19-能耗；39-生产率；29-制造精度	F24H9/00
195	CN201910524487.6	浴室加热装置及其控制方法	10	动作；可控性；误动作；自动化	37-控制与测量的复杂性；38-自动化程度	F24H9/18

序号	申请号	标题	权利要求数量/项	技术功效 1 级	技术功效 TRIZ 参数	IPC 主分类
196	CN201910527906.1	一种防止燃气热水器爆燃的控制方法及燃气热水器	6	阻力；爆燃；可控性	10-力；37-控制与测量的复杂性	F24H9/20
197	CN202010897304.8	一种燃气热水器控制方法及燃气热水器	10	热；获取	17-温度	F24H9/20
198	CN202011131566.X	一种具有零水压功能的热水器控制系统及工作方法	8	便利性	33-操作流程的方便性	F24H9/20
199	CN202010965105.6	调压型医疗器械用热风吹干系统及其方法	9	干燥；便利性；器械；过高；温度；运行；完整性；安全；风干；喷射；概率	33-操作流程的方便性；17-温度；30-作用于物体的有害因素	F26B21/00
200	CN202011146435.9	控制壁面温度的相变换热器	8	热效率；凝结；耐腐蚀性；颗粒；实用性；粘接	22-能量损失；30-作用于物体的有害因素；35-适应性、通用性	F28D7/06
201	CN201910525297.6	电路连接简便的制作电解热水装置电路连接方法	2	安全；电；便利性；成本	30-作用于物体的有害因素；33-操作流程的方便性；39-生产率	H05B1/02
202	CN201610384108.4	可强制排出废气的木屑颗粒多功能锅炉	2	稳定性；事故；范围；局限性	13-稳定性；27-可靠性；35-适应性、通用性	F24D3/02
203	CN201710731457.3	一种热风炉	8	充分性；均匀性；结焦；翻动；结块	29-制造精度	F24H3/08
204	CN201710913530.9	加热处理方法及装置	5	智能化；效率；适应性；自动化	39-生产率；35-适应性、通用性；38-自动化程度	F24H9/20
205	CN201810043130.1	人台	1	合理性；灰尘；难度；适应性	35-适应性、通用性；31-物质产生的有害因素；36-系统的复杂性	D06F73/00

序号	申请号	标题	权利要求数量/项	技术功效1级	技术功效TRIZ参数	IPC主分类
206	CN201780009924.X	热交换器	11	效率；变形；过热；完成度；耐压	39-生产率；12-形状	F24H1/34
207	CN201810877333.0	燃煤有机热载体加热炉中的受压部件的制造工艺	3	确定性；质量；工艺	27-可靠性	B21D11/06
208	CN201811582685.X	一种服装加工整理用的防皱烘干装置	7	防皱；便利性	33-操作流程的方便性	D06F58/10
209	CN201910063676.8	天然气锅炉及锅炉的工作方法	8	搅拌；锅炉；成本；效率；收益	39-生产率	F24H1/10
210	CN202011009714.0	一种自动折叠裤子且随气温选衣的智能衣柜	3	自动化；感受；时间；晒；速度；舒适性；智能化；裤子；来回	38-自动化程度；15-时间；30-作用于物体的有害因素；09-速度	A47B61/00
211	CN201910515773.6	一种自动炒菜机的腔体保护方法与自动炒菜机	14	寿命；潮湿；烹饪；附着；清洁性；流通	27-可靠性；31-物质产生的有害因素	A47J27/00
212	CN202010825713.7	一种利用摆盘机构防划痕的电子配件清洗装置	6	效率；防水性；精密度；温度；冲击波；冲击；防护性；成本	39-生产率；30-作用于物体的有害因素；29-制造精度；17-温度	B08B3/08
213	CN201910508956.5	一种晶体加工用预热设备	5	消耗；效率	23-物质损失；39-生产率	C30B35/00
214	CN202010830935.8	衣物护理机控制方法、装置、介质以及衣物护理机	9	护理；功率；转速；动态；精确性	21-功率；09-速度；28-测量精度	D06F58/34
215	CN202010908864.9	一种风道出风结构以及衣物护理机	10	塑形；护理；压力；损失；确定性；涡流；长度；强度；速度；清洁性；效率；能源；循环性	10-力；23-物质损失；03-长度；14-强度；09-速度；31-物质产生的有害因素；39-生产率；19-能耗	D06F73/00
216	CN202011024672.8	熨烫器具	10	熨烫；效率	39-生产率	D06F73/00

序号	申请号	标题	权利要求数量/项	技术功效 1 级	技术功效 TRIZ 参数	IPC 主分类
217	CN202011004645.4	一种具有质检功能的自动熨烫设备	4	自动化；时间；效率；浪费；劳动强度	38-自动化程度；15-时间；39-生产率	D06F73/02
218	CN202010796953.9	衣物护理机控制方法、装置、介质以及衣物护理机	10	异味；效率；除待	39-生产率	D06F87/00
219	CN202010836507.6	一种衣物护理机用除味盒及其制备方法	10	速度；效率；复杂性；成本；符合性；异味；完成率	09-速度；39-生产率；36-系统的复杂性；35-适应性、通用性	D06F87/00
220	CN201910524906.6	一种蒸汽锅炉系统的智能启动方法	5	智能化；充分性；可控性；换热；浪费	37-控制与测量的复杂性；17-温度	F22B1/28
221	CN201910524914.0	一种蒸汽流量与加热功率协同作用的锅炉系统	2	充分性；控制器；智能化；换热；独立	17-温度	F22B1/28
222	CN201910524916.X	一种蒸汽锅炉系统的风机频率控制方法	6	智能化；充分性；可控性；换热；浪费	37-控制与测量的复杂性；17-温度	F22B1/28
223	CN201910516575.1	用于燃气热水器的分气杆和具有其的燃气热水器	10	混合；阻燃性；便利性；噪音	30-作用于物体的有害因素；33-操作流程的方便性；31-物质产生的有害因素	F23D14/46
224	CN202010740965.X	一种转轮除湿机及其控制系统	9	温度；湿度；流速；效率；面积；转速	17-温度；09-速度；39-生产率；05-面积	F24F3/14
225	CN202011033924.3	一种移动式能源系统	6	便利性；充分性；环境；冷热源；体积；能源	33-操作流程的方便性；07-体积；19-能耗	F24F5/00
226	CN202011062527.9	一种防冻排水装置及热水器系统	10	可靠性；管道；成本；自动化；损坏；便利性；可操作性；能源	27-可靠性；39-生产率；38-自动化程度；33-操作流程的方便性；19-能耗	F24H1/18

序号	申请号	标题	权利要求数量/项	技术功效1级	技术功效TRIZ参数	IPC主分类
227	CN202011119674.5	基于人体红外感应的暖风机	5	定位；可控性；速度；效率；复杂性；跟踪；传递	37-控制与测量的复杂性；09-速度；39-生产率；36-系统的复杂性	F24H3/02
228	CN202011127872.6	基于导轨式人体红外感应的暖风机结构	6	定位；便利性；准确性；舒适性；跟踪；探测	33-操作流程的方便性；28-测量精度	F24H3/02
229	CN202010858163.9	一种高压氮气电磁循环加热装置	4	传递；效率；成本；消耗；污染；面积	39-生产率；23-物质损失；31-物质产生的有害因素；05-面积	F24H3/04
230	CN201910505976.7	一种直热空气能热水器	10	效率；释放区；长度；除霜	39-生产率；03-长度	F24H4/02
231	CN202010996425.8	一种相变蓄热式热水器及使用方法	10	切换；效率；灵活性；能源	39-生产率；35-适应性、通用性；19-能耗	F24H4/02
232	CN201910508287.1	户用组合式水冷型干衣功能空气源热泵热水机	3	难度；环境；效率；风冷；湿度；复杂性；空间；负荷；补充；能源；回收	36-系统的复杂性；39-生产率；07-体积；01-重量；19-能耗	F24H4/04
233	CN202011134008.9	一种具有零冷水功能的热水器控制系统及工作方法	8	便利性；浪费；利用率；波动；冷水；体验；环境；改变；速度；自动化；热水器	33-操作流程的方便性；39-生产率；09-速度；38-自动化程度	F24H9/20
234	CN202010984843.5	具有双吸排气的热泵系统及控制方法	12	利用率；温度；潮湿	39-生产率；17-温度	F25B13/00
235	CN202011093064.2	连续性过热蒸汽干燥设备及方法	10	热效率；干燥；均匀性；对流；水；物料；面积	22-能量损失；29-制造精度；23-物质损失；05-面积	F26B17/20
236	CN201911116279.9	一种酒店节能流量控制换热器	3	范围；导热性；温度；关系；除垢；流量；效率	35-适应性、通用性；17-温度；26-物质或事物的数量；39-生产率	F28D7/16
237	CN201911116337.8	一种酒店节能压力智控换热器	3	范围；导热性；关系；除垢；效率；安全	35-适应性、通用性；17-温度；39-生产率；30-作用于物体的有害因素	F28D7/16

序号	申请号	标题	权利要求数量/项	技术功效 1 级	技术功效 TRIZ 参数	IPC 主分类
238	CN201710154779.6	一种太阳能热水器电加热精准控制方法	7	可控性；精准性	37-控制与测量的复杂性	F24S20/40
239	CN201710696820.2	热水器的安装结构	7	确定性；对准；复杂性；壁面；热水器	36-系统的复杂性	F24H9/06
240	CN201810530454.8	热水器的除霜控制方法、控制装置及计算机可读存储介质	9	热水器；霜除霜；效率	39-生产率	F25B47/00
241	CN201811364031.X	一种天然气锅炉及其方法	5	均匀性；用量；复杂性	29-制造精度；26-物质或事物的数量；36-系统的复杂性	F24H1/43
242	CN201910256760.1	壁挂炉温度控制方法、装置、壁挂炉及可读存储介质	10	输出量；停机；安全；供暖；温度值	30-作用于物体的有害因素	F24H9/20
243	CN201910765927.7	热水器的控制方法、装置、设备及存储介质	10	舒适性；体验；时间；调节	15-时间	F24H9/20
244	CN202010456396.6	一种较高安全性的熨烫电器装置	1	质量；自动化；安全；烫伤；充分性；循环性；空间；水	27-可靠性；38-自动化程度；30-作用于物体的有害因素；07-体积；23-物质损失	D06F73/00
245	CN202010886977.3	一种基于垂直循环式运动的助老装置	10	存放；便利性；脱落；适应性；稳定性；朝向	33-操作流程的方便性；35-适应性、通用性；13-稳定性	A47B49/00
246	CN202011009896.1	一种可熨衣的智能控湿衣柜	3	环境；洁净度；清洁性	31-物质产生的有害因素	A47B61/00
247	CN202010886241.6	一种用于放射性药品沸水浴自动蒸煮系统的软件系统	10	自动化；运行	38-自动化程度	A61J3/00

序号	申请号	标题	权利要求数量/项	技术功效1级	技术功效TRIZ参数	IPC主分类
248	CN202010990178.0	酸性水汽提塔导热油热能循环利用系统及方法	10	利用率；负荷；水汽提；循环性；循环系统；新鲜；温度；稳定性；循环量	39-生产率；01-重量；17-温度；13-稳定性	C02F1/04
249	CN202010822013.2	一种无纺布生产线中导热油循环装置	6	可靠性；完成率；效率；稳定性；完成度	27-可靠性；39-生产率；13-稳定性	D04H1/558
250	CN202010911394.1	衣物护理方法、衣物护理机及计算机可读存储介质	11	确定性；可控性；针对；护理	37-控制与测量的复杂性	D06F58/36
251	CN202010771931.7	一种可以智能识别并自动熨烫的熨烫设备	7	自动化；智能化；复杂性	38-自动化程度；36-系统的复杂性	D06F73/00
252	CN202010875383.2	熨烫设备控制方法、装置、熨烫设备及存储介质	10	可控性；蒸汽；安全；事件	37-控制与测量的复杂性；30-作用于物体的有害因素	D06F73/00
253	CN202010853074.5	冷暖两用挂脖风扇	9	灰尘；便利性；易拆卸；均匀性；流动性；热；舒缓；通透；防水性；舒适性	31-物质产生的有害因素；33-操作流程的方便性；34-可维修性；29-制造精度；17-温度；30-作用于物体的有害因素	F04D25/08
254	CN202010941762.7	一种可更换式金属软管	9	稳定性；经济性；寿命；完成率；使用性；适合性；泄露	13-稳定性；39-生产率；27-可靠性；35-适应性、通用性；31-物质产生的有害因素	F16L43/00
255	CN202010891782.8	一种新型净化集成灶	9	速度；能源；易拆卸；污染；吸入；吸附；及时性；洁净度；健康	09-速度；19-能耗；34-可维修性；31-物质产生的有害因素；25-时间损失	F24C3/00
256	CN202010865030.4	一种小面积室内空气循环加热系统	8	损失；流动性	23-物质损失	F24D13/02

序号	申请号	标题	权利要求数量/项	技术功效1级	技术功效TRIZ参数	IPC主分类
257	CN202010925930.3	一种室内除甲醛用的通风加热环保设备	6	气体；完成率；长度；速度	03-长度；09-速度	F24F3/16
258	CN202011004253.8	一种可在极寒环境下使用的加热保温水箱	8	速度；灵活性；保存；复杂性；适用性	09-速度；35-适应性、通用性；36-系统的复杂性	F24H1/18
259	CN202011125983.3	一种高频等离子锅炉	6	能源；热源；锅炉；环境	19-能耗	F24H1/22
260	CN202011060862.5	一种双温可调式超高温热风炉	7	效率；均匀性；面积；体积；广泛性；消耗；热效率	39-生产率；29-制造精度；05-面积；07-体积；23-物质损失；22-能量损失	F24H3/08
261	CN202011073617.8	气体加热装置	10	稳定性；充分性；效率；气体；方向；均匀性	13-稳定性；39-生产率；29-制造精度	F24H3/08
262	CN202010982503.9	一种热水器发泡防溢装置	10	摩擦力；可靠性；溢料；防溢；面积	10-力；27-可靠性；05-面积	F24H4/02
263	CN202010996525.0	一种管口防水结构、水箱和热水器	10	防水性；紧固性；密封性	30-作用于物体的有害因素；29-制造精度	F24H4/02
264	CN202011038465.8	一种节能型空气源热水器	10	安全；确定性；复杂性	30-作用于物体的有害因素；36-系统的复杂性	F24H4/02
265	CN202011039437.8	一种便于安装的空气源热水器	10	热水器；安全；复杂性	30-作用于物体的有害因素；36-系统的复杂性	F24H4/02
266	CN202010930657.3	一种热泵热水器及其控制方法	7	热交换器；能源；速度	19-能耗；09-速度	F24H4/04
267	CN202010928984.5	一种高效黄油融化器	8	便利性；速度；复杂性；均匀性；成本	33-操作流程的方便性；09-速度；36-系统的复杂性；29-制造精度；39-生产率	F24H7/02

序号	申请号	标题	权利要求数量/项	技术功效1级	技术功效TRIZ参数	IPC主分类
268	CN202010972729.0	设置有换热管的固体电蓄热锅炉	8	短路；复杂性；空间；效率；成本；面积；体积	36-系统的复杂性；07-体积；39-生产率；05-面积	F24H7/02
269	CN202010997418.X	一种利用生物质能对热泵进行能源输送的方法	8	阻燃性；完成率；污染；温度	30-作用于物体的有害因素；31-物质产生的有害因素；17-温度	F24H7/02
270	CN202011063873.9	水加热装置	10	效率；面积；能源利用率；污染	39-生产率；05-面积；19-能耗；31-物质产生的有害因素	F24H7/02
271	CN202010772240.9	一种电热水器节能控制方法	8	温度；成本；热；消耗	17-温度；39-生产率；23-物质损失	F24H9/20
272	CN202010809242.0	一种自适应点火的壁挂炉及其控制方法	10	自适应性；自动化	38-自动化程度	F24H9/20
273	CN202010809246.9	一种用于电热水器的防干烧检测装置及控制方法	10	干烧；稳定性；安全；可行性；可靠性；寿命；复杂性；电热器	13-稳定性；30-作用于物体的有害因素；27-可靠性；36-系统的复杂性	F24H9/20
274	CN202010833170.3	一种热水器工作模式的识别方法、装置及热水器	10	准确性	28-测量精度	F24H9/20
275	CN202010897112.7	热水器及面板控制方法和装置、热水器系统及出水口面板	20	水温；稳定性；安全；舒适性	13-稳定性；30-作用于物体的有害因素	F24H9/20
276	CN202010967710.7	一种燃气热水器及其比例阀的控制电路	10	精度；效率；可控性；温度	28-测量精度；39-生产率；37-控制与测量的复杂性；17-温度	F24H9/20
277	CN202011049996.7	热水器及其控制方法、控制器	10	舒适性；安全；可控性；事故；省心	30-作用于物体的有害因素；37-控制与测量的复杂性；27-可靠性	F24H9/20
278	CN202011053009.0	燃气热水器显示控制方法及装置、燃气热水器和存储介质	18	准确性；合理性；及时性	28-测量精度；35-适应性、通用性；25-时间损失	F24H9/20

序号	申请号	标题	权利要求数量/项	技术功效 1 级	技术功效 TRIZ 参数	IPC 主分类
279	CN202011075005.2	燃气热水器的恒温控制方法、系统、电子设备及存储介质	10	及时性；稳定性；确定性；波动；体验	25-时间损失；13-稳定性	F24H9/20
280	CN202011077669.2	一种控压式空气能热水器控制系统及其控制方法	9	安全	30-作用于物体的有害因素	F24H9/20
281	CN202010874933.9	一种与火焰直接接触翅片式省煤器	6	损坏；混合物；换热	27-可靠性；17-温度	F28F1/20
282	CN202011077228.2	快速散热的可调导流控制系统及其控制方法、热水机	10	能力；可靠性；变化；自动化；欢迎；速度；温度；稳定性；复杂性	27-可靠性；38-自动化程度；09-速度；17-温度；13-稳定性；36-系统的复杂性	H05K7/20
283	CN201580037311.8	用于电加热设备的控制装置以及用于制造这种控制装置的方法	13	确定性；便利性；适合性；可控性；复杂性；隔离；重量；钎焊	33-操作流程的方便性；35-适应性、通用性；37-控制与测量的复杂性；36-系统的复杂性；01-重量	F24H3/04
284	CN201711296531.X	一种燃气喷火型翅片换热炉具	1	便利性；换热；效率；面积；稳定性；速度	33-操作流程的方便性；17-温度；39-生产率；05-面积；13-稳定性；09-速度	F24H9/18
285	CN201810266110.0	一种浴室柜电热水器装置	6	便利性；能源；寿命；清洁性；附着量	33-操作流程的方便性；19-能耗；27-可靠性；31-物质产生的有害因素	F24H1/10
286	CN201810553429.1	一种油品电磁加热装置	4	氧化；再生；变质；壳体；接触	30-作用于物体的有害因素	F24H1/10
287	CN201810314654.X	车辆加热器	9	复杂性；确定性；体积	36-系统的复杂性；07-体积	F24H3/06
288	CN201810782491.8	一种电熨斗	6	熨烫；刮擦；寿命；摩擦力；进入；便利性；收纳；喷雾孔；质量；长度	27-可靠性；10-力；33-操作流程的方便性；03-长度	D06F75/10

序号	申请号	标题	权利要求数量/项	技术功效1级	技术功效TRIZ参数	IPC主分类
289	CN201810417980.3	一种基于气液双燃料的热油循环加热系统及其方法	4	混合；复杂性；爆燃	36-系统的复杂性	F24H7/00
290	CN201810943282.7	一种应用于模块式泳池热泵的变频节能系统	5	功率；平衡	21-功率	F24H4/02
291	CN201811363988.2	一种节能的熨烫设备	2	清洁性；紧固性；流失率；熨烫；蒸汽量；利用率；能源；确定性；泄露	31-物质产生的有害因素；39-生产率；19-能耗	D06F73/00
292	CN201811622870.7	一种用于服装制作的除皱定型装置	6	可靠性；热；定型；抚平；劳动强度；褶皱；效率	27-可靠性；17-温度；39-生产率	D06F63/00
293	CN201811413893.7	一种基于螺旋管换热的天然气锅炉及其工作方法	2	均匀性；复杂性	29-制造精度；36-系统的复杂性	F24H1/43
294	CN201811296375.1	具有冷凝器功能的可控散热储水箱和热泵空气能系统及控制方法	9	正确性；可控性；环境；能源；热效率；热水；散热；取暖	28-测量精度；37-控制与测量的复杂性；19-能耗；22-能量损失；17-温度	F25B30/06
295	CN201811207944.0	一种燃气热水器控制方法及其系统	5	可控性；舒适性；水	37-控制与测量的复杂性；23-物质损失	F24H9/20
296	CN201910435460.X	一种应用于无绳熨斗的控制系统	7	充电；及时性；时间；概率	25-时间损失；15-时间	D06F75/26
297	CN201910854051.3	一种多管稳压电热水器	4	功率；安全；速度；充分性；稳定性；时间；防水性；均匀性；体验	21-功率；30-作用于物体的有害因素；09-速度；13-稳定性；15-时间；29-制造精度	F24H1/10
298	CN202010917114.8	一种带有烘干功能且防飘散的煤炭粉碎机	4	安全；资源	30-作用于物体的有害因素；39-生产率	B02C1/00

序号	申请号	标题	权利要求数量/项	技术功效1级	技术功效TRIZ参数	IPC主分类
299	CN202010863591.0	一种药酒锅炉水垢清除装置	7	清洁性；范围；实用性；转动板；转动	31-物质产生的有害因素；35-适应性、通用性	B08B9/087
300	CN202010693317.3	一种热泵辅助加热餐厨垃圾高温生物降解干化设备	10	温度；消耗；能源	17-温度；23-物质损失；19-能耗	B09B3/00

3.9　燃气及类似能源家用器具制造领域

3.9.1　全球专利概况

3.9.1.1　全球专利申请趋势

图3-73展示的是燃气及类似能源家用器具制造领域全球专利申请量的发展趋势。通过申请趋势可以从宏观层面把握分析对象在各时期的专利申请热度变化。申请数量的统计范围是已公开的专利。

燃气及类似能源家用器具制造领域在全球主要市场上的历年专利申请分布状况如图3-73所示，2000—2019年，燃气及类似能源家用器具制造领域全球专利申请量稳步增加，其中2013年和2019年专利申请量略有回落。2000年专利申请量为14 251件，到2018年达到峰值，当年专利申请量达41 618件。

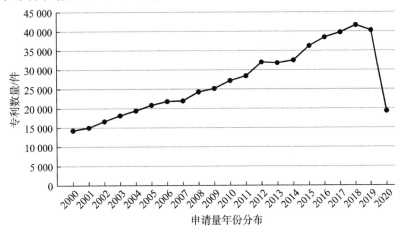

图3-73　燃气及类似能源家用器具制造领域全球专利申请量发展趋势

3.9.1.2　专利申请分布

图 3-74 展示的是燃气及类似能源家用器具制造领域全球专利申请主要分布情况。通过分析可以了解分析对象在不同国家或地区技术创新的活跃情况，从而发现主要的技术创新来源地和重要的目标市场。

专利申请分布情况可以体现专利权人想在哪些国家或地区保护该技术。这一参数也反映了该技术未来可能的实施国家或地区。图 3-74 显示，中国、日本、韩国是燃气及类似能源家用器具制造领域全球专利重点申请国家，专利数量分布为中国 275 455 件、日本 104 958 件、韩国 48 291 件。另外，英国 34 040 件，美国 28 727 件，等等。

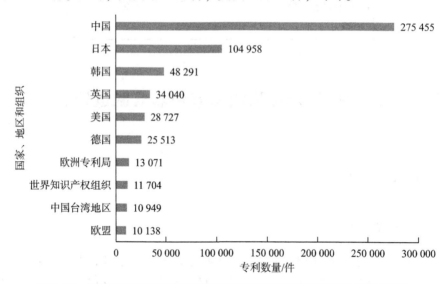

图 3-74　燃气及类似能源家用器具制造领域全球专利申请国专利数量分布

图 3-74 表明，中国、日本、韩国等国家或地区是燃气及类似能源家用器具制造领域专利布局的主要区域，企业可以跟踪、引进和消化相关领域技术，在此基础上实现技术突破。中国、日本、韩国在燃气及类似能源家用器具制造领域专利数量见表 3-89~表 3-91。

表 3-89　燃气及类似能源家用器具制造领域中国专利数量　　　　　　单位：件

专利类型		专利数量
发明	发明申请	29 941
	发明授权	11 235
实用新型		100 290
外观设计		133 989

表 3-90　燃气及类似能源家用器具制造领域日本专利数量　　　　　　单位：件

专利类型		专利数量
发明	发明申请	31 864
	发明授权	25 032

专利类型	专利数量
实用新型	22 354
外观设计	25 708

表 3-91　燃气及类似能源家用器具制造领域韩国专利数量　　　单位：件

专利类型		专利数量
发明	发明申请	8 643
	发明授权	11 226
外观设计		12 771
实用新型		15 651

3.9.1.3　全球专利申请人排行

表 3-92 展示的是燃气及类似能源家用器具制造领域全球专利按照所属申请人（专利权人）的专利数量统计的申请人排名情况。通过分析可以发现创新成果积累较多的专利申请人，并据此进一步分析其专利竞争实力。

表 3-92　燃气及类似能源家用器具制造领域全球专利数量排名前十的申请人　　　单位：件

排名	申请人名称	专利数量
1	松下电器产业株式会社	15 306
2	乐金电子公司	7 999
3	三星电子株式会社	6 723
4	美的集团股份有限公司	5 347
5	BSH 家用电器有限公司	5 310
6	日本能率株式会社	3 861
7	三菱电机公司	3 689
8	大宇电子株式会社	3 353
9	珠海格力电器股份有限公司	3 088
10	林内株式会社	3 020

3.9.1.4　全球专利技术构成

通过对燃气及类似能源家用器具制造领域全球专利在各技术方向的数量分布情况进行分析，可以了解分析对象覆盖的技术类别，以及各技术分支的创新热度。

将燃气及类似能源家用器具制造领域专利按照国际专利分类号（IPC）进行统计，得到表 3-93 和图 3-75。可知，燃气及类似能源家用器具制造领域专利 IPC 分布中，F24H 小类（一般有热发生装置的流体加热器，例如水或空气的加热器）的专利数量最多，专利数量为 232 539 件，第二是 F24C 小类［家用炉或灶（用固体燃料的入 F24B）；一般用途家用炉或灶的零部件］，专利数量为 213 181 件，第三是 H05B 小类（电热；其他类目不包含的电照明），专利数量为 48 827 件。另外还有 F24B 小类（固体燃料的家用炉或灶）36 911 件，A47J 小类（厨房用具；咖啡磨；香料磨；饮料制备装置〔6〕）29 358 件，等等。

表 3-93　燃气及类似能源家用器具制造领域全球专利主要技术构成　　　　单位：件

IPC 分类号（小类）	专利数量
F24H（一般有热发生装置的流体加热器，例如水或空气的加热器）	232 539
F24C［家用炉或灶（用固体燃料的入 F24B）；一般用途家用炉或灶的零部件］	213 181
H05B（电热；其他类目不包含的电照明）	48 827
F24B（固体燃料的家用炉或灶）	36 911
A47J（厨房用具；咖啡磨；香料磨；饮料制备装置〔6〕）	29 358
F24D（住宅供热系统或区域供热系统，例如集中供热系统；住宅热水供应系统；其所用部件或构件）	27 821
F23D（燃烧器）	15 744
F23N（燃烧的调节或控制）	13 056
F28D（其他小类中不包括的热交换设备，其中热交换介质不直接接触的）	12 200
F25B（制冷机，制冷设备或系统；加热和制冷的联合系统；热泵系统）	9 789

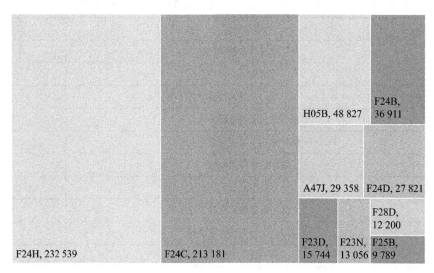

单位：件

图 3-75　燃气及类似能源家用器具制造领域全球专利主要技术构成

3.9.2　国内专利概况

3.9.2.1　国内专利申请趋势

图 3-76 展示的是燃气及类似能源家用器具制造领域国内专利申请量的发展趋势。通过申请趋势可以从宏观层面把握分析对象在各时期的专利申请热度变化。申请数量的统计范围

是已公开的专利。

由图 3-76 可以看到，燃气及类似能源家用器具制造领域国内专利申请趋势，2000—2009 年燃气及类似能源家用器具制造领域国内专利申请数量均在 10 000 件以下，增幅缓慢；2010—2019 年，燃气及类似能源家用器具制造领域国内专利申请量增长迅速，2000 年专利申请量为 2645 件，2019 年达到 29 387 件。

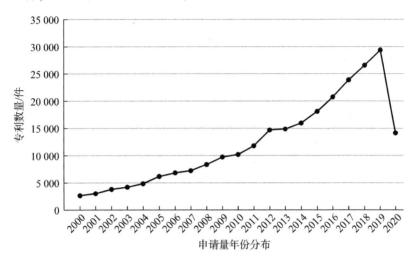

图 3-76　燃气及类似能源家用器具制造领域国内专利申请量发展趋势

3.9.2.2　国内专利公开趋势

图 3-77 展示的是燃气及类似能源家用器具制造领域国内专利公开量的发展趋势。通过公开趋势可以从宏观层面把握分析对象在各时期的专利公开文献的数量变化。

从图 3-77 中可以看到燃气及类似能源家用器具制造领域国内专利公开数量整体呈上升态势。2000—2009 年燃气及类似能源家用器具制造领域国内专利公开数量均在 10 000 件以下，增幅缓慢；除 2011 年专利公开数量略有回落外，2010—2020 年国内燃气及类似能源家用器具制造领域专利公开数量增长幅度加快，其中 2010 年 12 383 件，2020 年 35 723 件。

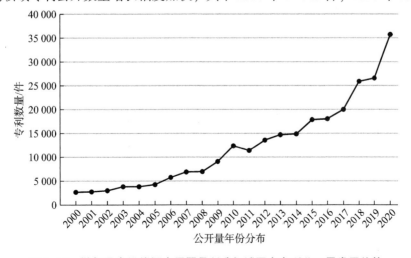

图 3-77　燃气及类似能源家用器具制造领域国内专利公开量发展趋势

3.9.2.3 国内专利类型分布

专利类型分为发明专利、实用新型专利、外观设计专利。本节又根据发明专利授权与否，将发明细分为发明申请和发明授权。

在中国专利中，经过检索获得燃气及类似能源家用器具制造领域专利共 275 455 件。如图 3-78 所示，其中发明申请 29 941 件，占总数的 11%；发明授权 11 235 件，占总数的 4%；实用新型 100 290 件，占总数的 36%；外观设计 133 989 件，占总数的 49%。

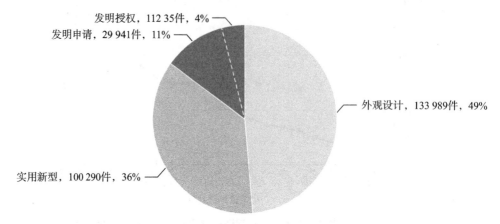

图 3-78　燃气及类似能源家用器具制造领域国内专利类型分布

3.9.2.4 国内专利法律状态

图 3-79 展示的是燃气及类似能源家用器具制造领域专利有效、失效、审中三种状态的占比情况，仅统计中国专利。通过分析可以分别了解分析对象中当前已获得实质性保护、已失去专利权保护或正在审查中的专利数量分布情况，以从整体上掌握专利的权利保护和潜在风险情况，为专利权的法律性调查提供依据。筛选进入公知技术领域的失效专利，可以进行无偿使用或改进利用。

如图 3-79 所示，有效专利 99 603 件，占总专利数的 36%；失效专利 165 291 件，占总专利数的 60%；审中专利 10 561 件，占总专利数的 4%。

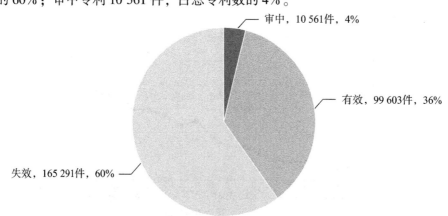

图 3-79　燃气及类似能源家用器具制造领域国内专利法律状态分布

3.9.2.5　国内专利技术领域分布

通过对燃气及类似能源家用器具制造领域国内专利在各技术方向的数量分布情况进行分析，可以了解分析对象覆盖的技术类别，以及各技术分支的创新热度。

将燃气及类似能源家用器具制造领域国内专利按照国际专利分类号（IPC）进行统计，得到表 3-94 和图 3-80。可知，国内燃气及类似能源家用器具制造领域专利技术领域分布中，F24H 小类（一般有热发生装置的流体加热器，例如水或空气的加热器）的专利数量最多，专利数量为 80 708 件；第二是 F24C 小类〔家用炉或灶（用固体燃料的入 F24B）；一般用途家用炉或灶的零部件〕，专利申请量为 44 942 件；第三是 F24B 小类（固体燃料的家用炉或灶（适于固体燃料结合气体燃料），专利申请量为 16 090 件。另外还有 H05B 小类（电热；其他类目不包含的电照明）4712 件，F23D 小类（燃烧器）4189 件，等等。

表 3-94　燃气及类似能源家用器具制造领域国内专利主要技术领域分布　　单位：件

IPC 分类号（小类）	专利数量
F24H（一般有热发生装置的流体加热器，例如水或空气的加热器）	80 708
F24C〔家用炉或灶（用固体燃料的入 F24B）；一般用途家用炉或灶的零部件〕	44 942
F24B（固体燃料的家用炉或灶（适于固体燃料结合气体燃料）	16 090
H05B（电热；其他类目不包含的电照明）	4 712
F23D（燃烧器）	4 189
A47J（厨房用具；咖啡磨；香料磨；饮料制备装置〔6〕）	3 512
F22B（蒸汽的发生方法；蒸汽锅炉）	3 311
F23J（燃烧生成物或燃烧余渣的清除或处理；烟道）	3 260
F24D（住宅供热系统或区域供热系统，例如集中供热系统；住宅热水供应系统；其所用部件或构件）	3 168
F25B（制冷机，制冷设备或系统；加热和制冷的联合系统；热泵系统）	3 078

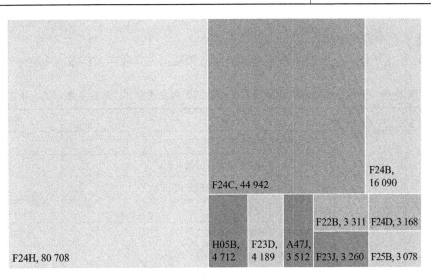

单位：件

图 3-80　燃气及类似能源家用器具制造领域国内专利主要技术构成

3.9.2.6 国内专利省份分布

通过对燃气及类似能源家用器具制造领域专利在中国省级行政区域的分布情况（仅统计中国专利）进行分析，可以了解在中国申请专利保护较多的省份，以及各省份的创新活跃程度。

对燃气及类似能源家用器具制造领域国内专利进行省份分布分析，得到表 3-95。表 3-95 显示广东省以 83 553 件专利排名第一；浙江省以 51 312 件专利排名第二；第三是江苏省，共有燃气及类似能源家用器具制造领域专利 17 755 件。第四是山东省，共有燃气及类似能源家用器具制造领域专利 17 222 件。安徽省、北京市、上海市、河北省、湖南省、湖北省的专利均在 10 000 件以下。

表 3-95 燃气及类似能源家用器具制造领域国内专利主要省份分布　　　单位：件

申请人所属省份	专利数量
广东省	83 553
浙江省	51 312
江苏省	17 755
山东省	17 222
安徽省	7 405
北京市	6 536
上海市	6 293
河北省	6 287
湖南省	5 948
湖北省	5 585

3.9.2.7 重点省份发明专利申请人布局

（1）广东省主要申请人排名

表 3-96 列出了燃气及类似能源家用器具制造领域国内发明专利广东省主要申请人排名。

表 3-96 燃气及类似能源家用器具制造领域国内发明专利广东省主要申请人排名　　单位：件

排名	申请人名称	专利数量
1	美的集团股份有限公司	1023
2	珠海格力电器股份有限公司	998
3	广东美的厨房电器制造有限公司	663
4	华帝股份有限公司	534
5	广东万家乐燃气具有限公司	390
6	佛山市顺德区美的电热电器制造有限公司	239
7	广东顺德光晟电器股份有限公司	195
8	广东美的暖通设备有限公司	155

排名	申请人名称	专利数量
9	广东万和新电气股份有限公司	154
10	佛山市顺德区美的洗涤电器制造有限公司	139

（2）江苏省主要申请人排名

表 3-97 列出了燃气及类似能源家用器具制造领域国内发明专利江苏省主要申请人排名。

表 3-97　燃气及类似能源家用器具制造领域国内发明专利江苏省主要申请人排名　　单位：件

排名	申请人名称	专利数量
1	昆山富凌能源利用有限公司	255
2	博西华电器（江苏）有限公司	184
3	昆山富凌灶具有限公司	120
4	艾欧史密斯（中国）热水器有限公司	99
5	樱花卫厨（中国）股份有限公司	63
6	BSH 家用电器有限公司	56
7	江苏天舒电器有限公司	51
8	东南大学	33
9	常州市奥琳斯邦热能设备有限公司	27
10	威能（无锡）供热设备有限公司	24

（3）浙江省主要申请人排名

表 3-98 列出了燃气及类似能源家用器具制造领域国内发明专利浙江省主要申请人排名。

表 3-98　燃气及类似能源家用器具制造领域国内发明专利浙江省主要申请人排名　　单位：件

申请人	申请人名称	专利数量
1	宁波方太厨具有限公司	543
2	浙江绍兴苏泊尔生活电器有限公司	82
3	杭州老板电器股份有限公司	64
4	浙江工业大学	46
5	浙江大学	39
6	宁波奥克斯电气股份有限公司	32
7	浙江长兴亿安贝电器有限公司	32
8	浙江特富锅炉有限公司	29
9	浙江潮邦厨具电器有限公司	24
10	慈溪市神驹节能科技有限公司	22

3.9.3　国内发明专利聚类分析

聚类分析是通过数据建模后简化并使数据可视化的分析方法。通过提取燃气太类似能源家用器具制造领域国内发明专利文本中的关键词，从其相关度聚合出不同类别的文本关键词并以圆环饼图的形式展示其分布情况，分析结果如图 3-81 所示。对应专利分析见表 3-99。

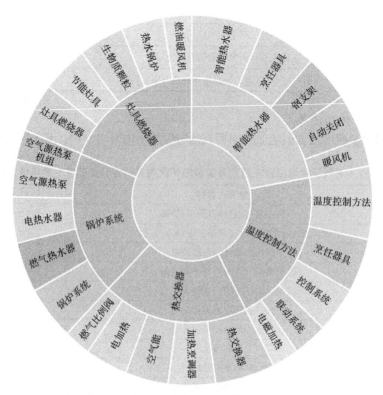

图 3-81　燃气及类似能源家用器具制造领域国内发明专利聚类分析

表 3-99　燃气及类似能源家用器具制造领域国内发明专利分析列表

序号	申请号	标题	权利要求数量/项	技术功效 1 级	技术功效 TRIZ 参数	IPC 主分类
1	CN201710066771.4	加热烹调器	4	可控性；自动化；容器；温度；数量	37-控制与测量的复杂性；38 - 自动化程度；17-温度；26-物质或事物的数量	F24C3/12
2	CN201680042140.2	用于管理燃气器具的设备，以及对应的系统和方法	27	可组装性；便利性；可靠性	32-可制造性；33-操作流程的方便性；27 - 可靠性	F23N5/20
3	CN201810704583.4	压力式大功率双侧电磁致热器	6	密度；可维护性；辐射；检修；可靠性；效率；成本；难度；扩充；结垢；面积；体积；水质；寿命；利用率；材料；复杂性	34-可维修性；27-可靠性；39-生产率；36-系统的复杂性；05 - 面积；07-体积；23-物质损失	F24H1/20

序号	申请号	标题	权利要求数量/项	技术功效 1 级	技术功效 TRIZ 参数	IPC 主分类
4	CN201811469550.2	洗浴水量预警机构	6	图像；实时性；可靠性；目标；提醒；面积；资源	25-时间损失；27-可靠性；05-面积；39-生产率	F24H9/20
5	CN201910018777.3	一种能源系统及其控制方法	4	热水器；热量	19-能耗	F24C15/20
6	CN201811644187.3	灶具的火力控制方法、装置、灶具及存储介质	12	准确性；时间；自动化；味道；风险；营养；溢锅；糊底	28-测量精度；15-时间；38-自动化程度；27-可靠性	F24C3/00
7	CN201811644198.1	一种灶具及其火力控制方法、装置及存储介质	13	安全；准确性	30-作用于物体的有害因素；28-测量精度	F24C3/00
8	CN201811644189.2	一种灶具离锅判定方法和装置	9	成本	39-生产率	F24C3/12
9	CN201910798225.9	一种换热生物质颗粒取暖炉	5	吸附；长度；效率；沉积；挥发	03-长度；39-生产率	F24B1/18
10	CN201910991450.4	一种带有消防灭火功能的油烟机	4	隔离；完成率；可操作性；污渍；挡杆；火势狭；风箱；劳动强度；蔓延；速度；新鲜	33-操作流程的方便性；39-生产率；09-速度	F24C15/20
11	CN202010054804.5	换热管自清洁方法及热泵热水器	12	冷量；清洁性；稳定性；除垢；完成率；水速；热量	31-物质产生的有害因素；13-稳定性；19-能耗	F28G9/00
12	CN202011044778.4	带摄像头识别的烹饪电器控制系统、控制方法和烹饪电器	10	正确性；复杂性；精度；便利性	28-测量精度；36-系统的复杂性；33-操作流程的方便性	A47J36/00
13	CN202011065409.3	一种具有加热功能的便携式洗牙器及水加热控制方法	9	效率；水；电阻；成本；复杂性；便利性；功率；可控性；安全；热	39-生产率；23-物质损失；36-系统的复杂性；33-操作流程的方便性；21-功率；37-控制与测量的复杂性；30-作用于物体的有害因素；17-温度	A61C17/02

序号	申请号	标题	权利要求数量/项	技术功效1级	技术功效TRIZ参数	IPC主分类
14	CN201910577219.0	分气杆组件、比例阀和热水设备	10	便利性；体积；标准	33-操作流程的方便性；07-体积	F16K11/22
15	CN202010898474.8	一种超高温超高压煤气锅炉及其附属设备安装方法	3	安全；精度；长度；加固；高空作业；效率；时间	30-作用于物体的有害因素；28-测量精度；03-长度；39-生产率；15-时间	F22B37/24
16	CN202011118160.8	一种数控节能环保多功能取暖炉及燃烧处理方法	10	效率；浪费；能源；环境；干预；排放；民用；自动化	39-生产率；19-能耗；38-自动化程度	F23B40/00
17	CN201910567359.X	灶具燃烧器	10	体积；可控性；均匀性；面积	07-体积；37-控制与测量的复杂性；29-制造精度；05-面积	F23D14/26
18	CN201910562204.7	灶具火盖	10	效率；复杂性；孔内	39-生产率；36-系统的复杂性	F23D14/46
19	CN202011032780.X	一种基于变压射流燃烧技术的生物质成型燃料炉具	9	可控性；热质；确定性	37-控制与测量的复杂性	F24B1/183
20	CN202010781650.X	一种灶具	11	强度	14-强度	F24C1/00
21	CN202011076447.9	一种折叠式燃气木柴防雨两用炉	3	自动化；复杂性；便利性；美观性；充分性；安全	38-自动化程度；36-系统的复杂性；33-操作流程的方便性；30-作用于物体的有害因素	F24C1/02
22	CN202010836125.3	一种集成灶的散热结构及具有该结构的集成灶	16	温度；吸热；体验；比热容	17-温度	F24C3/00
23	CN202011013404.6	一种可调节燃烧换热室空间大小和密封度的节能燃气灶	6	高密；便利性；可调节性；效率；速度；实时性；环境；能源	33-操作流程的方便性；39-生产率；09-速度；25-时间损失；19-能耗	F24C3/08

序号	申请号	标题	权利要求数量/项	技术功效 1 级	技术功效 TRIZ 参数	IPC 主分类
24	CN202011030990.5	一种具有可隐藏式炉头的厨房灶具	10	传递；完成率；收纳；清洁性；自动化；浪费；速度	31-物质产生的有害因素；38-自动化程度；09-速度	F24C3/08
25	CN202011071323.1	一种能够泄漏保护且自动关闭开关的燃气设备	4	事故；自动化；安全；流通；便利性；效率；泄露；杂质；正确性	27-可靠性；38-自动化程度；30-作用于物体的有害因素；33-操作流程的方便性；39-生产率；31-物质产生的有害因素；28-测量精度	F24C3/08
26	CN201910579463.0	瓦斯炉的柱状安全装置	10	可控性；体积	37-控制与测量的复杂性；07-体积	F24C3/12
27	CN202010838152.4	一种具有磁控旋钮的灶具的控制方法	7	行程；体验；可控性	37-控制与测量的复杂性	F24C3/12
28	CN202010852085.1	一种集成灶	9	清洁性；复杂性	31-物质产生的有害因素；36-系统的复杂性	F24C3/12
29	CN202010969256.9	一种电热炉	16	温度；顺畅；便利性；实用性；热量；平衡；安全；可靠性；复杂性；精准性；成本；效率；合理性；散热；流失率；使用者	17-温度；33-操作流程的方便性；35-适应性、通用性；19-能耗；30-作用于物体的有害因素；27-可靠性；36-系统的复杂性；39-生产率	F24C7/08
30	CN202010833642.5	快速启动的供暖方法	5	成本；速度；雾化器；循环泵	39-生产率；09-速度	F24D15/02
31	CN202011025246.6	一种新风系统的空气过滤机构	9	效率；热；面积；易拆卸；空气；便利性	39-生产率；17-温度；05-面积；34-可维修性；33-操作流程的方便性	F24F7/06
32	CN201910567411.1	热水设备及热水设备的控制方法、电子设备	18	获取；正确性；稳定性；安全	28-测量精度；13-稳定性；30-作用于物体的有害因素	F24H1/10
33	CN201910567413.0	热水设备及其控制方法、电子设备	19	合理性；安全；数量；燃气量；稳定性	35-适应性、通用性；30-作用于物体的有害因素；26-物质或事物的数量；13-稳定性	F24H1/10

续表

序号	申请号	标题	权利要求数量/项	技术功效1级	技术功效TRIZ参数	IPC主分类
34	CN202011161836.1	一种具暖风功能的即热式电热水器	9	消耗；可控性；整合；整体性	23-物质损失；37-控制与测量的复杂性	F24H1/10
35	CN202010925522.8	一种多级精准控温热水器及控制方法	10	可控性；广泛性；成本；舒适性；精准性；适合性	37-控制与测量的复杂性；39-生产率；35-适应性、通用性	F24H1/12
36	CN202011140416.5	一种工业仪器仪表的防冻装置及防冻方法	7	冻	17-温度	F24H1/12
37	CN202011071228.1	一种生物质锅炉	9	熄火；遮盖；变化；速度；压力	09-速度；10-力	F24H1/22
38	CN202010594136.5	环保节能型燃气直烧炉	5	环境；价值；体积；稳定性；实用性	39-生产率；07-体积；13-稳定性；35-适应性、通用性	F24H3/04
39	CN202011058644.8	一种用于矿井井口的石墨烯热风箱	10	速度；便利性；能源；扩展；制热；导热性；耗电；清洁性	09-速度；33-操作流程的方便性；19-能耗；17-温度；31-物质产生的有害因素	F24H3/04
40	CN202011014248.5	一种超高压换热系统	9	复杂性；热负荷；可靠性；数值；注气量；安全；面积；重量	36-系统的复杂性；27-可靠性；26-物质或事物的数量；30-作用于物体的有害因素；05-面积；01-重量	F24H7/04
41	CN201910653429.3	一种锅炉房补水排气装置	4	效率；便利性；实用性；成本	39-生产率；33-操作流程的方便性；35-适应性、通用性	F24H9/00
42	CN202010956248.0	一种控制排烟方法、排烟装置及应用其的热水器	22	风压；自动化；正确性	38-自动化程度；28-测量精度	F24H9/00
43	CN202011084918.0	一种加工车间用节水型热水器管道	5	浪费；误排；亮；及时性；推动	25-时间损失	F24H9/00

序号	申请号	标题	权利要求数量/项	技术功效 1 级	技术功效 TRIZ 参数	IPC 主分类
44	CN202011084923.1	一种热水器用即热水管	6	体验；精确性	28-测量精度	F24H9/00
45	CN202011039078.6	一种新型底盘的锅炉	8	充分性；堆积；面积；体积；适应性；紧固性	05-面积；07-体积；35-适应性、通用性	F24H9/06
46	CN202011070909.6	一种燃气供暖壁挂炉	10	速度；便利性；平整度；掌握；复杂性	09-速度；33-操作流程的方便性；29-制造精度；36-系统的复杂性	F24H9/06
47	CN201910575310.9	一种全预混燃气热水器的控制方法及燃气热水器	10	负荷；火	01-重量；30-作用于物体的有害因素	F24H9/20
48	CN201910575337.8	一种自适应气源全预混燃气热水器的控制方法及其燃气热水器	10	充分性；及时性；排放；热效率	25-时间损失；22-能量损失	F24H9/20
49	CN201910576575.0	一种全预混的燃气热水器的控制方法及其燃气热水器	10	负荷；火	01-重量；30-作用于物体的有害因素	F24H9/20
50	CN201910576638.2	一种全预混的燃气热水器的控制方法及其燃气热水器	10	负荷；火；水	01-重量；30-作用于物体的有害因素；23-物质损失	F24H9/20
51	CN201910579727.2	用于热水器系统的控制方法及装置、热水器系统	10	体验；热水器；数量；可控性	26-物质或事物的数量；37-控制与测量的复杂性	F24H9/20
52	CN202010575147.9	供热水装置以及供热水系统	10	复杂性；流量	36-系统的复杂性；26-物质或事物的数量	F24H9/20
53	CN202010950096.3	一种燃气热水器的风量匹配控制方法和控制系统	13	噪音；热负荷；确定性；效率	31-物质产生的有害因素；39-生产率	F24H9/20

序号	申请号	标题	权利要求数量/项	技术功效1级	技术功效TRIZ参数	IPC主分类
54	CN202011033723.3	一种热水器及其恒温阀控制方法以及恒温阀装置	5	成本；可控性；复杂性	39-生产率；37-控制与测量的复杂性；36-系统的复杂性	F24H9/20
55	CN202011053847.8	一种基于水位检测自动加水并在紧急状态下断电的装置	4	自动化；及时性；可控性；安全；正确性；资源	38-自动化程度；25-时间损失；37-控制与测量的复杂性；30-作用于物体的有害因素；28-测量精度；39-生产率	F24H9/20
56	CN202011087596.5	一种扁管微通道双液体换热器及其换热方法	10	复杂性；组合；空间；适用性；效率；集成度	36-系统的复杂性；07-体积；35-适应性、通用性；39-生产率	F25B39/04
57	CN202010472910.5	斜温层控制增强的蓄热装置及其控制方法	12	蓄热；可控性；效率；稳定性；精准性；精确性	37-控制与测量的复杂性；39-生产率；13-稳定性；28-测量精度	F28D20/00
58	CN202011029204.X	一种通过水流充电的热水器遥控器	5	便利性；能力	33-操作流程的方便性	H02K7/18
59	CN201910563641.0	烹饪器具及其控制方法和控制装置以及存储介质	18	能源；可控性；浪费；频率；体验；事故	19-能耗；37-控制与测量的复杂性；27-可靠性	H05B6/06
60	CN202010933643.7	等离子体射流装置、等离子体辅助加热灶头及燃气灶整机	9	功率	21-功率	H05H1/22
61	CN201880093215.9	温度传感器以及烹调设备	8	硬度；摩擦力	14-强度；10-力	G01K1/14
62	CN201710038847.2	即时沸腾热水系统	10	热	17-温度	F24H1/20
63	CN201680044169.4	热交换器	15	热效率	22-能量损失	F24H1/34
64	CN201710912379.7	车辆挡风玻璃清洁系统	19	清洁性；热	31-物质产生的有害因素；17-温度	B60S1/46

序号	申请号	标题	权利要求数量/项	技术功效 1 级	技术功效 TRIZ 参数	IPC 主分类
65	CN201711421283.7	烹饪装置及其控制方法	17	时间	15-时间	A47J37/06
66	CN201680060517.7	具有热压缩机的热力锅炉	14	系数；锅炉；体积；优选；热水；热量；冷却；复杂性；效率	26-物质或事物的数量；07-体积；19-能耗；17-温度；36-系统的复杂性；39-生产率	F24H9/00
67	CN201680077488.5	滑轨固定装置	2	脱离；固定力；成本；易拆卸；变形；引出；紧固性	39-生产率；34-可维修性；12-形状	F24C15/16
68	CN201810339228.1	一种热水器用加热管组件	4	对流；复杂性；适应性；泄露；连接；热；便利性	36-系统的复杂性；35-适应性、通用性；31-物质产生的有害因素；17-温度；33-操作流程的方便性	F24H9/18
69	CN201910030126.6	一种便于拆卸的智能热水器	3	表面；稳定性；便利性；易拆卸；安全；配合；紧固性；智能化	13-稳定性；33-操作流程的方便性；34-可维修性；30-作用于物体的有害因素	F24H9/06
70	CN201910018782.4	一种能源系统的控制方法	10	调度；消耗；收集；污染	23-物质损失；31-物质产生的有害因素	F24C15/20
71	CN201910527898.0	燃气热水器的预热控制方法及装置、存储介质、电子装置	8	速度	09-速度	F24H1/10
72	CN201910563340.8	一种高功率准谐振电磁感应热水结构及其控制方法	4	环境；可控性；效率；利用率；实时性；废气；稳定性	37-控制与测量的复杂性；39-生产率；25-时间损失；13-稳定性	F24H1/10
73	CN201910679724.6	一种家用天然气加热的冷热水循环控制装置	7	浪费；复杂性；水；便利性	36-系统的复杂性；23-物质损失；33-操作流程的方便性	F24H1/10
74	CN201910683443.8	燃气灶具	11	空气；阻燃性	30-作用于物体的有害因素	F24C3/08

序号	申请号	标题	权利要求数量/项	技术功效1级	技术功效TRIZ参数	IPC主分类
75	CN201910812071.4	一种高效导热油锅炉	8	排放；速度；接触量；废气；流动性；利用率	09-速度；39-生产率	F24H7/02
76	CN201910592550.X	一种以半导体为发热元器件的即热式热水壁挂炉	1	连接；变更；转动；脱落；速度；便利性；可操作性	09-速度；33-操作流程的方便性	F24H9/18
77	CN202010316513.9	一种热水器水垢清洁设备	5	自动化；适量	38-自动化程度	B08B9/08
78	CN202010897828.7	一种用于木材加工与处理装置	6	集中度；时间；取出；放置；效率；滚动；收集；劳动强度；稳定性	15-时间；39-生产率；13-稳定性	B27K3/02
79	CN202010974876.1	一种摔倒防护节能减排洗浴系统	8	淋浴；水；事件；精确性；有害；复杂性；温度；能力	23-物质损失；28-测量精度；30-作用于物体的有害因素；36-系统的复杂性；17-温度	E03C1/02
80	CN202010996459.7	燃气阀及包含其的灶具	11	手感；体验；光滑性	12-形状	F16K31/60
81	CN202010888400.6	一种用于灶具的防水圈结构及具有该结构的集成灶	15	稳定性；成功率；松动；流动性；成本；孔中；防水性；阀体	13-稳定性；27-可靠性；31-物质产生的有害因素；39-生产率；30-作用于物体的有害因素	F16K41/02
82	CN202011006064.4	一种威金斯煤气柜的安装底座	7	夹持；速度；抖动；稳定性；晃动；正确性；效率	09-速度；13-稳定性；28-测量精度；39-生产率	F17B1/02
83	CN202010944828.8	一种可减低燃气灶热衰减的喷嘴及燃气灶	10	速度；喷射；阻力；确定性；混合度；幅度；压力；稳定性；牢固性；强度；适量；通风孔	09-速度；10-力；13-稳定性；27-可靠性；14-强度	F23D14/48
84	CN202010854355.2	一种壁挂炉用烟管	6	加长；能源；效率	19-能耗；39-生产率	F23J11/00

序号	申请号	标题	权利要求数量/项	技术功效 1 级	技术功效 TRIZ 参数	IPC 主分类
85	CN202011071487.4	一种点火装置及燃气灶	10	可操作性；便利性	33-操作流程的方便性	F24C3/00
86	CN202010981420.8	一种新型灶具	19	烹饪；利用率；灵活性；稳定性；便利性；堵塞；清洁性	39-生产率；35-适应性、通用性；13-稳定性；33-操作流程的方便性；31-物质产生的有害因素	F24C3/02
87	CN202011029924.6	油盒内油污监测方法、油盒内油污监测装置、集成灶	17	油污量；获取；计算；清洁性	31-物质产生的有害因素	F24C3/02
88	CN202011125258.6	高效聚能罩	16	损失	23-物质损失	F24C3/02
89	CN202011211674.8	一种燃气灶	7	稳定性；清洁性；密度；连焰；限制量；排放；火；热效率；成本	13-稳定性；31-物质产生的有害因素；30-作用于物体的有害因素；22-能量损失；39-生产率	F24C3/08
90	CN202011162891.2	伸缩旋钮及包含其的燃气具	10	缩进；旋塞阀；正确性；解除；完成率	28-测量精度	F24C3/10
91	CN202010836962.6	一种带有精确感温功能的灶具及其控制方法	10	烹饪；自动化；溢锅；精准性；准确性；温度；差异；效率	38-自动化程度；28-测量精度；17-温度；39-生产率	F24C3/12
92	CN202010956659.X	一种燃气灶防止燃气累积浓度过高的方法及系统	7	闪燃；可控性	37-控制与测量的复杂性	F24C3/12
93	CN202010980818.X	一种炉具控制系统及其燃气炉具	13	安全；做饭；可控性；电；智能化；自动化；监控；提醒	30-作用于物体的有害因素；37-控制与测量的复杂性；27-可靠性；38-自动化程度	F24C3/12
94	CN202010991539.3	灶具控制方法、装置、灶具和存储介质	13	安全	30-作用于物体的有害因素	F24C3/12

序号	申请号	标题	权利要求数量/项	技术功效1级	技术功效TRIZ参数	IPC主分类
95	CN202011107321.3	一种意外熄火时自动关闭阀门的燃气灶装置	3	自动化；安全；可控性；运动	38-自动化程度；30-作用于物体的有害因素；37-控制与测量的复杂性	F24C3/12
96	CN202011144578.6	燃气灶自动控制系统及其烹饪方法	7	实时性；时间；自动化	25-时间损失；15-时间；38-自动化程度	F24C3/12
97	CN202011146205.2	燃气灶烹饪辅助控制系统及其烹饪方法	6	美味；及时性	25-时间损失	F24C3/12
98	CN202010983060.5	锅支架及应用该锅支架的灶具	14	便利性；利用率；灵活性；稳定性；面积；堵塞；清洁性	33-操作流程的方便性；39-生产率；35-适应性、通用性；13-稳定性；05-面积；31-物质产生的有害因素	F24C15/10
99	CN202011023781.8	基于无线供电的烟机-燃气灶一体化智能系统及方法	10	安全；智能化；复杂性；浪费；旋钮；传递；电池；可操作性；可靠性；灵活性	30-作用于物体的有害因素；36-系统的复杂性；33-操作流程的方便性；27-可靠性；35-适应性、通用性	F24C15/20
100	CN202011003825.0	一种新型电暖器发热体	3	寿命；热量；体积；集中度；速度	27-可靠性；19-能耗；07-体积；09-速度	F24D13/00
101	CN202010449022.1	一种商用气电混合热水器及其使用方法	10	消耗；效率；正确性；可靠性；成本；体积；速度；安全；分离；负担；检修；水；容量	23-物质损失；39-生产率；28-测量精度；27-可靠性；07-体积；09-速度；30-作用于物体的有害因素	F24H1/10
102	CN202010933439.5	一种基于节能环保的多功能开水器	8	长度；能源；资源；经济性；效率；环境；凝结；热；面积	03-长度；19-能耗；39-生产率；17-温度；05-面积	F24H1/18
103	CN202011039386.9	一种防止内胆压力过大的电热水器	10	准确性；成本；安全；压力；便利性；热；复杂性	28-测量精度；39-生产率；30-作用于物体的有害因素；10-力；33-操作流程的方便性；17-温度；36-系统的复杂性	F24H1/20

序号	申请号	标题	权利要求数量/项	技术功效1级	技术功效TRIZ参数	IPC主分类
104	CN202010960224.2	一种高效、低氮燃生物质锅炉	7	充分性；平整度；均匀性；氮氧化物；低温；效率；利用率	29-制造精度；39-生产率	F24H1/34
105	CN202011061322.9	一种工业节能环保炉	10	充分性；利用率；安全；能源；成本；速度；适合性；效率；环境	39-生产率；30-作用于物体的有害因素；19-能耗；09-速度；35-适应性、通用性	F24H1/43
106	CN202011017524.3	一种半导体修复用热风修复机	10	连接；安全；速度；进风量；转动；便利性；流通；热；进入；清洁性；正确性	30-作用于物体的有害因素；09-速度；33-操作流程的方便性；17-温度；31-物质产生的有害因素；28-测量精度	F24H3/04
107	CN202011058624.0	一种吊装式石墨烯热风机	10	适合性；面积；污染；清洁性；能源；转换率；导热性；成本	35-适应性、通用性；05-面积；31-物质产生的有害因素；19-能耗；17-温度；39-生产率	F24H3/04
108	CN202011023064.5	空气源热泵热水机组	10	稳定性；消耗；适应性；速度；能源；效率；出力；使用性；环境；寿命	13-稳定性；23-物质损失；35-适应性、通用性；09-速度；19-能耗；39-生产率；27-可靠性	F24H4/02
109	CN202011112412.6	一种多功能空气能热水器	9	转化率；正确性；吸入；洗浴；冰阻；水盘；损失；热水；速度；实用性；及时性；噪音；能量	39-生产率；28-测量精度；23-物质损失；09-速度；35-适应性、通用性；25-时间损失；31-物质产生的有害因素；19-能耗	F24H4/04
110	CN202010966223.9	一种生物质能高效热水储水器	10	冷凝水；有害；损失；效率；再生；结垢；脱落；清洁性；扰动	30-作用于物体的有害因素；23-物质损失；39-生产率；31-物质产生的有害因素	F24H7/02
111	CN202011021355.0	一种空煤气上喷卷吸高温烟气蓄热体中燃烧与传热的热风炉	10	稳定性；效率；经济性；可控性；氮；能源；合理性；环境；复杂性	13-稳定性；39-生产率；37-控制与测量的复杂性；19-能耗；35-适应性、通用性；36-系统的复杂性	F24H7/02

序号	申请号	标题	权利要求数量/项	技术功效1级	技术功效TRIZ参数	IPC主分类
112	CN202011042865.6	电磁加热给水变压智能蓄热器	5	蓄热；蓄热器；安全；成本；效率；可靠性	30-作用于物体的有害因素；39-生产率；27-可靠性	F24H7/02
113	CN202011138612.9	一种危废桶装物料的加热预处理的工艺方法	8	能源；难度；成本；效率；循环性；可操作性；污染	19-能耗；36-系统的复杂性；39-生产率；33-操作流程的方便性；31-物质产生的有害因素	F24H7/02
114	CN201910549919.9	电热水器	10	安全；复杂性；发泡；温管；质量；连接；效率	30-作用于物体的有害因素；36-系统的复杂性；27-可靠性；39-生产率	F24H9/00
115	CN201910553360.7	热水器的低出水温度的控制方法及系统、热水器	12	温度；体验	17-温度	F24H9/00
116	CN202010909346.9	带自清洗功能的换热结构及应用其的壁挂炉	10	间隙；时间；劳动强度；自动化；寿命；变化	15-时间；39-生产率；38-自动化程度；27-可靠性	F24H9/00
117	CN201910551456.X	热水器冷水回收利用系统	10	利用率；成本；安全；回收；冷水	39-生产率；30-作用于物体的有害因素	F24H9/12
118	CN201910550589.5	用于热水器的混水装置和具有其的热水器	19	舒适性；稳定性	13-稳定性	F24H9/14
119	CN202010819691.3	一种具有加热功能的燃气热水器及控制方法	8	复杂性；热；空间；可行性	36-系统的复杂性；17-温度；07-体积	F24H9/18
120	CN201910555890.5	燃气热水器的燃气调节装置和具有其的燃气热水器	12	空间；调节	07-体积	F24H9/20
121	CN201910557051.7	燃气热水器的燃气调节装置和具有其的燃气热水器	13	空间；调节	07-体积	F24H9/20

序号	申请号	标题	权利要求数量/项	技术功效1级	技术功效 TRIZ 参数	IPC 主分类
122	CN202010886360.1	一种热水器的防冻控制方法及热水器	10	冻；热量；环境；适用性	17-温度；19-能耗；35-适应性、通用性	F24H9/20
123	CN202010894901.5	一种控制热水器稳定燃烧的方法及热水器	33	稳定性；精准性；供氧量	13-稳定性	F24H9/20
124	CN202010895815.6	一种热水器高气压识别控制方法及热水器	25	安全；进气量；负荷	30-作用于物体的有害因素；01-重量	F24H9/20
125	CN202010895831.5	一种热水器噪音自适应的控制方法及热水器	24	充分性；需求量；稳定性	13-稳定性	F24H9/20
126	CN202010903504.X	一种水路系统的控制方法、水路系统及零冷水换热设备	12	省气；长度；完成率；复杂性；能源	03-长度；36-系统的复杂性；19-能耗	F24H9/20
127	CN202010909345.4	一种排气保护控制方法及应用其的热水器	9	安全；转速；频繁；超标；可控性	30-作用于物体的有害因素；09-速度；37-控制与测量的复杂性	F24H9/20
128	CN202011007037.9	空气能热水模块机	8	能源；模式；水	19-能耗；23-物质损失	F25B30/02
129	CN202010906921.X	一种降噪装置，燃气热水器和降噪控制方法	16	噪音	31-物质产生的有害因素	G10K11/16
130	CN201310393748.8	一种可适应多种热值燃气的热水器控制方法	5	复杂性；自动化；误判；适合性；效率；选择；可操作性	36-系统的复杂性；38-自动化程度；35-适应性、通用性；39-生产率；33-操作流程的方便性	F24H9/20
131	CN201610350264.9	电烹饪器的加热控制方法、装置和电烹饪器	11	差异；准确性；功率；安全；烹饪；获取；可控性	28-测量精度；21-功率；30-作用于物体的有害因素；37-控制与测量的复杂性	H05B6/06

序号	申请号	标题	权利要求数量/项	技术功效1级	技术功效TRIZ参数	IPC主分类
132	CN201710516604.5	一种多路并联扰流管式换热装置	2	效率；充分性；效比	39-生产率	F24H9/00
133	CN201710025900.5	一种镁棒外置的电热水器	10	面积；污垢；充分性；冲击；数量；清洁性；压力	05-面积；31-物质产生的有害因素；26-物质或事物的数量；10-力	F24H1/18
134	CN201710026140.X	一种镁棒外置的电热水器	9	污垢；充分性；数量；排污；压力；冲击；清洁性；面积	31-物质产生的有害因素；26-物质或事物的数量；10-力；05-面积	F24H9/00
135	CN201680059366.3	通信适配器	6	复杂性；成本；确定性；准确性；可靠性	36-系统的复杂性；39-生产率；28-测量精度；27-可靠性	H04Q9/00
136	CN201611252375.2	一种空气能热水器化霜控制方法和系统	5	充分性；误判；准确性；浪费；可靠性；可控性；化霜；制热；合理性	28-测量精度；27-可靠性；37-控制与测量的复杂性；35-适应性、通用性	F24H4/02
137	CN201810462029.X	高性能热水器	7	温度；速度；水垢；热；精度；自动化；加热器；水温；不良；可控性	17-温度；09-速度；28-测量精度；38-自动化程度；37-控制与测量的复杂性	F24H1/18
138	CN201810703920.8	抽屉式双侧电磁致热系统	6	密度；寿命；辐射；可靠性；效率；难度；材料；成本；扩充；结垢；面积；体积；水质；利用率；复杂性	27-可靠性；39-生产率；36-系统的复杂性；23-物质损失；05-面积；07-体积	F24H1/18
139	CN201810638404.1	用于提供波动火焰的移动图像的火焰模拟组件及该组件的火焰屏	11	屏障；成本；深度；形状；真实性；锐利；美观性	39-生产率；12-形状	F21S10/04
140	CN201811039486.4	一种热效率高的空气能热水器	6	安全；稳定性；接触；耐腐蚀性；寿命；便利性	30-作用于物体的有害因素；13-稳定性；27-可靠性；33-操作流程的方便性	F24H4/02

序号	申请号	标题	权利要求数量/项	技术功效 1 级	技术功效 TRIZ 参数	IPC 主分类
141	CN201710842799.2	电磁烹饪系统及其锅具识别方法和锅具识别装置	9	可靠性	27-可靠性	F24C7/08
142	CN201811542024.4	燃气热水器和壁挂炉自适应烟道压力变化的控制方法	3	热水器；转速；成本；速度；壁挂炉；安全；正确性；效率；能源	09-速度；39-生产率；30-作用于物体的有害因素；28-测量精度；19-能耗	F24H9/20
143	CN201910040012.X	一种智能燃气灶锅具恒温烹饪的控制方法及其系统	7	数值；温度	26-物质或事物的数量；17-温度	F24C3/12
144	CN201910550773.X	一种即热式电热水器冷水回流加热装置	7	负压；便利性；闭合；水	33-操作流程的方便性；23-物质损失	F24H9/00
145	CN201910707939.4	一种适用于多种燃料交替燃烧的燃烧设备	1	便利性；自动化；可推广性；阻燃性	33-操作流程的方便性；38-自动化程度；39-生产率；30-作用于物体的有害因素	F24C1/04
146	CN201910727943.7	一种室内局部循环式取暖器	8	循环性；热空气量；消耗；距离	23-物质损失；03-长度	F24D15/02
147	CN201910932538.9	热水器出水温度控制方法、装置、设备及热水器系统	11	温度；适应性；不适；便利性；时间；模拟	17-温度；35-适应性、通用性；33-操作流程的方便性；15-时间	F24H9/20
148	CN201911015772.1	烹饪器具的控制方法及烹饪器具及存储介质	9	交互度；可控性；食材；适应性；美味	37-控制与测量的复杂性；35-适应性、通用性	A47J27/00
149	CN201810635710.X	烹饪设备及其温控方法、装置	9	类型；温度；精度；稳定性；获取；烹饪	17-温度；28-测量精度；13-稳定性	A47J27/00
150	CN201911025930.1	检测方法、烹饪器具、烹饪系统和计算机可读存储介质	22	精度；效率；准确性；烹饪	28-测量精度；39-生产率	F24C3/12

序号	申请号	标题	权利要求数量/项	技术功效1级	技术功效TRIZ参数	IPC主分类
151	CN201910871857.3	一种基于电力载波通信的电热水器控制系统	5	可靠性；电热水器；便利性；稳定性；适合性	27-可靠性；33-操作流程的方便性；13-稳定性；35-适应性、通用性	F24H9/20
152	CN202010456340.0	一种洗浴自动断电的电热水器	5	复杂性；便利性；安全；清洁性	36-系统的复杂性；33-操作流程的方便性；30-作用于物体的有害因素；31-物质产生的有害因素	F24H9/20
153	CN202010975890.3	热管热油同时加热高温压合机	3	寿命；均匀性；精良；速度；工艺；效率	27-可靠性；29-制造精度；09-速度；39-生产率	B30B15/34
154	CN202011010959.5	一种安全防护型新能源充电桩	10	确定性；损失；醒目；安全；裸露；充电头；可推广性；效率；传递；便利性；防护性；偏移；负担；竖杆；扩展；横杆；准确性；触电；时间；冲击；泄露；寿命；低垂；受伤；过程	23-物质损失；30-作用于物体的有害因素；39-生产率；33-操作流程的方便性；28-测量精度；15-时间；31-物质产生的有害因素；27-可靠性	B60L53/31
155	CN202011029210.5	一种油罐加热装置	5	效率；散失；挤压；出料；温度	39-生产率；17-温度	B65D88/74
156	CN202011153579.7	一种高效节能加热的商用净水设备及其使用方法	9	效率；运作	39-生产率	C02F9/02
157	CN202011120983.4	采用电蓄热的液态空气储能系统	11	安全；时段；失稳；损失；经济性；容量；质量；功率；供电	30-作用于物体的有害因素；23-物质损失；39-生产率；07-体积；27-可靠性；21-功率	F01K3/18
158	CN201910535127.6	瓦斯炉具的流量调节阀	9	可控性；自动化；便利性	37-控制与测量的复杂性；38-自动化程度；33-操作流程的方便性	F16K5/02
159	CN202010986605.8	稳压阀及包括其的燃气热水器	12	安全；破裂；正确性	30-作用于物体的有害因素；28-测量精度	F16K17/30

序号	申请号	标题	权利要求数量/项	技术功效 1 级	技术功效 TRIZ 参数	IPC 主分类
160	CN202011006065.9	一种便于维修的威金斯煤气柜	7	便利性；位移；可维修性	33-操作流程的方便性；34-可维修性	F17B1/02
161	CN202010988493.X	一种多层式储气罐装置及储气方法	7	便利性；混合；复杂性	33-操作流程的方便性；36-系统的复杂性	F17C5/06
162	CN202010849677.8	用于加热熔盐的装置和方法	10	损失；组成	23-物质损失	F22B1/06
163	CN201910533078.2	一种低温热水加热装置	7	效率；热；可控性；范围；导热性；稳定性；质量；关系；除垢	39-生产率；17-温度；37-控制与测量的复杂性；35-适应性、通用性；13-稳定性；27-可靠性	F22B1/28
164	CN202011056822.3	一种环保节能无烟炉	8	充分性；烟炉；利用率；安全；成本；环境；适合性；效率	39-生产率；30-作用于物体的有害因素；35-适应性、通用性	F24B1/183
165	CN202011056838.4	一种环保高效无烟炉	5	充分性；利用率；安全；成本；适合性；烟炉；环境；效率	39-生产率；30-作用于物体的有害因素；35-适应性、通用性	F24B1/183
166	CN202010867144.2	一种带双层聚能炉架的集成灶及燃气灶	6	热效率；体验；能源	22-能量损失；19-能耗	F24C3/08
167	CN202010875208.3	多头电磁炉的降噪方法及控制装置	8	体验；噪音；干扰	31-物质产生的有害因素；30-作用于物体的有害因素	F24C7/06
168	CN202011032255.8	一种均匀加热烹饪炉	8	均匀性；电；温度；热	29-制造精度；17-温度	F24C7/06
169	CN202011083703.7	一种厨房动火离人装置	4	起火；安全；外出	30-作用于物体的有害因素	F24C7/08
170	CN201910543343.5	集成厨具	11	效率；健康；热	39-生产率；17-温度	F24C11/00
171	CN202011091198.0	组合灶的导烟管和具有其的组合灶	15	排烟；噪音；水；阻力	31-物质产生的有害因素；23-物质损失；10-力	F24C15/20

序号	申请号	标题	权利要求数量/项	技术功效1级	技术功效TRIZ参数	IPC主分类
172	CN202011092051.3	组合灶的滤网和具有其的组合灶	15	过滤；成本	39-生产率	F24C15/20
173	CN202011110061.5	一种集成灶、集成灶的控制方法及控制装置	19	清洁度；便利性；清洁性；洁净度；飞溅；溢出；体验；效率；环境；灵活性；溶解度	33-操作流程的方便性；31-物质产生的有害因素；39-生产率；35-适应性、通用性	F24C15/20
174	CN202011095365.9	一种高效换热家用取暖装置	7	能源；效率；可靠性；安全	19-能耗；39-生产率；27-可靠性；30-作用于物体的有害因素	F24D13/04
175	CN201910586956.7	一种外加热式氧化铝陶瓷管热水装置	1	复杂性；隔离；实用性；安全；成本	36-系统的复杂性；35-适应性、通用性；30-作用于物体的有害因素；39-生产率	F24H1/10
176	CN202010565366.9	热源机	12	强度；倾斜部；安装片	14-强度	F24H1/10
177	CN202010868265.9	一种实现浓淡燃烧的火排、燃烧器及热水器	17	效率；刚性；安全；燃烧法；脱火；数量；稳定性	39-生产率；14-强度；30-作用于物体的有害因素；26-物质或事物的数量；13-稳定性	F24H1/10
178	CN202011051697.7	一种手术台上温度可控式无菌液体加热装置	10	清洁性；密封盖；时间；箱体；便利性；紧固性	31-物质产生的有害因素；15-时间；33-操作流程的方便性	F24H1/18
179	CN202011105262.6	一种便携式助浴设备	10	喷头；速度；便利性；进水管；水管；着凉；老人；雾化；脱落；水；完成率	09-速度；33-操作流程的方便性；23-物质损失	F24H1/20
180	CN202010874643.4	一种温度可调的更换处理器用热风枪	7	寿命；稳定性；偏移；适合性；接触；温度	27-可靠性；13-稳定性；35-适应性、通用性；17-温度	F24H3/04
181	CN202010955112.8	电磁感应热风炉	5	便利性；安全；热	33-操作流程的方便性；30-作用于物体的有害因素；17-温度	F24H3/04

序号	申请号	标题	权利要求数量/项	技术功效 1 级	技术功效 TRIZ 参数	IPC 主分类
182	CN202010874936.2	一种热泵热水器的管路清理液注入装置	6	便利性；效率	33-操作流程的方便性；39-生产率	F24H4/02
183	CN201910537017.3	一种压力变化的换热器	2	效率；关系；除垢；热	39-生产率；17-温度	F24H7/02
184	CN201910537672.9	一种流速变化的换热器	2	效率；关系；除垢；热	39-生产率；17-温度	F24H7/02
185	CN201910540864.5	一种液位变化的换热器	2	效率；关系；除垢；热	39-生产率；17-温度	F24H7/02
186	CN201910541720.1	一种换热流体出口温度的控制方法	4	热；效率；关系；稳定性；除垢	17-温度；39-生产率；13-稳定性	F24H7/02
187	CN201910532228.8	热水器内胆加工设备及热水器内胆	10	密封性；交叉	29-制造精度	F24H9/00
188	CN202011003893.7	高效双翼式重叠型燃烧气分布器	6	效率；利用率；能源；序列化；标准化	39-生产率；19-能耗	F24H9/00
189	CN202010920674.9	一种新型浓淡燃烧火排、燃烧器及热水器	16	成本；可组装性；刚性；燃烧法；数量；材料；效率；复杂性；稳定性；安全；脱火	39-生产率；32-可制造性；14-强度；26-物质或事物的数量；23-物质损失；36-系统的复杂性；13-稳定性；30-作用于物体的有害因素	F24H9/18
190	CN202010361807.3	一种热风枪及其控制方法	10	安全；损坏	30-作用于物体的有害因素；27-可靠性	F24H9/20
191	CN202010866169.0	热水器及其方法、装置、机器可读存储介质	18	清晰度；概率；便利性；针对性；体验；有效性	28-测量精度；33-操作流程的方便性	F24H9/20
192	CN202010920288.X	热水器的控制系统和控制方法	8	调节；体验；自动化	38-自动化程度	F24H9/20
193	CN202010937612.9	一种燃气热水器的控制方法及应用其的热水器	10	正确性；清洁性；流传	28-测量精度；31-物质产生的有害因素	F24H9/20

序号	申请号	标题	权利要求数量/项	技术功效1级	技术功效TRIZ参数	IPC主分类
194	CN202010941181.3	一种燃气热水器的预热循环完成的判断方法	14	循环性；热	17-温度	F24H9/20
195	CN202010960976.9	一种热水器的控制方法及热水器	10	计算；个性化；节气；温度	17-温度	F24H9/20
196	CN202010988368.9	一种热水器自适应CO浓度的控制方法及热水器	33	稳定性；供氧量；精准性；浓度；需求量	13-稳定性	F24H9/20
197	CN202010990110.2	一种热水器的控制方法及热水器	52	稳定性；精准性；噪音；供氧量；异常	13-稳定性；31-物质产生的有害因素	F24H9/20
198	CN202011102305.5	零冷水燃气热水器及其防止水泵空转的方法和系统	12	转空比；寿命；空转；耐磨性；指令	27-可靠性；30-作用于物体的有害因素	F24H9/20
199	CN202011153186.6	智能热力门电路控制系统和零冷水恒温机	10	集成度；距离；浪费；能源；成本；可控性	36-系统的复杂性；03-长度；19-能耗；39-生产率；37-控制与测量的复杂性	F24H9/20
200	CN202011153656.9	一种利用废水余热制热和干燥系统	10	利用率；消耗；成本；充分性；温度	39-生产率；23-物质损失；17-温度	F25B30/04
201	CN202010908427.7	一种流通池法的盘管加热装置	10	紧固性；循环性；面积；运行；安全；热；精准性；均匀性	05-面积；30-作用于物体的有害因素；17-温度；29-制造精度	G01N33/15
202	CN201710355735.X	热源机	2	上升；效率；可靠性	39-生产率；27-可靠性	F24H1/44
203	CN201811611313.5	烹饪电器	13	体积；效率；复杂性；均匀性	07-体积；39-生产率；36-系统的复杂性；29-制造精度	A47J37/06
204	CN201811462823.0	一种燃气燃油锅炉	6	集中度；混合；效率；能力	39-生产率	F24H1/43

序号	申请号	标题	权利要求数量/项	技术功效 1 级	技术功效 TRIZ 参数	IPC 主分类
205	CN201811642148.X	热水器节水热管	2	效率；空隙；复杂性；速度；便利性；氧化；浪费；精巧；长度；可推广性；老化	39-生产率；36-系统的复杂性；09-速度；33-操作流程的方便性；30-作用于物体的有害因素；03-长度	F24H1/14
206	CN201910690170.X	分隔水箱预热式电磁感应高温水加热装置及其控制方法	9	供水；便利性；热；扩散性；效能；速度；复杂性；自动化；可控性	33-操作流程的方便性；17-温度；19-能耗；09-速度；36-系统的复杂性；38-自动化程度；37-控制与测量的复杂性	F24H1/18
207	CN201910745123.0	一种加热组件	10	充分性；传递；功率；均匀性；辐射	21-功率；29-制造精度	F24H3/04
208	CN202010003492.5	一种可防止燃气外泄的家用燃气灶	6	自动化；弥漫；安全	38-自动化程度；30-作用于物体的有害因素	F24C3/12
209	CN202010296920.8	一种用于热水器的定期防护检修设备	1	便利性；安全；自动化；效率；清洁性	33-操作流程的方便性；30-作用于物体的有害因素；38-自动化程度；39-生产率；31-物质产生的有害因素	F24H9/00
210	CN202011119498.5	一种自动为花盆内花卉长期供水的花盆	8	补水量；灵活性；含水量；种植；速度；水流；水量；确定性	35-适应性、通用性；09-速度	A01G9/02
211	CN202011075058.4	一种可实现恒温、消毒、自动喷水的育苗装置	1	可靠性；智能化；经济性；组成；质量；发达；成本；自动化；合理性；育苗；温度；措施	27-可靠性；39-生产率；38-自动化程度；35-适应性、通用性；17-温度	A01G9/029
212	CN202011011058.8	一种散热性可控的保温杯系统	10	稳定性；美观性；温度；速度；交换；便利性；脱落；污染；安全；实用性；承托防护；效率；成本；健康；散热	13-稳定性；17-温度；09-速度；33-操作流程的方便性；31-物质产生的有害因素；30-作用于物体的有害因素；35-适应性、通用性；39-生产率	A47G23/02

序号	申请号	标题	权利要求数量/项	技术功效1级	技术功效TRIZ参数	IPC主分类
213	CN202010839112.1	一种健康监测养生仪	6	实用性；效率；速度；健康；浪费；便利性	35-适应性、通用性；39-生产率；09-速度；33-操作流程的方便性	A61B5/0205
214	CN202011045772.9	一种茶叶发酵用分布式多旋风筒气水分离循环使用装置	5	热	17-温度	B01D19/00
215	CN202010961498.3	一种复合式冷凝式热交换器	6	电阻；速度；电流；变化	09-速度	F04D25/08
216	CN202010982066.0	一种电磁水阀、节水节能热水供应装置及其控制方法	8	成本；能源；体验；复杂性；浪费	39-生产率；19-能耗；36-系统的复杂性	F16K11/065
217	CN202011081865.7	一种锅炉的装配式支撑结构	7	便利性；效率；合理性	33-操作流程的方便性；39-生产率；35-适应性、通用性	F22B37/24
218	CN202010905028.5	一种燃烧器和燃气灶	10	充分性；体积；效变；可靠性；清晰度；体验；时间；独立	07-体积；27-可靠性；28-测量精度；15-时间	F23D14/02
219	CN202010906320.9	一种燃烧器和燃气灶	9	体验；效变；清晰度；阻燃性；可控性	28-测量精度；30-作用于物体的有害因素；37-控制与测量的复杂性	F23D14/02
220	CN202011094199.0	一种燃气炉灶的燃气前预混装置	9	便利性；复杂性；炉膛；体积；强度；混合；效率；因数；范围；损失；环境；安全；速度	33-操作流程的方便性；36-系统的复杂性；07-体积；14-强度；39-生产率；35-适应性、通用性；23-物质损失；30-作用于物体的有害因素；09-速度	F23D14/02
221	CN202010962394.4	燃烧装置及燃气热水设备	10	稳定性；阻燃性；混合；平衡；分配	13-稳定性；30-作用于物体的有害因素	F23D14/04
222	CN202011072689.0	灶控显示装置和智能灶具	10	智能化；安全	30-作用于物体的有害因素	F24C3/12

序号	申请号	标题	权利要求数量/项	技术功效 1 级	技术功效 TRIZ 参数	IPC 主分类
223	CN202011080265.9	一种具有熄火保护装置的商用燃气灶及熄火保护方法	10	损坏；温度；稳定性；自动化	27-可靠性；17-温度；13-稳定性；38-自动化程度	F24C3/12
224	CN202011215493.2	一种商用炉灶的火力控制系统	9	合理性；体积；复杂性；调节；供给；可控性	35-适应性、通用性；07-体积；36-系统的复杂性；37-控制与测量的复杂性	F24C3/12
225	CN202010933283.0	一种新型的船用电磁设备的防水防尘进风格栅	8	灰尘；防水性	31-物质产生的有害因素；30-作用于物体的有害因素	F24C7/00
226	CN202011013918.1	电生明火电路和电焰灶	10	可控性；热；稳定性；频率	37-控制与测量的复杂性；17-温度；13-稳定性	F24C7/00
227	CN202011083463.0	一种新型红糖提炼灶台	7	质量	27-可靠性	F24C15/34
228	CN202011089412.9	水速热装置、水速热控制方法及热水器	13	寿命；均匀性；循环性；热水；接近；速度；风险；水垢；速热	27-可靠性；29-制造精度；09-速度	F24H1/10
229	CN202011001701.9	一种储水式电热水器	10	置药盒；便利性；感受；复杂性；变更	33-操作流程的方便性；36-系统的复杂性	F24H1/20
230	CN202011145785.3	一种汽车热水器	6	转化率；消耗；时间	39-生产率；23-物质损失；15-时间	F24H1/20
231	CN202011063974.6	一种移动式石墨烯热风机	10	导热性；污染；速度；便利性；能源；耗电；潮湿；清洁性；成本	17-温度；31-物质产生的有害因素；09-速度；33-操作流程的方便性；19-能耗；39-生产率	F24H3/04
232	CN202010621072.3	一种高效热泵热水机及其补水方法	8	效率；能效；温度；损失；制热量	39-生产率；17-温度；23-物质损失	F24H4/02

序号	申请号	标题	权利要求数量/项	技术功效1级	技术功效TRIZ参数	IPC主分类
233	CN202011021254.3	一种带有全冷回收的空气源热泵热水机组	8	细菌	30-作用于物体的有害因素	F24H4/02
234	CN202011025738.5	一种热泵热水装置	8	防震性	30-作用于物体的有害因素	F24H4/02
235	CN202011027918.7	一种小型立式两用热水炉	5	速度	09-速度	F24H9/00
236	CN202011055270.4	一种全预混换热器及具有其的燃气热水装置	10	效率；换热；时间	39-生产率；17-温度；15-时间	F24H9/00
237	CN202011089420.3	具有自清洗功能的节能回收装置及热水器	14	外壁；能源；确定性；清洁性；异味	19-能耗；31-物质产生的有害因素	F24H9/00
238	CN202011090000.7	分水盘及节能热水器	10	堵塞；能源；废水；效率；热水器；节能率；过高；均匀性	31-物质产生的有害因素；19-能耗；39-生产率；29-制造精度	F24H9/00
239	CN201910524487.6	浴室加热装置及其控制方法	10	动作；可控性；误动作；自动化	37-控制与测量的复杂性；38-自动化程度	F24H9/18
240	CN201910527906.1	一种防止燃气热水器爆燃的控制方法及燃气热水器	6	阻力；爆燃；可控性	10-力；37-控制与测量的复杂性	F24H9/20
241	CN202010897304.8	一种燃气热水器控制方法及燃气热水器	10	热；获取	17-温度	F24H9/20
242	CN202011131566.X	一种具有零水压功能的热水器控制系统及工作方法	8	便利性	33-操作流程的方便性	F24H9/20
243	CN202010965105.6	调压型医疗器械用热风吹干系统及其方法	9	干燥；便利性；器械；过高；温度；运行；完整性；安全；风干；喷射；概率	33-操作流程的方便性；17-温度；30-作用于物体的有害因素	F26B21/00

序号	申请号	标题	权利要求数量/项	技术功效 1 级	技术功效 TRIZ 参数	IPC 主分类
244	CN202011146435.9	控制壁面温度的相变换热器	8	热效率；凝结；耐腐蚀性；颗粒；实用性；粘接	22-能量损失；30-作用于物体的有害因素；35-适应性、通用性	F28D7/06
245	CN201910525297.6	电路连接简便的制作电解热水装置电路连接方法	2	安全；电；便利性；成本	30-作用于物体的有害因素；33-操作流程的方便性；39-生产率	H05B1/02
246	CN201980026389.8	具有操作件的装置元件	15	灵活性；复杂性；自由度	35-适应性、通用性；36-系统的复杂性	F24C7/08
247	CN201610384108.4	可强制排出废气的木屑颗粒多功能锅炉	2	稳定性；事故；范围；局限性	13-稳定性；27-可靠性；35-适应性、通用性	F24D3/02
248	CN201710731457.3	一种热风炉	8	充分性；均匀性；结焦；翻动；结块	29-制造精度	F24H3/08
249	CN201710913530.9	加热处理方法及装置	5	智能化；效率；适应性；自动化	39-生产率；35-适应性、通用性；38-自动化程度	F24H9/20
250	CN201810071397.1	一种多功能的供暖用余热利用设备	9	充分性；热量；温度；热水；热源；利用率；便利性	19-能耗；17-温度；39-生产率；33-操作流程的方便性	F24H1/00
251	CN201810166596.0	热交换器	15	确定性；活跃；分解；效率；复杂性	39-生产率；36-系统的复杂性	F28F3/04
252	CN201780009924.X	热交换器	11	效率；变形；过热；完成度；耐压	39-生产率；12-形状	F24H1/34
253	CN201810877333.0	燃煤有机热载体加热炉中的受压部件的制造工艺	3	确定性；质量；工艺	27-可靠性	B21D11/06
254	CN201710703676.0	加热平台及加热平台的控制方法	12	热；占用；便利性；口感；范围；体验；体积；浪费；适合性；智能化；效率；烹饪	17-温度；33-操作流程的方便性；35-适应性、通用性；07-体积；39-生产率	A47J27/00
255	CN201910063676.8	天然气锅炉及锅炉的工作方法	8	搅拌；锅炉；成本；效率；收益	39-生产率	F24H1/10

序号	申请号	标题	权利要求数量/项	技术功效1级	技术功效TRIZ参数	IPC主分类
256	CN201910138152.0	正门传动行程可变向的自动售饭机的微波炉	5	时间；分离；磨耗；紧固性；过渡；泄露；闭门才；朝向	15-时间；31-物质产生的有害因素	F24C7/02
257	CN201910799790.7	一种环保采暖炉煤炭充分燃烧设备	7	环境；阻燃性；颗粒；聚集；资源；健康	30-作用于物体的有害因素；39-生产率	F24B1/18
258	CN202011140917.3	一种带有余热回收功能的肥料加热装置及回收工艺	10	效率；浪费；均匀性；热；吸收；分散；打料；干燥；肥料；清洁性	39-生产率；29-制造精度；17-温度；31-物质产生的有害因素	B01F11/00
259	CN202010527732.1	燃气切断阀和包括所述燃气切断阀的燃气炉具	16	体积；空间	07-体积	F16K1/20
260	CN201910524906.6	一种蒸汽锅炉系统的智能启动方法	5	智能化；充分性；可控性；换热；浪费	37-控制与测量的复杂性；17-温度	F22B1/28
261	CN201910524914.0	一种蒸汽流量与加热功率协同作用的锅炉系统	2	充分性；控制器；智能化；换热；独立	17-温度	F22B1/28
262	CN201910524916.X	一种蒸汽锅炉系统的风机频率控制方法	6	智能化；充分性；可控性；换热；浪费	37-控制与测量的复杂性；17-温度	F22B1/28
263	CN201910510297.9	灶具燃烧器	12	效率；引射系数；速度；流阻；充分性	39-生产率；09-速度	F23D14/06
264	CN201910516575.1	用于燃气热水器的分气杆和具有其的燃气热水器	10	混合；阻燃性；便利性；噪音	30-作用于物体的有害因素；33-操作流程的方便性；31-物质产生的有害因素	F23D14/46
265	CN202010867316.6	一种家用燃气灶双引擎增压混气引射系统	6	引射力；充分性；复杂性；工况；合理性	36-系统的复杂性；35-适应性、通用性	F24C3/08
266	CN202011007886.4	一种自动调节的燃气灶	3	自动化；液体；灶火	38-自动化程度	F24C3/08

序号	申请号	标题	权利要求数量/项	技术功效 1 级	技术功效 TRIZ 参数	IPC 主分类
267	CN202010879535.6	燃气熄火防护方法、装置、设备及计算机可读存储介质	12	正确性；安全；防护性；点火；及时性	28-测量精度；30-作用于物体的有害因素；25-时间损失	F24C3/12
268	CN201910519048.6	一种电陶炉烹调干衣物取暖烧烤烘焙多功能机	2	移动性；便利性；烘焙盘；可靠性；利用率；稳定性；独立；清洁性；变形；安全；复杂性；导热性；耐温性；效率	33-操作流程的方便性；27-可靠性；39-生产率；13-稳定性；31-物质产生的有害因素；12-形状；30-作用于物体的有害因素；36-系统的复杂性；17-温度	F24C7/00
269	CN202010934499.9	挡热组件、锅支架和灶具	11	温度	17-温度	F24C15/34
270	CN202011033924.3	一种移动式能源系统	6	便利性；充分性；环境；冷热源；体积；能源	33-操作流程的方便性；07-体积；19-能耗	F24F5/00
271	CN202011062527.9	一种防冻排水装置及热水器系统	10	可靠性；管道；成本；自动化；损坏；便利性；可操作性；能源	27-可靠性；39-生产率；38-自动化程度；33-操作流程的方便性；19-能耗	F24H1/18
272	CN202011119674.5	基于人体红外感应的暖风机	5	定位；可控性；速度；效率；复杂性；跟踪；传递	37-控制与测量的复杂性；09-速度；39-生产率；36-系统的复杂性	F24H3/02
273	CN202011127872.6	基于导轨式人体红外感应的暖风机结构	6	定位；便利性；准确性；舒适性；跟踪；探测	33-操作流程的方便性；28-测量精度	F24H3/02
274	CN202010858163.9	一种高压氮气电磁循环加热装置	4	传递；效率；成本；消耗；污染；面积	39-生产率；23-物质损失；31-物质产生的有害因素；05-面积	F24H3/04
275	CN201910505976.7	一种直热空气能热水器	10	效率；释放区；长度；除霜	39-生产率；03-长度	F24H4/02
276	CN202010996425.8	一种相变蓄热式热水器及使用方法	10	切换；效率；灵活性；能源	39-生产率；35-适应性、通用性；19-能耗	F24H4/02

序号	申请号	标题	权利要求数量/项	技术功效1级	技术功效TRIZ参数	IPC主分类
277	CN201910508287.1	户用组合式水冷型干衣功能空气源热泵热水机	3	难度；环境；效率；风冷；湿度；复杂性；空间；负荷；补充；能源；回收	36-系统的复杂性；39-生产率；07-体积；01-重量；19-能耗	F24H4/04
278	CN202011134008.9	一种具有零冷水功能的热水器控制系统及工作方法	8	便利性；浪费；利用率；波动；冷水；体验；环境；改变；速度；自动化；热水器	33-操作流程的方便性；39-生产率；09-速度；38-自动化程度	F24H9/20
279	CN202010984843.5	具有双吸排气的热泵系统及控制方法	12	利用率；温度；潮湿	39-生产率；17-温度	F25B13/00
280	CN202011093064.2	连续性过热蒸汽干燥设备及方法	10	热效率；干燥；均匀性；对流；水；物料；面积	22-能量损失；29-制造精度；23-物质损失；05-面积	F26B17/20
281	CN201911116279.9	一种酒店节能流量控制换热器	3	范围；导热性；温度；关系；除垢；流量；效率	35-适应性、通用性；17-温度；26-物质或事物的数量；39-生产率	F28D7/16
282	CN201911116337.8	一种酒店节能压力智控换热器	3	范围；导热性；关系；除垢；效率；安全	35-适应性、通用性；17-温度；39-生产率；30-作用于物体的有害因素	F28D7/16
283	CN201710154779.6	一种太阳能热水器电加热精准控制方法	7	可控性；精准性	37-控制与测量的复杂性	F24S20/40
284	CN201710696820.2	热水器的安装结构	7	确定性；对准；复杂性；壁面；热水器	36-系统的复杂性	F24H9/06
285	CN201810530454.8	热水器的除霜控制方法、控制装置及计算机可读存储介质	9	热水器；霜除霜；效率	39-生产率	F25B47/00
286	CN201811364031.X	一种天然气锅炉及其方法	5	均匀性；用量；复杂性	29-制造精度；26-物质或事物的数量；36-系统的复杂性	F24H1/43

序号	申请号	标题	权利要求数量/项	技术功效1级	技术功效TRIZ参数	IPC主分类
287	CN201811447492.3	食物抛弃提醒机构	6	食物中毒；均匀性；实时性；平衡；碎片	29-制造精度；25-时间损失	F24C7/08
288	CN201910256760.1	壁挂炉温度控制方法、装置、壁挂炉及可读存储介质	10	输出量；停机；安全；供暖；温度值	30-作用于物体的有害因素	F24H9/20
289	CN201910213555.7	一种节能环保型柴火炉	1	便利性；柴火；隔离；旺盛；阻塞	33-操作流程的方便性	F24B1/08
290	CN201810040528.X	烹煮机	9	成本；适合性；完成率	39-生产率；35-适应性、通用性	A47J36/34
291	CN201910838986.2	一种燃烧器及灶具	10	引射；充分性；混合度；数量；排放	26-物质或事物的数量	F23D14/04
292	CN201910765927.7	热水器的控制方法、装置、设备及存储介质	10	舒适性；体验；时间；调节	15-时间	F24H9/20
293	CN201911097246.4	一种卧式旋转均匀微波加热装置	1	复杂性；均匀性	36-系统的复杂性；29-制造精度	F24C7/02
294	CN202011014794.9	一种焚火装置	10	可靠性；便利性；携带；偏移；实用性；稳定性；复杂性	27-可靠性；33-操作流程的方便性；35-适应性、通用性；13-稳定性；36-系统的复杂性	A47J37/06
295	CN202010886241.6	一种用于放射性药品沸水浴自动蒸煮系统的软件系统	10	自动化；运行	38-自动化程度	A61J3/00
296	CN201910508795.X	数码智能机器人灶	4	成本；看清；机器人；安全；自动化；准确性	39-生产率；30-作用于物体的有害因素；38-自动化程度；28-测量精度	B25J11/00
297	CN202010990178.0	酸性水汽提塔导热油热能循环利用系统及方法	10	利用率；负荷；水汽提；循环性；循环系统；新鲜；温度；稳定性；循环量	39-生产率；01-重量；17-温度；13-稳定性	C02F1/04

序号	申请号	标题	权利要求数量/项	技术功效1级	技术功效TRIZ参数	IPC主分类
298	CN202010822013.2	一种无纺布生产线中导热油循环装置	6	可靠性；完成率；效率；稳定性；完成度	27-可靠性；39-生产率；13-稳定性	D04H1/558
299	CN202010996583.3	一种集装箱房屋	10	污染；舒适性；用电；完整性；凉爽；集装箱；环境；便利性；能源	31-物质产生的有害因素；33-操作流程的方便性；19-能耗	E04B1/343
300	CN202010941762.7	一种可更换式金属软管	9	稳定性；经济性；寿命；完成率；使用性；适合性；泄露	13-稳定性；39-生产率；27-可靠性；35-适应性、通用性；31-物质产生的有害因素	F16L43/00

3.10 太阳能器具制造领域

3.10.1 全球专利概况

3.10.1.1 全球专利申请趋势

图3-82展示的是太阳能器具制造领域全球专利申请量的发展趋势。通过申请趋势可以从宏观层面把握分析对象在各时期的专利申请热度变化。申请数量的统计范围是已公开的专利。

从图3-82中可以看出太阳能器具制造领域在全球主要市场上的历年专利申请分布状况。2000—2005年，太阳能器具制造领域全球专利申请量在波动中缓慢增加，2006—2010年太阳能器具制造领域全球专利申请量快速增加，2010年太阳能器具制造领域全球专利申请量达10 443件。2011—2020年太阳能器具制造领域全球专利申请量在波动中减少，2019年专利申请量为7012件。

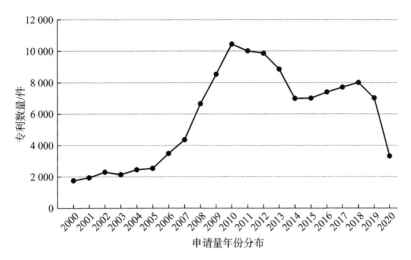

图 3-82　太阳能器具制造领域全球专利申请量发展趋势

3.10.1.2　专利申请分布

图 3-83 展示的是太阳能器具制造领域全球专利申请主要分布情况。通过分析可以了解分析对象在不同国家或地区技术创新的活跃情况，从而发现主要的技术创新来源地和重要的目标市场。

专利申请分布可以体现专利权人想在哪些国家或地区保护该技术。这一参数也反映了该技术未来可能的实施国家或地区。图 3-83 显示，中国、日本、美国是太阳能器具制造领域专利重点申请国家，专利数量分布为中国 59 442 件、日本 9305 件、美国 7590 件。另外德国 6441 件，世界知识产权组织 6278 件，等等。

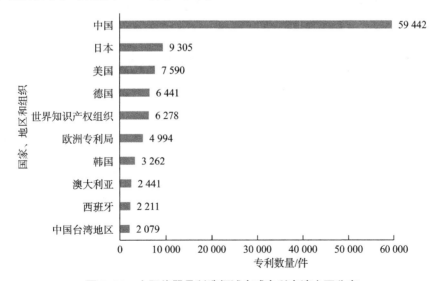

图 3-83　太阳能器具制造领域全球专利申请主要分布

图 3-83 表明，中国、日本、美国等国家或地区是太阳能器具制造领域专利布局的主要区域，企业可以跟踪、引进和消化相关领域技术，在此基础上实现技术突破。中国、日本、

美国在太阳能器具制造领域的专利申请数据见表3-100~表3-102。

表3-100　太阳能器具制造领域中国专利数量　　单位：件

专利类型		专利数量
发明	发明申请	15 681
	发明授权	6 344
实用新型		37 417

表3-101　太阳能器具制造领域日本专利数量　　单位：件

专利类型		专利数量
发明	发明申请	3855
	发明授权	2687
实用新型		2763

表3-102　太阳能器具制造领域美国专利数量　　单位：件

专利类型		专利数量
发明	发明申请	2616
	发明授权	4974

3.10.1.3　全球专利申请人排行

表3-103展示的是太阳能器具制造领域全球专利按照所属申请人（专利权人）的专利数量统计的申请人排名情况。通过分析可以发现创新成果积累较多的专利申请人，并可据此进一步分析其专利竞争实力。

表3-103　太阳能器具制造领域全球专利数量排名前十的申请人　　单位：件

排名	申请人名称	专利数量
1	松下电器产业株式会社	451
2	阿本戈亚太阳能新技术有限公司	305
3	山东力诺瑞特新能源有限公司	230
4	盛景公司	218
5	东南大学	216
6	法国原子能和替代能源委员会	198
7	日本松下电子有限公司	195
8	太阳能源公司	191
9	浙江大学	177
10	西门子股份公司	170

3.10.1.4　全球专利技术构成

通过对太阳能器具制造领域全球专利在各技术方向的数量分布情况进行分析，可以了解分析对象覆盖的主要技术类别，以及各技术分支的创新热度。

太阳能器具制造领域全球专利按照国际专利分类号（IPC）进行统计，得到表 3-104 和图 3-84。可知，太阳能器具制造领域专利 IPC 分布中，F24H 小类（一般有热发生装置的流体加热器，例如水或空气的加热器）的专利数量最多，专利数量为 232 539 件；第二是 F24C 小类（家用炉或灶（用固体燃料的入 F24B）；一般用途家用炉或灶的零部件），专利数量为 213 181 件；第三是 H05B 小类（电热；其他类目不包含的电照明），专利数量为 48 827 件。另外，还有 F24B 小类（固体燃料的家用炉或灶）36 911 件，A47J 小类（厨房用具；咖啡磨；香料磨；饮料制备装置〔6〕）29 358 件，等等。

表 3-104　太阳能器具制造领域全球专利技术构成　　　　　　　　　　　　单位：件

IPC 分类号（小类）	专利数量
F24H（一般有热发生装置的流体加热器，例如水或空气的加热器）	232 539
F24C〔家用炉或灶（用固体燃料的入 F24B）；一般用途家用炉或灶的零部件〕	213 181
H05B（电热；其他类目不包含的电照明）	48 827
F24B（固体燃料的家用炉或灶）	36 911
A47J（厨房用具；咖啡磨；香料磨；饮料制备装置〔6〕）	29 358
F24D（住宅供热系统或区域供热系统，例如集中供热系统；住宅热水供应系统；其所用部件或构件）	27 821
F23D（燃烧器）	15 744
F23N（燃烧的调节或控制）	13 056
F28D（其他小类中不包括的热交换设备，其中热交换介质不直接接触的）	12 200
F25B（制冷机，制冷设备或系统；加热和制冷的联合系统；热泵系统）	9 789

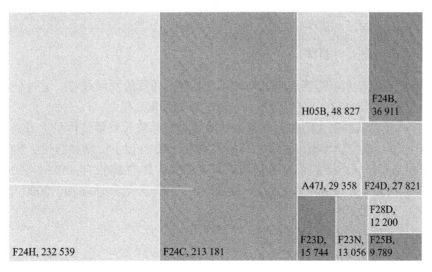

单位：件

图 3-84　太阳能器具制造领域全球专利技术构成

3.10.2 国内专利概况

3.10.2.1 国内专利申请趋势

图 3-85 展示的是太阳能器具制造领域国内专利申请量的发展趋势。通过申请趋势可以从宏观层面把握分析对象在各时期的专利申请热度变化。申请数量的统计范围是已公开的专利。

由图 3-85 可以看到，2000—2005 年，太阳能器具制造领域专利申请量增长缓慢。2006—2012 年太阳能器具制造领域专利申请量增长快速，2006 年专利申请量为 1256 件，2012 年达到 4053 件。2013—2014 年专利申请量有所回落，2015—2018 年专利申请量快速增加，2015 年专利申请量为 3608 件，2018 年达到峰值，专利申请量为 6018 件，2019—2020年有所回落。

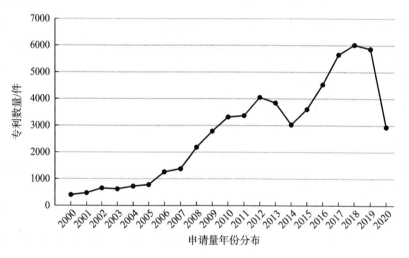

图 3-85 太阳能器具制造领域国内专利申请量发展趋势

3.10.2.2 国内专利公开趋势

图 3-86 展示的是太阳能器具制造领域国内专利公开量的发展趋势。通过公开趋势可以从宏观层面把握分析对象在各时期的专利公开文献的数量变化。

从图 3-86 中可以看到太阳能器具制造领域国内专利公开数量整体呈上升态势。2000—2006 年太阳能器具制造领域国内专利公开数量均在 1000 件以下，增幅缓慢；2007—2013 年太阳能器具制造领域国内专利公开数量增长幅度加快，其中 2007 年 1195 件，2013 年 4340件。2014 年专利公开量有所回落。2015—2020 年专利公开量波动增加，2020 年达到峰值，专利公开量为 7855 件。

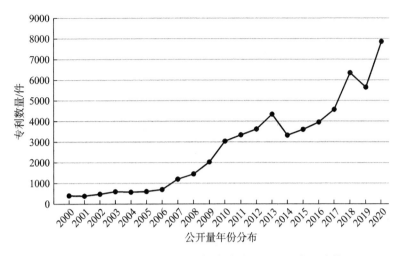

图 3-86　太阳能器具制造领域国内专利公开量发展趋势

3.10.2.3　国内专利类型分布

专利类型分为发明专利、实用新型专利、外观设计专利。本节又根据发明专利授权与否，将发明细分为发明申请和发明授权。

在中国专利中，经过检索获得太阳能器具制造领域专利共 59 442 件。如图 3-87 所示，其中发明申请 15 681 件，占总数的 26%；发明授权 6344 件，占总数的 11%；实用新型 37 417 件，占总数的 63%。

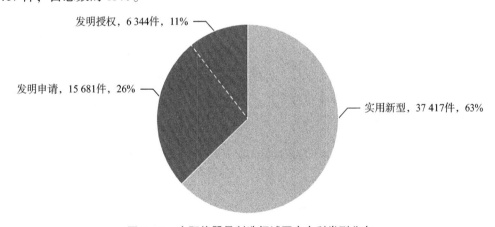

图 3-87　太阳能器具制造领域国内专利类型分布

3.10.2.4　国内专利法律状态

图 3-88 展示的是太阳能器具制造领域专利有效、失效、审中三种状态的占比情况，仅统计中国专利。通过分析可以分别了解分析对象中当前已获得实质性保护、已失去专利权保护或正在审查中的专利数量分布情况，以从整体上掌握专利的权利保护和潜在风险情况，为专利权的法律性调查提供依据。筛选进入公知技术领域的失效专利，可以进行无偿使用或改进利用。

如图 3-88 所示，有效专利 16 687 件，占总专利数的 28%；失效专利 39 032 件，占总专利数的 66%；审中专利 3723 件，占总专利数的 6%。

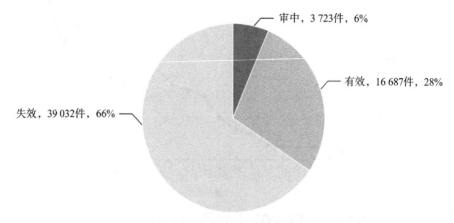

图 3-88　太阳能器具制造领域国内专利法律状态分布

3.10.2.5　国内专利技术领域分布

通过对太阳能器具制造领域国内专利在各技术方向的数量分布情况进行分析，可以了解分析对象覆盖的技术类别，以及各技术分支的创新热度。

将太阳能器具制造领域国内专利按照国际专利分类号（IPC）进行统计，得到表 3-105 和图 3-89。可知，太阳能器具制造领域国内专利技术领域分布中，F24J 小类（不包含在其他类目中的热量产生和利用）的专利数量最多，专利数量为 39 202 件；第二是 F24S 小类［太阳能热收集器；太阳能热系统（用于从太阳能产生机械能的入 F03G 6/00）［2018.01］］，专利数量为 37 217 件；第三是 H02S 小类（由红外线辐射、可见光或紫外光转换产生电能），专利数量为 11 970 件。另外还有 F24D 小类（住宅供热系统或区域供热系统，例如集中供热系统；住宅热水供应系统；其所用部件或构件）3013 件，F24H 小类（一般有热发生装置的流体加热器，例如水或空气的加热器）2580 件，等等。

表 3-105　太阳能器具制造领域国内专利主要技术构成　　　单位：件

IPC 分类号（小类）	专利数量
F24J（不包含在其他类目中的热量产生和利用）	39 202
F24S［太阳能热收集器；太阳能热系统（用于从太阳能产生机械能的入 F03G 6/00）［2018.01］］	37 217
H02S（由红外线辐射、可见光或紫外光转换产生电能）	11 970
F24D（住宅供热系统或区域供热系统，例如集中供热系统；住宅热水供应系统；其所用部件或构件）	3 013
F24H（一般有热发生装置的流体加热器，例如水或空气的加热器）	2 580
F25B（制冷机，制冷设备或系统；加热和制冷的联合系统；热泵系统）	1 450
H02J（供电或配电的电路装置或系统；电能存储系统）	1 192

IPC 分类号（小类）	专利数量
F24F（空气调节；空气增湿；通风；空气流作为屏蔽的应用）	1 145
H02N（其他类目不包含的电机）	1 120
F03G（弹力、重力、惯性或类似的发动机；不包含在其他类目中的机械动力产生装置或机构，或不包含在其他类目中的能源利用）	1 096

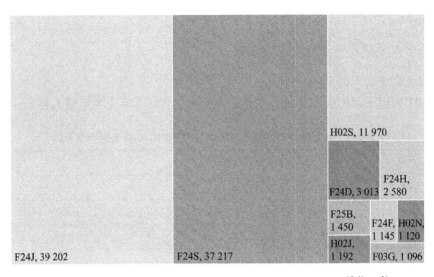

单位：件

图 3-89　太阳能器具制造领域国内专利主要技术构成

3.10.2.6　国内专利省份分布

通过对在中国省级行政区域的分布情况（仅统计中国专利）进行分析，可以了解在中国申请专利保护较多的省份，以及各省份的创新活跃程度。

对太阳能器具制造领域国内专利进行省份分布分析，如表 3-106 所示。表 3-106 显示江苏省以 9591 件专利排名第一；山东省以 7272 件专利排名第二；第三是浙江省，共有太阳能器具制造领域专利 6220 件。北京市、广东省、安徽省、上海市、云南省、河北省、河南省的专利均在 5000 件以下。

表 3-106　太阳能器具制造领域国内专利主要省份分布　　　　　单位：件

申请人所属省份	专利数量
江苏省	9591
山东省	7272
浙江省	6220
北京市	4598
广东省	4406

申请人所属省份	专利数量
安徽省	2960
上海市	1977
云南省	1874
河北省	1809
河南省	1570

3.10.2.7 重点省份发明专利申请人布局

(1) 江苏省主要申请人排名

表3-107列出了太阳能器具制造领域国内发明专利江苏省主要申请人排名。

表3-107 太阳能器具制造领域国内发明专利江苏省主要申请人排名 单位：件

排名	申请人名称	专利数量
1	东南大学	144
2	镇江新梦溪能源科技有限公司	60
3	南京工业大学	55
4	江苏桑力太阳能产业有限公司	43
5	南通金阳太阳能科技有限公司	35
6	河海大学常州校区	33
7	无锡环特太阳能科技有限公司	30
8	常州大学	27
9	苏州嘉言能源设备有限公司	27
10	扬州市喜来太阳能科技有限公司	26

(2) 浙江省主要申请人排名

表3-108列出了太阳能器具制造领域国内发明专利浙江省主要申请人排名。

表3-108 太阳能器具制造领域国内发明专利浙江省主要申请人排名 单位：件

排名	申请人名称	专利数量
1	浙江大学	114
2	宁波高新区世代能源科技有限公司	80
3	浙江中控太阳能技术有限公司	51
4	海宁伊满阁太阳能科技有限公司	51
5	浙江宝威电气有限公司	26

排名	申请人名称	专利数量
6	浙江家得乐太阳能有限公司	24
7	浙江鸿乐光热科技有限公司	23
8	浙江正泰新能源开发有限公司	18
9	浙江神德新能源有限公司	17
10	绍兴文理学院	17

（3）山东省主要申请人排名

表 3-109 列出了太阳能器具制造领域国内发明专利山东省主要申请人排名。

表 3-109　太阳能器具制造领域国内发明专利山东省主要申请人排名　　单位：件

排名	申请人名称	专利数量
1	青岛经济技术开发区海尔热水器有限公司	71
2	山东大学	57
3	山东力诺瑞特新能源有限公司	52
4	滨州市甲力太阳能科技有限公司	50
5	皇明太阳能股份有限公司	42
6	山东理工大学	38
7	海尔集团公司	38
8	青岛海尔空调器有限总公司	38
9	威海澳华新能源有限公司	33
10	青岛宝润科技有限公司	31

3.10.3　国内发明专利聚类分析

聚类分析是通过数据建模后简化并使数据可视化的分析方法。通过提取太阳能器具制造领域国内发明专利文本中的关键词，从其相关度聚合出不同类别的文本关键词并以圆环饼图的形式展示其分布情况，分析结果如图 3-90 所示。对应专利分析见表 3-110。

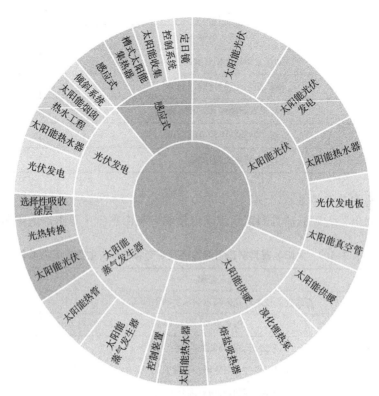

图 3-90　太阳能器具制造领域国内发明专利聚类分析

表 3-110　太阳能器具制造领域国内发明专利分析列表

序号	申请号	标题	权利要求数量/项	技术功效 1 级	技术功效 TRIZ 参数	IPC 主分类
1	CN201910018816.X	一种能源系统及其控制方法	7	热量；浪费	19-能耗	F24S20/40
2	CN201910670606.9	利用太阳能供热和高温热化学储热的 SOFC-GT 联合发电系统	5	适用性；稳定性；耦合性；效率；利用率；平衡；均匀性；用量；热；前景	35-适应性、通用性；13-稳定性；39-生产率；29-制造精度；26-物质或事物的数量；17-温度	F03G6/06
3	CN201810492236.X	太阳能集热器	10	热；便利性；防爆性；容量；损坏；速度；体积	17-温度；33-操作流程的方便性；27-可靠性；07-体积；09-速度	F24S20/40
4	CN201911241629.4	一种能够自动清洁的太阳能热水器	8	清洁性；自动化	31-物质产生的有害因素；38-自动化程度	F24S40/20

序号	申请号	标题	权利要求数量/项	技术功效 1 级	技术功效 TRIZ 参数	IPC 主分类
5	CN202010464143.3	一种室外太阳能收集装置	4	效率；清洁性	39-生产率；31-物质产生的有害因素	F24S30/425
6	CN202010659582.X	一种改良盐碱地的智能坪床结构	9	独立；制品；复杂性；抗生素；广泛性；便利性；盐碱度；洁净度；肥力；平衡；防水性；盐碱；酶	36-系统的复杂性；33-操作流程的方便性；31-物质产生的有害因素；30-作用于物体的有害因素	A01G20/00
7	CN202011040679.9	一种基于滚珠丝杠的太阳能电动汽车用太阳能电池板二维度位置调整机构	1	效率	39-生产率	B60L8/00
8	CN202011058913.0	一种基于多传感器融合的太阳能电动汽车用太阳能电池板垂直位置控制方案	2	可控性；效率；自动化；矛盾；角度；安全	37-控制与测量的复杂性；39-生产率；38-自动化程度；30-作用于物体的有害因素	B60L8/00
9	CN202011110824.6	利用吊装门架吊装兆瓦级塔式集热器的方法及吊装装置	10	时间；碰撞；过载；协调；安全；均匀性；质量；吊装；一致性	15-时间；30-作用于物体的有害因素；29-制造精度；27-可靠性	B66C25/00
10	CN202011018789.5	一种风量可控式太阳能保温通风双层窗户及运行方法	7	负荷；复杂性；质量；温度；消耗；环境	01-重量；36-系统的复杂性；27-可靠性；17-温度；23-物质损失	E06B9/264
11	CN202010954822.9	一种具备太阳能热水的遮阳板	5	复杂性；自动化；浪费；灵活性；多样；热水；充分性	36-系统的复杂性；38-自动化程度；35-适应性、通用性	E06B9/28
12	CN202010926999.8	一种风光能量空气净化机及空气净化方法	10	细菌；污染；除臭；发霉；清扫；热量；堵塞；自动化；质量；调节；光照度；洁净度；机体	30-作用于物体的有害因素；31-物质产生的有害因素；19-能耗；38-自动化程度；27-可靠性	F24F3/16

序号	申请号	标题	权利要求数量/项	技术功效1级	技术功效TRIZ参数	IPC主分类
13	CN202011142162.0	小型太阳能热能发电装置	6	复杂性；成本；过程；体积；便利性；电；集热；充分性	36－系统的复杂性；39－生产率；07－体积；33－操作流程的方便性	F24S10/20
14	CN202010909936.1	一种基于自动控制的太阳能供热系统及立式太阳能装置	10	存储；安全；速度；损失；热水；效率；能力；自动化；传热性；控制装置	30－作用于物体的有害因素；09－速度；23－物质损失；39－生产率；38－自动化程度	F24S10/40
15	CN202010947992.4	一种太阳能集热用紫铜板管	9	温度；难度；面积；空腔；清洁性；时间；成本；便利性	17－温度；36－系统的复杂性；05－面积；31－物质产生的有害因素；15－时间；39－生产率；33－操作流程的方便性	F24S10/70
16	CN202010915633.0	一种免跟踪复合结构式的太阳能收集器	8	安全；光学；成本；便利性；损耗；利用率	30－作用于物体的有害因素；39－生产率；33－操作流程的方便性；23－物质损失	F24S23/70
17	CN202011018318.4	一种角度可调的阳台壁挂式太阳能支架	3	太阳能；安全；能源；集热；效率；成本	30－作用于物体的有害因素；19－能耗；39－生产率	F24S30/425
18	CN202011016388.6	一种太阳能集热管	5	隔离；脱离；遮蔽集；速率；便利性；潮湿；清洁性；易拆卸；抖动；翻转；蒸发；正确性；变更；热管；可靠性；分离；完成率；照明；传递；稳定性	09－速度；33－操作流程的方便性；31－物质产生的有害因素；34－可维修性；28－测量精度；27－可靠性；18－照度；13－稳定性	F24S40/50
19	CN202010994322.8	一种多点测温取样防冻装置	4	冻	17－温度	F24S40/70
20	CN202011257747.7	一种光伏发电的巡逻小车	3	适应性	35－适应性、通用性	H02S10/40
21	CN202010970124.8	一种便于安装的太阳能板固定装置	8	兼容性；便利性；适应性；效率	33－操作流程的方便性；35－适应性、通用性；39－生产率	H02S20/30
22	CN202011037752.7	一种沙漠绿洲太阳能发电装置	7	效率；清洁性	39－生产率；31－物质产生的有害因素	H02S20/30

序号	申请号	标题	权利要求数量/项	技术功效 1 级	技术功效 TRIZ 参数	IPC 主分类
23	CN202011102194.8	一种太阳能光伏支架弧形夹具及夹持方法	8	晃动；光伏板；稳定性；适应性；角度；脱离；调节；完成率	13-稳定性；35-适应性、通用性	H02S20/30
24	CN202011163600.1	一种合页式自调节太阳能光伏板支架	3	可维护性；寿命；稳定性；体积；自动化；安全；附着；转化率；正确性；清洁性	34-可维修性；27-可靠性；13-稳定性；07-体积；38-自动化程度；30-作用于物体的有害因素；39-生产率；28-测量精度；31-物质产生的有害因素	H02S20/30
25	CN202011001389.3	一种压电驱动的太阳能电池板智能调节装置	8	成本；适应性；纵向；复杂性；辅助；智能化；便利性；速度；噪音；效率	39-生产率；35-适应性、通用性；36-系统的复杂性；33-操作流程的方便性；09-速度；31-物质产生的有害因素	H02S20/32
26	CN202011036818.0	一种定日镜与光伏结合的镜场系统及其布置方法	7	经济性；数量；实时性；效率；利用率；成本	39-生产率；26-物质或事物的数量；25-时间损失	H02S20/32
27	CN201680071435.2	热平衡夹层型定日镜刻面	12	聚集；阻挡；均匀性；配方；刚性；日镜场；刻面；传递；确定性；抵抗力；损失	29-制造精度；14-强度；23-物质损失	F24S23/70
28	CN201910314979.2	一种可展开的太阳能电池	1	转换量；能力；合理性；转换率；便利性；电池；拉伸；收纳	35-适应性、通用性；33-操作流程的方便性	H02S20/30
29	CN201910513407.7	一种太阳能和相变材料耦合的供暖系统及其控制方法	2	利用率；温差；浪费；热水；散失	39-生产率	F24D15/00
30	CN202010378981.9	一种自旋转光伏板	1	效率；完成率；适应性；运动；清洁度；短暂；堆积；板面；自动化；清洁性	39-生产率；35-适应性、通用性；38-自动化程度；31-物质产生的有害因素	H02S20/32

序号	申请号	标题	权利要求数量/项	技术功效1级	技术功效TRIZ参数	IPC主分类
31	CN202011006896.6	一种均匀受热的复合型粮食烘干设备	8	数量；效率；劳动强度；占用；速度；实用性；电气；贴合；粮食；脱落；适应性；便利性；烘干；能源；复杂性；导热性	26-物质或事物的数量；39-生产率；09-速度；35-适应性、通用性；33-操作流程的方便性；19-能耗；36-系统的复杂性；17-温度	A23B9/08
32	CN202010951987.0	一种综合能源利用系统	10	效率；发电；充分性	39-生产率	B02C1/14
33	CN202011040675.0	一种基于滚珠丝杠的太阳能电动汽车用太阳能电池板垂直位置调整机构	1	效率	39-生产率	B60L8/00
34	CN202011042575.1	一种用于太阳能电动汽车的太阳能电池板垂直位置调整机构	2	效率	39-生产率	B60L8/00
35	CN202011051126.3	基于波谱分裂的聚光热解催化重整系统及方法	10	安全；确定性；充分性；面积；稳定性；效率；成本；过长；混合；厚度；用量；光损；便利性；透镜；聚光比；停机；重量；热	30-作用于物体的有害因素；05-面积；13-稳定性；39-生产率；03-长度；26-物质或事物的数量；33-操作流程的方便性；01-重量；17-温度	C10B53/02
36	CN202010979858.2	一种基于新能源发光的隔离防护栏	7	适合性；防撞；便利性；复杂性；合理性；稳定性；环境；可靠性；能源；安全	35-适应性、通用性；33-操作流程的方便性；36-系统的复杂性；13-稳定性；27-可靠性；19-能耗；30-作用于物体的有害因素	E01F15/02
37	CN202010971447.9	一种基于太阳能的智能移动式木屋	7	效率；调节；完成度；稳定性；摩擦力；脱离；范围	39-生产率；13-稳定性；10-力；35-适应性、通用性	E04H1/02
38	CN202010857510.6	一种新型风光互补路灯	9	便利性；稳定性；可控性	33-操作流程的方便性；13-稳定性；37-控制与测量的复杂性	F21S9/03

序号	申请号	标题	权利要求数量/项	技术功效 1 级	技术功效 TRIZ 参数	IPC 主分类
39	CN202010890373.6	一种智慧城市用智能化路灯	9	雨；距离；多样化；阻隔；美观性；便利性；支撑力；实用性；范围；可能性；飞；耐久性；清洁性	03-长度；33-操作流程的方便性；35-适应性、通用性；13-稳定性；31-物质产生的有害因素	F21S9/03
40	CN202011067125.8	一种具有消灭蚊虫功能的太阳能路灯	7	效率；围绕	39-生产率	F21S9/03
41	CN201910546848.7	一种光异构材料与热异构材料组合储能的供暖系统及其用于供暖的方法	10	密度；储能；材料；流动性；热；清洁性；安全；连续性；稳定性；空间	23-物质损失；17-温度；31-物质产生的有害因素；30-作用于物体的有害因素；13-稳定性；07-体积	F24D11/00
42	CN202011037016.1	一种空气净化智能消杀设备	5	温度；电	17-温度	F24F3/16
43	CN202010983792.4	光热发电用化盐装置及化盐方法	3	污染物；排放；成本；稳定性；污染；能源；清洁性	39-生产率；13-稳定性；31-物质产生的有害因素；19-能耗	F24S10/30
44	CN202011035127.9	太阳能真空管热水器密封圈辅助安装装置	6	便利性；紧固性；完成度；复杂性	33-操作流程的方便性；36-系统的复杂性	F24S10/40
45	CN202010504203.X	一种结构优化的太阳能集热装置	2	集热；范围；能力；导热性；能量；除垢；效率	35-适应性、通用性；17-温度；19-能耗；39-生产率	F24S10/70
46	CN202011042959.3	一种基于新能源的太阳能发电热水管	8	弹力；积累；压力；粒子；自动化；损失	10-力；38-自动化程度；23-物质损失	F24S10/70
47	CN202010835975.1	一种太阳能水蒸发用聚砜基光热转换复合膜及其制备方法	10	交换；能量；氧化；耐水解；效率；强度；热；稳定性；吸收；熔融；蒸发；温度	19-能耗；30-作用于物体的有害因素；39-生产率；14-强度；17-温度；13-稳定性	F24S20/55
48	CN202010982299.0	一种自动清理太阳能真空管内壁污垢装置	5	充分性；复杂性；损坏；成本；脱离；便利性	36-系统的复杂性；27-可靠性；39-生产率；33-操作流程的方便性	F24S40/20

序号	申请号	标题	权利要求数量/项	技术功效1级	技术功效TRIZ参数	IPC主分类
49	CN202010756495.6	一种太阳能支架与太阳能板的连接装置	6	成本；太阳能板；效率；实用性；便利性	39-生产率；35-适应性、通用性；33-操作流程的方便性	H02S20/00
50	CN201910556885.6	一种可旋转光伏支架	7	安全；便利性；稳定性；强度	30-作用于物体的有害因素；33-操作流程的方便性；13-稳定性；14-强度	H02S20/30
51	CN201910556901.1	一种角度可调光伏支架	8	效率	39-生产率	H02S20/30
52	CN202010970123.3	一种基于新能源的太阳能光伏板用放置架	7	面积；兼容性	05-面积	H02S20/30
53	CN202010973368.1	一种多功能太阳能板安装架	7	积雪；便利性；经济性；自动化；转动；效率；合理性	33-操作流程的方便性；39-生产率；38-自动化程度；35-适应性、通用性	H02S20/30
54	CN202011031078.1	一种水面浮动式光伏发电系统	6	速度；螺栓；适应性；效率；串联；使用率；电池板	09-速度；35-适应性、通用性；39-生产率	H02S20/30
55	CN202010845798.5	一种物联网设备太阳能供电装置	7	电；强度；调节；光敏；自动化	14-强度；38-自动化程度	H02S20/32
56	CN202010868254.0	一种用于提高太阳能板光电转换效率的万向调节装置	6	效率；最优化；自动化	39-生产率；38-自动化程度	H02S20/32
57	CN202010987407.3	一种可适应大风环境下使用的低阻力光伏太阳能板装置	8	安全；太阳能；伏板；气流；自动化；光伏板	30-作用于物体的有害因素；38-自动化程度	H02S20/32
58	CN202011088666.9	一种夹持式光伏板支架	9	侵蚀；防护性；光膜；效率；雨蚀	39-生产率	H02S40/30

序号	申请号	标题	权利要求数量/项	技术功效 1 级	技术功效 TRIZ 参数	IPC 主分类
59	CN201811033381.8	一种包裹铜管的太阳能吸热翅片及其焊接方法	1	吸热；安全；稳定性；面积；损坏；接触；耐腐蚀性；热传递；导热性	30-作用于物体的有害因素；13-稳定性；05-面积；27-可靠性；17-温度	F24S10/75
60	CN201810876730.6	一种基于光的反射原理进行集光的太阳能自动蒸馏器	2	自动化；完成率；采光	38-自动化程度	F24S20/30
61	CN201910839522.3	一种热管分布优化的太阳能集热器	2	充分性；直径	03-长度	F22B1/00
62	CN201910701630.4	一种拖曳式定日镜清洗刮水机构及其应用	9	距离；接触；确定性；间距；充分性；水板；主轴	03-长度	F26B5/14
63	CN202010555075.1	一种能够清洗内侧水垢和外侧壁体的太阳能热水器	5	适合性	35-适应性、通用性	F24S10/70
64	CN202010906637.2	一种畜牧养殖用高效灭虫装置及使用方法	8	电；稳定性；脱离；活动；使用者；效率	13-稳定性；39-生产率	A01M1/24
65	CN202010999739.3	一种半主链型偶氮苯光热储能聚合物及其制备方法和应用	8	成膜性；密度；半衰期；刚性	14-强度	C08F122/22
66	CN202010917344.4	一种防水性能好的中空玻璃度假屋	10	观景；避光；干爽；舒适性；温度；透光；采光性	17-温度	E04H1/04
67	CN202011007403.0	一种高空中利用太阳热及风力的融复合发电系统	6	直射；温度；均匀性	17-温度；29-制造精度	F03D9/00

序号	申请号	标题	权利要求数量/项	技术功效1级	技术功效TRIZ参数	IPC主分类
68	CN202011023692.3	一种多功能太阳能路灯	6	可维修性；可检测性；安全；便利性；稳定性；观察；安全防护	34-可维修性；28-测量精度；30-作用于物体的有害因素；33-操作流程的方便性；13-稳定性	F21S9/03
69	CN202011149181.6	一种利用电加热熔盐进行光热电站深度调峰的系统	7	输送；精确性；范围；实时性；调峰；浪费；平衡；输出	28-测量精度；35-适应性、通用性；25-时间损失	F22B1/06
70	CN202011006616.1	一种太阳能热水器	9	转换；清洁性；确定性	31-物质产生的有害因素	F24S10/40
71	CN202010927799.4	一种集热器衡压管间距优化设计方法	4	导热性；复杂性；分隔；稳定性；短路；均匀性；噪音；换热	17-温度；36-系统的复杂性；13-稳定性；29-制造精度；31-物质产生的有害因素	F24S10/70
72	CN202010927806.0	一种集热器衡压管管径优化设计方法	4	导热性；分隔；稳定性；短路；均匀性；噪音；复杂性；换热	17-温度；13-稳定性；29-制造精度；31-物质产生的有害因素；36-系统的复杂性	F24S10/70
73	CN201910541030.6	一种太阳能光热发电管排气方法及装置	10	适合性；消耗；均匀性；可操作性	35-适应性、通用性；23-物质损失；29-制造精度；33-操作流程的方便性	F24S20/20
74	CN201910542128.3	一种太阳能光热发电管排气装置	10	适合性；复杂性；消耗；可操作性；均匀性；成本	35-适应性、通用性；36-系统的复杂性；23-物质损失；33-操作流程的方便性；29-制造精度；39-生产率	F24S20/40
75	CN202011079299.6	风光电储热系统及储热方法	12	充分性；灵活性；热量；稳定性；集热	35-适应性、通用性；19-能耗；13-稳定性	F24S60/30
76	CN202010857682.3	一种利用热辐射散热的氢化物储热系统及应用	8	辐射；能力；实用性；效率；颗粒；导热性；传递；经济性；复杂性；换热	35-适应性、通用性；39-生产率；17-温度；36-系统的复杂性	F28D20/00

序号	申请号	标题	权利要求数量/项	技术功效 1 级	技术功效 TRIZ 参数	IPC 主分类
77	CN202011036426.4	一种分布式光伏储能充电系统	10	占地；效率；污染	39-生产率；31-物质产生的有害因素	H02J7/35
78	CN202011120502.X	一种环保型电动汽车用充电装置	8	效率	39-生产率	H02J7/35
79	CN202010756681.X	一种风光双能系水电联供系统	7	污染；独立；强劲腐蚀；面积；效率；持久度；成本；充分性；雾霾；便利性	31-物质产生的有害因素；05-面积；39-生产率；33-操作流程的方便性	H02S10/12
80	CN202010043154.4	太阳能电池板用的台架支柱的固定用具及其使用方法	10	便利性；牢固性；充分性；复杂性；固定桩；生锈；圆筒部	33-操作流程的方便性；27-可靠性；36-系统的复杂性；30-作用于物体的有害因素	H02S20/10
81	CN202011022770.8	一种用于屋顶的太阳能组件安装结构	6	可维修性；变更；可靠性；效率；稳定性；便利性；位移	34-可维修性；27-可靠性；39-生产率；13-稳定性；33-操作流程的方便性	H02S20/23
82	CN202010840116.1	一种水产养殖场用光伏备用电源系统及工作方法	8	精度；电费；可控性；最大发电量；自动化；面积；判断；补充	28-测量精度；37-控制与测量的复杂性；38-自动化程度；05-面积	H02S20/32
83	CN202010995085.7	一种可移动式太阳能板固定安装机构	6	间隙；紧固性；速度；过程；稳定性；便利性；移动；角度；采光；安全；卡接	09-速度；13-稳定性；33-操作流程的方便性；30-作用于物体的有害因素	H02S30/10
84	CN201810118583.6	一种结构灵活的具有自动清洁功能的智能型太阳能路灯	10	效率；清洁性；灰尘；灵活性；实用性；范围	39-生产率；31-物质产生的有害因素；35-适应性、通用性	F21S9/03
85	CN201680080224.5	太阳能集热管	8	效率；耐热性；暴露	39-生产率；17-温度	F24S70/10
86	CN201811178481.X	一种光伏发电系统	1	发电量；角度；复杂性；效率；实用性	36-系统的复杂性；39-生产率；35-适应性、通用性	H02S50/00

序号	申请号	标题	权利要求数量/项	技术功效1级	技术功效TRIZ参数	IPC主分类
87	CN201811237065.2	季节可调单轴光伏跟踪支架的蓄能式驱动系统	6	复杂性；可维护性；成本；效率；寿命	36-系统的复杂性；34-可维修性；39-生产率；27-可靠性	H02S20/32
88	CN201910307865.5	一种防水浸通风式室外电气配电柜	10	效率；安全；浸湿；便利性；柜体	39-生产率；30-作用于物体的有害因素；33-操作流程的方便性	H02B1/56
89	CN202010177427.4	一种用于太阳能光伏板的保护装置	2	复杂性；寿命；吸收；自动化；丰富；效率	36-系统的复杂性；27-可靠性；38-自动化程度；39-生产率	H02S40/10
90	CN202010266265.1	一种能够自由调节太阳能板的太阳能发电设备	5	效率；太阳能板；自由度；安全	39-生产率；30-作用于物体的有害因素	H02S20/30
91	CN202010378016.1	一种光伏板的自动转向遮挡装置	5	损坏；吸收；效率	27-可靠性；39-生产率	H02S40/00
92	CN202010393496.9	一种太阳能板关闭清洗设备	1	效率；清洁性；可控性	39-生产率；31-物质产生的有害因素；37-控制与测量的复杂性	B08B11/04
93	CN202010756640.0	一种太阳能蒸馏饮水系统	7	能源；耐腐蚀性；过热；效率；成本；面积；水中；杂质	19-能耗；30-作用于物体的有害因素；39-生产率；05-面积	C02F1/14
94	CN202010989535.1	一种可延长的光伏地桩	8	复杂性；长度；牢固性；便利性；劳动强度	36-系统的复杂性；03-长度；27-可靠性；33-操作流程的方便性；39-生产率	E02D5/80
95	CN202010793240.7	一种绿色环保节能装配式建筑屋顶结构	10	完成率；环境；舒适性；便利性	33-操作流程的方便性	E04B7/16
96	CN202010839621.4	一种基于太阳能供电的智能家居控制设备	8	透光性；积攒；进灰；效率；灰尘；阳光；可控性	39-生产率；31-物质产生的有害因素；37-控制与测量的复杂性	F21S9/03

序号	申请号	标题	权利要求数量/项	技术功效 1 级	技术功效 TRIZ 参数	IPC 主分类
97	CN202010858605.X	一种公路用便于监控的可调式太阳能 LED 路灯	9	区域；可调节性；调节；实用性	35-适应性、通用性	F21S9/03
98	CN202010941492.X	一种可调角度的便携式安装 LED 路灯	7	效率	39-生产率	F21S9/03
99	CN202010985914.3	一种智能光补偿的太阳能光纤照明系统	10	成本；稳定性；能源；应用性；精度；收集率；经济性；太阳光；利用率；电	39-生产率；13-稳定性；19-能耗；28-测量精度	F21S11/00
100	CN202010881476.6	一种太阳能热风/热水集热器与太阳能烟囱集成装置	10	充分性；舒适性；通风；效率	39-生产率	F24D17/00
101	CN202010968736.3	一种具有自清除真空管水垢功能的太阳能热水器	8	复杂性；管水垢；便利性；推动	36-系统的复杂性；33-操作流程的方便性	F24S10/40
102	CN202011085888.5	一种储能型热管式平板集热器	7	运行；损失	23-物质损失	F24S10/95
103	CN202010922668.7	一种静态大角度太阳能收集系统	14	效率；复杂性；稳定性；利用率；均匀性；重量；体积；成本；收集	39-生产率；36-系统的复杂性；13-稳定性；29-制造精度；01-重量；07-体积	F24S23/30
104	CN202010977761.8	一种太阳能光热发电定日镜支架	10	利用率；稳定性；密度；灵活性；速度；产量；能力；聚集；安全；成本；干扰	39-生产率；13-稳定性；35-适应性、通用性；09-速度；30-作用于物体的有害因素	F24S23/70
105	CN202010968744.8	一种太阳能集热板多方位安装架	8	效率	39-生产率	F24S30/425
106	CN202010952124.5	一种太阳能热水器管内壁清洁设备	7	自动化；清洁性；便利性	38-自动化程度；31-物质产生的有害因素；33-操作流程的方便性	F24S40/20

序号	申请号	标题	权利要求数量/项	技术功效1级	技术功效TRIZ参数	IPC主分类
107	CN202011008832.X	一种菜籽油烘干用聚热式太阳能烘干设备	8	便利性；干燥；时间；流失率；损耗	33-操作流程的方便性；15-时间；23-物质损失	F26B17/04
108	CN202010903725.7	一种太阳能梯级利用的复合式干燥系统	9	湿度；消耗；梯级；温度；冷却；能量；品位；能源；匹配；利用率	23-物质损失；17-温度；19-能耗；39-生产率	F26B21/08
109	CN202010981883.4	一种利用太阳热能充蓄电的充电系统及充电方法	6	热量；推动；循环性；速度；利用率；污染；扩散性；温度；面积	19-能耗；09-速度；39-生产率；31-物质产生的有害因素；17-温度；05-面积	H02J7/14
110	CN202011005608.5	一种展开自成角度双层丝杠导向型光伏机构折叠展开装置	10	利用率	39-生产率	H02S20/30
111	CN202011103807.X	一种可调节且发电效率高的太阳能电池板组件	7	防震性；运动；效率；光能；脱出；冲击	30-作用于物体的有害因素；39-生产率	H02S20/30
112	CN202010917923.9	一种提高发电效率的光伏发电设备	8	洁净度；效率；损坏；跟踪；清洁性	31-物质产生的有害因素；39-生产率；27-可靠性	H02S20/32
113	CN202010983356.7	一种光伏发电设备屋顶固定支架	9	精度；自动化；可靠性；效率；便利性；幅值；频率；照度；准确性；速度；确定性	28-测量精度；38-自动化程度；27-可靠性；39-生产率；33-操作流程的方便性；09-速度	H02S20/32
114	CN202011033342.5	一种聚光太阳能发电及热吸收发电系统	5	发电；电池；体积；效率；安全；强度；利用率；追踪；复杂性；适应性	07-体积；39-生产率；30-作用于物体的有害因素；14-强度；36-系统的复杂性；35-适应性、通用性	H02S20/32
115	CN202010848506.3	一种清洁效果好的太阳能设备	10	效率；可操作性；清洁性	39-生产率；33-操作流程的方便性；31-物质产生的有害因素	H02S40/10

序号	申请号	标题	权利要求数量/项	技术功效 1 级	技术功效 TRIZ 参数	IPC 主分类
116	CN201710189147.3	热水器节能控制方法及节能热水器	8	环境；温度；能源；消耗；效率	17－温度；19－能耗；23-物质损失；39-生产率	F24S50/00
117	CN201711160621.6	一种烘干设备及其太阳能烤漆烘干方法	5	预计；利用率；用电；强度；凸透镜；干燥；持续；面积；温度；长度	39-生产率；14-强度；05－面积；17－温度；03-长度	B05D3/02
118	CN201810791444.X	一种实时调整焦距的小型太阳能热水器	5	损耗；复杂性；实用性；体积	23-物质损失；36-系统的复杂性；35-适应性、通用性；07-体积	F24S25/61
119	CN201810958342.2	一种真空集热管式太阳能热水器	8	热水器；体积；重量；合理性；便利性；稳定性	07－体积；01－重量；35-适应性、通用性；33-操作流程的方便性；13-稳定性	F24S10/40
120	CN201910008290.7	一种具有夜间辐射制冷功能的光伏光热一体化装置	10	自由度；耐腐蚀性；实用性；切换；效率；面积；透明度；破碎	30-作用于物体的有害因素；35-适应性、通用性；39-生产率；05-面积	F25B27/00
121	CN201910114328.9	一种用于塔式光热发电系统的外接式吸热器结构	10	效率；数量；成本；经济性	39-生产率；26-物质或事物的数量	F24S70/65
122	CN201711222425.7	一种调整集热板光照功率防水垢的智能太阳能热水器	5	自动化；便利性；水温；阻断；功率；介质；温度；循环性；积结；稳定性；水	38-自动化程度；33-操作流程的方便性；21-功率；17-温度；13-稳定性；23-物质损失	F24S20/40
123	CN201910547832.8	一种升降式笋干制作全方位烘干设备	4	速度；稳定性；效率；便利性；口感	09-速度；13-稳定性；39-生产率；33-操作流程的方便性	F26B9/06
124	CN201911317942.1	一种可隐藏太阳能光伏板的保护支架	7	寿命；安全	27-可靠性；30-作用于物体的有害因素	H02S20/30

序号	申请号	标题	权利要求数量/项	技术功效1级	技术功效TRIZ参数	IPC主分类
125	CN202010365560.2	一种槽式太阳能集热器吊装定位方法	8	调节；精度；便利性；环境	28-测量精度；33-操作流程的方便性	B66C13/08
126	CN202010820117.X	一种夜间增温滴灌系统	10	蒸发；吸收；温度；热；长度；均匀性；水；水热	17-温度；03-长度；29-制造精度；23-物质损失	A01G25/02
127	CN202010996593.7	一种防火厨房	7	防水性；自动化；引燃；热；紧度；燃烧；静电；引燃房体；安全；舒适性；可控性；黏附；外来	30-作用于物体的有害因素；38-自动化程度；17-温度；19-能耗；31-物质产生的有害因素；37-控制与测量的复杂性	A62C31/02
128	CN202011037723.0	一种能进行沙漠救援的太阳能发电车	9	能源；速度；环境；复杂性；稳定性；能力	19-能耗；09-速度；36-系统的复杂性；13-稳定性	B62D55/00
129	CN202010940472.0	一种湖泊水污染治理装置	10	杂物；太阳能；便利性；能源	33-操作流程的方便性；19-能耗	E02B15/10
130	CN202010883624.8	一种绿色建筑的集成节能屋	7	引流；效率；价值；质量；水；面貌；资源	39-生产率；27-可靠性；23-物质损失	E04H1/02
131	CN202010999234.7	多功能纳米保温储热器的使用方法	1	污染；调节；安全；复杂性；可维护性；自动化；能源；可控性；环境；完成率；损耗；供暖	31-物质产生的有害因素；30-作用于物体的有害因素；36-系统的复杂性；34-可维修性；38-自动化程度；19-能耗；37-控制与测量的复杂性；23-物质损失	F24D11/00
132	CN202011033924.3	一种移动式能源系统	6	便利性；充分性；环境；冷热源；体积；能源	33-操作流程的方便性；07-体积；19-能耗	F24F5/00
133	CN202010927638.5	一种高效CPC集热器	10	集热；损失；稳定性；卓越；能力	23-物质损失；13-稳定性	F24S10/40
134	CN202011085849.5	一种有效减热损失的复合型特朗伯墙体	6	损失；充分性；复杂性；夜间	23-物质损失；36-系统的复杂性	F24S20/66

序号	申请号	标题	权利要求数量/项	技术功效 1 级	技术功效 TRIZ 参数	IPC 主分类
135	CN202010838245.7	一种用于光热电站换热器支座	9	换热器；稳定性	13-稳定性	F24S25/617
136	CN202010995105.0	一种槽式太阳能表面清理装置	5	转动；效率；利用率；清洁性	39-生产率；31-物质产生的有害因素	F24S40/20
137	CN201910505583.6	一种夹层内胆及其制备方法和应用	11	效率；导热性；介质；利用率；氧化皮；满意度；成本；畅通性；内胆；复杂性；氧化；可操作性	39-生产率；17-温度；36-系统的复杂性；30-作用于物体的有害因素；33-操作流程的方便性	F24S80/00
138	CN202010756490.3	一种太阳能支架用辅助装置	6	稳定性；实用性	13-稳定性；35-适应性、通用性	H02S20/20
139	CN202010803904.3	一种车顶太阳能充电设备	7	阻挡；面积；稳定性；效率；复杂性；长度；损坏；便利性；安全；寿命；速度；实用性	05-面积；13-稳定性；39-生产率；36-系统的复杂性；03-长度；27-可靠性；33-操作流程的方便性；30-作用于物体的有害因素；09-速度；35-适应性、通用性	H02S20/30
140	CN202010948516.4	一种折叠组件化箱式滑轨光伏组件	10	适应性；利用率；易拆卸；面积	35-适应性、通用性；39-生产率；34-可维修性；05-面积	H02S20/32
141	CN201980017635.3	在轨道上可展开的铰接框架的结构	7	展开；复杂性；移位；速度；稳定性；引导	36-系统的复杂性；09-速度；13-稳定性	F24S30/20
142	CN201710154779.6	一种太阳能热水器电加热精准控制方法	7	可控性；精准性	37-控制与测量的复杂性	F24S20/40
143	CN201680071445.6	间隙减小装置和具有间隙减小结构的定日镜	15	精度；定日镜；输出；垂直度；改变；角度；成本	28-测量精度；39-生产率	F16B2/06
144	CN201910266795.3	用于真空管清洁的太阳能集热管清洗装置	3	复杂性；可操作性；速度；效率；成本；麻烦	36-系统的复杂性；33-操作流程的方便性；09-速度；39-生产率；31-物质产生的有害因素	F24S40/20

序号	申请号	标题	权利要求数量/项	技术功效1级	技术功效TRIZ参数	IPC主分类
145	CN201910611592.3	一种高寿命太阳能光伏设备	7	便利性；寿命；复杂性；速度；转换率；损坏	33-操作流程的方便性；27-可靠性；36-系统的复杂性；09-速度	H02S40/00
146	CN201911116623.4	一种新能源热水器用太阳能板	4	安全；强度；时间；泄露；凸透镜；能源；紧固性；光斑；摩擦力；输入；劳动强度；聚光	30-作用于物体的有害因素；14-强度；15-时间；31-物质产生的有害因素；19-能耗；10-力；39-生产率	F24S23/30
147	CN202010368113.2	一种太阳光谱吸收膜层设计方法	4	膜层；范围；损耗；效率	35-适应性、通用性；23-物质损失；39-生产率	G06F30/20
148	CN202010899684.9	一种导热增强的自修复复合相变材料及其制备方法与应用	10	泄露；成本；可维修性；可推广性；广泛性；储热；寿命；安全；材料	31-物质产生的有害因素；39-生产率；34-可维修性；27-可靠性；30-作用于物体的有害因素；23-物质损失	C09K5/06
149	CN202010141002.8	太阳能集热管的选择性吸收涂层镀膜方法	6	效率；工艺；复杂性	39-生产率；36-系统的复杂性	C23C14/58
150	CN202010893426.X	一种便于密封排水的太阳能光伏发电用建筑屋顶	9	便利性；杂质；密封性；耐腐蚀性；生锈；集中度；发电；底座；排水	33-操作流程的方便性；30-作用于物体的有害因素；29-制造精度	E04D13/00
151	CN202010907364.3	一种太阳能房屋	8	撞击；电板；寿命；安全	27-可靠性；30-作用于物体的有害因素	E04D13/00
152	CN202011077286.5	一种用于多沙尘沙漠地区的温差发电机	4	适合性；能源；发电；环境	35-适应性、通用性；19-能耗	F03G7/04
153	CN202010973412.9	一种减少光污染的节能环保建筑亮化结构	9	污染；不适；能源；环境；照明	31-物质产生的有害因素；19-能耗；18-照度	F21S11/00
154	CN202010931720.5	一种利用太阳能的车载式垃圾处理系统及处理方法	7	污染；成本；清洁性	31-物质产生的有害因素；39-生产率	F23G5/04

序号	申请号	标题	权利要求数量/项	技术功效 1 级	技术功效 TRIZ 参数	IPC 主分类
155	CN202011074646.6	一种清洁能源供暖及储能系统	10	热平衡；经济性；输出；年限；成本	39-生产率	F24D15/04
156	CN202010997418.X	一种利用生物质能对热泵进行能源输送的方法	8	阻燃性；完成率；污染；温度	30-作用于物体的有害因素；31-物质产生的有害因素；17-温度	F24H7/02
157	CN202010906817.0	一种蓄水式金属内胆太阳能集热管	10	炸裂；时间；利用率；柔性；效率；成本；热；安全；稳定性；复杂性；体积	15-时间；39-生产率；17-温度；30-作用于物体的有害因素；13-稳定性；36-系统的复杂性；07-体积	F24S10/30
158	CN202010920495.5	一种承压式太阳能热水器系统及其安装工艺	9	效率；面积；强度；均匀性；健康；便利性；速度；结垢；清洁性；比例	39-生产率；05-面积；14-强度；29-制造精度；33-操作流程的方便性；09-速度；31-物质产生的有害因素	F24S10/30
159	CN202010140662.4	热致相变太阳能集热管及其镀膜方法	9	安全；温度；可靠性；集热；效率；热管	30-作用于物体的有害因素；17-温度；27-可靠性；39-生产率	F24S10/40
160	CN202010140667.7	大传热工质全玻璃热管太阳能集热管	9	集热；温度；损坏；集热器；安全	17-温度；27-可靠性；30-作用于物体的有害因素	F24S10/40
161	CN202010837435.7	全玻璃热管中温真空太阳集热管的制造方法	9	发射；玻璃管；透射；热损；灰尘；热量；集热；清洁性；综合性；分解	31-物质产生的有害因素；19-能耗	F24S10/40
162	CN202010837436.1	全玻璃热管中温真空太阳集热管	9	发射；玻璃管；透射；热损；灰尘；热量；集热；清洁性；综合性；分解	31-物质产生的有害因素；19-能耗	F24S10/40
163	CN202010837443.1	中红外玻璃金属熔封集热管的制造方法	10	发射；玻璃管；分解；透射；清洁性；热损；热量；灰尘；集热；综合性	31-物质产生的有害因素；19-能耗	F24S10/40

序号	申请号	标题	权利要求数量/项	技术功效1级	技术功效TRIZ参数	IPC主分类
164	CN202010838344.5	中红外玻璃金属熔封集热管	10	发射；玻璃管；分解；透射；热损；热量；灰尘；集热；清洁性；综合性	19-能耗；31-物质产生的有害因素	F24S10/40
165	CN202010954710.3	一种太阳能平板式防冻集热器	7	自动化；寿命；循环性；碎裂；损坏；正确性	38-自动化程度；27-可靠性；28-测量精度	F24S10/50
166	CN202010921320.6	耦合增益局域表面等离子体共振吸收体近全吸收太阳光全天候产生光热蒸汽的方法	5	耐候性；光热；效率；吸收；复杂性；速度；稳定性；适应性	39-生产率；36-系统的复杂性；09-速度；13-稳定性；35-适应性、通用性	F24S20/00
167	CN202010905726.5	一种适用于新能源太阳能真空管防护的套接机构	8	及时性；适合性；住户；管；撞击	25-时间损失；35-适应性、通用性	F24S40/10
168	CN202010140643.1	钒基选择性吸收涂层结构	7	效率；集热；可靠性；安全	39-生产率；27-可靠性；30-作用于物体的有害因素	F24S70/225
169	CN202011042112.5	一种高效利用余热及多制冷剂循环系统	6	能源；循环性；多元化；环境；稳定性	19-能耗；13-稳定性	F25B13/00
170	CN202010997347.3	一种聚光太阳热能驱动的蓄能制冷方法	5	扩散性；透明度；效率；吸收	39-生产率	F25B27/00
171	CN202010901974.2	一种移动式光伏发电装置	7	收纳；朝向；效率；调节；展开；紧固性	39-生产率	H02S10/40
172	CN202010979277.9	一种太阳能光热发电回转驱动设备	10	稳定性；完成率；效率；能效；利用率；直射	13-稳定性；39-生产率	H02S20/30
173	CN202010987133.8	一种商业照明用太阳能光伏发电设备	9	复杂性	36-系统的复杂性	H02S20/30

序号	申请号	标题	权利要求数量/项	技术功效 1 级	技术功效 TRIZ 参数	IPC 主分类
174	CN202011029125.9	一种便于调节安装角度的可再生能源用光伏发电装置	8	稳定性；劳动强度；便利性；拆除；速度；可控性；复杂性；脏污	13-稳定性；39-生产率；33-操作流程的方便性；09-速度；37-控制与测量的复杂性；36-系统的复杂性	H02S20/30
175	CN201810336054.3	一种城市智能太阳能公交站供电系统	8	便利性；空间；清洁性；安全；自动化；效率；灵活性；复杂性；可控性	33-操作流程的方便性；07-体积；31-物质产生的有害因素；30-作用于物体的有害因素；38-自动化程度；39-生产率；35-适应性、通用性；36-系统的复杂性；37-控制与测量的复杂性	H02S40/10
176	CN201810425459.4	一种适应性强的太阳能光伏支架	7	适应性；接光率；便利性；安全；稳定性；转化率；受损；寿命；能力	35-适应性、通用性；33-操作流程的方便性；30-作用于物体的有害因素；13-稳定性；39-生产率；27-可靠性	H02S20/30
177	CN201810725434.6	一种可调式家用光伏装置	3	转换率；聚集；脱离；便利性；水流；阳光	33-操作流程的方便性	H02S20/30
178	CN201910839527.6	一种热管太阳能蒸汽发生器	2	效率；材料；充分性；直径；损坏；长度	39-生产率；23-物质损失；03-长度；27-可靠性	F22B1/00
179	CN201910841515.7	一种太阳能热水器清理装置	5	便利性；搬运；损坏；安全	33-操作流程的方便性；27-可靠性；30-作用于物体的有害因素	F24S40/20
180	CN201911000752.7	一种定日镜清洗装置	9	清洗液；气体；成本；清洁性	39-生产率；31-物质产生的有害因素	F24S40/20
181	CN201911203976.8	一种具有温控功能的太阳能热水器	10	能源；效率；概率；联动；清洁性；数量	19-能耗；39-生产率；31-物质产生的有害因素；26-物质或事物的数量	F24S10/70
182	CN201911200356.9	一种角度可调的太阳能光伏板	5	地理；损失	23-物质损失	H02S20/30

序号	申请号	标题	权利要求数量/项	技术功效1级	技术功效TRIZ参数	IPC主分类
183	CN202010693317.3	一种热泵辅助加热餐厨垃圾高温生物降解干化设备	10	温度；消耗；能源	17-温度；23-物质损失；19-能耗	B09B3/00
184	CN202010983084.0	一种可更换太阳能真空管密封套的装置	3	清洁性；自动化；全新	31-物质产生的有害因素；38-自动化程度	B25B27/00
185	CN202010894232.1	一种节能型海水制盐装置	8	取出；损失；实用性；清洁性；过高烧	23-物质损失；35-适应性、通用性；31-物质产生的有害因素	C01D3/06
186	CN202010955004.0	一种催化净化-除菌杀毒型多功能光伏被动通风墙体	7	发电；通风；采暖；细菌；洁净度；完成率；单一；环境；扩展；取暖；价值；杀毒；太阳能；冷负荷；健康；合理性；消耗；灵活性；温度	30-作用于物体的有害因素；31-物质产生的有害因素；39-生产率；35-适应性、通用性；23-物质损失；17-温度	E04B2/00
187	CN202010865118.6	一种呼吸式节能玻璃幕墙及其施工工艺	10	利用率；能源；精度；调节；准确性；美观性；确定性；难度；损坏；成本；效率；消耗；便利性；空间；自动化；周期	39-生产率；19-能耗；28-测量精度；36-系统的复杂性；27-可靠性；23-物质损失；33-操作流程的方便性；07-体积；38-自动化程度；15-时间	E04B2/88
188	CN202010946059.5	一种用于野外洗澡的太阳能热水器帐篷	3	洗澡；劳动强度；成本；自动化	39-生产率；38-自动化程度	E04H15/02
189	CN202010915809.2	一种太阳能汽包压力的控制方法	5	安全；可控性；充分性；功率	30-作用于物体的有害因素；37-控制与测量的复杂性；21-功率	F22B1/00
190	CN202010916965.0	一种太阳能辅助加热功率的控制方法	4	产出；干烧；可控性；充分性；功率；水位	37-控制与测量的复杂性；21-功率	F22B1/00
191	CN202010916974.X	一种太阳能蒸汽发生器出口温度的控制方法	5	可控性；温度；充分性；功率；智能化	37-控制与测量的复杂性；17-温度；21-功率	F22B1/00

序号	申请号	标题	权利要求数量/项	技术功效 1 级	技术功效 TRIZ 参数	IPC 主分类
192	CN202010952206.X	一种可利用太阳能的节能环保型的垃圾处理车	9	调节；集中度；分离；空间；存放量；能源；环境；清洁性；延伸杆；粉碎杆	07-体积；19-能耗；31-物质产生的有害因素	F23G5/033
193	CN202010938270.2	智能感知热回收太阳能供暖屋顶系统	8	损耗；充分性；能源；热量；舒适性；回收；稳定性；供暖；面；完成率；辐射能	23-物质损失；19-能耗；13-稳定性	F24D15/00
194	CN201910491588.8	一种用于空调除霜的控制方法、控制装置及空调	12	除霜；复杂性	36-系统的复杂性	F24F11/42
195	CN201910491595.8	一种用于空调除霜的控制方法、控制装置及空调	11	除霜；复杂性	36-系统的复杂性	F24F11/42
196	CN201910491596.2	一种用于空调除霜的控制方法、控制装置及空调	10	可控性；水温	37-控制与测量的复杂性	F24F11/42
197	CN201910491611.3	一种用于空调除霜的控制方法、控制装置及空调	10	除霜；复杂性	36-系统的复杂性	F24F11/42
198	CN201910492355.X	一种用于空调除霜的控制方法、控制装置及空调	10	除霜；复杂性	36-系统的复杂性	F24F11/42
199	CN201910492377.6	一种用于空调除霜的控制方法、控制装置及空调	10	除霜；复杂性	36-系统的复杂性	F24F11/42
200	CN201910493875.2	一种用于空调除霜的控制方法、控制装置及空调	10	可控性	37-控制与测量的复杂性	F24F11/42
201	CN201910493878.6	一种用于空调除霜的控制方法、装置及空调、服务器	12	可控性	37-控制与测量的复杂性	F24F11/42

序号	申请号	标题	权利要求数量/项	技术功效1级	技术功效TRIZ参数	IPC主分类
202	CN201910493879.0	一种用于空调除霜的控制方法、控制装置及空调	11	可控性	37-控制与测量的复杂性	F24F11/42
203	CN201910493880.3	一种用于空调除霜的控制方法、控制装置及空调	10	可控性；复杂性	37-控制与测量的复杂性；36-系统的复杂性	F24F11/42
204	CN201910493884.1	一种用于空调除霜的控制方法、控制装置及空调	10	可控性	37-控制与测量的复杂性	F24F11/42
205	CN201910493885.6	一种用于空调除霜的控制方法、控制装置及空调	10	可控性	37-控制与测量的复杂性	F24F11/42
206	CN201910493887.5	一种用于空调除霜的控制方法、控制装置及空调	11	可控性	37-控制与测量的复杂性	F24F11/42
207	CN201910493888.X	一种用于空调除霜的控制方法、控制装置及空调	10	可控性	37-控制与测量的复杂性	F24F11/42
208	CN201910493889.4	一种用于空调除霜的控制方法、控制装置及空调	10	可控性	37-控制与测量的复杂性	F24F11/42
209	CN201910493891.1	一种用于空调除霜的控制方法、控制装置及空调	10	可控性	37-控制与测量的复杂性	F24F11/42
210	CN201910493892.6	一种用于空调除霜的控制方法、控制装置及空调	11	触发；可控性	37-控制与测量的复杂性	F24F11/42
211	CN201910487970.1	控制供水状态的系统及控制装置	18	可控性；浪费；联动	37-控制与测量的复杂性	F24H9/20
212	CN202010822188.3	一种板式换热器装置	9	紧固性；温度；劳动强度；效率；太阳能；压力；便利性；吸热板	17-温度；39-生产率；10-力；33-操作流程的方便性	F24S10/30

序号	申请号	标题	权利要求数量/项	技术功效 1 级	技术功效 TRIZ 参数	IPC 主分类
213	CN202010966706.9	一种自动高效太阳能集热器	10	效率；集热；能力	39-生产率	F24S10/40
214	CN202010977771.1	一种太阳能真空集热管	9	压力；清洁性；寿命；效率；复杂性；使用率；实用性；污染；可操作性	10-力；31-物质产生的有害因素；27-可靠性；39-生产率；36-系统的复杂性；35-适应性、通用性；33-操作流程的方便性	F24S10/40
215	CN202010979956.6	一种锯齿形集热器	10	成本；效率；体积；线；收益；吸收；入射率；太阳；入射；支架；利用率	39-生产率；07-体积	F24S10/40
216	CN202010988423.4	一种可除水垢的高效率太阳能热水器	3	温度；垂直度；水垢；热效率；时间	17-温度；22-能量损失；15-时间	F24S10/40
217	CN202010988420.0	一种防止高水温以及闲置保护太阳能热水装置	5	损坏；可靠性；破裂；辐射；遮蔽；烫伤	27-可靠性	F24S10/50
218	CN202010968132.9	一种智能太阳储热装置	10	效率；储能；损失	39-生产率；23-物质损失	F24S10/70
219	CN202010878287.3	一种太阳能热电联产装置	10	均匀性；便利性；品位	29-制造精度；33-操作流程的方便性	F24S23/30
220	CN202010983202.8	一种平板式太阳能热水器	9	转化量；劳动强度；转化率；效率；自动化；集热；吸热；时间；稳定性；利用率；普及	39-生产率；38-自动化程度；15-时间；13-稳定性	F24S40/20
221	CN202010977750.X	一种太阳能工程横插式集热联箱	9	热；效率；集热；安全；稳定性；便利性；横插式；污染；温度；体验	17-温度；39-生产率；30-作用于物体的有害因素；13-稳定性；33-操作流程的方便性；31-物质产生的有害因素	F24S80/30
222	CN202010868354.3	一种移动式发电设备	7	精度；效率；摩擦力	28-测量精度；39-生产率；10-力	H02S10/40

序号	申请号	标题	权利要求数量/项	技术功效1级	技术功效TRIZ参数	IPC主分类
223	CN202010842564.5	一种光伏组件、方法和光伏电站	10	复杂性；适合性；便利性；可靠性	36－系统的复杂性；35-适应性、通用性；33-操作流程的方便性；27-可靠性	H02S20/00
224	CN202010980492.0	一种易安装的光伏发电设备	9	便利性	33-操作流程的方便性	H02S20/20
225	CN202010888467.X	一种太阳能光伏板安装支架	6	效率；利用率；清洁性；适应性；成本	39-生产率；31-物质产生的有害因素；35-适应性、通用性	H02S20/32
226	CN202010917925.8	一种便于维修的光伏发电设备	7	稳定性；可维修性；效率；易拆卸；防滑性	13-稳定性；34-可维修性；39-生产率	H02S20/32
227	CN201810367676.2	一种三元共熔氯化盐传热蓄热材料及其制备方法和应用	9	蓄热；过热；潜热值；成本；压低；稳定性；效率；熔点	39-生产率；13-稳定性	C09K5/12
228	CN201811273591.4	一种TiCN基耐高温太阳能选择性吸收涂层	3	成本；透过率；稳定性；可控性；寿命；消光系数；硬度；氧化；产业化；复杂性	39-生产率；13-稳定性；37-控制与测量的复杂性；27-可靠性；14-强度；30-作用于物体的有害因素；36－系统的复杂性	C23C14/06
229	CN201910253721.6	一种太阳能集热用紫铜板管装置	6	温度；面积；效率；散发；接触	17－温度；05－面积；39-生产率	F24S10/70
230	CN201910948002.6	一种新能源太阳能板冲洗装置	5	自动化；效率	38-自动化程度；39-生产率	H02S20/30
231	CN201911026521.3	一种复合抛物面聚光发电-相变蓄热装置	10	效率；集热；光滑度；损失；聚光；热管；浪费；泄露；蓄热；长度；渐开线	39-生产率；23-物质损失；31-物质产生的有害因素；03-长度	F24S10/40
232	CN201911110706.2	一种基于凸透镜聚光原理的太阳能板	4	温度；光斑；透明度；安全；集聚；清洁性；寿命；比热容；效率；强度	17-温度；30-作用于物体的有害因素；31-物质产生的有害因素；27-可靠性；39－生产率；14-强度	F24S23/30

序号	申请号	标题	权利要求数量/项	技术功效 1 级	技术功效 TRIZ 参数	IPC 主分类
233	CN202010144704.1	一种可自动清洁的太阳辐射吸收装置	5	清洁性；寿命；转化率	31-物质产生的有害因素；27-可靠性；39-生产率	F24S50/80
234	CN202010314324.8	一种摆动式太阳能板支座	5	安全；灵活性；稳定性；振动力	30-作用于物体的有害因素；35-适应性、通用性；13-稳定性	H02S20/30
235	CN202010481452.1	一种便携式太阳能集热器	3	定位；稳定性；强制；柱拔；作用力；便利性；安全	13-稳定性；33-操作流程的方便性；30-作用于物体的有害因素	F24S20/00
236	CN202010809142.8	一种便于红杉树生存的节能灌溉装置	9	能量；能源；生存；环境	19-能耗	A01G25/00
237	CN202010873271.3	一种变压器驱鸟装置	10	安全；复杂性；筑巢	30-作用于物体的有害因素；36-系统的复杂性	A01M29/00
238	CN202011029987.1	一种可供休闲/救护用的景观性海水淡化平台	10	成本；效率；全新；加压；经济性；动能；环境；热	39-生产率；17-温度	C02F9/10
239	CN202010927218.7	一种基于可调式光伏组件的太阳能路灯	8	便利性；缠绕；损失；高度	33-操作流程的方便性；23-物质损失；03-长度	F21S9/03
240	CN202010932810.6	一种塔式熔盐光热蒸汽发生系统自然循环的汽水循环装置	6	成本；循环性；便利性；应力；灵活性；稳定性；损耗；正确性；温度	39-生产率；33-操作流程的方便性；11-应力、压强；35-适应性、通用性；13-稳定性；23-物质损失；28-测量精度；17-温度	F22B1/06
241	CN202010918449.1	一种分室调温的太阳能建筑节能装置	6	效率；能源；成本	39-生产率；19-能耗	F24D15/00
242	CN202011206464.X	室内场馆空气调节装置	10	能源；成本；自动化；洁净度；便利性；环境	19-能耗；39-生产率；38-自动化程度；31-物质产生的有害因素；33-操作流程的方便性	F24F5/00

序号	申请号	标题	权利要求数量/项	技术功效1级	技术功效TRIZ参数	IPC主分类
243	CN202010870001.7	一种热水器的装配结构	6	概率；便利性；铁锈；安全	33-操作流程的方便性；30-作用于物体的有害因素	F24H9/06
244	CN202010693636.4	一种太阳能热水器及具有其的太阳能辅助加热系统	10	效率；稳定性；热；速度；环境；能源；接触；管道	39-生产率；13-稳定性；17-温度；09-速度；19-能耗	F24S10/40
245	CN202010948745.6	一种槽式太阳能高温集热器	9	均匀性；收集率；有害；旋转率	29-制造精度；30-作用于物体的有害因素	F24S10/40
246	CN202010845071.7	一种使用时自动撑起的太阳能电池组件	6	垃圾；自动化；侵蚀；寿命；安全；正确性；弧形状；效率	38-自动化程度；27-可靠性；30-作用于物体的有害因素；28-测量精度；39-生产率	F24S10/70
247	CN202010913839.X	一种辐射面积可变的太阳能热水器	6	速度；面积；过高；集热；效率	09-速度；05-面积；39-生产率	F24S10/70
248	CN202010983183.9	一种蝶式太阳能管热发电支撑支架	10	调节；复杂性	36-系统的复杂性	F24S10/70
249	CN202010948743.7	一种具有保温效果的太阳能热发电联箱	9	稳定性；效率；不均；强度；接收；面积；体验；全面化	13-稳定性；39-生产率；14-强度；05-面积	F24S10/95
250	CN202010923418.5	一种太阳能集热器收集测量单元以及太阳能集热器系统	3	效率；环境；成本；及时性；能源；热	39-生产率；25-时间损失；19-能耗；17-温度	F24S20/40
251	CN202010913443.5	一种具有防污和调节吸光角度的壁挂式太阳能热水器	10	阳光；可控性；污染；充分性	37-控制与测量的复杂性；31-物质产生的有害因素	F24S25/61
252	CN202010962298.X	一种太阳能热水器保护设备	4	安全；损坏	30-作用于物体的有害因素；27-可靠性	F24S40/10

序号	申请号	标题	权利要求数量/项	技术功效 1 级	技术功效 TRIZ 参数	IPC 主分类
253	CN202010952723.7	一种太阳能热水器加热管表面自动清洁装置	2	复杂性；劳动强度；资源；适应性	36-系统的复杂性；39-生产率；35-适应性、通用性	F24S40/20
254	CN202010970335.1	一种自动清洁的太阳能热水器	4	资源；体验；消耗；劳动强度；生活；成本；清洁性	39-生产率；23-物质损失；31-物质产生的有害因素	F24S40/20
255	CN202010980172.5	一种拆卸太阳能热水器的清洗装置	3	复杂性；便利性；灵活性	36-系统的复杂性；33-操作流程的方便性；35-适应性、通用性	F24S40/20
256	CN202010982301.4	一种可自动清洁太阳能集热管内部及外部的装置	5	利用率；效率；损失；自动化；水质；清洁性	39-生产率；23-物质损失；38-自动化程度；31-物质产生的有害因素	F24S40/20
257	CN202010989459.4	一种具有自动清洁水垢功能的太阳能热水器	5	集热；细菌；寿命；炸裂；清洁性；便利性；健康	30-作用于物体的有害因素；27-可靠性；31-物质产生的有害因素；33-操作流程的方便性	F24S40/20
258	CN202010914203.7	容积可变的太阳能热水器	6	体积；速度；用水量	07-体积；09-速度	F24S50/00
259	CN202010974887.X	一种太阳能利用跟踪部件	2	跟踪；体积；复杂性；偏差	07-体积；36-系统的复杂性；28-测量精度	F24S50/20
260	CN202010959458.5	一种利用发条储存风能的自动除尘太阳能制冷设备	7	成本；集热；强度；太能能；浪费；自动化；效率；清洁性；能源；洁净度；复杂性；热管；清洁度	39-生产率；14-强度；38-自动化程度；31-物质产生的有害因素；19-能耗；36-系统的复杂性	F25B27/00
261	CN202010948325.8	一种新能源家用烘干装置	8	合理性；速度；复杂性；便利性	35-适应性、通用性；09-速度；36-系统的复杂性；33-操作流程的方便性	F26B9/10
262	CN202010809368.8	一种便于携带自带的发电功能的户外蓄电池	10	自动化；电；便利性；蓄电池；携带；复杂性；效率；发电	38-自动化程度；33-操作流程的方便性；36-系统的复杂性；39-生产率	H02J7/35

序号	申请号	标题	权利要求数量/项	技术功效1级	技术功效TRIZ参数	IPC主分类
263	CN202010845179.6	一种适应采煤沉陷区地基复杂变形的光伏支架	10	复杂性；沉降；安全；适应性	36-系统的复杂性；30-作用于物体的有害因素；35-适应性、通用性	H02S20/30
264	CN202010938407.4	一种光伏发电板的防护装置	8	效率；发电板	39-生产率	H02S20/30
265	CN202010942056.4	一种能驱赶鸟类的红绿灯内置光伏发电装置	7	防盗；撞击	30-作用于物体的有害因素	H02S20/30
266	CN202010845825.9	一种可追踪阳光来调节角度的光伏板安装座	6	侵蚀；接收；密封性；效率；寿命	29-制造精度；39-生产率；27-可靠性	H02S20/32
267	CN202010899749.X	一种可以自动调节的太阳能板垂直太阳光线装置	7	精度；利用率；吸收；实时性	28-测量精度；39-生产率；25-时间损失	H02S20/32
268	CN202010948766.8	一种家用小型太阳能热发电设备	10	便利性；可控性；面积；透光度；洁净度；稳定性；自动化；效率	33-操作流程的方便性；37-控制与测量的复杂性；05-面积；31-物质产生的有害因素；13-稳定性；38-自动化程度；39-生产率	H02S20/32
269	CN202010928804.3	太阳热光混合型模块与其制造方法	10	作业性；效率	39-生产率	H02S40/44
270	CN201810089574.9	具有集成的倾斜度传感器的驱动器	17	成本；倾斜度；硬件；防风	39-生产率	F24S50/20
271	CN201811244831.8	一种二硼化钛-二硼化锆基高温太阳能吸收涂层及其制备方法	6	成本；长度；热稳定；吸收；可控性；复杂性；便利性；发射率	39-生产率；03-长度；37-控制与测量的复杂性；36-系统的复杂性；33-操作流程的方便性	C23C14/35

序号	申请号	标题	权利要求数量/项	技术功效 1 级	技术功效 TRIZ 参数	IPC 主分类
272	CN201810731218.2	一种蒸汽流量控制的太阳能蒸汽发生器	2	可控性；能源；充分性；功率	37-控制与测量的复杂性；19-能耗；21-功率	F22B1/00
273	CN201780081233.0	太阳能利用系统	3	能源；确定性；复杂性；光；热	19-能耗；36-系统的复杂性；18-照度；17-温度	F24S20/63
274	CN201910819692.5	一种平板热水器水箱安装结构	3	可维护性；受力；空间；寿命	34-可维修性；10-力；07-体积；27-可靠性	F24S80/00
275	CN201910888632.9	一种太阳能三七干燥装置	8	效率；能源；干燥；环境；经济性；充分性；热水；温度；间歇	39-生产率；19-能耗；17-温度	F24S10/00
276	CN201910998734.6	一种节能型太阳能热水器	4	能源；效率；环境	19-能耗；39-生产率	F24S10/40
277	CN201810881638.9	一种槽式太阳能集热器系统	3	导热性；复杂性；分隔；稳定性；均匀性；换热；噪音；短路	17-温度；36-系统的复杂性；13-稳定性；29-制造精度；31-物质产生的有害因素	F24S10/70
278	CN202010028864.X	薄壁不锈钢热水器内箱	9	形状；强度；面积；效率；体积；便利性；清洁性；细小孔；复杂性；厚度；需求量；形变	12-形状；14-强度；05-面积；39-生产率；07-体积；33-操作流程的方便性；31-物质产生的有害因素；36-系统的复杂性；03-长度	F24H9/00
279	CN202010830823.2	一种用于温室供暖的太阳能蓄热供暖装置	9	面积；稳定性；供暖；循环性；便利性	05-面积；13-稳定性；33-操作流程的方便性	A01G9/24
280	CN202010919577.8	一种具有尖晶石结构的高温太阳能吸收涂层	7	氧化；热抗震性；稳定性；效率；复杂性；光学；耐腐蚀性；耐磨性	30-作用于物体的有害因素；13-稳定性；39-生产率；36-系统的复杂性	C23C14/35
281	CN202010825599.8	一种用于铺设光伏板单元的防水龙骨及防水光伏板	10	防水性；发电；便利性	30-作用于物体的有害因素；33-操作流程的方便性	E04D12/00

序号	申请号	标题	权利要求数量/项	技术功效1级	技术功效TRIZ参数	IPC主分类
282	CN202010853105.7	一种节能建筑以及节能方法	10	清洁性；能源；强度；效率；可能性；安全；引导；隔水；蒸发	31-物质产生的有害因素；19-能耗；14-强度；39-生产率；30-作用于物体的有害因素	E04H14/00
283	CN201910454472.7	一种低温工质太阳能光热发电系统及太阳能光热发电设备	10	冷凝；时间；速度；热效率；水；效率；损坏；集热；清洁性；充分性；温度	15-时间；09-速度；22-能量损失；23-物质损失；39-生产率；27-可靠性；31-物质产生的有害因素；17-温度	F03G6/06
284	CN202010838602.X	一种路灯太阳能电池板随太阳转动改变角度的装置	7	安全；光敏；时长；亮度；确定性	30-作用于物体的有害因素；18-照度	F21S9/03
285	CN202010867266.1	太阳能路灯	4	灵活性；适应性	35-适应性、通用性	F21V21/10
286	CN201910462417.2	一种直接产生稳定过热蒸汽的方法和设备	15	可靠性；安全；稳定性；成本；复杂性；干烧；蒸汽量	27-可靠性；30-作用于物体的有害因素；13-稳定性；39-生产率；36-系统的复杂性	F22B1/00
287	CN202010694271.7	一种相变箱及太阳能定向进取水梯级相变蓄热装置	8	蓄热；稳定性	13-稳定性	F24D11/00
288	CN202010903391.3	一种可回收余热的太阳能热水采暖系统	6	稳定性；运行；能效比；自动化；复杂性；成本；效率；充分性；热泵；经济性；损失；可控性；温度；可靠	13-稳定性；38-自动化程度；36-系统的复杂性；39-生产率；23-物质损失；37-控制与测量的复杂性；17-温度；27-可靠性	F24D15/00
289	CN202010962295.6	一种日夜交替制暖系统	5	水；保暖性；智能化；中断	23-物质损失；17-温度	F24D15/00
290	CN202010753161.3	太阳能光伏光热耦合双冷换热器热泵系统及工作方法	4	热水；耦合；供电；供热；效率；结霜；温度；利用率；供冷；完成率；表面结霜	39-生产率；17-温度	F24D15/04

序号	申请号	标题	权利要求数量/项	技术功效 1 级	技术功效 TRIZ 参数	IPC 主分类
291	CN202010930028.0	一种新能源热水器水箱	10	稳定性；水垢；水温；速度；均匀性；效率；散热；安全	13-稳定性；09-速度；29-制造精度；39-生产率；17-温度；30-作用于物体的有害因素	F24H9/00
292	CN201910468758.0	回水节流装置	5	水；可控性；舒适性；支出；时间	23-物质损失；37-控制与测量的复杂性；15-时间	F24H9/12
293	CN202010931170.7	一种自动清理太阳能热水器	4	损坏；清洁度；效率；清洁性；安全；自动化	27-可靠性；39-生产率；31-物质产生的有害因素；30-作用于物体的有害因素；38-自动化程度	F24S10/00
294	CN202010954817.8	一种自动去除水垢的环式热管太阳能热水器	5	效率；面积；使用率；热效率	39-生产率；05-面积；35-适应性、通用性；22-能量损失	F24S10/95
295	CN202010944924.2	一种用于平板热管太阳能集热器的可调节聚光器及其供热控制方法	10	复杂性；便利性；温度；热；效率；利用率；穿透；透光性	36-系统的复杂性；33-操作流程的方便性；17-温度；39-生产率	F24S23/70
296	CN202010932253.8	一种防潮式反光屋顶及其防潮方法	6	温度；辐射；不利；热；吸收	17-温度	F24S23/77
297	CN202010968551.2	一种太阳能热水器保护设备	4	便利性；储存；成本；清洁性；效率；实用性；复杂性；浪费	33-操作流程的方便性；39-生产率；31-物质产生的有害因素；35-适应性、通用性；36-系统的复杂性	F24S40/10
298	CN202010981800.1	一种综合能源供能系统及供能系统控制方法	8	压力；可靠性；资源；稳定性；用电	10-力；27-可靠性；39-生产率；13-稳定性	H02J3/38
299	CN202010916635.1	一种渔光互补用太阳能支架及其使用方法	7	清洁性；均匀性；留存；速度；叶轮	31-物质产生的有害因素；29-制造精度；09-速度	H02S20/00
300	CN202010880888.8	一种太阳能光伏的发电量增发装置	6	成本；发电量；强度	39-生产率；14-强度	H02S20/30

3.11 其他非电力家用器具制造领域

3.11.1 全球专利概况

3.11.1.1 全球专利申请趋势

图 3-91 展示的是其他非电力家用器具制造领域全球专利申请量的发展趋势。通过申请趋势可以从宏观层面把握分析对象在各时期的专利申请热度变化。申请数量的统计范围是已公开的专利。

从图 3-91 中可以看出其他非电力家用器具制造领域在全球主要市场上的历年专利申请分布状况。2000—2010 年，其他非电力家用器具制造领域全球专利申请量快速增加，2000年专利申请量为 8367 件，2010 年专利申请量达 27 736 件。2011—2019 年专利申请量波动增长，其中 2013—2014 年专利申请量略有回落，2011 年专利申请量为 28 142 件，2019 年专利申请量达 36 045 件。

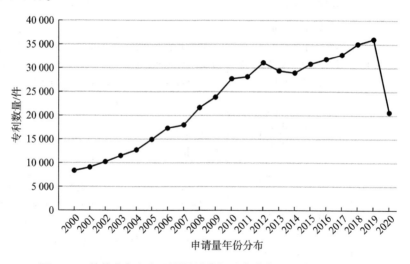

图 3-91 其他非电力家用器具制造领域全球专利申请量发展趋势

3.11.1.2 专利申请分布

图 3-92 展示的是其他非电力家具制造领域全球专利申请主要分布情况。通过该分析可以了解分析对象在不同国家或地区技术创新的活跃情况，从而发现主要的技术创新来源地和重要的目标市场。

专利申请分布可以体现专利权人想在哪些国家或地区保护该技术。这一参数也反映了该技术未来可能的实施国家或地区。图 3-92 显示，中国、日本、英国是其他非电力家用器具制造行业专利重点申请国家，专利数量分布为中国 240 505 件、日本 51 791 件、英国 36 744

件。另外，美国 24 838 件，韩国 21 921 件，等等。

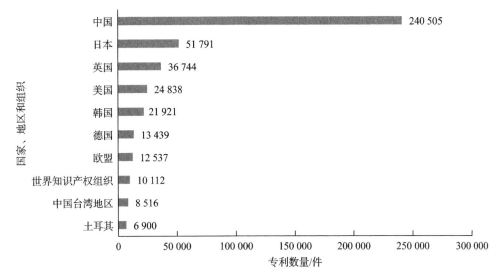

图 3-92　其他非电力家用器具制造领域全球专利申请主要分布

图 3-92 表明，中国、日本、英国等国家或地区是其他非电力家用器具制造领域专利布局的主要区域，企业可以跟踪、引进和消化相关领域技术，在此基础上实现技术突破。中国、日本、英国在其他非电力家用器具制造领域的专利申请数量见表 3-111～表 3-113。

表 3-111　其他非电力家用器具制造领域中国专利数量　　　单位：件

专利类型		专利数量
发明	发明申请	17 372
	发明授权	7 424
实用新型		45 063
外观设计		170 646

表 3-112　其他非电力家用器具制造领域日本专利数量　　　单位：件

专利类型		专利数量
发明	发明申请	6 454
	发明授权	5 101
实用新型		6 801
外观设计		33 435

表 3-113　其他非电力家用器具制造领域英国专利数量　　　单位：件

专利类型		专利数量
发明	发明申请	513
	发明授权	447
外观设计		35 784

3.11.1.3 全球专利申请人排行

表 3-114 展示的是其他非电力家用器具制造领域全球专利按照所属申请人（专利权人）的专利数量统计的申请人排名情况。通过分析可以发现创新成果积累较多的专利申请人，并可据此进一步分析其专利竞争实力。

表 3-114　其他非电力家用器具制造领域全球专利申请量排名前十的申请人　单位：件

排名	申请人名称	专利数量
1	BSH 家用电器有限公司	4156
2	罗伯特博世有限责任公司	2630
3	美的集团股份有限公司	1898
4	美的集团有限公司	1737
5	浙江爱仕达电器股份有限公司	1708
6	广东新宝电器股份有限公司	1583
7	林内株式会社	1546
8	楷美有限公司	1477
9	松下电器产业株式会社	1438
10	九阳股份有限公司	1435

3.11.1.4 全球专利技术构成

通过对其他非电力家用电器制造领域全球专利在各技术方向的数量分布情况进行分析，可以了解分析对象覆盖的技术类别，以及各技术分支的创新热度。

将其他非电力家用器具制造领域专利按照国际专利分类号（IPC）进行统计，得到表 3-115 和图 3-93。可知，其他非电力家用器具制造领域专利 IPC 分布中，F24J 小类（不包含在其他类目中的热量产生和利用）的专利数量最多，专利数量为 103 813 件，第二是 F24S 小类［太阳能热收集器；太阳能热系统（用于从太阳能产生机械能的入 F03G 6/00）［2018.01］］，专利数量为 90 836 件；第三是 F23Q 小类［点火（点燃火柴的装置入 A24F；化学点火器入 C06C9/00）；灭火装置］，专利数量为 47 279 件，另外还有 H02S 小类［由红外线辐射、可见光或紫外光转换产生电能，如使用光伏（PV）模块］47 219 件，H01L 小类（半导体器件；其他类目中不包括的电固体器件）18 879 件，等等。

表 3-115　其他非电力家用器具制造领域全球专利技术构成　单位：件

IPC 分类号（小类）	专利数量
F24J（不包含在其他类目中的热量产生和利用）	103 813
F24S［太阳能热收集器；太阳能热系统（用于从太阳能产生机械能的入 F03G 6/00）［2018.01］］	90 836
F23Q［点火（点燃火柴的装置入 A24F；化学点火器入 C06C9/00）；灭火装置］	47 279
H02S（由红外线辐射、可见光或紫外光转换产生电能，如使用光伏（PV）模块）	18 879

IPC 分类号（小类）	专利数量
H01L（半导体器件；其他类目中不包括的电固体器件）	14 929
F24D〔住宅供热系统或区域供热系统，例如集中供热系统；住宅热水供应系统；其所用部件或构件（利用从蒸汽机装置抽出或排出的蒸汽或凝结水来供热入F01K17/02）〕	7 796
G02B（光学元件、系统或仪器）	6 972
F23D（燃烧器）	6 896
E04D〔屋面覆盖层；天窗；檐槽；屋面施工工具（用灰泥或其他多孔材料作外墙的面层入E04F13/00）〕	6 626
F24H（一般有热发生装置的流体加热器，例如水或空气的加热器）	5 789

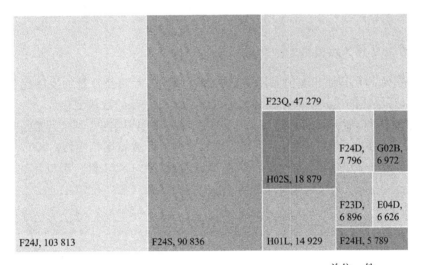

单位：件

图 3-93　其他非电力家用器具制造领域全球专利技术构成

3.11.2　国内专利概况

3.11.2.1　国内专利申请趋势

图 3-94 展示的是其他非电力家用器具制造领域国内专利申请量的发展趋势。通过申请趋势可以从宏观层面把握分析对象在各时期的专利申请热度变化。申请数量的统计范围是已公开的专利。

由图 3-94 可以看到，2000—2012 年，其他非电力家用器具制造领域专利申请量增长迅速，2000 年专利申请量为 1861 件，2012 年达 14 702 件，2013—2014 年其他非电力家用器具制造领域专利申请量略有回落，2015—2019 年，专利申请量快速增加，2015 年专利申请量为 15 714 件，2019 年专利申请量达到 25 696 件。

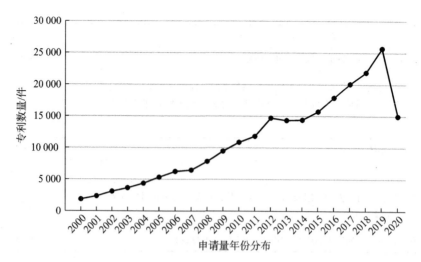

图 3-94　其他非电力家用器具制造领域国内专利申请量发展趋势

3.11.2.2　国内专利公开趋势

图 3-95 展示的是其他非电力家用器具制造领域国内专利公开量的发展趋势。通过公开趋势可以从宏观层面把握分析对象在各时期的专利公开文献的数量变化。

从图 3-95 中可以看到其他非电力家用器具制造领域国内国内专利公开数量整体呈上升态势。2000—2007 年其他非电力家用器具制造领域专利公开数量增幅缓慢；2008 年专利公开数量略有回落；2009—2020 年波动中稳步增加，其中 2009 年为 8261 件，2020 年达 31 762 件。

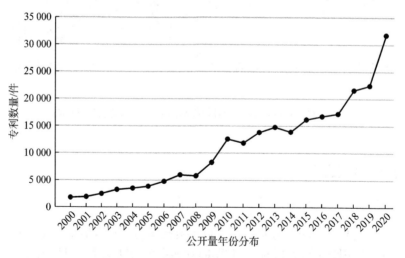

图 3-95　其他非电力家用器具制造领域国内专利公开量发展趋势

3.11.2.3　国内专利类型分布

专利类型分为发明专利、实用新型专利、外观设计专利。本节义根据发明专利授权与否，将发明细分为发明申请和发明授权。

在中国专利中，经过检索获得其他非电力家用器具制造领域专利共 240 505 件。如图 3-96

所示，其中发明申请 17 372 件，占总数的 7%；发明授权 7424 件，占总数的 3%；实用新型 45 063 件，占总数的 19%；外观设计 170 646 件，占总数的 71%。

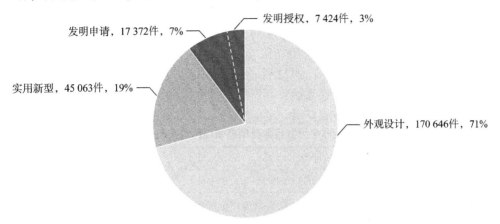

图 3-96 其他非电力家用器具制造领域国内专利类型分布

3.11.2.4 国内专利法律状态

图 3-97 展示的是其他非电力家用器具制造领域专利有效、失效、审中三种状态的占比情况，仅统计中国专利。通过分析可以分别了解分析对象中当前已获得实质性保护、已失去专利权保护或正在审查中的专利数量分布情况，以从整体上掌握专利的权利保护和潜在风险情况，为专利权的法律性调查提供依据。筛选进入公知技术领域的失效专利，可以进行无偿使用或改进利用。

如图 3-97 所示，有效专利 86 698 件，占总专利数的 36%；失效专利 149 647 件，占总专利数的 62%；审中专利 4160 件，占总专利数的 2%。

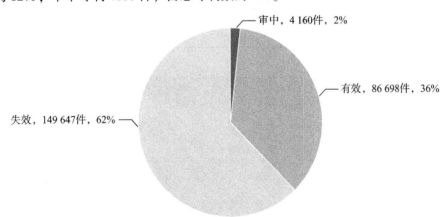

图 3-97 其他非电力家用器具制造领域国内专利法律状态分布

3.11.2.5 国内专利技术领域分布

通过对其他非电力家用器具制造领域国内专利在各技术方向的数量分布情况进行分析，可以了解分析对象覆盖的技术类别，以及各技术分支的创新热度。

将其他非电力家用器具制造领域国内专利按照国际专利分类号（IPC）进行统计，得到

表3-116和图3-98。可知，其他非电力家用器具制造领域国内专利技术领域分布中，F24J小类（不包含在其他类目中的热量产生和利用）的专利数量最多，专利数量为39 479件；第二是F24S小类［太阳能热收集器；太阳能热系统（用于从太阳能产生机械能的入F03G 6/00）［2018.01］］，专利申请量为37 217件；第三是H02S小类［由红外线辐射、可见光或紫外光转换产生电能，如使用光伏（PV）模块］，专利申请量为11 975件。另外还有F23Q小类（点火；灭火装置）9972件，F24D小类（住宅供热系统或区域供热系统，例如集中供热系统；住宅热水供应系统；其所用部件或构件）3038件，等等。

表3-116 其他非电力家用器具制造领域国内专利主要技术构成 单位：件

IPC分类号（小类）	专利数量
F24J（不包含在其他类目中的热量产生和利用）	39 479
F24S［太阳能热收集器；太阳能热系统（用于从太阳能产生机械能的入F03G 6/00）［2018.01］］	37 217
H02S［由红外线辐射、可见光或紫外光转换产生电能，如使用光伏（PV）模块］］	11 975
F23Q（点火；灭火装置）	9 972
F24D（住宅供热系统或区域供热系统，例如集中供热系统；住宅热水供应系统；其所用部件或构件）	3 038
F24H（一般有热发生装置的流体加热器，例如水或空气的加热器）	2 693
F25B（制冷机，制冷设备或系统；加热和制冷的联合系统；热泵系统）	1 457
H02J（供电或配电的电路装置或系统；电能存储系统）	1 299
F24F（空气调节；空气增湿；通风；空气流作为屏蔽的应用）	1 157
H02N（其他类目不包含的电机）	1 130

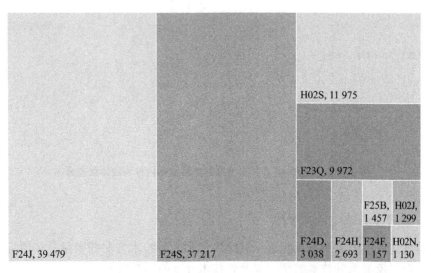

单位：件

图3-98 其他非电力家用器具制造领域国内专利主要技术构成

3.11.3 国内专利省份分布

通过对其他非电力家用器具制造领域国内专利在中国省级行政区域的分布情况（仅统计中国专利）进行分析，可以了解在中国申请专利保护较多的省份，以及各省份的创新活跃程度。

对其他非电力家用器具制造领域国内专利进行省份分布分析，得到表 3-117。其中，广东省以 73 978 件专利排名第一；浙江省以 52 907 件专利排名第二；第三是江苏省，共有其他非电力家用器具制造领域专利 17 643 件；第四是山东省，共有其他非电力家用器具制造领域专利 14 883 件。北京市、上海市、安徽省、福建省、湖北省、河北省的专利均在 10 000 件以下。

表 3-117 其他非电力家用器具制造领域国内专利主要省份分布 单位：件

申请人所属省份	专利数量
广东省	73 978
浙江省	52 907
江苏省	17 643
山东省	14 883
北京市	7 112
上海市	5 969
安徽省	4 891
福建省	4 807
湖北省	4 698
河北省	4 379

3.11.2.7 重点省份发明专利申请人布局

（1）江苏省主要申请人排名

表 3-118 列出了其他非电力家用器具制造领域国内发明专利江苏省主要申请人排名。

表 3-118 其他非电力家用器具制造领域国内发明专利江苏省主要申请人排名 单位：件

排名	申请人名称	专利数量
1	东南大学	153
2	镇江新梦溪能源科技有限公司	60
3	南京工业大学	56
4	江苏桑力太阳能产业有限公司	43
5	南通金阳太阳能科技有限公司	35
6	河海大学常州校区	33

排名	申请人名称	专利数量
7	无锡环特太阳能科技有限公司	30
8	常州大学	28
9	江苏大学	27
10	苏州嘉言能源设备有限公司	27

（2）浙江省主要申请人排名

表3-119列出了其他非电力家用器具制造领域国内发明专利浙江省主要申请人排名。

表3-119　其他非电力家用器具制造领域国内发明专利浙江省主要申请人排名　单位：件

排名	申请人名称	专利数量
1	浙江大学	119
2	宁波高新区世代能源科技有限公司	80
3	浙江中控太阳能技术有限公司	51
4	海宁伊满阁太阳能科技有限公司	51
5	浙江宝威电气有限公司	26
6	浙江家得乐太阳能有限公司	24
7	浙江鸿乐光热科技有限公司	23
8	浙江正泰新能源开发有限公司	18
9	宁波新海电气股份有限公司	17
10	浙江神德新能源有限公司	17

（3）山东省主要申请人排名

表3-120列出了其他非电力家用器具制造领域国内发明专利山东省主要申请人排名。

表3-120　其他非电力家用器具制造领域国内发明专利山东省主要申请人排名　单位：件

排名	申请人名称	专利数量
1	青岛经济技术开发区海尔热水器有限公司	71
2	山东大学	58
3	山东力诺瑞特新能源有限公司	52
4	滨州市甲力太阳能科技有限公司	50
5	皇明太阳能股份有限公司	42
6	山东理工大学	39
7	海尔集团公司	38
8	青岛海尔空调器有限总公司	38

排名	申请人名称	专利数量
9	威海澳华新能源有限公司	33
10	青岛宝润科技有限公司	31

3.11.3　国内发明专利聚类分析

聚类分析是通过数据建模后简化并使数据可视化的分析方法。通过提取其他非电力家用器具制造领域国内发明专利文本中的关键词，从其相关度聚合出不同类别的文本关键词并以圆环饼图的形式展示其分布情况，分析结果如图 3-99 所示。对应专利分析见表 3-121。

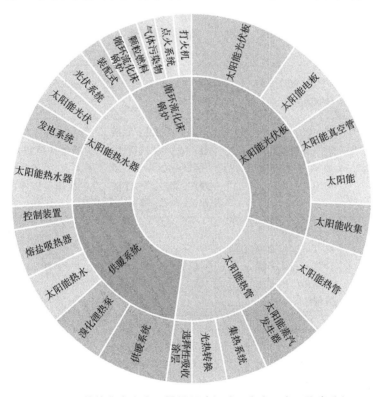

图 3-99　其他非电力家用器具制造领域国内发明专利聚类分析

表 3-121　其他非电力家用器具制造领域国内发明专利分析列表

序号	申请号	标题	权利要求数量/项	技术功效 1 级	技术功效 TRIZ 参数	IPC 主分类
1	CN201910018816.X	一种能源系统及其控制方法	7	热量；浪费	19-能耗	F24S20/40

序号	申请号	标题	权利要求数量/项	技术功效1级	技术功效TRIZ参数	IPC主分类
2	CN201910670606.9	利用太阳能供热和高温热化学储热的SOFC-GT联合发电系统	5	适用性；稳定性；耦合性；效率；利用率；平衡；均匀性；用量；热；前景	35-适应性、通用性；13-稳定性；39-生产率；29-制造精度；26-物质或事物的数量；17-温度	F03G6/06
3	CN201810492236.X	太阳能集热器	10	热；便利性；防爆性；容量；损坏；速度；体积	17-温度；33-操作流程的方便性；27-可靠性；07-体积；09-速度	F24S20/40
4	CN201911241629.4	一种能够自动清洁的太阳能热水器	8	清洁性；自动化	31-物质产生的有害因素；38-自动化程度	F24S40/20
5	CN202010464143.3	一种室外太阳能收集装置	4	效率；清洁性	39-生产率；31-物质产生的有害因素	F24S30/425
6	CN202010659582.X	一种改良盐碱地的智能坪床结构	9	独立；制品；复杂性；抗生素；广泛性；便利性；盐碱度；洁净度；肥力；平衡；防水性；盐碱；酶	36-系统的复杂性；33-操作流程的方便性；31-物质产生的有害因素；30-作用于物体的有害因素	A01G20/00
7	CN202011040679.9	一种基于滚珠丝杠的太阳能电动汽车用太阳能电池板二维度位置调整机构	1	效率	39-生产率	B60L8/00
8	CN202011058913.0	一种基于多传感器融合的太阳能电动汽车用太阳能电池板垂直位置控制方案	2	可控性；效率；自动化；矛盾；角度；安全	37-控制与测量的复杂性；39-生产率；38-自动化程度；30-作用于物体的有害因素	B60L8/00
9	CN202011110824.6	利用吊装门架吊装兆瓦级塔式集热器的方法及吊装装置	10	时间；碰撞；过载；协调；安全；均匀性；质量；吊装；一致性	15-时间；30-作用于物体的有害因素；29-制造精度；27-可靠性	B66C25/00
10	CN202011018789.5	一种风量可控式太阳能保温通风双层窗户及运行方法	7	负荷；复杂性；质量；温度；消耗；环境	01-重量；36-系统的复杂性；27-可靠性；17-温度；23-物质损失	E06B9/264

序号	申请号	标题	权利要求数量/项	技术功效 1 级	技术功效 TRIZ 参数	IPC 主分类
11	CN202010954822.9	一种具备太阳能热水的遮阳板	5	复杂性；自动化；浪费；灵活性；多样；热水；充分性	36-系统的复杂性；38-自动化程度；35-适应性、通用性	E06B9/28
12	CN202011147043.4	一种燃煤锅炉等离子气化点火装置	6	效率；正确性；燃烧；供应	39-生产率；28-测量精度；19-能耗	F23Q13/02
13	CN202010926999.8	一种风光能量空气净化机及空气净化方法	10	细菌；污染；除臭；发霉；清扫；热量；堵塞；自动化；质量；调节；光照度；洁净度；机体	30-作用于物体的有害因素；31-物质产生的有害因素；19-能耗；38-自动化程度；27-可靠性	F24F3/16
14	CN202011142162.0	小型太阳能热能发电装置	6	复杂性；成本；过程；体积；便利性；电；集热；充分性	36-系统的复杂性；39-生产率；07-体积；33-操作流程的方便性	F24S10/20
15	CN202010909936.1	一种基于自动控制的太阳能供热系统及立式太阳能装置	10	存储；安全；速度；损失；热水；效率；能力；自动化；传热性；控制装置	30-作用于物体的有害因素；09-速度；23-物质损失；39-生产率；38-自动化程度	F24S10/40
16	CN202010947992.4	一种太阳能集热用紫铜板管	9	温度；难度；面积；空腔；清洁性；时间；成本；便利性	17-温度；36-系统的复杂性；05-面积；31-物质产生的有害因素；15-时间；39-生产率；33-操作流程的方便性	F24S10/70
17	CN202010915633.0	一种免跟踪复合结构式的太阳能收集器	8	安全；光学；成本；便利性；损耗；利用率	30-作用于物体的有害因素；39-生产率；33-操作流程的方便性；23-物质损失	F24S23/70
18	CN202011018318.4	一种角度可调的阳台壁挂式太阳能支架	3	太阳能；安全；能源；集热；效率；成本	30-作用于物体的有害因素；19-能耗；39-生产率	F24S30/425
19	CN202011016388.6	一种太阳能集热管	5	隔离；脱离；遮蔽集；速率；便利性；潮湿；清洁性；易拆卸；抖动；翻转；蒸发；正确性；变更；热管；可靠性；分离；完成率；照明；传递；稳定性	09-速度；33-操作流程的方便性；31-物质产生的有害因素；34-可维修性；28-测量精度；27-可靠性；18-照度；13-稳定性	F24S40/50

序号	申请号	标题	权利要求数量/项	技术功效1级	技术功效TRIZ参数	IPC主分类
20	CN202010994322.8	一种多点测温取样防冻装置	4	冻	17-温度	F24S40/70
21	CN202011257747.7	一种光伏发电的巡逻小车	3	适应性	35-适应性、通用性	H02S10/40
22	CN202010970124.8	一种便于安装的太阳能板固定装置	8	兼容性;便利性;适应性;效率	33-操作流程的方便性;35-适应性、通用性;39-生产率	H02S20/30
23	CN202011037752.7	一种沙漠绿洲太阳能发电装置	7	效率;清洁性	39-生产率;31-物质产生的有害因素	H02S20/30
24	CN202011102194.8	一种太阳能光伏支架弧形夹具及夹持方法	8	晃动;光伏板;稳定性;适应性;角度;脱离;调节;完成率	13-稳定性;35-适应性、通用性	H02S20/30
25	CN202011163600.1	一种合页式自调节太阳能光伏板支架	3	可维护性;寿命;稳定性;体积;自动化;安全;附着;转化率;正确性;清洁性	34-可维修性;27-可靠性;13-稳定性;07-体积;38-自动化程度;30-作用于物体的有害因素;39-生产率;28-测量精度;31-物质产生的有害因素	H02S20/30
26	CN202011001389.3	一种压电驱动的太阳能电池板智能调节装置	8	成本;适应性;纵向;复杂性;辅助;智能化;便利性;速度;噪音;效率	39-生产率;35-适应性、通用性;36-系统的复杂性;33-操作流程的方便性;09-速度;31-物质产生的有害因素	H02S20/32
27	CN202011036818.0	一种定日镜与光伏结合的镜场系统及其布置方法	7	经济性;数量;实时性;效率;利用率;成本	39-生产率;26-物质或事物的数量;25-时间损失	H02S20/32
28	CN201680071435.2	热平衡夹层型定日镜刻面	12	聚集;阻挡;均匀性;配方;刚性;日镜场;刻面;传递;确定性;抵抗力;损失	29-制造精度;14-强度;23-物质损失	F24S23/70
29	CN201910314979.2	一种可展开的太阳能电池	1	转换量;能力;合理性;转换率;便利性;电池;拉伸;收纳	35-适应性、通用性;33-操作流程的方便性	H02S20/30

序号	申请号	标题	权利要求数量/项	技术功效 1 级	技术功效 TRIZ 参数	IPC 主分类
30	CN201910636026.8	一种石油气点火装置	7	直接；防风；确定性；安全；自动化；稳定性；可控性	30-作用于物体的有害因素；38-自动化程度；13-稳定性；37-控制与测量的复杂性	F23Q3/00
31	CN201910513407.7	一种太阳能和相变材料耦合的供暖系统及其控制方法	2	利用率；温差；浪费；热水；散失	39-生产率	F24D15/00
32	CN202010378981.9	一种自旋转光伏板	1	效率；完成率；适应性；运动；清洁度；短暂；堆积；板面；自动化；清洁性	39-生产率；35-适应性、通用性；38-自动化程度；31-物质产生的有害因素	H02S20/32
33	CN202011006896.6	一种均匀受热的复合型粮食烘干设备	8	数量；效率；劳动强度；占用；速度；实用性；电气；贴合；粮食；脱落；适应性；便利性；烘干；能源；复杂性；导热性	26-物质或事物的数量；39-生产率；09-速度；35-适应性、通用性；33-操作流程的方便性；19-能耗；36-系统的复杂性；17-温度	A23B9/08
34	CN202010951987.0	一种综合能源利用系统	10	效率；发电；充分性	39-生产率	B02C1/14
35	CN202011040675.0	一种基于滚珠丝杠的太阳能电动汽车用太阳能电池板垂直位置调整机构	1	效率	39-生产率	B60L8/00
36	CN202011042575.1	一种用于太阳能电动汽车的太阳能电池板垂直位置调整机构	2	效率	39-生产率	B60L8/00
37	CN202011051126.3	基于波谱分裂的聚光热解催化重整系统及方法	10	安全；确定性；充分性；面积；稳定性；效率；成本；过长；混合；厚度；用量；光损；便利性；透镜；聚光比；停机；重量；热	30-作用于物体的有害因素；05-面积；13-稳定性；39-生产率；03-长度；26-物质或事物的数量；33-操作流程的方便性；01-重量；17-温度	C10B53/02

序号	申请号	标题	权利要求数量/项	技术功效1级	技术功效TRIZ参数	IPC主分类
38	CN202010979858.2	一种基于新能源发光的隔离防护栏	7	适合性；防撞；便利性；复杂性；合理性；稳定性；环境；可靠性；能源；安全	35-适应性、通用性；33-操作流程的方便性；36-系统的复杂性；13-稳定性；27-可靠性；19-能耗；30-作用于物体的有害因素	E01F15/02
39	CN202010971447.9	一种基于太阳能的智能移动式木屋	7	效率；调节；完成度；稳定性；摩擦力；脱离；范围	39-生产率；13-稳定性；10-力；35-适应性、通用性	E04H1/02
40	CN202010857510.6	一种新型风光互补路灯	9	便利性；稳定性；可控性	33-操作流程的方便性；13-稳定性；37-控制与测量的复杂性	F21S9/03
41	CN202010890373.6	一种智慧城市用智能化路灯	9	雨；距离；多样化；阻隔；美观性；便利性；支撑力；实用性；范围；可能性；飞；耐久性；清洁性	03-长度；33-操作流程的方便性；35-适应性、通用性；13-稳定性；31-物质产生的有害因素	F21S9/03
42	CN202011067125.8	一种具有消灭蚊虫功能的太阳能路灯	7	效率；围绕	39-生产率	F21S9/03
43	CN202011153832.9	喷火枪	10	定火；安全	30-作用于物体的有害因素	F23D14/38
44	CN202011071487.4	一种点火装置及燃气灶	10	可操作性；便利性	33-操作流程的方便性	F24C3/00
45	CN201910546848.7	一种光异构材料与热异构材料组合储能的供暖系统及其用于供暖的方法	10	密度；储能；材料；流动性；热；清洁性；安全；连续性；稳定性；空间	23-物质损失；17-温度；31-物质产生的有害因素；30-作用于物体的有害因素；13-稳定性；07-体积	F24D11/00
46	CN202011037016.1	一种空气净化智能消杀设备	5	温度；电	17-温度	F24F3/16
47	CN202010983792.4	光热发电用化盐装置及化盐方法	3	污染物；排放；成本；稳定性；污染；能源；清洁性	39-生产率；13-稳定性；31-物质产生的有害因素；19-能耗	F24S10/30

序号	申请号	标题	权利要求数量/项	技术功效 1 级	技术功效 TRIZ 参数	IPC 主分类
48	CN202011035127.9	太阳能真空管热水器密封圈辅助安装装置	6	便利性；紧固性；完成度；复杂性	33-操作流程的方便性；36-系统的复杂性	F24S10/40
49	CN202010504203.X	一种结构优化的太阳能集热装置	2	集热；范围；能力；导热性；能量；除垢；效率	35-适应性、通用性；17-温度；19-能耗；39-生产率	F24S10/70
50	CN202011042959.3	一种基于新能源的太阳能发电热水管	8	弹力；积累；压力；粒子；自动化；损失	10-力；38-自动化程度；23-物质损失	F24S10/70
51	CN202010835975.1	一种太阳能水蒸发用聚砜基光热转换复合膜及其制备方法	10	交换；能量；氧化；耐水解；效率；强度；热；稳定性；吸收；熔融；蒸发；温度	19-能耗；30-作用于物体的有害因素；39-生产率；14-强度；17-温度；13-稳定性	F24S20/55
52	CN202010982299.0	一种自动清理太阳能真空管内壁污垢装置	5	充分性；复杂性；损坏；成本；脱离；便利性	36-系统的复杂性；27-可靠性；39-生产率；33-操作流程的方便性	F24S40/20
53	CN202010756495.6	一种太阳能支架与太阳能板的连接装置	6	成本；太阳能板；效率；实用性；便利性	39-生产率；35-适应性、通用性；33-操作流程的方便性	H02S20/00
54	CN201910556885.6	一种可旋转光伏支架	7	安全；便利性；稳定性；强度	30-作用于物体的有害因素；33-操作流程的方便性；13-稳定性；14-强度	H02S20/30
55	CN201910556901.1	一种角度可调光伏支架	8	效率	39-生产率	H02S20/30
56	CN202010970123.3	一种基于新能源的太阳能光伏板用放置架	7	面积；兼容性	05-面积	H02S20/30
57	CN202010973368.1	一种多功能太阳能板安装架	7	积雪；便利性；经济性；自动化；转动；效率；合理性	33-操作流程的方便性；39-生产率；38-自动化程度；35-适应性、通用性	H02S20/30
58	CN202011031078.1	一种水面浮动式光伏发电系统	6	速度；螺栓；适应性；效率；串联；使用率；电池板	09-速度；35-适应性、通用性；39-生产率	H02S20/30

序号	申请号	标题	权利要求数量/项	技术功效1级	技术功效TRIZ参数	IPC主分类
59	CN202010845798.5	一种物联网设备太阳能供电装置	7	电;强度;调节;光敏;自动化	14-强度;38-自动化程度	H02S20/32
60	CN202010868254.0	一种用于提高太阳能板光电转换效率的万向调节装置	6	效率;最优化;自动化	39-生产率;38-自动化程度	H02S20/32
61	CN202010987407.3	一种可适应大风环境下使用的低阻力光伏太阳能板装置	8	安全;太阳能;伏板;气流;自动化;光伏板	30-作用于物体的有害因素;38-自动化程度	H02S20/32
62	CN202011088666.9	一种夹持式光伏板支架	9	侵蚀;防护性;光膜;效率;雨蚀	39-生产率	H02S40/30
63	CN201811033381.8	一种包裹铜管的太阳能吸热翅片及其焊接方法	1	吸热;安全;稳定性;面积;损坏;接触;耐腐蚀性;热传递;导热性	30-作用于物体的有害因素;13-稳定性;05-面积;27-可靠性;17-温度	F24S10/75
64	CN201810876730.6	一种基于光的反射原理进行集光的太阳能自动蒸馏器	2	自动化;完成率;采光	38-自动化程度	F24S20/30
65	CN201910839522.3	一种热管分布优化的太阳能集热器	2	充分性;直径	03-长度	F22B1/00
66	CN201910701630.4	一种拖曳式定日镜清洗刮水机构及其应用	9	距离;接触;确定性;间距;充分性;水板;主轴	03-长度	F26B5/14
67	CN202010555075.1	一种能够清洗内侧水垢和外侧壁体的太阳能热水器	5	适合性	35-适应性、通用性	F24S10/70
68	CN202010906637.2	一种畜牧养殖用高效灭虫装置及使用方法	8	电;稳定性;脱离;活动;使用者;效率	13-稳定性;39-生产率	A01M1/24

序号	申请号	标题	权利要求数量/项	技术功效 1 级	技术功效 TRIZ 参数	IPC 主分类
69	CN202010999739.3	一种半主链型偶氮苯光热储能聚合物及其制备方法和应用	8	成膜性；密度；半衰期；刚性	14-强度	C08F122/22
70	CN202010917344.4	一种防水性能好的中空玻璃度假屋	10	观景；避光；干爽；舒适性；温度；透光；采光性	17-温度	E04H1/04
71	CN202011007403.0	一种高空中利用太阳热及风力的融复合发电系统	6	直射；温度；均匀性	17-温度；29-制造精度	F03D9/00
72	CN202011023692.3	一种多功能太阳能路灯	6	可维修性；可检测性；安全；便利性；稳定性；观察；安全防护	34-可维修性；28-测量精度；30-作用于物体的有害因素；33-操作流程的方便性；13-稳定性	F21S9/03
73	CN202011149181.6	一种利用电加热熔盐进行光热电站深度调峰的系统	7	输送；精确性；范围；实时性；调峰；浪费；平衡；输出	28-测量精度；35-适应性、通用性；25-时间损失	F22B1/06
74	CN202011006616.1	一种太阳能热水器	9	转换；清洁性；确定性	31-物质产生的有害因素	F24S10/40
75	CN202010927799.4	一种集热器衡压管间距优化设计方法	4	导热性；复杂性；分隔；稳定性；短路；均匀性；噪音；换热	17-温度；36-系统的复杂性；13-稳定性；29-制造精度；31-物质产生的有害因素	F24S10/70
76	CN202010927806.0	一种集热器衡压管管径优化设计方法	4	导热性；分隔；稳定性；短路；均匀性；噪音；复杂性；换热	17-温度；13-稳定性；29-制造精度；31-物质产生的有害因素；36-系统的复杂性	F24S10/70
77	CN201910541030.6	一种太阳能光热发电管排气方法及装置	10	适合性；消耗；均匀性；可操作性	35-适应性、通用性；23-物质损失；29-制造精度；33-操作流程的方便性	F24S20/20

序号	申请号	标题	权利要求数量/项	技术功效1级	技术功效TRIZ参数	IPC主分类
78	CN201910542128.3	一种太阳能光热发电管排气装置	10	适合性；复杂性；消耗；可操作性；均匀性；成本	35-适应性、通用性；36-系统的复杂性；23-物质损失；33-操作流程的方便性；29-制造精度；39-生产率	F24S20/40
79	CN202011079299.6	风光电储热系统及储热方法	12	充分性；灵活性；热量；稳定性；集热	35-适应性、通用性；19-能耗；13-稳定性	F24S60/30
80	CN202010857682.3	一种利用热辐射散热的氢化物储热系统及应用	8	辐射；能力；实用性；效率；颗粒；导热性；传递；经济性；复杂性；换热	35-适应性、通用性；39-生产率；17-温度；36-系统的复杂性	F28D20/00
81	CN202011036426.4	一种分布式光伏储能充电系统	10	占地；效率；污染	39-生产率；31-物质产生的有害因素	H02J7/35
82	CN202011120502.X	一种环保型电动汽车用充电装置	8	效率	39-生产率	H02J7/35
83	CN202010756681.X	一种风光双能系水电联供系统	7	污染；独立；强劲；腐蚀；面积；效率；持久度；成本；充分性；雾霾；便利性	31-物质产生的有害因素；05-面积；39-生产率；33-操作流程的方便性	H02S10/12
84	CN202010043154.4	太阳能电池板用的台架支柱的固定用具及其使用方法	10	便利性；牢固性；充分性；复杂性；固定桩；生锈；圆筒部	33-操作流程的方便性；27-可靠性；36-系统的复杂性；30-作用于物体的有害因素	H02S20/10
85	CN202011022770.8	一种用于屋顶的太阳能组件安装结构	6	可维修性；变更；可靠性；效率；稳定性；便利性；位移	34-可维修性；27-可靠性；39-生产率；13-稳定性；33-操作流程的方便性	H02S20/23
86	CN202010840116.1	一种水产养殖场用光伏备用电源系统及工作方法	8	精度；电费；可控性；最人发电量；自动化；面积；判断；补充	28-测量精度；37-控制与测量的复杂性；38-自动化程度；05-面积	H02S20/32

序号	申请号	标题	权利要求数量/项	技术功效1级	技术功效TRIZ参数	IPC主分类
87	CN202010995085.7	一种可移动式太阳能板固定安装机构	6	间隙；紧固性；速度；过程；稳定性；便利性；移动；角度；采光；安全；卡接	09-速度；13-稳定性；33-操作流程的方便性；30-作用于物体的有害因素	H02S30/10
88	CN201810118583.6	一种结构灵活的具有自动清洁功能的智能型太阳能路灯	10	效率；清洁性；灰尘；灵活性；实用性；范围	39-生产率；31-物质产生的有害因素；35-适应性、通用性	F21S9/03
89	CN201680080224.5	太阳能集热管	8	效率；耐热性；暴露	39-生产率；17-温度	F24S70/10
90	CN201811178481.X	一种光伏发电系统	1	发电量；角度；复杂性；效率；实用性	36-系统的复杂性；39-生产率；35-适应性、通用性	H02S50/00
91	CN201811237065.2	季节可调单轴光伏跟踪支架的蓄能式驱动系统	6	复杂性；可维护性；成本；效率；寿命	36-系统的复杂性；34-可维修性；39-生产率；27-可靠性	H02S20/32
92	CN201910307865.5	一种防水浸通风式室外电气配电柜	10	效率；安全；浸湿；便利性；柜体	39-生产率；30-作用于物体的有害因素；33-操作流程的方便性	H02B1/56
93	CN202010177427.4	一种用于太阳能光伏板的保护装置	2	复杂性；寿命；吸收；自动化；丰富；效率	36-系统的复杂性；27-可靠性；38-自动化程度；39-生产率	H02S40/10
94	CN202010266265.1	一种能够自由调节太阳能板的太阳能发电设备	5	效率；太阳能板；自由度；安全	39-生产率；30-作用于物体的有害因素	H02S20/30
95	CN202010378016.1	一种光伏板的自动转向遮挡装置	5	损坏；吸收；效率	27-可靠性；39-生产率	H02S40/00
96	CN202010393496.9	一种太阳能板关闭清洗设备	1	效率；清洁性；可控性	39-生产率；31-物质产生的有害因素；37-控制与测量的复杂性	B08B11/04
97	CN202010756640.0	一种太阳能蒸馏饮水系统	7	能源；耐腐蚀性；过热；效率；成本；面积；水中；杂质	19-能耗；30-作用于物体的有害因素；39-生产率；05-面积	C02F1/14

序号	申请号	标题	权利要求数量/项	技术功效1级	技术功效TRIZ参数	IPC主分类
98	CN202010989535.1	一种可延长的光伏地桩	8	复杂性；长度；牢固性；便利性；劳动强度	36-系统的复杂性；03-长度；27-可靠性；33-操作流程的方便性；39-生产率	E02D5/80
99	CN202010793240.7	一种绿色环保节能装配式建筑屋顶结构	10	完成率；环境；舒适性；便利性	33-操作流程的方便性	E04B7/16
100	CN202010839621.4	一种基于太阳能供电的智能家居控制设备	8	透光性；积攒；进灰；效率；灰尘；阳光；可控性	39-生产率；31-物质产生的有害因素；37-控制与测量的复杂性	F21S9/03
101	CN202010858605.X	一种公路用便于监控的可调式太阳能LED路灯	9	区域；可调节性；调节；实用性	35-适应性、通用性	F21S9/03
102	CN202010941492.X	一种可调角度的便携式安装LED路灯	7	效率	39-生产率	F21S9/03
103	CN202010985914.3	一种智能光补偿的太阳能光纤照明系统	10	成本；稳定性；能源；应用性；精度；收集率；经济性；太阳光；利用率；电	39-生产率；13-稳定性；19-能耗；28-测量精度	F21S11/00
104	CN202010881476.6	一种太阳能热风/热水集热器与太阳能烟囱集成装置	10	充分性；舒适性；通风；效率	39-生产率	F24D17/00
105	CN202010968736.3	一种具有自清除真空管水垢功能的太阳能热水器	8	复杂性；管水垢；便利性；推动	36-系统的复杂性；33-操作流程的方便性	F24S10/40
106	CN202011085888.5	一种储能型热管式平板集热器	7	运行；损失	23-物质损失	F24S10/95
107	CN202010922668.7	一种静态大角度太阳能收集系统	14	效率；复杂性；稳定性；利用率；均匀性；重量；体积；成本；收集	39-生产率；36-系统的复杂性；13-稳定性；29-制造精度；01-重量；07-体积	F24S23/30

序号	申请号	标题	权利要求数量/项	技术功效 1 级	技术功效 TRIZ 参数	IPC 主分类
108	CN202010977761.8	一种太阳能光热发电定日镜支架	10	利用率；稳定性；密度；灵活性；速度；产量；能力；聚集；安全；成本；干扰	39－生产率；13－稳定性；35－适应性、通用性；09－速度；30－作用于物体的有害因素	F24S23/70
109	CN202010968744.8	一种太阳能集热板多方位安装架	8	效率	39－生产率	F24S30/425
110	CN202010952124.5	一种太阳能热水器管内壁清洁设备	7	自动化；清洁性；便利性	38－自动化程度；31－物质产生的有害因素；33－操作流程的方便性	F24S40/20
111	CN202011008832.X	一种菜籽油烘干用聚热式太阳能烘干设备	8	便利性；干燥；时间；流失率；损耗	33－操作流程的方便性；15－时间；23－物质损失	F26B17/04
112	CN202010903725.7	一种太阳能梯级利用的复合式干燥系统	9	湿度；消耗；梯级；温度；冷却；能量；品位；能源；匹配；利用率	23－物质损失；17－温度；19－能耗；39－生产率	F26B21/08
113	CN202010981883.4	一种利用太阳热能充蓄电的充电系统及充电方法	6	热量；推动；循环性；速度；利用率；污染；扩散性；温度；面积	19－能耗；09－速度；39－生产率；31－物质产生的有害因素；17－温度；05－面积	H02J7/14
114	CN202011005608.5	一种展开自成角度双层丝杠导向型光伏机构折叠展开装置	10	利用率	39－生产率	H02S20/30
115	CN202011103807.X	一种可调节且发电效率高的太阳能电池板组件	7	防震性；运动；效率；光能；脱出；冲击	30－作用于物体的有害因素；39－生产率	H02S20/30
116	CN202010917923.9	一种提高发电效率的光伏发电设备	8	洁净度；效率；损坏；跟踪；清洁性	31－物质产生的有害因素；39－生产率；27－可靠性	H02S20/32
117	CN202010983356.7	一种光伏发电设备屋顶固定支架	9	精度；自动化；可靠性；效率；便利性；幅值；频率；照度；准确性；速度；确定性	28－测量精度；38－自动化程度；27－可靠性；39－生产率；33－操作流程的方便性；09－速度	H02S20/32

序号	申请号	标题	权利要求数量/项	技术功效 1 级	技术功效 TRIZ 参数	IPC 主分类
118	CN202011033342.5	一种聚光太阳能发电及热吸收发电系统	5	发电；电池；体积；效率；安全；强度；利用率；追踪；复杂性；适应性	07-体积；39-生产率；30-作用于物体的有害因素；14-强度；36-系统的复杂性；35-适应性、通用性	H02S20/32
119	CN202010848506.3	一种清洁效果好的太阳能设备	10	效率；可操作性；清洁性	39-生产率；33-操作流程的方便性；31-物质产生的有害因素	H02S40/10
120	CN201710189147.3	热水器节能控制方法及节能热水器	8	环境；温度；能源消耗；效率	17-温度；19-能耗；23-物质损失；39-生产率	F24S50/00
121	CN201711160621.6	一种烘干设备及其太阳能烤漆烘干方法	5	预计；利用率；用电；强度；凸透镜；干燥；持续；面积；温度；长度	39-生产率；14-强度；05-面积；17-温度；03-长度	B05D3/02
122	CN201810791444.X	一种实时调整焦距的小型太阳能热水器	5	损耗；复杂性；实用性；体积	23-物质损失；36-系统的复杂性；35-适应性、通用性；07-体积	F24S25/61
123	CN201810958342.2	一种真空集热管式太阳能热水器	8	热水器；体积；重量；合理性；便利性；稳定性	07-体积；01-重量；35-适应性、通用性；33-操作流程的方便性；13-稳定性	F24S10/40
124	CN201910008290.7	一种具有夜间辐射制冷功能的光伏光热一体化装置	10	自由度；耐腐蚀性；实用性；切换；效率；面积；透明度；破碎	30-作用于物体的有害因素；35-适应性、通用性；39-生产率；05-面积	F25B27/00
125	CN201910114328.9	一种用于塔式光热发电系统的外接式吸热器结构	10	效率；数量；成本；经济性	39-生产率；26-物质或事物的数量	F24S70/65
126	CN201711222425.7	一种调整集热板光照功率防水垢的智能太阳能热水器	5	自动化；便利性；水温；阻断；功率；介质；温度；循环性；积结；稳定性；水	38-自动化程度；33-操作流程的方便性；21-功率；17-温度；13-稳定性；23-物质损失	F24S20/40

序号	申请号	标题	权利要求数量/项	技术功效 1 级	技术功效 TRIZ 参数	IPC 主分类
127	CN201910547832.8	一种升降式笋干制作全方位烘干设备	4	速度；稳定性；效率；便利性；口感	09-速度；13-稳定性；39-生产率；33-操作流程的方便性	F26B9/06
128	CN201911317942.1	一种可隐藏太阳能光伏板的保护支架	7	寿命；安全	27-可靠性；30-作用于物体的有害因素	H02S20/30
129	CN202010365560.2	一种槽式太阳能集热器吊装定位方法	8	调节；精度；便利性；环境	28-测量精度；33-操作流程的方便性	B66C13/08
130	CN202010820117.X	一种夜间增温滴灌系统	10	蒸发；吸收；温度；热；长度；均匀性；水；水热	17-温度；03-长度；29-制造精度；23-物质损失	A01G25/02
131	CN202010996593.7	一种防火厨房	7	防水性；自动化；引燃；热；紧度；燃烧；静电；引燃房体；安全；舒适性；可控性；黏附；外来	30-作用于物体的有害因素；38-自动化程度；17-温度；19-能耗；31-物质产生的有害因素；37-控制与测量的复杂性	A62C31/02
132	CN202011037723.0	一种能进行沙漠救援的太阳能发电车	9	能源；速度；环境；复杂性；稳定性；能力	19-能耗；09-速度；36-系统的复杂性；13-稳定性	B62D55/00
133	CN202010940472.0	一种湖泊水污染治理装置	10	杂物；太阳能；便利性；能源	33-操作流程的方便性；19-能耗	E02B15/10
134	CN202010883624.8	一种绿色建筑的集成节能屋	7	引流；效率；价值；质量；水；面貌；资源	39-生产率；27-可靠性；23-物质损失	E04H1/02
135	CN202011049393.7	一种不采用刚性外部管体的炼钢炉内点火器	5	便利性；速度	33-操作流程的方便性；09-速度	F23Q3/00
136	CN202010999234.7	多功能纳米保温储热器的使用方法	1	污染；调节；安全；复杂性；可维护性；自动化；能源；可控性；环境；完成率；损耗；供暖	31-物质产生的有害因素；30-作用于物体的有害因素；36-系统的复杂性；34-可维修性；38-自动化程度；19-能耗；37-控制与测量的复杂性；23-物质损失	F24D11/00

序号	申请号	标题	权利要求数量/项	技术功效1级	技术功效TRIZ参数	IPC主分类
137	CN202010892183.8	一种电气两用升降取暖桌用中央智控系统	4	复杂性；速度；便利性；可操作性；安全；稳定性；时间	36-系统的复杂性；09-速度；33-操作流程的方便性；30-作用于物体的有害因素；13-稳定性；15-时间	F24D19/10
138	CN202011033924.3	一种移动式能源系统	6	便利性；充分性；环境；冷热源；体积；能源	33-操作流程的方便性；07-体积；19-能耗	F24F5/00
139	CN202010927638.5	一种高效CPC集热器	10	集热；损失；稳定性；卓越；能力	23-物质损失；13-稳定性	F24S10/40
140	CN202011085849.5	一种有效减热损失的复合型特朗伯墙体	6	损失；充分性；复杂性；夜间	23-物质损失；36-系统的复杂性	F24S20/66
141	CN202010838245.7	一种用于光热电站换热器支座	9	换热器；稳定性	13-稳定性	F24S25/617
142	CN202010995105.0	一种槽式太阳能表面清理装置	5	转动；效率；利用率；清洁性	39-生产率；31-物质产生的有害因素	F24S40/20
143	CN201910505583.6	一种夹层内胆及其制备方法和应用	11	效率；导热性；介质；利用率；氧化皮；满意度；成本；畅通性；内胆；复杂性；氧化；可操作性	39-生产率；17-温度；36-系统的复杂性；30-作用于物体的有害因素；33-操作流程的方便性	F24S80/00
144	CN202010756490.3	一种太阳能支架用辅助装置	6	稳定性；实用性	13-稳定性；35-适应性、通用性	H02S20/20
145	CN202010803904.3	一种车顶太阳能充电设备	7	阻挡；面积；稳定性；效率；复杂性；长度；损坏；便利性；安全；寿命；速度；实用性	05-面积；13-稳定性；39-生产率；36-系统的复杂性；03-长度；27-可靠性；33-操作流程的方便性；30-作用于物体的有害因素；09-速度；35-适应性、通用性	H02S20/30
146	CN202010948516.4	一种折叠组件化箱式滑轨光伏组件	10	适应性；利用率；易拆卸；面积	35-适应性、通用性；39-生产率；34-可维修性；05-面积	H02S20/32

序号	申请号	标题	权利要求数量/项	技术功效 1 级	技术功效 TRIZ 参数	IPC 主分类
147	CN201980017635.3	在轨道上可展开的铰接框架的结构	7	展开；复杂性；移位；速度；稳定性；引导	36 - 系统的复杂性；09 - 速度；13 - 稳定性	F24S30/20
148	CN201710154779.6	一种太阳能热水器电加热精准控制方法	7	可控性；精准性	37 - 控制与测量的复杂性	F24S20/40
149	CN201680071445.6	间隙减小装置和具有间隙减小结构的定日镜	15	精度；定日镜；输出；垂直度；改变；角度；成本	28 - 测量精度；39 - 生产率	F16B2/06
150	CN201910266795.3	用于真空管清洁的太阳能集热管清洗装置	3	复杂性；可操作性；速度；效率；成本；麻烦	36 - 系统的复杂性；33 - 操作流程的方便性；09 - 速度；39 - 生产率；31 - 物质产生的有害因素	F24S40/20
151	CN201910611592.3	一种高寿命太阳能光伏设备	7	便利性；寿命；复杂性；速度；转换率；损坏	33 - 操作流程的方便性；27 - 可靠性；36 - 系统的复杂性；09 - 速度	H02S40/00
152	CN201911116623.4	一种新能源热水器用太阳能板	4	安全；强度；时间；泄露；凸透镜；能源；紧固性；光斑；摩擦力；输入；劳动强度；聚光	30 - 作用于物体的有害因素；14 - 强度；15 - 时间；31 - 物质产生的有害因素；19 - 能耗；10 - 力；39 - 生产率	F24S23/30
153	CN202010368113.2	一种太阳光谱吸收膜层设计方法	4	膜层；范围；损耗；效率	35 - 适应性、通用性；23 - 物质损失；39 - 生产率	G06F30/20
154	CN202010899684.9	一种导热增强的自修复复合相变材料及其制备方法与应用	10	泄露；成本；可维修性；可推广性；广泛性；储热；寿命；安全；材料	31 - 物质产生的有害因素；39 - 生产率；34 - 可维修性；27 - 可靠性；30 - 作用于物体的有害因素；23 - 物质损失	C09K5/06
155	CN202010141002.8	太阳能集热管的选择性吸收涂层镀膜方法	6	效率；工艺；复杂性	39 - 生产率；36 - 系统的复杂性	C23C14/58

序号	申请号	标题	权利要求数量/项	技术功效1级	技术功效TRIZ参数	IPC主分类
156	CN202010893426.X	一种便于密封排水的太阳能光伏发电用建筑屋顶	9	便利性；杂质；密封性；耐腐蚀性；生锈；集中度；发电；底座；排水	33-操作流程的方便性；30-作用于物体的有害因素；29-制造精度	E04D13/00
157	CN202010907364.3	一种太阳能房屋	8	撞击；电板；寿命；安全	27-可靠性；30-作用于物体的有害因素	E04D13/00
158	CN202011077286.5	一种用于多沙尘沙漠地区的温差发电机	4	适合性；能源；发电；环境	35-适应性、通用性；19-能耗	F03G7/04
159	CN202010973412.9	一种减少光污染的节能环保建筑亮化结构	9	污染；不适；能源；环境；照明	31-物质产生的有害因素；19-能耗；18-照度	F21S11/00
160	CN202010931720.5	一种利用太阳能的车载式垃圾处理系统及处理方法	7	污染；成本；清洁性	31-物质产生的有害因素；39-生产率	F23G5/04
161	CN202011074646.6	一种清洁能源供暖及储能系统	10	热平衡；经济性；输出；年限；成本	39-生产率	F24D15/04
162	CN202010997418.X	一种利用生物质能对热泵进行能源输送的方法	8	阻燃性；完成率；污染；温度	30-作用于物体的有害因素；31-物质产生的有害因素；17-温度	F24H7/02
163	CN202010906817.0	一种蓄水式金属内胆太阳能集热管	10	炸裂；时间；利用率；柔性；效率；成本；热；安全；稳定性；复杂性；体积	15-时间；39-生产率；17-温度；30-作用于物体的有害因素；13-稳定性；36-系统的复杂性；07-体积	F24S10/30
164	CN202010920495.5	一种承压式太阳能热水器系统及其安装工艺	9	效率；面积；强度；均匀性；健康；便利性；速度；结垢；清洁性；比例	39-生产率；05-面积；14-强度；29-制造精度；33-操作流程的方便性；09-速度；31-物质产生的有害因素	F24S10/30
165	CN202010140662.4	热致相变太阳能集热管及其镀膜方法	9	安全；温度；可靠性；集热；效率；热管	30-作用于物体的有害因素；17-温度；27-可靠性；39-生产率	F24S10/40

序号	申请号	标题	权利要求数量/项	技术功效 1 级	技术功效 TRIZ 参数	IPC 主分类
166	CN202010140667.7	大传热工质全玻璃热管太阳能集热管	9	集热；温度；损坏；集热器；安全	17-温度；27-可靠性；30-作用于物体的有害因素	F24S10/40
167	CN202010837435.7	全玻璃热管中温真空太阳集热管的制造方法	9	发射；玻璃管；透射；热损；灰尘；热量；集热；清洁性；综合性；分解	31-物质产生的有害因素；19-能耗	F24S10/40
168	CN202010837436.1	全玻璃热管中温真空太阳集热管	9	发射；玻璃管；透射；热损；灰尘；热量；集热；清洁性；综合性；分解	31-物质产生的有害因素；19-能耗	F24S10/40
169	CN202010837443.1	中红外玻璃金属熔封集热管的制造方法	10	发射；玻璃管；分解；透射；清洁性；热损；热量；灰尘；集热；综合性	31-物质产生的有害因素；19-能耗	F24S10/40
170	CN202010838344.5	中红外玻璃金属熔封集热管	10	发射；玻璃管；分解；透射；热损；热量；灰尘；集热；清洁性；综合性	19-能耗；31-物质产生的有害因素	F24S10/40
171	CN202010954710.3	一种太阳能平板式防冻集热器	7	自动化；寿命；循环性；碎裂；损坏；正确性	38-自动化程度；27-可靠性；28-测量精度	F24S10/50
172	CN202010921320.6	耦合增益局域表面等离子体共振吸收体近全吸收太阳光全天候产生光热蒸汽的方法	5	耐候性；光热；效率；吸收；复杂性；速度；稳定性；适应性	39-生产率；36-系统的复杂性；09-速度；13-稳定性；35-适应性、通用性	F24S20/00
173	CN202010905726.5	一种适用于新能源太阳能真空管防护的套接机构	8	及时性；适合性；住户；管；撞击	25-时间损失；35-适应性、通用性	F24S40/10
174	CN202010140643.1	钒基选择性吸收涂层结构	7	效率；集热；可靠性；安全	39-生产率；27-可靠性；30-作用于物体的有害因素	F24S70/225

序号	申请号	标题	权利要求数量/项	技术功效1级	技术功效TRIZ参数	IPC主分类
175	CN202011042112.5	一种高效利用余热及多制冷剂循环系统	6	能源；循环性；多元化；环境；稳定性	19-能耗；13-稳定性	F25B13/00
176	CN202010997347.3	一种聚光太阳热能驱动的蓄能制冷方法	5	扩散性；透明度；效率；吸收	39-生产率	F25B27/00
177	CN202010901974.2	一种移动式光伏发电装置	7	收纳；朝向；效率；调节；展开；紧固性	39-生产率	H02S10/40
178	CN202010979277.9	一种太阳能光热发电回转驱动设备	10	稳定性；完成率；效率；能效；利用率；直射	13-稳定性；39-生产率	H02S20/30
179	CN202010987133.8	一种商业照明用太阳能光伏发电设备	9	复杂性	36-系统的复杂性	H02S20/30
180	CN202011029125.9	一种便于调节安装角度的可再生能源用光伏发电装置	8	稳定性；劳动强度；便利性；拆除；速度；可控性；复杂性；脏污	13-稳定性；39-生产率；33-操作流程的方便性；09-速度；37-控制与测量的复杂性；36-系统的复杂性	H02S20/30
181	CN201810336054.3	一种城市智能太阳能公交站供电系统	8	便利性；空间；清洁性；安全；自动化；效率；灵活性；复杂性；可控	33-操作流程的方便性；07-体积；31-物质产生的有害因素；30-作用于物体的有害因素；38-自动化程度；39-生产率；35-适应性、通用性；36-系统的复杂性；37-控制与测量的复杂性	H02S40/10
182	CN201810425459.4	一种适应性强的太阳能光伏支架	7	适应性；接光率；便利性；安全；稳定性；转化率；受损；寿命；能力	35-适应性、通用性；33-操作流程的方便性；30-作用于物体的有害因素；13-稳定性；39-生产率；27-可靠性	H02S20/30
183	CN201810725434.6	一种可调式家用光伏装置	3	转换率；聚集；脱离；便利性；水流；阳光	33-操作流程的方便性	H02S20/30

序号	申请号	标题	权利要求数量/项	技术功效 1 级	技术功效 TRIZ 参数	IPC 主分类
184	CN201910839527.6	一种热管太阳能蒸汽发生器	2	效率；材料；充分性；直径；损坏；长度	39-生产率；23-物质损失；03-长度；27-可靠性	F22B1/00
185	CN201910841515.7	一种太阳能热水器清理装置	5	便利性；搬运；损坏；安全	33-操作流程的方便性；27-可靠性；30-作用于物体的有害因素	F24S40/20
186	CN201911000752.7	一种定日镜清洗装置	9	清洗液；气体；成本；清洁性	39-生产率；31-物质产生的有害因素	F24S40/20
187	CN201911203976.8	一种具有温控功能的太阳能热水器	10	能源；效率；概率；联动；清洁性；数量	19-能耗；39-生产率；31-物质产生的有害因素；26-物质或事物的数量	F24S10/70
188	CN201911200356.9	一种角度可调的太阳能光伏板	5	地理；损失	23-物质损失	H02S20/30
189	CN202010693317.3	一种热泵辅助加热餐厨垃圾高温生物降解干化设备	10	温度；消耗；能源	17-温度；23-物质损失；19-能耗	B09B3/00
190	CN202010983084.0	一种可更换太阳能真空管密封套的装置	3	清洁性；自动化；全新	31-物质产生的有害因素；38-自动化程度	B25B27/00
191	CN202010894232.1	一种节能型海水制盐装置	8	取出；损失；实用性；清洁性；过高烧	23-物质损失；35-适应性、通用性；31-物质产生的有害因素	C01D3/06
192	CN202010955004.0	一种催化净化-除菌杀毒型多功能光伏被动通风墙体	7	发电；通风；采暖；细菌；洁净度；完成率；单一；环境；扩展；取暖；价值；杀毒；太阳能；冷负荷；健康；合理性；消耗；灵活性；温度	30-作用于物体的有害因素；31-物质产生的有害因素；39-生产率；35-适应性、通用性；23-物质损失；17-温度	E04B2/00
193	CN202010865118.6	一种呼吸式节能玻璃幕墙及其施工工艺	10	利用率；能源；精度；调节；准确性；美观性；确定性；难度；损坏；成本；效率；消耗；便利性；空间；自动化；周期	39-生产率；19-能耗；28-测量精度；36-系统的复杂性；27-可靠性；23-物质损失；33-操作流程的方便性；07-体积；38-自动化程度；15-时间	E04B2/88

序号	申请号	标题	权利要求数量/项	技术功效1级	技术功效TRIZ参数	IPC主分类
194	CN202010946059.5	一种用于野外洗澡的太阳能热水器帐篷	3	洗澡；劳动强度；成本；自动化	39-生产率；38-自动化程度	E04H15/02
195	CN202010915809.2	一种太阳能汽包压力的控制方法	5	安全；可控性；充分性；功率	30-作用于物体的有害因素；37-控制与测量的复杂性；21-功率	F22B1/00
196	CN202010916965.0	一种太阳能辅助加热功率的控制方法	4	产出；干烧；可控性；充分性；功率；水位	37-控制与测量的复杂性；21-功率	F22B1/00
197	CN202010916974.X	一种太阳能蒸汽发生器出口温度的控制方法	5	可控性；温度；充分性；功率；智能化	37-控制与测量的复杂性；17-温度；21-功率	F22B1/00
198	CN202010952206.X	一种可利用太阳能的节能环保型的垃圾处理车	9	调节；集中度；分离；空间；存放量；能源；环境；清洁性；延伸杆；粉碎杆	07-体积；19-能耗；31-物质产生的有害因素	F23G5/033
199	CN202010938270.2	智能感知热回收太阳能供暖屋顶系统	8	损耗；充分性；能源；热量；舒适性；回收；稳定性；供暖；面；完成率；辐射能	23-物质损失；19-能耗；13-稳定性	F24D15/00
200	CN201910491588.8	一种用于空调除霜的控制方法、控制装置及空调	12	除霜；复杂性	36-系统的复杂性	F24F11/42
201	CN201910491595.8	一种用于空调除霜的控制方法、控制装置及空调	11	除霜；复杂性	36-系统的复杂性	F24F11/42
202	CN201910491596.2	一种用于空调除霜的控制方法、控制装置及空调	10	可控性；水温	37-控制与测量的复杂性	F24F11/42
203	CN201910491611.3	一种用于空调除霜的控制方法、控制装置及空调	10	除霜；复杂性	36-系统的复杂性	F24F11/42

序号	申请号	标题	权利要求数量/项	技术功效 1 级	技术功效 TRIZ 参数	IPC 主分类
204	CN201910492355.X	一种用于空调除霜的控制方法、控制装置及空调	10	除霜；复杂性	36-系统的复杂性	F24F11/42
205	CN201910492377.6	一种用于空调除霜的控制方法、控制装置及空调	10	除霜；复杂性	36-系统的复杂性	F24F11/42
206	CN201910493875.2	一种用于空调除霜的控制方法、控制装置及空调	10	可控性	37-控制与测量的复杂性	F24F11/42
207	CN201910493878.6	一种用于空调除霜的控制方法、装置及空调、服务器	12	可控性	37-控制与测量的复杂性	F24F11/42
208	CN201910493879.0	一种用于空调除霜的控制方法、控制装置及空调	11	可控性	37-控制与测量的复杂性	F24F11/42
209	CN201910493880.3	一种用于空调除霜的控制方法、控制装置及空调	10	可控性；复杂性	37-控制与测量的复杂性；36-系统的复杂性	F24F11/42
210	CN201910493884.1	一种用于空调除霜的控制方法、控制装置及空调	10	可控性	37-控制与测量的复杂性	F24F11/42
211	CN201910493885.6	一种用于空调除霜的控制方法、控制装置及空调	10	可控性	37-控制与测量的复杂性	F24F11/42
212	CN201910493887.5	一种用于空调除霜的控制方法、控制装置及空调	11	可控性	37-控制与测量的复杂性	F24F11/42
213	CN201910493888.X	一种用于空调除霜的控制方法、控制装置及空调	10	可控性	37-控制与测量的复杂性	F24F11/42
214	CN201910493889.4	一种用于空调除霜的控制方法、控制装置及空调	10	可控性	37-控制与测量的复杂性	F24F11/42

序号	申请号	标题	权利要求数量/项	技术功效1级	技术功效TRIZ参数	IPC主分类
215	CN201910493891.1	一种用于空调除霜的控制方法、控制装置及空调	10	可控性	37-控制与测量的复杂性	F24F11/42
216	CN201910493892.6	一种用于空调除霜的控制方法、控制装置及空调	11	触发；可控性	37-控制与测量的复杂性	F24F11/42
217	CN201910487970.1	控制供水状态的系统及控制装置	18	可控性；浪费；联动	37-控制与测量的复杂性	F24H9/20
218	CN202010822188.3	一种板式换热器装置	9	紧固性；温度；劳动强度；效率；太阳能；压力；便利性；吸热板	17-温度；39-生产率；10-力；33-操作流程的方便性	F24S10/30
219	CN202010966706.9	一种自动高效太阳能集热器	10	效率；集热；能力	39-生产率	F24S10/40
220	CN202010977771.1	一种太阳能真空集热管	9	压力；清洁性；寿命；效率；复杂性；使用率；实用性；污染；可操作性	10-力；31-物质产生的有害因素；27-可靠性；39-生产率；36-系统的复杂性；35-适应性、通用性；33-操作流程的方便性	F24S10/40
221	CN202010979956.6	一种锯齿形集热器	10	成本；效率；体积；线；收益；吸收；入射率；太阳；入射；支架；利用率	39-生产率；07-体积	F24S10/40
222	CN202010988423.4	一种可除水垢的高效率太阳能热水器	3	温度；垂直度；水垢；热效率；时间	17-温度；22-能量损失；15-时间	F24S10/40
223	CN202010988420.0	一种防止高水温以及闲置保护太阳能热水装置	5	损坏；可靠性；破裂；辐射；遮蔽；烫伤	27-可靠性	F24S10/50
224	CN202010968132.9	一种智能太阳储热装置	10	效率；储能；损失	39-生产率；23-物质损失	F24S10/70
225	CN202010878287.3	一种太阳能热电联产装置	10	均匀性；便利性；品位	29-制造精度；33-操作流程的方便性	F24S23/30

序号	申请号	标题	权利要求数量/项	技术功效 1 级	技术功效 TRIZ 参数	IPC 主分类
226	CN202010983202.8	一种平板式太阳能热水器	9	转化量；劳动强度；转化率；效率；自动化；集热；吸热；时间；稳定性；利用率；普及	39-生产率；38-自动化程度；15-时间；13-稳定性	F24S40/20
227	CN202010977750.X	一种太阳能工程横插式集热联箱	9	热；效率；集热；安全；稳定性；便利性；横插式；污染；温度；体验	17-温度；39-生产率；30-作用于物体的有害因素；13-稳定性；33-操作流程的方便性；31-物质产生的有害因素	F24S80/30
228	CN202010868354.3	一种移动式发电设备	7	精度；效率；摩擦力	28-测量精度；39-生产率；10-力	H02S10/40
229	CN202010842564.5	一种光伏组件、方法和光伏电站	10	复杂性；适合性；便利性；可靠性	36-系统的复杂性；35-适应性、通用性；33-操作流程的方便性；27-可靠性	H02S20/00
230	CN202010980492.0	一种易安装的光伏发电设备	9	便利性	33-操作流程的方便性	H02S20/20
231	CN202010888467.X	一种太阳能光伏板安装支架	6	效率；利用率；清洁性；适应性；成本	39-生产率；31-物质产生的有害因素；35-适应性、通用性	H02S20/32
232	CN202010917925.8	一种便于维修的光伏发电设备	7	稳定性；可维修性；效率；易拆卸；防滑性	13-稳定性；34-可维修性；39-生产率	H02S20/32
233	CN201810367676.2	一种三元共熔氯化盐传热蓄热材料及其制备方法和应用	9	蓄热；过热；潜热值；成本；压低；稳定性；效率；熔点	39-生产率；13-稳定性	C09K5/12
234	CN201811273591.4	一种 TiCN 基耐高温太阳能选择性吸收涂层	3	成本；透过率；稳定性；可控性；寿命；消光系数；硬度；氧化；产业化；复杂性	39-生产率；13-稳定性；37-控制与测量的复杂性；27-可靠性；14-强度；30-作用于物体的有害因素；36-系统的复杂性	C23C14/06

序号	申请号	标题	权利要求数量/项	技术功效1级	技术功效TRIZ参数	IPC主分类
235	CN201910350017.2	一种氢火焰离子化检测器自动点火的改进方法	6	成功率	27-可靠性	F23Q7/10
236	CN201910253721.6	一种太阳能集热用紫铜板管装置	6	温度；面积；效率；散发；接触	17-温度；05-面积；39-生产率	F24S10/70
237	CN201910948002.6	一种新能源太阳能板冲洗装置	5	自动化；效率	38-自动化程度；39-生产率	H02S20/30
238	CN201911026521.3	一种复合抛物面聚光发电-相变蓄热装置	10	效率；集热；光滑度；损失；聚光；热管；浪费；泄露；蓄热；长度；渐开线	39-生产率；23-物质损失；31-物质产生的有害因素；03-长度	F24S10/40
239	CN201911110706.2	一种基于凸透镜聚光原理的太阳能板	4	温度；光斑；透明度；安全；集聚；清洁性；寿命；比热容；效率；强度	17-温度；30-作用于物体的有害因素；31-物质产生的有害因素；27-可靠性；39-生产率；14-强度	F24S23/30
240	CN202010144704.1	一种可自动清洁的太阳辐射吸收装置	5	清洁性；寿命；转化率	31-物质产生的有害因素；27-可靠性；39-生产率	F24S50/80
241	CN202010314324.8	一种摆动式太阳能板支座	5	安全；灵活性；稳定性；振动力	30-作用于物体的有害因素；35-适应性、通用性；13-稳定性	H02S20/30
242	CN202010481452.1	一种便携式太阳能集热器	3	定位；稳定性；强制；柱拔；作用力；便利性；安全	13-稳定性；33-操作流程的方便性；30-作用于物体的有害因素	F24S20/00
243	CN202010809142.8	一种便于红杉树生存的节能灌溉装置	9	能量；能源；生存；环境	19-能耗	A01G25/00
244	CN202010873271.3	一种变压器驱鸟装置	10	安全；复杂性；筑巢	30-作用于物体的有害因素；36-系统的复杂性	A01M29/00
245	CN202011029987.1	一种可供休闲/救护用的景观性海水淡化平台	10	成本；效率；全新；加压；经济性；动能；环境；热	39-生产率；17-温度	C02F9/10

序号	申请号	标题	权利要求数量/项	技术功效 1 级	技术功效 TRIZ 参数	IPC 主分类
246	CN202010927218.7	一种基于可调式光伏组件的太阳能路灯	8	便利性；缠绕；损失；高度	33-操作流程的方便性；23-物质损失；03-长度	F21S9/03
247	CN202010932810.6	一种塔式熔盐光热蒸汽发生系统自然循环的汽水循环装置	6	成本；循环性；便利性；应力；灵活性；稳定性；损耗；正确性；温度	39-生产率；33-操作流程的方便性；11-应力、压强；35-适应性、通用性；13-稳定性；23-物质损失；28-测量精度；17-温度	F22B1/06
248	CN202010943982.3	燃烧控制系统、点火方法和热处理设备	10	超标；成功率；堆积；稳定性	27-可靠性；13-稳定性	F23N5/00
249	CN202010367962.6	一种火焰离子信号补偿电路及控制方法	9	体验；强度；激励；补偿；可靠性；熄火	14-强度；27-可靠性	F23Q3/00
250	CN202010918449.1	一种分室调温的太阳能建筑节能装置	6	效率；能源；成本	39-生产率；19-能耗	F24D15/00
251	CN202011206464.X	室内场馆空气调节装置	10	能源；成本；自动化；洁净度；便利性；环境	19-能耗；39-生产率；38-自动化程度；31-物质产生的有害因素；33-操作流程的方便性	F24F5/00
252	CN202010870001.7	一种热水器的装配结构	6	概率；便利性；铁锈；安全	33-操作流程的方便性；30-作用于物体的有害因素	F24H9/06
253	CN202010693636.4	一种太阳能热水器及具有其的太阳能辅助加热系统	10	效率；稳定性；热速度；环境；能源；接触；管道	39-生产率；13-稳定性；17-温度；09-速度；19-能耗	F24S10/40
254	CN202010948745.6	一种槽式太阳能高温集热器	9	均匀性；收集率；有害；旋转率	29-制造精度；30-作用于物体的有害因素	F24S10/40
255	CN202010845071.7	一种使用时自动撑起的太阳能电池组件	6	垃圾；自动化；侵蚀；寿命；安全；正确性；弧形状；效率	38-自动化程度；27-可靠性；30-作用于物体的有害因素；28-测量精度；39-生产率	F24S10/70

序号	申请号	标题	权利要求数量/项	技术功效1级	技术功效TRIZ参数	IPC主分类
256	CN202010913839.X	一种辐射面积可变的太阳能热水器	6	速度；面积；过高；集热；效率	09-速度；05-面积；39-生产率	F24S10/70
257	CN202010983183.9	一种蝶式太阳能管热发电支撑支架	10	调节；复杂性	36-系统的复杂性	F24S10/70
258	CN202010948743.7	一种具有保温效果的太阳能热发电联箱	9	稳定性；效率；不均；强度；接收；面积；体验；全面化	13-稳定性；39-生产率；14-强度；05-面积	F24S10/95
259	CN202010923418.5	一种太阳能集热器收集测量单元以及太阳能集热器系统	3	效率；环境；成本；及时性；能源；热	39-生产率；25-时间损失；19-能耗；17-温度	F24S20/40
260	CN202010913443.5	一种具有防污和调节吸光角度的壁挂式太阳能热水器	10	阳光；可控性；污染；充分性	37-控制与测量的复杂性；31-物质产生的有害因素	F24S25/61
261	CN202010962298.X	一种太阳能热水器保护设备	4	安全；损坏	30-作用于物体的有害因素；27-可靠性	F24S40/10
262	CN202010952723.7	一种太阳能热水器加热管表面自动清洁装置	2	复杂性；劳动强度；资源；适应性	36-系统的复杂性；39-生产率；35-适应性、通用性	F24S40/20
263	CN202010970335.1	一种自动清洁的太阳能热水器	4	资源；体验；消耗；劳动强度；生活；成本；清洁性	39-生产率；23-物质损失；31-物质产生的有害因素	F24S40/20
264	CN202010980172.5	一种拆卸太阳能热水器的清洗装置	3	复杂性；便利性；灵活性	36-系统的复杂性；33-操作流程的方便性；35-适应性、通用性	F24S40/20
265	CN202010982301.4	一种可自动清洁太阳能集热管内部及外部的装置	5	利用率；效率；损失；自动化；水质；清洁性	39-生产率；23-物质损失；38-自动化程度；31-物质产生的有害因素	F24S40/20

序号	申请号	标题	权利要求数量/项	技术功效 1 级	技术功效 TRIZ 参数	IPC 主分类
266	CN202010989459.4	一种具有自动清洁水垢功能的太阳能热水器	5	集热；细菌；寿命；炸裂；清洁性；便利性；健康	30-作用于物体的有害因素；27-可靠性；31-物质产生的有害因素；33-操作流程的方便性	F24S40/20
267	CN202010914203.7	容积可变的太阳能热水器	6	体积；速度；用水量	07-体积；09-速度	F24S50/00
268	CN202010974887.X	一种太阳能利用跟踪部件	2	跟踪；体积；复杂性；偏差	07-体积；36-系统的复杂性；28-测量精度	F24S50/20
269	CN202010959458.5	一种利用发条储存风能的自动除尘太阳能制冷设备	7	成本；集热；强度；太能能；浪费；自动化；效率；清洁性；能源；洁净度；复杂性；热管；清洁度	39-生产率；14-强度；38-自动化程度；31-物质产生的有害因素；19-能耗；36-系统的复杂性	F25B27/00
270	CN202010948325.8	一种新能源家用烘干装置	8	合理性；速度；复杂性；便利性	35-适应性、通用性；09-速度；36-系统的复杂性；33-操作流程的方便性	F26B9/10
271	CN202010809368.8	一种便于携带自带的发电功能的户外蓄电池	10	自动化；电；便利性；蓄电池；携带；复杂；效率；发电	38-自动化程度；33-操作流程的方便性；36-系统的复杂性；39-生产率	H02J7/35
272	CN202010845179.6	一种适应采煤沉陷区地基复杂变形的光伏支架	10	复杂性；沉降；安全；适应性	36-系统的复杂性；30-作用于物体的有害因素；35-适应性、通用性	H02S20/30
273	CN202010938407.4	一种光伏发电板的防护装置	8	效率；发电板	39-生产率	H02S20/30
274	CN202010942056.4	一种能驱赶鸟类的红绿灯内置光伏发电装置	7	防盗；撞击	30-作用于物体的有害因素	H02S20/30
275	CN202010845825.9	一种可追踪阳光来调节角度的光伏板安装座	6	侵蚀；接收；密封性；效率；寿命	29-制造精度；39-生产率；27-可靠性	H02S20/32

序号	申请号	标题	权利要求数量/项	技术功效1级	技术功效TRIZ参数	IPC主分类
276	CN202010899749.X	一种可以自动调节的太阳能板垂直太阳光线装置	7	精度；利用率；吸收；实时性	28-测量精度；39-生产率；25-时间损失	H02S20/32
277	CN202010948766.8	一种家用小型太阳能热发电设备	10	便利性；可控性；面积；透光性；洁净度；稳定性；自动化；效率	33-操作流程的方便性；37-控制与测量的复杂性；05-面积；31-物质产生的有害因素；13-稳定性；38-自动化程度；39-生产率	H02S20/32
278	CN202010928804.3	太阳热光混合型模块与其制造方法	10	作业性；效率	39-生产率	H02S40/44
279	CN201810089574.9	具有集成的倾斜度传感器的驱动器	17	成本；倾斜度；硬件；防风	39-生产率	F24S50/20
280	CN201811244831.8	一种二硼化钛-二硼化锆基高温太阳能吸收涂层及其制备方法	6	成本；长度；热稳定；吸收；可控性；复杂性；便利性；发射率	39-生产率；03-长度；37-控制与测量的复杂性；36-系统的复杂性；33-操作流程的方便性	C23C14/35
281	CN201810731218.2	一种蒸汽流量控制的太阳能蒸汽发生器	2	可控性；能源；充分性；功率	37-控制与测量的复杂性；19-能耗；21-功率	F22B1/00
282	CN201780081233.0	太阳能利用系统	3	能源；确定性；复杂性；光；热	19-能耗；36-系统的复杂性；18-照度；17-温度	F24S20/63
283	CN201910819692.5	一种平板热水器水箱安装结构	3	可维护性；受力；空间；寿命	34-可维修性；10-力；07-体积；27-可靠性	F24S80/00
284	CN201910888632.9	一种太阳能三七干燥装置	8	效率；能源；干燥；环境；经济性；充分性；热水；温度；间歇	39-生产率；19-能耗；17-温度	F24S10/00

序号	申请号	标题	权利要求数量/项	技术功效 1 级	技术功效 TRIZ 参数	IPC 主分类
285	CN201910998734.6	一种节能型太阳能热水器	4	能源；效率；环境	19-能耗；39-生产率	F24S10/40
286	CN201810881638.9	一种槽式太阳能集热器系统	3	导热性；复杂性；分隔；稳定性；均匀性；换热；噪音；短路	17-温度；36-系统的复杂性；13-稳定性；29-制造精度；31-物质产生的有害因素	F24S10/70
287	CN202010028864.X	薄壁不锈钢热水器内箱	9	形状；强度；面积；效率；体积；便利性；清洁性；细小孔；复杂性；厚度；需求量；形变	12-形状；14-强度；05-面积；39-生产率；07-体积；33-操作流程的方便性；31-物质产生的有害因素；36-系统的复杂性；03-长度	F24H9/00
288	CN202010830823.2	一种用于温室供暖的太阳能蓄热供暖装置	9	面积；稳定性；供暖；循环性；便利性	05-面积；13-稳定性；33-操作流程的方便性	A01G9/24
289	CN202010919577.8	一种具有尖晶石结构的高温太阳能吸收涂层	7	氧化；热抗震性；稳定性；效率；复杂性；光学；耐腐蚀性；耐磨性	30-作用于物体的有害因素；13-稳定性；39-生产率；36-系统的复杂性	C23C14/35
290	CN202010825599.8	一种用于铺设光伏板单元的防水龙骨及防水光伏板	10	防水性；发电；便利性	30-作用于物体的有害因素；33-操作流程的方便性	E04D12/00
291	CN202010853105.7	一种节能建筑以及节能方法	10	清洁性；能源；强度；效率；可能性；安全；引导；隔水；蒸发	31-物质产生的有害因素；19-能耗；14-强度；39-生产率；30-作用于物体的有害因素	E04H14/00
292	CN201910454472.7	一种低温工质太阳能光热发电系统及太阳能光热发电设备	10	冷凝；时间；速度；热效率；水；效率；损坏；集热；清洁性；充分性；温度	15-时间；09-速度；22-能量损失；23-物质损失；39-生产率；27-可靠性；31-物质产生的有害因素；17-温度	F03G6/06

序号	申请号	标题	权利要求数量/项	技术功效1级	技术功效TRIZ参数	IPC主分类
293	CN202010838602.X	一种路灯太阳能电池板随太阳转动改变角度的装置	7	安全；光敏；时长；亮度；确定性	30-作用于物体的有害因素；18-照度	F21S9/03
294	CN202010867266.1	太阳能路灯	4	灵活性；适应性	35-适应性、通用性	F21V21/10
295	CN201910462417.2	一种直接产生稳定过热蒸汽的方法和设备	15	可靠性；安全；稳定性；成本；复杂性；干烧；蒸汽量	27-可靠性；30-作用于物体的有害因素；13-稳定性；39-生产率；36-系统的复杂性	F22B1/00
296	CN202011151570.2	一种垃圾汽化炉用智能点火装置	6	进入；速度；密封性；均匀性；气密性	09-速度；29-制造精度	F23Q9/00
297	CN202010694271.7	一种相变箱及太阳能定向进取水梯级相变蓄热装置	8	蓄热；稳定性	13-稳定性	F24D11/00
298	CN202010903391.3	一种可回收余热的太阳能热水采暖系统	6	稳定性；运行；能效比；自动化；复杂性；成本；效率；充分性；热泵；经济性；损失；可控性；温度；可靠性	13-稳定性；38-自动化程度；36-系统的复杂性；39-生产率；23-物质损失；37-控制与测量的复杂性；17-温度；27-可靠性	F24D15/00
299	CN202010962295.6	一种日夜交替制暖系统	5	水；保暖性；智能化；中断	23-物质损失；17-温度	F24D15/00
300	CN202010753161.3	太阳能光伏光热耦合双冷换热器热泵系统及工作方法	4	热水；耦合；供电；供热；效率；结霜；温度；利用率；供冷；完成率；表面结霜	39-生产率；17-温度	F24D15/04